Federico Cabrera

Ma Ne Ngobá

Un hijo de África en Morovis

Federico Cabrera
Ma Ne Ngobá

Un hijo de África en Morovis

Roberto Martínez Torres

COLECTIVO MUCH MA' HO'L

Morovis, Puerto Rico
2019

COLECTIVO MUCH MA' HO'L

Federico Cabrera Ma/Ne Ngobá:
Un hijo de África en Morovis

ISBN: 9781728762609

Primera Edición

85 Calle Andrés L. Narváez,
Barrio Barahona, Morovis, Puerto Rico
00687

alosucusumucu@gmail.com

Diseño de portada, maquetación, ilustraciones, dibujos y gráficos por Roberto Pérez Reyes

elsecretomejorperdido@gmail.com

Foto de portada: José María (Joseíto) Cabrera Salgado en su yegüita 'Paloma', en la esquina de las calles Principal, Esquina Ruiz Belvis en el pueblo de Morovis, P.R., ca. 1950. Foto por R. Martínez Torres, reproducida del álbum de Doña Raquel Barreras Ibáñez en 1987.

Impreso por Kindle Publishing Direct, una compañía de Amazon

Dedicatoria

A Bangó y Sandú, de la lejana África;

A Federico Cabrera Ma/Ne Ngobá,
patriarca de esta noble familia boricua;

A Isidora Pavón,
que junto a su familia sufrió la persecución contra
la etnia jíbara boricua;

A las familias Cabrera, Ríos, Maldonado,
Ortega, Román, Roldán, Torres y Barreras,
las que, a lo largo de la investigación,
se convirtieron en la mía.

Contenido

Listado de Abreviaturas y Siglas

DEMYC	Diccionario de Elementos del Maya Yucateco Colonial (1970)
DRAE	Diccionario de la Real Academia Española
ALSS, I	A lo Sucu Sumucu: Raíces Mayas del Habla Jíbara, Volumen I
ALSS, II	A lo Sucu Sumucu: Raíces Mayas del Habla Jíbara, Volumen II (en preparación)

Prólogo

Estimado lector; la obra que tiene ante usted es el esfuerzo de años de investigación del Dr. Roberto Martínez. El Doctor Martínez o Roberto, "a lo *plain*" es, orgullosamente, un jíbaro de Morovis que, en unión a otros compañeros historiadores, nos hemos dedicado a "reescribir" Nuestra Historia, adentrándonos en lo que nos han dicho que son "aguas profundas" y donde hay que saber nadar para salir a flote. Y le aseguro lector, que Roberto es uno de los que mejor nada. Autor de libros de vanguardia y retantes, como lo es su más reciente obra, "*A lo Sucu Sumucu: Raíces Mayas del Habla Jíbara*" (Martínez-Torres, 2018b) y su estudio sobre arqueología en su natal Morovis (cf. Martínez-Torres, 2018a), nos presenta en esta ocasión otra obra igual de retante que las anteriores.

Cuando se me habla por primera vez del tema y escucho el nombre "Ma/Ne Ngobá", la máquina histórica de mi mente comenzó a correr y le dije: "Eso es de África." Y no me equivoqué. La obra nos habla de la vida y descendencia de "Un hijo de África en Morovis". Pero no crea que es una simple narración biográfica; esta obra va más allá. El libro comienza con El Ensayo original de la obra, donde nuestro autor nos da la idea de lo que en ella encontraremos en páginas ulteriores. Nos menciona las fuentes usadas, la inspiración de la misma y el comienzo de la investigación.

Esta obra se puede catalogar como un ejemplar perfecto de la corriente de investigación conocida como, Micro-Historia. Esta corriente de investigación, como lo indica López Franco en el ensayo publicado en la página Descubrir la Historia, *Microhistoria* (López-Franco, 2017), historia en detalle, nos lleva a "hacer una historia más cercana a la cotidianidad y a las vivencias de las personas". Muchos me han preguntado cuál es la importancia de saber cómo vivían, que comían, o que hacían a diario X o Y persona dentro de una comunidad, y mi respuesta es la misma: "Esa persona, esa comunidad, es la base para levantar la sociedad; si no sabemos cómo Don Juancho en la montaña sacaba el carbón, cómo vamos a saber hacer BBQ" (Carrión-Portela, 2005). Eso resume lo que es la microhistoria, es nuestra base, nuestras vivencias cotidianas que fomentan la sociedad. En su artículo Historia Local o Microhistoria, nos comenta también el Dr. José González Saavedra (1991), profesor en el Centro Universitario José Martí en Cuba:

> "Aunque la microhistoria sea un saber humilde y sencillo —de lo cotidiano y familiar— no por eso carece de rigor científico. Todo micro historiador busca afanosamente los datos reales en archivos tras una paciente investigación, porque lo que pretende es reconstruir lo más exacta posible la verdad. Las fuentes más frecuentadas son los archivos parroquiales, los libros de notarios, los vestigios arqueológicos, los cementerios, las

crónicas de viaje, los censos, los informes de munícipes y gobernadores, estatutos, reglamentos, leyes, periódicos y la tradición oral."

Relatado en el Ensayo inicial, el caso que hoy nos ocupa nace en un salón de clases, en la Escuela Superior de Morovis, donde los estudiantes hacían su trabajo de árbol genealógico para la clase de Historia que impartía el profesor y autor de la obra. Fue el trabajo de una estudiante "la punta del iceberg" de esta obra. La estudiante era descendiente de un esclavo africano que se levantó de la esclavitud y logró sustentar a su familia, poseer tierras y propiedades en Morovis: Federico Cabrera Ma/Ne Ngobá. Tal como lo menciona el Dr. José González Saavedra, el autor, con el aval de la familia de Don Federico, comienza su investigación adentrándose en los registros parroquiales, buscando conocer los orígenes de este Negro en Morovis.

El análisis de los documentos eclesiásticos se ha convertido en parte esencial del estudio de la historia individual o microhistoria. En un artículo publicado por la Universidad de Extremadura y el Seminario San Antón en Badajoz (i.e., Vivas-Moreno & Pérez-Ortiz, 2011), los autores nos indican la importancia de éstos para la investigación histórica. La Iglesia, por orden del Rey Felipe II en 1564, comienza a documentar cada detalle de la vida de la parroquia en los territorios del Imperio Español y Puerto Rico no era la excepción. Los archivos parroquiales se dividen en diversos documentos, siendo las Partidas sacramentales las más extensas. En el artículo citado anteriormente, los autores nos describen dicha documentación y su importancia para el historiador:

> "Esta serie se sitúa dentro de la sección 'sacramentales' y aparece dividida en tantas subsecciones como tipos de partidas existen en el ámbito de la Iglesia católica: bautismos, confirmaciones, defunciones y matrimonios... Las partidas sacramentales son una fuente de datos históricos de un valor incalculable. Desde el Siglo XVI, las parroquias tienen la obligación de llevar al día un registro, a modo de libro, para cada uno de estos sacramentos, donde queden anotados todas y cada una de estas celebraciones. Los datos que aportan estas partidas, especialmente las de bautismo, están permitiendo a los investigadores configurar árboles genealógicos de varias generaciones que no hubieran podido ver nunca la luz sin los contenidos que aportan los archivos parroquiales. Además, estos datos son de gran interés para los estudios de tipo demográfico ya que esta documentación es la única que atestigua la vida o la muerte (partidas de bautismo y de defunción) de una persona cuando la documentación civil no existe."

Largos días pasó nuestro autor en el Archivo Parroquial de la Iglesia del pueblo revisando las Partidas sacramentales, tratando de encontrar trazos de lo que sería la vida y descendencia de los Cabreras "prietos", en especial, de Federico. Nadando en las aguas profundas de los Archivos Parroquiales, Roberto se encuentra al fin, lo que él mismo llama en una de las secciones "Una Joyita"; la prueba indiscutible de que el objeto de su investigación provenía directamente de África. De ahí en adelante se fue develando el resto del "iceberg".

Prólogo

Las largas horas de análisis e investigación se nos narran en detalle en el Diario de la Investigación. Leyendo El Diario, publicado prácticamente entero en el libro, podemos notar y admirar el trabajo de investigación del autor. En este, el autor nos incluye sus momentos, tanto felices como decepcionantes y nos muestra la razón de ser de la obra; ver más allá de lo que nos cuentan los libros.

Ante el deseo de ir más allá de lo que los libros generales nos cuentan sobre la vida de los esclavos en la Isla, aparece la Tercera Sección del trabajo y, a mi entender, la pieza clave en la investigación: el uso de entrevistas como fuente primaria: La Historia Oral.

Esta modalidad investigativa es definida, según Thad Sitton, George L. Mehaffy y O. L. Davis Jr. (2012) como: "La técnica que se utiliza para registrar y recuperar, por medio de una entrevista, los testimonios de personas que fueron protagonistas de un hecho [...]"

Les indico que, más allá de pensar que las entrevistas son un mero trabajo periodístico o de interrogatorio, es más bien un diálogo entre nuestro autor y los descendientes de Don Federico. Es un diálogo donde se recogen vivencias, anécdotas, recuerdos que, de no ser por el afán de Roberto de nadar en aguas profundas, se hubiese perdido. Cada entrevista, en combinación con los documentos hallados en el camino investigativo, va dando forma al ejemplar que tiene hoy en sus manos.

Le recomiendo al lector que lea detenidamente cada página de esta obra y sírvase de tener papel y lápiz a la mano para colocar en él cada inspiración investigativa que le venga a la mente, porque le aseguro, van a ser muchas. Les recomiendo también a los lectores que, siguiendo el ejemplo del autor y la familia de don Federico, se tomen su tiempo y recopilen esas vivencias de los mayores que se están perdiendo; esa historia oral de los campos, personajes y comunidades. Este libro debe ser fuente de inspiración para la nueva generación de historiadores, tanto aficionados como profesionales, para que busquen más allá de lo que en la clase de historia que tomaron hace años atrás, se les dijo que era la vida de un esclavo en Puerto Rico. Así que, el lector ha sido retado, ha sido invitado a nadar en aguas profundas y usted podrá ver que una vez comience, no deseará detenerse.

Prof. Norma Carrión Portela

San Juan, Puerto Rico.

Noviembre, 2018

Referencias del Prólogo

Carrión Portela, Norma. *Hablemos de la Micro-historia y la Historia Oral*. Foro; Jueves de las Humanidades diss., Interamerican University, 2005.

González Saavedra, José Dr. *Historia Local o Microhistoria*. Foro Centro Universitario José Martí, Sancti Spíritus 1991.
> http://www.uniss.edu.cu/

López Franco, Álvaro. *La Microhistoria: Historia del Detalle*. 18 de abril de 2017.
> https://descubrirlahistoria.es/2014/07/la-microhistoria-historia-del-detalle/

Martínez Torres, Roberto. *A Lo Sucu Sumucu: Raíces Mayas del Habla Jíbara* (Vol. 1) CreateSpace Independent Publishing Platform; 1era edición. 23 de agosto de 2018.

Martínez Torres, Roberto. *El Yacimiento Arcaico de "La Tembladera": Primer tratado de arqueología nativa boricua*. CreateSpace Independent Publishing Platform; 1era edición, 17 de junio de 2018.

Sitton, Thad, Mehaffy, George L. & Davis Jr., O. L. *Historia Oral: Una Guía para Profesores (Y otras Personas)*. México, Fondo de Cultura Económica, 1989 [citado por Sistema de educación Argentino en artículo *Historia oral: Actividades para realizar un acercamiento a las principales características de la historia oral y sus métodos de trabajo*. 2012].
> https://www.educ.ar/recursos/70854/historia-oral

Vivas Moreno, Agustín & Pérez Ortiz, Guadalupe. *La información histórica en los archivos eclesiásticos: principales series documentales para la investigación*. Facultad de Biblioteconomía y Documentación, Universidad de Extremadura, Biblioteca Seminario San Antón de Badajoz, 2011.
> mgperort@alcazaba.unex.es

Parte I

EL ENSAYO

PARTE I: EL ENSAYO

INTRODUCCIÓN

En nuestro país se ha planteado que los boricuas somos un producto mestizo de tres etnias importantes: la etnia aborigen o nativa, mal llamada "india"; la etnia "africana" y la etnia "caucásica europea". Pero estas nomenclaturas hacen abstracción de las "mezclas étnicas" que constituyen, a su vez, cada uno de esos tres grupos humanos tan heterogéneos. Como se plasma en el escudo del Instituto de Cultura Puertorriqueña, en nosotros conviven el esclavo negro "africano", el indio "taino" y el señorito español, como representantes de "nuestras tres raíces". Es el paradigma de la simplicidad y del machismo occidental.

Así mismo nos hemos dividido ideológicamente. Unos proponemos nuestro vínculo hispanófilo con la "Madre Patria", España. Otros nos enorgullecemos de nuestras raíces "africanas", aunque sin atrevernos a proponerla como Segunda Madre Patria. Otros exaltamos el elemento "taíno", que es el elemento nativo Jíbaro que, antropológica y genéticamente, lo aceptemos o no, es mayoritario en nuestra genética Boricua. Ese es el dato científico objetivo. Muchos boricuas nos empeñamos en negar nuestra realidad, ya porque la desconocemos o porque fingimos desconocerla.

Esta es la ocasión oportuna para manifestarme sobre los Boricuas que, pasiva o militantemente, promovemos y exaltamos "nuestra tercera raíz". Lo de "tercera" parecería ser otro prejuicio que se añade a la larga cadena de instancias en que se ha menospreciado el elemento "africano" en nuestra historia. Si vamos a contabilizar el porcentaje de ADN mitocondrial del Boricua promedio, la aportación africana al mismo quedaría en la segunda posición. Y la "tercera raíz" debiera ser la europea, la minoritaria. A ésta tampoco se le puede llamar "caucásica-europea", porque sería ignorar que los primeros "españoles" que llegaron a América, llevaban ya un milenio mezclándose con los árabes, para "hacer el cuento corto".

Si lo de "tercera raíz" viene del orden cronológico en que se integró al "*pull* genético" Boricua, entonces hay que aclarar que debe haber un "empate" entre la "europea" y la "africana". La historia nos dice que, junto a los mismos colonizadores Ibéricos, venían hombres libres de extracción "africana" que, a su vez, traían sus esclavos "africanos"; muchos de los cuales, a la primera oportunidad, desertaban y se unían a los nativos rebeldes (Díaz-Soler, 1981: 21). Recordemos además que los conquistadores europeos no traían sus cónyuges en sus viajes durante la empresa colonizadora.

Algunos traían mujeres europeas blancas como esclavas para el servicio doméstico, pero aquí no llegaban mujeres de ninguna otra etnia con las que aparearse, excepto las mujeres "africanas" y las nativas "del país". Y, de haber llegado alguna mujer "blanca" que no tuviese pareja masculina, el prejuicio racial y de casta le hubiese impedido unirse a un ejemplar de la etnia "africana", fuera hombre libre o no. Las parejas "mixtas" vinieron a ponerse "de moda" en los Estados Unidos en la década de los sesenta. No discutiremos aquí la unión consensual de propietarios de esclavos con sus esclavas, "africanas" o "indias", porque esa es una historia más que conocida. Y esa es, según la mayoría de los que han analizado el asunto, la explicación para nuestro mestizaje.

Alguien de la Academia todavía podría plantear: ¿Pero cómo pudo haber mestizaje entre africanos e indígenas, si estos últimos se extinguieron a comienzos del Siglo XVI? La contestación es aquella que le decía el ex gobernador Pedro Rosselló, evadiendo la confrontación con los periodistas que lo asediaban con preguntas "incisivas": —Usted parte de una premisa equivocada. Nuestro pueblo Boricua vive aún, con un ADN mitocondrial nativo de 62%, que es el que se hereda por la vía materna. Tenemos un 62% de madres de origen nativo, y el 38% restante, que es necesario dividirlo entre "africanas" y "europeas". La ecuación es sencilla: 1+1 = 20, o tal vez más. Es en esta realidad histórica que basamos nuestra tesis sobre el origen verdadero del mestizaje Boricua.

EL ESTUDIO DE NUESTRA "RAÍZ AFRICANA" EN EL ABANDONO

El sábado, 25 de noviembre de 1989, llevaba a cabo una búsqueda sobre bibliografía relacionada con las investigaciones realizadas en el país en los Archivos Parroquiales. Entre las obras que consultaba se encontraba la Tesis del Rev. P. Mario A. Rodríguez León (1975). De ahí extraje algunas citas relevantes al trabajo presente:

> "Hasta el momento no se han realizado investigaciones en los archivos parroquiales encaminados a buscar y estudiar los orígenes africanos en la isla."

> "El Dr. Manuel Álvarez Nazario ha sido la primera persona en estudiar las procedencias africanas en Puerto Rico. Sin embargo, en sus valiosos trabajos realizados sobre el tema, no incluye información procedente de archivos parroquiales." (Rodríguez-León, 1975: 73 y Sig.)

> "El estudio de los registros parroquiales, en conjunto, no sólo permite conocer algunas procedencias africanas en Puerto Rico; **también ofrece cierta información sobre la población india de la isla**; en particular, en las áreas donde se concentró la mayor parte de la población indígena durante los siglos XVIII y XIX (Las Indieras.) Por ejemplo, el 15 de diciembre de 1790 se celebró en la Parroquia de Moca un matrimonio de un "indio nacional de Yauco". En el Archivo Parroquial de Ntra. Sra. Del Rosario de Yauco, el Padre Carlos Pynenburg Van Derbe, O.P., en sus pesquisas e investigaciones, ha encontrado la presencia de indios en esa región." (Rodríguez-León, 1975: 83) (Las bastardillas en negrillas son nuestras.)

Es probable que la única excepción sea la investigación de la historiadora arecibeña, la Dra. María Cadilla de Martínez, quien emprendió un estudio de los documentos sobre lo que se ha venido a llamar "las experiencias indias", pasando luego a la zona oeste del país, a localizar sobre el terreno lo que ella interpretó como los remanentes del "pueblo indio del Cibuco" (Cadilla, 1948). Pero en la búsqueda de la distinguida investigadora, hasta donde conocemos, no llegó a examinar documentos de los archivos parroquiales.

Figura 1.1. Familia negra en su bohío, Puerto Rico. Crédito: Jesse Walter Fewkes, c. 1900.

El planteamiento que hace el distinguido religioso e historiador, Mario Rodríguez León, hasta donde teníamos conocimiento, permanecía aún ignorado a la altura de 1989, en el momento en que redactábamos las notas preliminares de este ensayo (Martínez-Torres, 1989). Aún al presente, que tengamos conocimiento (escribimos en 2018), no se han realizado trabajos en nuestro país que documenten el hallazgo de una familia Boricua que afirma su descendencia de un esclavo de origen africano y cuyo alegato se haya verificado en fuentes documentales primarias. Mucho menos aún, que se haya hecho un cotejo para corroborar la información recopilada, mediante entrevistas donde se recoja la tradición oral que conserva la familia.

Casi tres décadas después, esta seguía siendo una realidad, hasta que aparece nuestro trabajo. Nuestra búsqueda no sólo se desarrolló en las fuentes primarias hasta entonces nunca consultadas, esto es, la documentación existente en el Archivo Parroquial de la Iglesia Católica de la Parroquia de La Virgen del Carmen y el Arcángel San Miguel de Morovis. Allí están depositados numerosos documentos que datan desde 1823, entre los cuales localizamos información muy importante relativa a la presencia del elemento africano, en documentos tan tempranos como c. 1840, hasta donde nos fue dable investigar.

Planteábamos entonces que este era el primer trabajo de dicha naturaleza que se estaba desarrollando en nuestro país y, dado el hecho de que se trataba de una investigación en progreso, no podíamos hacer conclusiones definitivas sobre la inmensa mayoría de los aspectos que abarcaba la misma. No obstante, la información recopilada hasta aquél momento, consistente en entrevistas grabadas a descendientes del esclavo moroveño y a particulares que se relacionaron con él, su descendencia y la documentación ya examinada, corroboraba y ampliaba la información obtenida por la tradición oral recopilada. Este trabajo, en sí mismo, constituía ya una valiosa aportación a la historiografía boricua en lo concerniente al tema de la esclavitud y al conocimiento sobre las procedencias étnicas de los "africanos" que vinieron a nuestra isla como esclavos.

Nos proponíamos con este trabajo, no solamente reconstruir en lo posible la historia de un esclavo procedente del continente africano y de sus descendientes en el pueblo de Morovis, Puerto Rico; cómo ese esclavo adquirió su libertad mucho antes de 1873, cómo adquirió propiedades y las trabajó para levantar su familia (de cerca de 20 miembros hasta entonces encontrados), sino señalar, hasta donde nos fuera posible, la presencia genética y cultural de África en los hechos, sucesos, costumbres, prácticas y creencias, así como en la idiosincrasia y el desenvolvimiento histórico de esta familia moroveña.

Estábamos ya consciente de que este trabajo rebasaba los límites de lo estrictamente histórico y participaba de la investigación etnológica y antropológica. Intentábamos "abrir brecha" en el campo de la investigación histórica, de forma tal que se integraran estas disciplinas del conocimiento social. A medida que profundizábamos en la misma, pudimos percatarnos de que se trata de una investigación transdisciplinaria, que incorpora técnicas y conocimientos de otras disciplinas auxiliares de la historia, como lo son la arqueología, la etnología y la lingüística.

Nuestra hipótesis de investigación partía de la certeza de que, aún los historiadores no hemos realizado las investigaciones minuciosas en esas fuentes primarias, como son los documentos depositados en los Archivos Parroquiales. Estos guardan un caudal de información antropológica y etnológica importante para comenzar a comprender la historia de nuestra gente. Como parte de la premisa anterior, creíamos, y hoy estamos convencidos, de que aún nuestros historiadores no han realizado las preguntas claves que hay que hacer para detectar, en la tradición oral de nuestro pueblo, "los hilos de Ariadna" que los conducirán a formular hipótesis para nuevas investigaciones, que permitirán desarrollar novedosas interpretaciones.

Es en ese sentido que pretendíamos dramatizar una realidad: nuestras fuentes de la historia oral son perecederas y es irreparable su pérdida, una vez se borren de las memorias o sean depositadas en nuestros cementerios o sean incineradas en los hornos crematorios. Y esa tradición oral, utilizando la expresión de nuestros abuelos "son una escritura". De esto es que se trata en este breve resumen de algunos de los aspectos estudiados, a la luz de los fascinantes hallazgos con los que nos hemos topado.

Figura 1.2. Transporte de africanos cautivos hacia el mercado esclavista.

Con este estudio queremos hacer una genuina y dedicada aportación al conocimiento de ese capítulo común de la historia de África y de nuestro pueblo Jíbaro, Boricua, Caribeño y Americano. Esta es la historia de Federico Cabrera Ma/Ne Ngobá, un hijo de África que vino a fecundar el suelo moroveño y junto a su familia, escribieron con sangre y sudor esta página de nuestra historia que hoy rescatamos del olvido.

LOS ORÍGENES DE LA INVESTIGACIÓN

Ya hacía varios años que conocíamos algo de los antecedentes de la Familia Cabrera de Morovis, quienes son denominados "negros o prietos", para distinguirlos de otras familias Cabrera, de las que hay varias "cepas" en Morovis. Entre ellas figura la de los amos blancos, propietarios de esclavos, de los cuales tomaron el apellido los "Cabrera prietos".

Luis Raúl Albaladejo, un joven estudiante de la escuela superior de Morovis nos había dicho, hacía ya varios años, que se proponía realizar una investigación sobre la historia de esa familia y de sus antepasados esclavos; pero al pasar del tiempo, para ser exactos casi una década, y al no ver los frutos de la investigación, decidimos comenzarla nosotros, allá para 1987. (Ver carta de Luis Raúl Albaladejo, en la sección 'El Diario de la Investigación'.)

Iniciábamos en ese entonces un proyecto de recopilar y publicar simultáneamente datos, documentos y fotografías sobre la historia de Morovis, en el estilo del Boletín Arecibo Histórico, del historiador arecibeño, Don José Limón de Arce, pero en un formato más ilustrado (Limón de Arce, 1932). Para ello creamos la *Revista Archivo Histórico de Morovis*. En el número 3 de la misma, publicamos una foto de uno de los hijos de Federico Cabrera, "Joseíto", quien, en opinión de personas mayores de nuestro pueblo, "también había sido esclavo como su padre" (Martínez-Torres, 1987-1999: 64) (Ver la portada).

Al enterarnos de que una de sus hijas, ya de edad muy avanzada, aún vivía, decidimos entrevistarla sobre la tradición oral que conservaba sobre sus ancestros. No tuvimos mucha suerte. A Doña Belén, primera persona de la familia con quien hablamos, se le humedecieron los ojos al ver por vez primera una foto de su padre, quien ya había fallecido hacía décadas. Desafortunadamente, Doña Belén nos dijo no recordar nada sobre sus antepasados que habían sido esclavos. Pero en su lenguaje corporal leímos otra cosa. Al parecer le causaba un gran pesar hablar sobre el tema y prefería alegar que no recordaba. Fue años más tarde que pudimos comprender la naturaleza de su dolor. Esta primera experiencia nos frustró un poco en la búsqueda, la cual quedó pospuesta por un corto tiempo.

EL PRIMER TESTIMONIO SOBRE NENGOBÁ

A comienzos del Curso Escolar 1989-1990, los alumnos del curso de Historia de Puerto Rico que dictaba el autor en la Escuela Superior Jaime A. Collazo del Río en Morovis, comenzaron a trabajar en la primera tarea que se les asignaba: una genealogía de su familia hasta la quinta generación. Llegado el día de recoger el trabajo, a medida que los estudiantes los iban entregando, el maestro iba leyendo con la vista y comentando algo, a la vez que le señalaba al alumno algún dato o evento histórico del pueblo en el que se hubiese visto envuelto alguno de los familiares, sea en el aspecto de las luchas políticas o sociales; en la religión o la acción cívica o bien en el deporte, la literatura o la ciencia.

El Ensayo

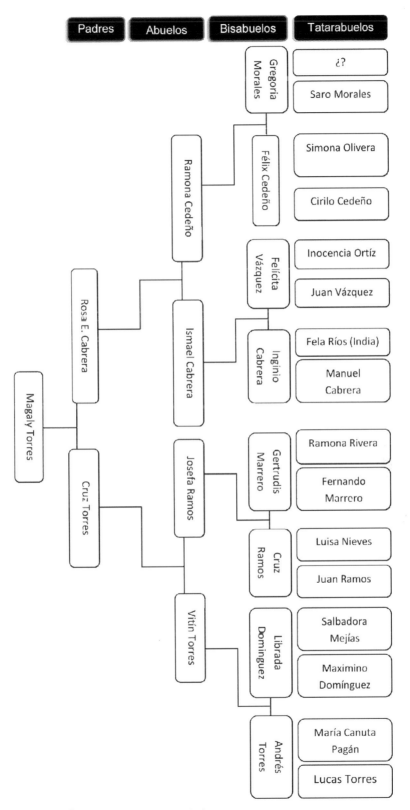

Figura 1.3. Genealogía de Magaly Torres Cabrera.

Esto servía de motivación para algunos alumnos, que luego realizarían entrevistas sobre la historia oral de sus familias, como parte del curso. En aquellos momentos (1989) ni los estudiantes ni los maestros del país siquiera soñaban con que, tres décadas después, la Secretaria del Departamento de Educación del país, Mrs. Julia Kelleher, impondría como metodología los llamados "PBL" (*Projects of Basic Learning*). Como quien dice, inventó la rueda. ¡Si ya llevábamos tres décadas haciéndolo, sin ordenarlo el Departamento...!

En uno de los trabajos que leía, perteneciente a la estudiante Magaly Torres Cabrera, alcanzamos a ver varios de los antepasados de la joven y, conociendo previamente que existían dos "cepas" de Cabrera en Morovis, los "Cabrera blancos" y los "Cabrera prietos" y viendo que la joven era de tez trigueña, le preguntamos: ¿De cuáles de los Cabrera de Morovis es tu familia? La joven contestó: "De los Cabrera del barrio Patrón". Sentimos una gran emoción, pero había que estar seguro y la pregunta obligada era: ¿De los Cabrera "blancos" o de los Cabrera "prietos?". La contestación me emocionó aún más: "De los Cabrera "negritos" de Patrón".

Se nos ocurrió "sondear" hasta dónde conocían o deseaban hablar los abuelos de Magaly sobre el tema. La interrogué sobre si conocía de antepasados suyos que habían sido esclavos en Morovis, por parte de su familia materna. Ella se sorprendió al escuchar la pregunta, mas, se mostró muy interesada en el asunto. Le encomendamos que esa misma tarde le hiciera un breve interrogatorio a su abuelo materno, Don Ismael Cabrera, el pariente de mayor edad de esa familia que residía más cercano a su hogar. Le indicamos que preguntara sobre la palabra "Nengobá" o una palabra similar, la cual se asociaba con ese antepasado esclavo en su familia.

La joven fue muy diligente y al otro día en clase me contó sobre la conversación que había sostenido con su abuelo. Me confirmó que "Nengobá" era el nombre, o apellido, con el que se conocía su antepasado esclavo, que, a la sazón, había sido tatarabuelo de su madre, por la línea paterna: Doña Rosa Cabrera.

Como la edad de su abuelo, Don Ismael Cabrera, era avanzada (setenta y pico de años en 1989), le urgimos a la joven que tratara lo antes posible de grabar la conversación que había sostenido con su pariente. La convencimos de la importancia y la urgencia de realizar el trabajo, para lo cual le enfatizamos que era el primer testimonio oral que daba una familia sobre sus antepasados africanos, y que por tanto, era sumamente importante registrarla para la historia de Morovis y de nuestro país. No tuve mucha dificultad para convencerla, aparte de que ella obtendría una buena calificación (una nota), correspondiente a su trabajo de investigación.

En la próxima clase la joven nos entregó el *"casette"*, ya grabado con la conversación que ella y su señor padre, Don Cruz Torres, sostuvieron con Don Ismael. La misma tarde del 21 de agosto en que la recibimos, la escuchamos muy emocionados y al día siguiente, el 22, la transcribimos íntegramente, para tener la información a mano. (Ver Entrevista #1.)

EN BUSCA DEL "KUNTA KINTE" BORICUA

La cadena de acontecimientos que se sucedió fue decisiva para el desarrollo de la investigación. Me había matriculado en el curso del Profesor Antonio Gaztambide, Puerto Rico y El Caribe en el Siglo XX, como parte de los requisitos para el grado de Maestría en Estudios Puertorriqueños en el Centro de Estudios Avanzados de Puerto Rico y El Caribe. (En adelante C.E.A.P.R.C.) En la clase que se dictó el sábado, 26 de agosto de 1989, el profesor trajo a colación, a manera de comentario, la acogida que había tenido en Puerto Rico la serie documental "Roots", basada en la obra de investigación del afronorteamericano Alex Haley, que trazaba sus antepasados hasta el primer esclavo de su estirpe que había sido capturado en África: Kunta Kinte.

El comentario venía al caso, pues la clase aludía al interés que había demostrado el público Boricua hacia sus orígenes africanos. Nos animamos a hacerle una pregunta al profesor, sobre si se había dado el caso de que se hubiese localizado alguna familia puertorriqueña que pudiera trazar su ascendencia hasta su antepasado africano y que recordaba el nombre africano que llevaba el esclavo. El profesor contestó en la negativa, a lo que le señalamos que habíamos dado con una familia que sí conocía ese antepasado. El profesor se asombró y nos estimuló con una frase algo similar a ésta: "Pues usted ha encontrado una joyita." Nos exhortó a que continuara con la investigación y recibimos un impulso adicional.

Comenzamos a buscar bibliografía sobre el tema. Era escasa la que teníamos a mano. Y comenzamos a concertar citas para conversar con los descendientes, tanto del esclavo como de los amos. Entonces vimos la necesidad de recurrir a las fuentes documentales que se conservan en la Parroquia de nuestro pueblo. Allí nos exigieron "renovar" el viejo permiso que ya teníamos para consultar las fuentes. (Ver: Carta al Obispo de Arecibo, Miguel Rodríguez, del 3 de septiembre de 1989.) En lo que llegaba el permiso del Señor Obispo de la Diócesis de Arecibo, me dediqué a entrevistar personas que habían conocido personalmente a los hijos del esclavo, octogenarios que descendían de los Cabrera "blancos", los antiguos amos. Ya veíamos la necesidad de profundizar la investigación y consultar algunos documentos del Archivo Parroquial y comenzamos a planificar esa fase de la búsqueda.

Pero como dice el adagio bíblico: "Y todo se os dará por añadidura..." Y al parecer, así fue, pues en la tarde del 11 de septiembre tuvimos la extraordinaria oportunidad de escuchar la conferencia que dictara en el C.E.A.P.R.C. el erudito cubano, Dr. Israel López Valdés, intitulada: "Influencias Africanas En El Proceso Formativo Del Pueblo Cubano". Allí tomé notas que me resultaron muy valiosas para el desarrollo posterior de la investigación. Al final de la charla, abordé al Dr. López Valdés sobre la bibliografía que uno debía consultar para profundizar en el origen de las etnias africanas, si uno iba a investigar casos de esclavos puertorriqueños.

El Dr. López me sugirió, entre otras varias, la erudita obra del Doctor Manuel Álvarez Nazario: 'El Elemento Afronegroide en el Español de Puerto Rico', que era de fácil adquisición aquí. Me avergoncé un poco por no haber leído la obra de un compatriota nuestro y que me lo viniese a recomendar un extranjero, en nuestra propia tierra. Así lo hice. Fui, lo compré y comencé a leerlo con sumo interés. Fui encontrando en esa lectura muchas "claves" para ir entendiendo lo que iba descubriendo. Tanto fue el interés que generó en mí esta lectura, que un día conversamos largo rato vía telefónica con Don Manuel Álvarez Nazario, y este nos brindó valiosa orientación en lo referente a fuentes antiguas que se debían consultar para abundar sobre el tema, así como los lugares donde podía localizarlas.

Figura 1.4. Portada de libro *Raíces* del autor norteamericano Alex Haley.

Posteriormente, le solicitamos al Profesor Gaztambide que nos convalidara este tema de investigación por el trabajo que era requisito presentar en el curso para su aprobación final ese semestre. Eso lo aceptó el profesor de muy buen agrado y se lo agradecimos. A aquellas alturas, lo que debía ser una monografía de 15 páginas, se había convertido en un "mamotreto" de más de cien.

Como la investigación se había extendido hacia otras vertientes, no podíamos entonces elaborar una conclusión general definitiva. A medida que profundizábamos en los lazos familiares de esta familia descendiente de esclavos, fuimos encontrando la mezcla frecuente y consistente con personas de sangre indígena, como testimonian los más viejos en las conversaciones que sostuviéramos con ellos. Estos familiares aparecen registrados en los libros de Bautismos de la Parroquia de Morovis en la clasificación de "Pardos", lo que es cónsono con la tradición oral y con la historia.

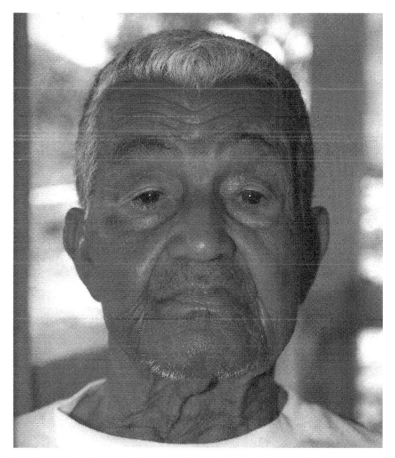

Figura 1.5. Don Ismael Cabrera Vázquez, bisnieto de Federico Cabrera.

Después de cinco largos meses de comenzada y luego de dedicarle centenares de horas a realizar las entrevistas, a transcribirlas con métodos rudimentarios; decenas de horas en la búsqueda y estudio en los Archivos Parroquiales de Morovis y a largas vigilias de lectura de la literatura que sobre el tema hemos podido conseguir, presentamos un breve resumen de los hallazgos. Teníamos entonces y aún tenemos, la enorme satisfacción de haber "abierto brecha", como nos decía el Profesor Gaztambide, en uno de los campos de la investigación histórica en nuestro país en la que apenas se han "desbrozado" los caminos...

"MI LINAJE EMPEZÓ CON FEDERICO CABRERA"

"Me llamo Ismael Cabrera Vázquez, biznieto de Federico. Mi papá era hijo de Manuel Cabrera. El papá mío es el... Inginio Cabrera, nieto de Federico Cabrera. Mi linaje empezó con él..."

"Federico vino, pues... vino de África. Entonce, al venir de allá, pue... vino como... la palabra es... esclavo... Una tontería, pero... Lo mencionan como eso, verdá... Y de ahí salió toda la familia."

"Federico Cabrera no era Cabrera... Adoptó ese apellido... Porque antes... se me olvida... Se dice Nangobá, ese era el nombre de él, de ese sitio de a donde vino él... Porque entonce, los que lo adoptaron, puej, le cambiaron el apellido al de los que lo criaron ahí... El apellido de entonce fue Cabrera, advino a ser Cabrera..."

"Nangoba, el apellido... sí, era de allá. Porque eso era una gente que diban allá, los españoles, no sé quién... Y ellos se arrimaban... creo... a la orilla de la playa... Y ellos se los robaban... Los españoles... Y que les enseñaban y que unas banderitas... Era lo que decía la gente... Coloraítas... y a ellos les gustaban y ahí se los robaban... Y se los traían y los vendían acá... a los ricos... a los españoles. Y de esa misma familia de color... la sangre es igual, pues... hay familiares ligaos con los españoles, de esa familia... Pero yo creo que en Puerto Rico no fue este señor Federico Cabrera esclavo nada más... habían más... y aquí están ligaos..." (Ver Entrevistas #1 y #3.)

¿Cómo iba yo a reaccionar ante esa información tan exacta? La misma es expresada por una persona iletrada, no obstante, está tan llena de ese "aura" de verdad, como sólo la expresa un jibarito auténtico. Soy jíbaro y fui criado por jíbaros. Nadie me puede venir a alegar que "esos viejitos son unos embusteros", como, lamentablemente, le he escuchado decir a más de un arrogante o ignorante principiante de historiador en nuestro país. Las narraciones de esos "viejitos" tienen mayor veracidad para mí, como historiador, que todos esos documentos "oficiales" de gobierno que se consideran "fuentes primarias". Como dice el refrán jíbaro: —El papel aguanta todo lo que le ponen... La incongruencia del número de víctimas de María es el más reciente ejemplo.

Tenía que actuar con rapidez. Don Ismael ya estaba avanzado de edad. De inmediato, coordiné hacerle una visita a su residencia para que me abundara sobre los datos que conocía sobre su bisabuelo, Federico Nengobá. En la misma oportunidad, trataría de corroborar los pocos datos que ya tenía sobre su abuelo, Don Manuel. Llegué a la residencia de Don Ismael Cabrera a eso de las 3:20 de la tarde del miércoles, 1 de noviembre. Escuchaba, desde que me bajé de la guagua, el himno religioso que entonaba Don Ismael, acompañado de los acordes de su güiro.

Cuando nos asomamos a la puerta, Don Ismael nos vio y suspendió el culto que realizaba, no sin antes excusarse ante el Señor por mi inesperada visita, al mismo tiempo que pedía protección y bendición para el recién llegado. Nunca había visto en un anciano de mi pueblo tanta nobleza, bondad y hospitalidad al recibir a un desconocido, puesto que Don Ismael me conocía sólo por referencias. Enseguida me atendió y le pedimos su autorización para grabar la entrevista, a lo que él accedió sin reparos. La misma la comenzamos de manera informal, la que hemos transcrito. Salí de su residencia a las 5:00 P.M.

La experiencia de haberle conocido y haberle entrevistado son de esas pocas cosas de las que uno se enorgullece como investigador, puesto que considero que es un privilegio escuchar de boca de nuestros ancianos esa historia que, de lo contrario, se habría de perder irremediablemente, de no estar registrada, como hoy lo está. (Ver Entrevista #3.)

¿QUÉ DICEN LOS DOCUMENTOS?

Y como el avance o el atraso de muchas de las cosas que emprendemos en este país tropical, depende de que ocurran o no ciertos fenómenos meteorológicos, recién pasado el Huracán Hugo, recibimos la misiva del Sr. Obispo de Arecibo donde, no sólo nos extendía el permiso para examinar los Registros de la Parroquia de Morovis y de los seis pueblos que le rodean, sino que hizo el permiso extensivo a toda la Diócesis de Arecibo. De inmediato me presenté en las Oficinas del Archivo Parroquial de Morovis y allí comencé el examen de las fuentes primarias. Aquellos vetustos libros me guardaban agradables e insospechadas sorpresas.

Una de nuestras primeras preocupaciones era corroborar el dato que se había recogido en la entrevista sobre el origen africano de Federico Cabrera. Y cuál no sería nuestra sorpresa al encontrarnos con una Partida de Bautismo de uno de los hijos del esclavo, al cual bautizaron el 1 de julio de 1879. El niño fue bautizado con el nombre de Pedro Nolasco, y aparecía como hijo legítimo de Federico Cabrera y María Salgado. Había nacido el 31 de enero de ese mismo año. En el Acta de Nacimiento encontré a los suegros de Federico Cabrera: Don Sabás Salgado y Doña María Cruz Nieves.

La nota que corresponde a los abuelos paternos del niño no constaba, y la nota aclaratoria decía: No constan por ser de África. (Ver: Partida de Bautismo de Pedro Nolasco Cabrera). Ésta era la primera evidencia documental de que, al menos, los padres del esclavo Federico eran naturales de África. Aunque no era prueba fehaciente del origen africano del esclavo, como decía la tradición oral, por lo menos abonaba un tanto en esa dirección.

Pero las sorpresas grandes estaban reservadas para más tarde. Decidí llevar a cabo una búsqueda meticulosa de todos los libros de Bautismos, tanto los Libros de Blancos como los Libros de Pardos y los Libros de Indistintos, uno por uno, desde el primero hasta el último, que comenzaban en el año 1823, año en que se erigió la Parroquia Nuestra Señora del Carmen y el Arcángel San Miguel, y terminaban en el año 1900. Me dediqué, primeramente, a buscar en fechas anteriores al nacimiento del niño Pedro Nolasco, puesto que la tradición de la familia conservaba muchos nombres de hijos de Federico anteriores a Pedro. Me habían mencionado a Manuel, a Joseíto, a Pascual, a Eusebio, a Romana... Debía entonces haber alguna evidencia documental sobre ellos y me dediqué a buscarla.

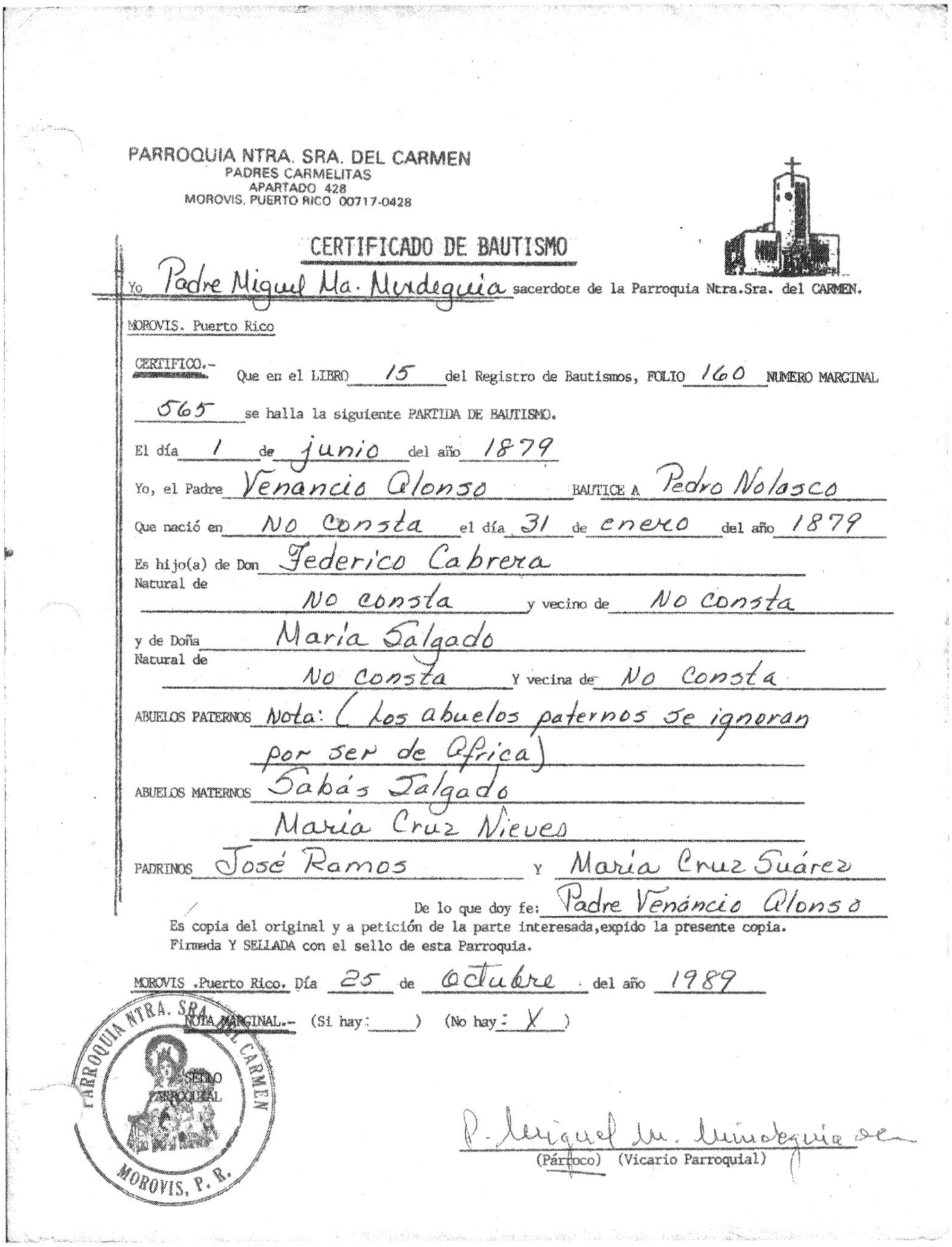
PARROQUIA NTRA. SRA. DEL CARMEN
PADRES CARMELITAS
APARTADO 428
MOROVIS, PUERTO RICO 00717-0428

CERTIFICADO DE BAUTISMO

Yo Padre Miguel Ma. Mendeguía sacerdote de la Parroquia Ntra.Sra. del CARMEN.
MOROVIS. Puerto Rico

CERTIFICO.- Que en el LIBRO 15 del Registro de Bautismos, FOLIO 160 NUMERO MARGINAL 565 se halla la siguiente PARTIDA DE BAUTISMO.

El día 1 de junio del año 1879

Yo, el Padre Venancio Alonso BAUTICE A Pedro Nolasco

Que nació en No consta el día 31 de enero del año 1879

Es hijo(a) de Don Federico Cabrera

Natural de No consta y vecino de No consta

y de Doña Maria Salgado

Natural de No consta Y vecina de No consta

ABUELOS PATERNOS Nota: (los abuelos paternos se ignoran por ser de Africa)

ABUELOS MATERNOS Sabás Salgado
Maria Cruz Nieves

PADRINOS José Ramos Y Maria Cruz Suárez

De lo que doy fe: Padre Venancio Alonso

Es copia del original y a petición de la parte interesada,expido la presente copia. Firmada Y SELLADA con el sello de esta Parroquia.

MOROVIS .Puerto Rico. Día 25 de octubre del año 1989

NOTA MARGINAL.- (Si hay:) (No hay: X)

PARROQUIA NTRA. SRA. DEL CARMEN
SELLO PARROQUIAL
MOROVIS, P. R.

P. Miguel M. Mendeguía

(Párroco) (Vicario Parroquial)

Figura 1.6. Partida de Bautismo de Pedro Nolasco Cabrera, hijo de Federico Cabrera.

ELEUTERIA CABRERA, NEGRA

La sorpresa más impactante me la llevé el día 13 de noviembre de 1989.

Ese día me ausenté al trabajo en la escuela para dedicarme de lleno a la búsqueda en el Archivo Parroquial, porque en esa institución el horario laborable coincidía con el de la Escuela Superior de Morovis: de 8:00 A.M a 3:00 P.M. Ya había buscado por varias horas, cuando encontré la Partida de Bautismo de una niña, hija del esclavo Federico y de María Salgado. La transcribo aquí textualmente:

Eleuteria Cabrera

Negra

En esta Parroquia de Nuestra Señora Del Carmen y el Arcángel San Miguel de Morovis, isla de Puerto Rico a los treinta días del mes de julio del mil ochocientos sesenta (1860), yo, el infrascrito Presbítero, cura propio de ella bauticé solemnemente, puse óleo, crisma y el nombre de Eleuteria a una niña que nació el día 15 de abril del presente año; hija legítima de Federico Cabrera y María Salgado; abuelos paternos *Bangó y Sandú* naturales de África; maternos, José Salgado y María de la Cruz Nieves. Fueron sus padrinos Ventura Folquera (¿?) y Dolores Rijo a quienes advertí el parentesco y sus obligaciones de que doy fe, fecha (ilegible) supra.

Venancio Alonso

¡Era lo que buscaba! ¿Qué más evidencia se necesitaba para demostrar, fuera de toda duda razonable, que Federico venía de África, si no era el hecho de que muy bien recordaba los nombres africanos de su padre y de su madre? Este dato me trajo a la mente interrogantes que poco después pude dilucidar. Por ejemplo: ¿Vino Federico junto a sus padres desde África? La tradición oral lo mencionaba como un joven mozalbete, porque la misma decía: "Lo criaron ahí..."

Las entrevistas con Don Ismael Cabrera aclararon la interrogante: Federico aparentemente, fue capturado por buscadores de esclavos en las costas de África que, valiéndose de un ardid, atrapaban a los niños que, atraídos por "las banderitas colorás" que les mostraban en la costa, se convertían en parte de la valiosa mercancía que era vendida en América.

¡MEA CULPA!

Al encontrar tan preciada "joyita" histórica en las apolilladas y casi desmoronadas páginas de los libros más antiguos del Archivo Parroquial, sabía que tenía que hacer alguna gestión para lograr obtener copia de estos documentos. Los mismos demostraban la gran verdad histórica de la presencia de moroveños descendientes directos de padres africanos, que luego tuvieron parejas de la etnia nativa, con quienes procrearon su descendencia.

Como primera opción, solicité autorización del Cura Párroco, el Padre Mi-

---

[1] Revisando el borrador final de esta edición, encontramos la obra de Don Teodoro Díaz Fabelo, *Diccionario de la Lengua Conga Residual en Cuba*, que en su p.63 ofrece voces de la lengua conga con su equivalente en castellano y lucumí. Ahí figura el nombre "Sandu Kukmulenga" con el significado de 'cocotero' (Díaz Fabelo, S.F.).

guel Mendeguía, para que me autorizara a tomar fotografías de aquellos documentos que resultaban fundamentales en nuestra búsqueda. Incluso ofrecí obtener diapositivas de los mismos para facilitarle una copia para el uso de la Institución. Por no sé qué tipo de celo, la misma me fue denegada. Tal vez jugó algún papel el hecho de que yo fuera un investigador nativo y él fuera un ciudadano del país Vasco. O quizás recordaba que, para 1981, yo me proponía bautizar a mi segunda hija con el nombre de Atabeyra y a él no le había gustado ese nombre "no cristiano".

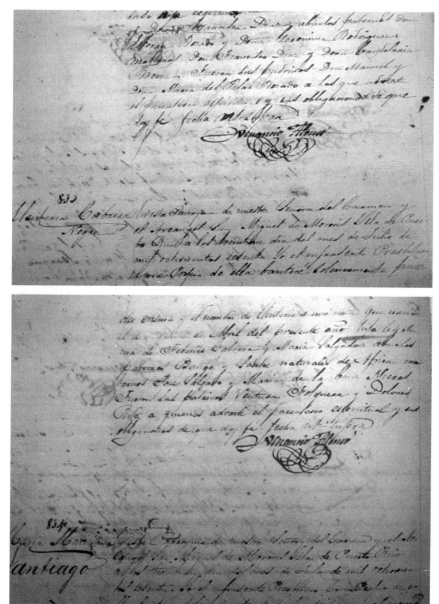

Figura 1.7. Fotografías de la Partida de Bautismo de Eleuteria Cabrera Salgado.

El asunto fue que, comentándole mis dificultades a un amigo moroveño, el Sr. Jaime González, quien recién había fungido como Alcalde Interino en nuestro municipio a raíz de haber sido destituido el Alcalde incumbente, el Sr. Bruno Calderón Colón; me hizo la siguiente oferta: prestarme una máquina de copias fotostáticas de las que él disponía, la cual podría introducir al Archivo Parroquial. De esa forma podía evitar el tener que pagar el alto costo de cada Acta de Bautismo o Defunción; algo que me resultaba oneroso, ante mi escasez de recursos económicos. Esta segunda idea fue rechazada, nuevamente, por el Cura Párroco. Empecé a "cogerle mala voluntad"...

¿Qué podía hacer? Se me ocurrió una idea. Fui una mañana a investigar al Archivo Parroquial. Como sabía que a la hora de mediodía me encerrarían nuevamente en el Archivo, mientras transcurría la hora del almuerzo del Párroco y de los empleados, como ya me había sucedido, esta vez me ingenié un ardid. Llevé mi cámara fotográfica cargada con un buen rollo de película a color y la guardé en mi mochila. A la hora del almuerzo, la introduje, con la excusa de que allí tenía "un sandwichito" para el almuerzo.

¡Pero no tenía ninguna comida ná! Esa hora en que no iba a tener supervisión, la iba a aprovechar para copiar todos los documentos importantes que pudiera. Aproveché esos sesenta minutos como nunca antes. Sabía que estaba cometiendo "un pecado venial" al mentir sobre lo de la mochila, pero sé que mi pueblo moroveño bien me lo habría de perdonar. Estaba rescatando del olvido importantes datos de nuestra historia y esos documentos probablemente ya se hayan pulverizado tres décadas después, ante las pésimas condiciones de abandono en que se encuentra nuestro Archivo Parroquial. Gracias a esa pequeña "trampita", hoy los puede apreciar el atento lector.

"SUS ABUELOS SE IGNORAN, POR SER DE ÁFRICA"

A la frase "no constan por ser de África", del acta de Pedro Nolasco en 1879, se une ésta otra frase, que aparece reiteradamente en las Actas de Bautismo de los hijos(as) de Federico Cabrera. Así consta en las partidas de bautismo de Pascual (en 1866), José María (en 1870), Juan Crisóstomo (en 1872), Romana (en 1874), María Carmen y María Juana (en 1877). El detalle nos resultaba desconcertante.

Cuando Federico bautiza a su hijita Eleuteria en 1860, hace constar que sus padres africanos son Bangó y Sandú, naturales de África. ¿Cómo era posible que cuando bautiza a su primera hija Juana de la Cruz, en 1858, tan sólo dos años antes, el Cura Párroco escribiera: "Abuelos paternos no se conocen según lo manifiesta el padre de la niña"? Si el hecho de que aparezcan registrados, dos años después, demuestra que Federico sí los conocía dos años antes.

En algunas de las restantes actas se hace constar que Federico proviene de África, como en la partida de bautismo de Juan en 1874; mientras que en la partida de bautismo de Marcelina, entre 1879-1880, se indica que el abuelo paterno es de África. Aparentemente, todos fueron bautizados por el mismo Cura Párroco, Don Venancio Alonso, que es el mismo que hace constar, en el documento eclesiástico de 1860, los nombres africanos de los padres de Federico.

Un día pude conversar con el Dr. Israel López Valdez. Este investigador cubano es quien ha realizado la investigación más abarcadora sobre la procedencia africana de los esclavos de la república hermana (López-Valdés, 2002). Este me informó que "existía una instrucción, por ley eclesiástica, de que se suprimiesen los nombres africanos en los documentos oficiales". No ha sido hasta recientemente, que he podido comprender "la ignorancia" de los nombres de los abuelos africanos en las actas de bautismo de los hijos(as) de Federico Cabrera. Es que la expresión "SE IGNORAN, POR SER DE ÁFRICA", lo que significa es que La Iglesia "los ignora", es decir, ¡NO LOS TOMA EN CUENTA! Por eso no figuran en la mayoría de las actas.

LA REBELDÍA DEL CURA PÁRROCO VENANCIO ALONSO

¿De qué otra manera podríamos catalogar la acción del Cura Párroco de Morovis, Don Venancio Alonso, al "cristianar" a la niña Eleuteria Cabrera Salgado? ¿Por qué razón violaría la norma eclesiástica de suprimir los nombres de origen africano de los documentos oficiales de la Iglesia? No tenemos ninguna explicación. Tan sólo podemos inferir que este sacerdote tenía una mentalidad distinta a la mayoría de los demás religiosos que dirigieron la Parroquia en el Siglo XIX. No es mucha la información que hemos podido reunir sobre este personaje, sumamente relevante en la historia de nuestro pueblo. Don Venancio Alonso firma en las Actas de Bautizos de varios de los hijos que Federico Cabrera procreó con María Salgado. Sus firmas aparecen en los Libros de Bautizos de la Parroquia de Morovis, ininterrumpidamente, desde el año 1858 hasta el 1879.

Sabemos que para los años posteriores a la Rebelión Boricua contra el gobierno español, conocida como "El Grito de Lares", llegaban rumores a los oídos de las autoridades españolas de que "los maestros boricuas sembraban ideas de libertad en sus estudiantes y en su pueblo" (Delgado-Colón, 1987: 39). Desde inicios de esa década, los gobernadores españoles en la isla comenzaron una política de sustitución de maestros del país por maestros de la península. Los maestros boricuas eran "fichados" por las autoridades si les parecía que no eran "afectos" a la nación española (Hernández, 2000: 249-250). El gobernador de turno, José Laureano Sanz, clausuró, en el año 1874, la única escuela que existía en Morovis. El día 2 de noviembre de ese año regularizó la enseñanza y nombró maestros interinos en casi todos los pueblos de la isla, menos en Morovis.

Esto trajo como reacción que el Presbítero Manuel Alonso se dedicara a instruir a un grupo de jóvenes moroveños, los que posteriormente se convirtieron en los maestros del pueblo y del campo en nuestro municipio. "No sólo les enseñaba primeras letras sino también les daba lecciones de Gramática, Literatura, Geografía, Historia, Religión y Latín (Delgado-Colón, 1987: 39).

Fuera debido a su rebeldía; ya a que se trataba de una persona muy instruida y sensible hacia la educación de sus feligreses; quizá consciente de que dejaba un documento histórico para la historia futura del pueblo que lo acogió por tantos años, se tomó la libertad de plasmar en el Acta Bautismal de Eleuteria Cabrera, los nombres africanos de los padres de Federico Nengobá. Venancio Alonso estaba haciendo, con su santa rebeldía, quizás sin saberlo, una de las aportaciones más importantes a la historia de nuestros ancestros Boricuas originarios del continente africano.

Un dato que llamó la atención es que este religioso reanuda a mediados de la década de 1850 la práctica de incluir el nombre del segundo patrono de la Parroquia de Morovis San Miguel Arcángel[2]. Esta práctica la habían abandonado los párrocos que le precedieron. Este era el santo patrón de los esclavos.

Figura 1.8. Residencia del Párroco Venancio Alonso, luego Casa Alcaldía de Morovis.

LOS NANGOBÁS

Al inicio de las investigaciones, nos topamos con el interesante dato de que en la tradición oral de la familia Cabrera se conservaba "el nombre africano" de Federico Cabrera: Mangobá o Nengobá. En la monumental obra de Don Manuel Álvarez Nazario, *El Elemento Afronegroide en el Español de Puerto Rico* (1974) se hace mención de un nombre africano que tiene sonoridad casi idéntica: los Nangobás. Álvarez Nazario menciona la alusión que hace a ésta nación africana, el escritor costumbrista José A. Daubón (1904):

"Daubón, por otra parte, recuerda a las naciones de negros que desfilaban

---

[2] Revisando el borrador final de esta edición, encontramos la obra de Don Teodoro Díaz Fabelo, *Diccionario de la Lengua Conga Residual en Cuba*, que en su p. 57 ofrece voces de la lengua conga con su equivalente en castellano y Lucumí. Allí figura el árbol Masensa, Mafuita; conocido como Palo Negro. En lengua Lucumí es *Iggi erú*. Es el árbol de Eleguá, Ogón y Asibiri kí, que es San Miguel Arcángel (Díaz Fabelo, S.F.).

el día de San Miguel en el San Juan de mediados del siglo pasado y menciona separadamente a los congos y a los *nangobaas* (<ngumbá o ngumbí), originarios los últimos del Camerún suroccidental y de la antigua Guinea española..." (Álvarez-Nazario, 1974: 57-58).

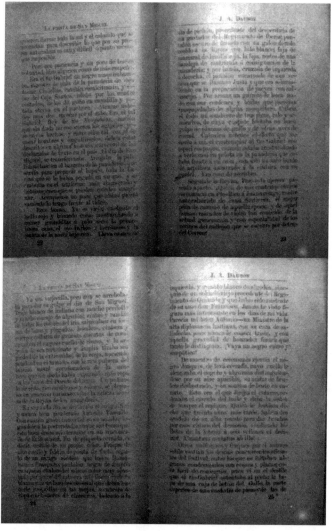

Figura 1.9. Páginas 24-25 de la obra de José Daubón, *Cosas de Puerto Rico* (1904-05).

Abundando Álvarez Nazario sobre las menciones de Daubón a esas naciones africanas nos dice:

"...en una de sus estampas fundamentadas en recuerdos de la niñez se refiere a las naciones de negros que desfilaban por entonces por las calles de la primera ciudad de la colonia con motivo de celebrarse allí las fiestas de San Miguel y alude luego a un personaje particular en estos desfiles, "Juana Conga, reina de los nangobaas"... (Álvarez-Nazario, 1974: 217).

En su obra, Álvarez Nazario dedica un acápite a la voz Nangobaa o Nangoba:

> "Se dijo en Puerto Rico, durante el Siglo XIX, de los negros pertenecientes en su origen a determinado grupo tribal africano que llegó a constituir en San Juan, al igual que los negros de otras procedencias, una especie de cofradía o hermandad, sociedad sobre la cual ofrece algunos informes indirectos el escritor costumbrista Daubón: "Era el tal Gabriel, rey de los nangobaas...", "¿Quién de mis contemporáneos no conoció en Puerto Rico a Juana Conga..., reina de los nangobaas?". También el dramaturgo R. E. Escalona alude a "un negro nangobá" en su comedia *Amor a la Pompadour* (1883). Nos parece este vocablo corrupción fonética de *ngoumba* o *ngumbá,* nombre de un pueblo de habla bantú localizado en el Camerún occidental." (Álvarez-Nazario, 1974: 258).

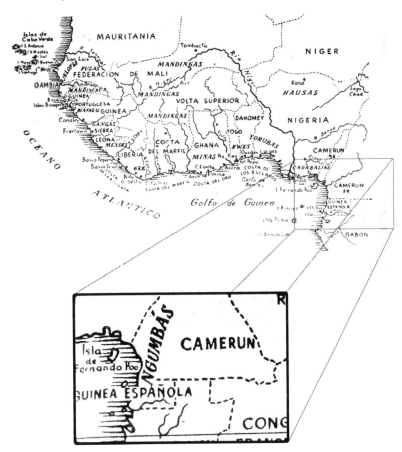

Figura 1.10. Región de África donde ubica el Clan del Toro, los Ngumbá, en el Camerún (según Álvarez-Nazario, 1974.)

El sábado, 17 de febrero de 1990, en una visita que hice al pueblo de Morovis, conversé con mi amigo Alfonso Fontán Nieves. Me comentó sobre una noticia que escuchó por la radio. Esa misma noche, precisamente, se presentaría en la Universidad de Puerto Rico, Recinto de Río Piedras, un Concierto de Música Africana de la República del Camerún. Anunciaron que allí se interpretaría música de dos regiones de la república: de la Zona de Ñangó y de la Zona de Bangó.

Para mí fue una agradable sorpresa, puesto que ambos nombres corresponden a la zona de Camerún, de donde estimábamos que fue capturado Federico Cabrera; y ambos vocablos son idénticos o tienen idéntica sonoridad con los que hemos venido documentando en el estudio relacionado al nombre africano del esclavo, el padre del esclavo y uno de sus nietos. Fue gracias a la información provista por el Dr. Manuel Álvarez Nazario que pudimos establecer la ubicación de esos nombres como pertenecientes a las lenguas del Camerún, en el Oeste noroeste africano. El dato escuchado por Fontán parece ser la confirmación definitiva del lugar de procedencia de Federico Nengobá.

LOS LONGOBÁS EN VEGA ALTA

Por otro lado, el historiador Guillermo A. Baralt señala en su obra "Esclavos Rebeldes" (1981) que la mayoría de las insurrecciones de esclavos en Vega Alta las protagonizaron los Longobás. Nos resulta sumamente interesante el conocimiento que pudiese haber habido sobre estos esclavos rebeldes entre la familia de Federico Nengobá, dado el hecho de que, el barrio Unibón, donde se crió el esclavo, formaba parte del municipio vecino de Vega Alta, antes de constituirse como barrio de Morovis a mediados del Siglo XIX.

¿MANGOBÁ O NENGOBÁ?

Nuestras emociones y las muchas interrogantes corrían parejas. Parte de la familia recordaba la voz "Nengobá" para identificar su antepasado esclavo. El asunto se complicaba cuando otros miembros de la familia mencionaban la variante "Mangobá". La diferencia era una sílaba, pero quizás era significativo el dato.

Cuando repasamos las notas que habíamos tomado en la charla que había dictado el Dr. López Valdés, encontramos un dato por demás relevante y significativo para nuestro estudio. Afirma el estudioso que, en la familia de lenguas bantúes, la raíz "ba" tiene el significado de multiplicidad. ¡Entonces Nango-ba podría significar: "muchos de los Nango".

Pero añade el Dr. López Valdés que "el prefijo "*ma*" significa lo mismo que "*ba*". ¡Y habíamos escuchado el nombre *Ma-ngobá* en la tradición oral de la familia! Esto nos pareció sumamente revelador, puesto que el padre de Federico se llamaba "Ba-ngo" y colocados los fonemas al revés se lee: ¡Ngo-ba! ¿Qué más evidencia del origen africano del padre de Federico si el "nombre" con que se conocía el esclavo en Morovis era el mismo de su padre, pero invertido? Lo más asombroso es que su familia conservaba el nombre, sin conocer el dato del nombre del padre de Federico, que lo vinimos a descubrir en el Archivo Parroquial de Morovis, 130 años después que fue escrito allí, cuando Federico bautizó su hija Eleuteria, de lo cual nadie podía acordarse ya! Y en la tradición oral se conserva el dato de que el segundo hijo de Federico, Venancio, le llamaban "Nangó". ¿Sería mero juego con los fonemas de las voces Bantúes?

La interrogante sobre los "apellidos" de Nengobá se mantuvo hasta tanto le hicimos una entrevista a Don Juan Maldonado Ríos, sobrino de Doña Rosa, "La India". Don Juan sostenía frecuentes conversaciones con uno de sus tíos paternos, con Don Rosa Maldonado Cabrera. Juan es biznieto del esclavo, por ser nieto de Rafaela Cabrera, hija de Federico. Este había escuchado a su tío decirle que "el apellido de Nengobá era "Maone". Ese nombre lo pronunciaba, indistintamente, como "Maunez" o "Maone" en las entrevistas. Luego de una búsqueda exhaustiva de personas de dicho apellido, desde los inicios de la existencia de la Parroquia, no pudimos encontrar este primer apellido en los archivos. (Ver Entrevista #8).

Resultó ser algo inesperado cuando, meditando sobre el problema, descubrimos que Don Rosa tenía razón cuando decía que el apellido de Nengobá podía ser "Maone", cuando nos percatamos que había que separar el mismo en "Ma" o "Ne". Esto es lo que explicaba que una parte de la familia Cabrera lo llamara Nengobá y otra parte lo llamara Ma-ngobá. ¡O era "Ma", o era "Ne"!

ESCLAVOS AGRÍCOLAS EN MOROVIS EN EL SIGLO XIX

Federico Cabrera parece haber sido un esclavo de oficio "labrador", como aparentemente lo era la mayoría de los esclavos varones en Morovis, aunque sabemos que hubo excepciones. Tenemos copia de una cédula de empadronamiento de esclavos de Jacinta, una esclava de oficio "labradora" de trece años, propiedad de Don Ramón Cardona, en el barrio Morovis Norte. (Ver Tabla Sobre Esclavos de Morovis en 1871). Otros esclavos ejercían labores de servidumbre doméstica.

Al momento de la redacción preliminar de estas notas, ya había aparecido publicado el segundo volumen de la obra del historiador Wilhelm Hernández sobre la historia de Morovis (Hernández, 2000). Aunque este investigador le dedica un capítulo extenso al desarrollo agrícola en nuestro municipio y una sección especial muy bien documentada sobre la historia de la Hacienda María, no hace mención de la mano de obra esclava que allí laboraba.

El testimonio que nos ofrece Don Cruz Román Salgado, anciano de más de un siglo de edad al momento de nuestra entrevista, nos permite reconstruir en parte el ambiente social de esa hacienda agrícola moroveña para la época del apogeo de la esclavitud en el Siglo XIX. Don Cruz es hermano de Don Félix Román Salgado, el esposo de Doña Rosa Ríos Agosto, "La India", todos ellos gente muy longeva.

En su recuerdo guardaba escenas de aquella época en que hombres y mujeres, por su condición de ser propiedad de poderosos terratenientes, eran convertidos en bestias de trabajo que laboraban y "descansaban" en condiciones infrahumanas, produciéndole la riqueza a sus amos.

Don Cruz albergaba la duda de si tenía "hermanos esclavos", porque su padre estaba encargado de grupos de esclavos de ambos sexos que realizaban faenas agrícolas en las Haciendas Amparo y María, ubicadas en el barrio San Lorenzo de Morovis. Esa posición le permitía a su padre sostener relaciones sexuales libremente con las esclavas, a consecuencia de lo cual nacían hijos que no eran "reconocidos", los llamados "hijos naturales" o "bastardos".

Núm.	Dueño(a)	Esclavo/a(a)	Estado S = soltero(a) V = viudo(a)	Edad	Oficio	Comentarios (C.=Coartado) (E.=Escudos)
1	Aguirre, Don Juan R.	Simón	S	3	ninguno	
2	Id.	Demetria	S	27	doméstico	
3	Cardona, Sucn. De Don Ramón	Beatriz	S	32	doméstico	
4	Id.	Agapito	S	8	ninguno	
5	Id.	Jacinta	S	12	ninguno	
6	Id.	Fidel	S	5	ninguno	
7	Colón, D. lucas	Lorenza	S	50	doméstico	
8	Id.	Fermín	S	42	labrador	
9	Id.	Bibiana	S	15	doméstico	
10	Id.	Celestino	S		labrador	
11	Id.	Onorio	S	9	ninguno	
12	Id.	Victoriana	S	7	ninguno	
13	Id.	María Antonia	S	3	ninguno	
14	Id.	María Asunción	S	52	doméstico	
15	Id.	Juana Francisca	S	6	ninguno	
16	Cabrera, D. Lorenzo	Gerónimo	S	6	ninguno	
17	Id.	José Ma. Mónico	S	2 y 2	ninguno	
18	Id.	Dolores	S	27	labradora	
19	Dña. María , Vda. De Seín	Bárbara	S	46	doméstico	
20	Id.	Ramona ¿Eduviges?	S	5	ninguno	

Tabla 1.1. Esclavos moroveños en el Censo de 1870 (parte 1). (Según R. Martínez Torres, 2018).

Don Cruz nos narra cómo llegó a presenciar algunos aspectos de la siembra de la caña de azúcar en esas haciendas moroveñas. Las mujeres esclavas que tenían bebés lactantes, debían colocarlos en unos "morralitos" a sus espaldas, mientras que, en las horas de mayor temperatura, trabajaban realizando las faenas agrícolas, sin importarle a nadie las condiciones tan inhumanas en que la madre tenía que velar por su criatura.

La mujer esclava era convertida en "una bestia de trabajo" que, además de rendir una jornada de más de diez horas al día como labradora de la tierra, también tenía la tarea de reproducir la mercancía que el propietario había comprado, criarla, educarla y entregar al amo para que dispusiera a su antojo y conveniencia, del fruto de su maternidad. No ha existido nada tan desgarrador e inhumano como la condición de la esclavitud humana.

Sólo quien tiene profundo conocimiento de la oprobiosa institución, que era validada por el Estado y refrendada por la Iglesia Católica, puede aquilatar y valorar la gesta de los que, en nuestro país, asumieron posiciones militantes a favor del abolicionismo. Como un Betances o un Ruiz Belvis, hacendados boricuas que compraban los esclavitos en la pila bautismal antes de recibir el bautismo y se los entregaban a sus madres, para que criaran un hijo libre. Y es que el agua bautismal "les abría el camino al cielo" a los esclavitos, a la vez que aumentaba el valor de esa "mercancía" humana a los dueños. Y la de los esclavos rebeldes que, no teniendo nada que perder, excepto sus vidas, intentaron subvertir un orden que se basaba en privilegios y que se sostenía sobre su opresión.

Núm.	Dueño(a)	Esclavo(a)	Estado S = soltero(a) V = viudo(a)	Edad	Oficio	Comentarios (C.=Coartado) (E.=Escudos)
1	Marrero, D. Rafael Lino	Juan Pablo	S	72	labrador	
2	Martínez, D. Vicente	Águeda	S	11	ninguno	
3	Martínez Ubiñas, Da. Inés	Guillermo	S	9	ninguno	
4	Parés Hermanos	Francisco	S	72	labrador	
5	Id.	Zenón	S	28	doméstico	
6	Id.	Timoteo	S	27	labrador	
7	Quintero, D. Manuel	Concepción	S	58	doméstico	
8	Id.	María Antonia	S	47	doméstico	
9	Id.	Catalina	S	19	doméstica	
10	Id.	Pedro Maximiliano	S	17	labrador	
11	Id.	Alfredo Benito	S	11	ninguno	
12	Id.	Dámasa Dolores	S	2	ninguno	
13	Rodríguez, Da. Josefa	Cándida Rosalía	S	6	ninguno	
14	Rodríguez, Da. Juana	Catalina	S	26	doméstico	
15	Id.	José Olayo	V	62	labrador	C. 200 E.
16	Rivera, D. José María	Serapio	S	10	ninguno	
17	Rosado, D. Francisco	Teresa	S	58	doméstico	C. 700 E.
18	Id.	Filomena	S	12	doméstico	C. 400 E.
19	Id.	Juan Isabel	S	11	doméstico	C. 400 E.
20	Id.	Isabel	S	9	doméstico	C. 400 E.
21	Id.	Rufina	S	5	ninguno	C. 400 E.
22	Rivera Y Colón, Da. Rosa	Miguel	S	82	labrador	
23	Suro, Don Juan	Pablo	S	34	doméstico	
24	Id.	Trinidad	S	6	ninguno	
25	Id.	Juana Paula	S	37	doméstica	
26	Id.	Leonarda	S	22	doméstica	
27	Id.	Francisco	S	20 meses	ninguno	
28	Silva, D. Sebastián	Manuel	S	54	labrador	
29	Id.	María De Los Santos	S	36	doméstico	
30	Id.	Nicomedes	S	19	labrador	
31	Id.	Alejo	S	17	doméstico	
32	Id.	Francisca	S	16	labrador	
33	Id.	Catalina	S	13	doméstico	
34	Id.	Nicolasa	S	12	doméstico	

Tabla 1.2: Esclavos moroveños en el Censo de 1870 (parte 2). (Según R. Martínez Torres, 2018).

LA LIBERTAD DE FEDERICO CABRERA

Federico aparece, en febrero de 1853, bautizando un hijo "legítimo", que nació el 3 de enero del mismo año y al cual se le apellida Río; el apellido de la madre, Matilde del Río. Es conocido que cuando se "carga" el apellido materno, es que el hijo "no ha sido reconocido". Pero en este documento se establece que es "hijo legítimo" y que, por tratarse de un sacramento de la Iglesia Católica, debe existir una unión matrimonial igualmente "legítima" en términos del canon religioso, entre Federico y Matilde del Río. Entonces se plantea la posibilidad de que Federico aún no pueda darle un apellido a su hijo, como es uso y costumbre, simplemente porque no lo tiene. Ello denota su condición de esclavo a la altura de 1853. Es sabido que el apellido Cabrera, que luego "cargará", es el de sus antiguos amos. Por eso el documento dice: "es el apellido de la madre por faltar el del padre."

Obviamente Federico era esclavo, propiedad de Don Lorenzo Cabrera y así lo establecen los documentos parroquiales cuando indican, posteriormente, que Federico es "Liberto" de Don Lorenzo Cabrera. Federico aparece bautizando a un niño en Morovis en calidad de "Liberto", ya para 1856. La forma y manera cómo Ma/Ne Ngobá adquiere su libertad es un misterio hasta ahora, excepto por lo que afirma la tradición oral de que "los amos lo querían mucho y le dieron ganado..." ¿Le dieron también la libertad o la compró vendiendo el ganado? El detalle quizá nunca lo conozcamos. La versión de uno de sus descendientes, de que "...sólo chupaba naranjas agrias" mientras trabajaba afanosamente para reunir el dinero suficiente para comprarse él mismo, y así adquirir su libertad, es digno de ser registrado en ésta historia.

Otras interrogantes surgían, a medida que ampliábamos las investigaciones y que la documentación examinada en el Archivo Parroquial aclaraba, en parte. Al inicio de nuestra investigación, tuvimos mucha dificultad para localizar sus primeros dos hijos, correspondiendo el mayor de ellos al Tatarabuelo de la estudiante Magaly Torres Cabrera, Don Manuel Cabrera, de Jayuya. Este, a pesar de que había nacido en Morovis, no aparecía bautizado con el apellido Cabrera. Entonces, buscando familiares de la primera mujer de Federico, encontramos ese hijo de Federico, Manuel. ¡Pero cargaba el apellido Ríos! Permanecía la interrogante de cuándo es que Federico adquiere su apellido Cabrera.

La tradición oral señala que tuvo dos hijos de una primera mujer, de Doña Matilde Ríos. Pero la documentación del Archivo Parroquial pone en duda la misma. El segundo de los hijos, de nombre José Venancio, figura como hijo de Federico Cabrera y Matilde García. Al principio pensamos que se trataba de un error ortográfico del que escribe el Acta. Pero más tarde encontramos a una Matilde García fungiendo como madrina del niño José María Cabrera (conocido como "Joseíto"). Este último y todos los demás hijos, (18 registrados) aparecen bautizados como hijos legítimos de Don Federico y Doña María Salgado.

Observando los prejuicios raciales que eran práctica común y corriente en la sociedad puertorriqueña para inicios del Siglo XIX, donde las autoridades españolas que gobernaban el país imponían algo tan denigrante contra nuestra población pobre de tez oscura (Pardos y Negros) como aquél famoso "Bando Negro", nos remontamos a la época en que Federico estaba en edad de buscar pareja. ¿Con quién iba a aparearse un paisano de origen africano, esclavo o liberto, si no era con alguna fémina de la casta de "pardos" (entiéndase, indígena boricua), que era la etnia más numerosa en el pueblo de Morovis, como ocurría en esa época, en muchos de los nuevos municipios al momento de su fundación a inicios del Siglo XIX?

Nombre de los hijos de Federico y Matilde Ríos	Fecha de nacimiento	Fecha de bautismo	Cura párroco que lo bautizó	Abuelos paternos
Manuel (Federico Tachado) Río	3 de enero de 1853	6 de febrero de 1853	Franco Faz	Libro I Ind. F 62v (1850-54) (dice es el apellido de la madre por faltar el del padre)
Venancio Ríos (¿Nangó?)				Ismael, Nata y Elisa lo identifican como Venancio, del 1er matrimonio
Nombre de los hijos de Federico Cabrera y Matilde García	**Fecha de nacimiento**	**Fecha de bautismo**	**Cura párroco que lo bautizó**	**Abuelos paternos**
José Venancio Negro Liberto	15 de marzo de 1855	15 de abril de 1855	Pedro Aboy	hijo de Federico y Matilde García (esta es la Madrina de José María 'Joseíto')

Tabla 1.3. Descendencia de Federico Cabrera y Matilde Ríos.

FEDERICO CABRERA Y MATILDE RÍOS, PADRINOS DE ESCLAVOS

En el Libro #7 de Bautismos figura el Esclavo Ramón, hijo de Remigia (Folio 81, Vuelto).

El esclavo Ramón es apadrinado, a su vez, por dos esclavos: Fermín y Lorenza. Me resultó curioso el que nunca se indique el padre de ningún esclavo. Me preguntaba si un esclavo podía ser padrino de alguien y el documento lo confirma así. Me llamó la atención el hecho de encontrar un esclavo propiedad de Don Lorenzo Cabrera, quien también era el propietario de Federico Ma/Ne Ngobá. El esclavo Grifón figura en el Acta Bautismal con Federico Cabrera y Matilde Ríos como padrinos. Transcribimos íntegra el Acta bautismal:

"En esta Parroquia de Nuestra Señora del Carmen de Morovis, Isla de Puerto Rico, a los veinte días del mes de julio de mil ochocientos cincuenta y seis años, Yo, el infrascrito, bauticé solemnemente y puse óleo y crisma y el nombre de Grifón que nació el día tres de este, hijo natural de Manuela, esclava de don Lorenzo Cabrera. Fueron sus padrinos Federico Cabrera y Matilde Ríos a quienes advertí sus obligaciones de que doy fe

Ramón Sulsona"

El documento no establece la relación entre los padrinos, pues Doña Matilde Ríos ya era su esposa para 1853, siendo Federico esclavo aún. Aún en 1855, cuando bautiza a Venancio, el niño es esclavo, por lo que inferimos que era hijo de otro esclavo, su padre. (Ver Tabla de Hijos de Federico con Matilde Ríos y Matilde García.) Pero Federico figura, por primera vez, con su apellido Cabrera.

Por estos documentos, deduzco que Federico Cabrera ya había adquirido su libertad y su apellido, para 1855. Primero, porque en el acta de Bautismo no se indica que ninguno de los padres fuera esclavo, pero sí se indica la condición de esclavitud previa del niño, condición que sólo sufrió por su primer mes de vida. Así es como se acostumbra a hacerlo en otros casos examinados. En segundo lugar, Federico ya figura con un apellido de familia, cosa que no era usual en un esclavo, el cual se registra sólo por su nombre propio. Probablemente adquirió su libertad entre marzo y abril de 1855.

UN FENÓMENO COMÚN: BIGAMIA Y POLIGAMIA

Es basta la información que hemos podido recopilar de la tradición oral en lo relativo a las uniones consensuales de muchos de los hijos y nietos de Federico, las cuales ocurren simultáneamente a uniones matrimoniales refrendadas por la Iglesia Católica. Casi todos los varones sostenían relaciones matrimoniales bigámicas o poligámicas. Creemos que, en ese sentido, algunas influencias culturales africanas no se pueden descartar "a priori". Tampoco se puede ignorar que las féminas a las que se unían, prácticamente todas pertenecían a la etnia nativa, clasificada en los documentos como "pardos".

En una sociedad en que los preceptos morales monogámicos del catolicismo español no tenían medios de imponerse, es probable que se diera este tipo de comportamiento social; pero aun así, este fenómeno resulta notable. Parece ser que las autoridades eclesiásticas fueran muy laxas en cuando a este particular, puesto que al bautizarse los hijos "legítimos", se presupone una unión consensual avalada por la institución que administra el sacramento.

Entre otros tantos fenómenos que intentamos documentar en nuestro estudio estaba el posible uso de vocablos o giros de expresión que estén vinculados a las raíces africanas. Recuerdo que algunos de los miembros de la familia utilizan la forma de "estar dando bembé" para "estar conversando". Otro fenómeno que deseábamos documentar el llamado de "la media lengua" entre los descendientes de este esclavo, si es que dicho fenómeno existiera. El mismo nos lo habían narrado durante entrevistas que les realizamos a personas vecinas de la familia Cabrera. Conversando sobre este particular en las entrevistas realizadas, parecería ser que lo que se consideraba un "defecto" al articular las voces del español, no es otra cosa que la pronunciación por efecto de algún "frenillo", que probablemente pasaría desapercibido en personas de "alta sociedad" y de tez clara.

"AL NEGRO LE GUSTA LO COLORAO"

Una noche leía la "Biografía de un Cimarrón" del investigador cubano Miguel Barnet. En la misma se relata la vida de un esclavo cimarrón que vivió en Cuba más de cien años y en su narración cuenta desde los recuerdos que tenía de su África nativa hasta el presente. Nos llamó la atención su descripción sobre la captura de unos esclavos en África, por lo familiar que nos resultaron los detalles:

"Para mí que todo empezó cuando los pañuelos punzó. El día que cruzaron la muralla. La muralla era vieja en África, en toda la orilla. Era una muralla hecha de yaguas y bichos brujos que picaban como diablo. Espantaron por muchos años a los blancos que intentaban meterse en África. Pero el punzó los hundió a todos. Y los reyes, y todos los demás, se entregaron facilito. Cuando los reyes veían que los blancos, yo creo que los portugueses fueron los primeros, sacaban los pañuelos punzó como saludando, les decían a los negros: —¡Anda, ve a buscar pañuelo punzó, anda! Y los negros embullados con el punzó, corrían como ovejitas para los barcos y ahí mismo los cogían. Al negro siempre le ha gustado mucho el punzó. Por culpa de ese color les pusieron las cadenas y los mandaron para Cuba. Y después no pudieron volver a su tierra. Esa es la razón de la esclavitud en Cuba." (Barnet, 1979: 11).

Esta narración del "comienzo" de la esclavitud tiene muchas similitudes con la narración que le llegó a Don Ismael Cabrera por boca de su abuelo, Manuel Cabrera, quien la debió escuchar de su padre esclavo, Federico Nengobá. Incluso, el detalle de que al comienzo de la misma es un engaño "con pañuelos punzó", según la versión del cimarrón cubano y "con banderitas colorás", según narra Don Ismael, biznieto de Nengobá. El color punzó tiene un gran parecido al rojo y creo que la diferencia es de tonalidad.

Quizás en Cuba la palabra "punzó" tiene distinto significado. Pero el Diccionario los da como sinónimos. Las narraciones de los entrevistados son idénticas aquí y en Cuba. Ambos entrevistados son iletrados. Don Ismael me había dicho que "Al negro les ha gustao lo colorao" y Barnet dice "A los negros le ha gustado mucho el punzó." ¿Cómo es posible que en lugares tan distantes se conserven narraciones tan parecidas? Alguna base histórica verídica debían tener dicha narraciones.

En efecto, cuando hicimos nuestra búsqueda de la bibliografía que trataba sobre el tema de la captura de esclavos en las costas africanas, nos topamos con una serie de fuentes que atestiguan el mismo fenómeno descrito por el esclavo cubano y nuestro entrevistado en Morovis. El investigador cubano, Don Fernando Ortiz, cita el testimonio del religioso Fray Tomás Mercado:

"...pasan otros mil engaños en aquellas partes, engañándolos y trayéndolos como a bozales, que son, a los puertos, con unos bonetillos, cascabeles, cuentas y escribanías, que les dan, y metiéndolos disimuladamente en los navíos, alzan anclas y echando velas se hacen afuera con la presa a la mar alta." (Ortiz, 1987: 119).

Ortiz cita testimonios de viajeros de principios del Siglo XIX que describen las sangrientas capturas de esclavos en la costa africana y la utilización de artículos de pacotilla tales como aguardiente, bujerías, abalorios y "tejidos de colores chillones", que les eran útiles a tales efectos. Por su parte, el historiador británico, Fernand Braudel, nos dice que a los europeos se les hacía muy fácil obtener la "mercancía" (hombres para vender), la cual se podía obtener a cambio de chucherías ("*triffles*") tales como cuentas de vidrio, un poco de vino, un rifle, un brazalete de cobre conocido como "manilla", una piel y "telas de colores brillantes". (Brandel, 1979: 431).

MANUEL CABRERA RÍOS ERA UN ANDARÍN

Por su edad y por pertenecer a la familia de los antiguos propietarios del esclavo Ma/Ne Ngobá, fue que Doña Raquel Barreras Ibáñez pudo enterarse de anécdotas y sucesos relacionados a la familia descendiente del esclavo, que muchos de ellos desconocen hasta el día de hoy. Uno de esos curiosos sucesos se relaciona con el hijo mayor de Federico, Don Manuel Ríos, quien luego figura como Manuel Cabrera y Ríos en la documentación.

Narra Doña Raquel que en el pasado se efectuaban actividades en las plazas de los pueblos. Durante las Fiestas Patronales se traían atracciones especiales. Una de ellas era el espectáculo de "El Andarín"[3]. Este era un señor que comenzaba a caminar en círculos en un determinado espacio y retaba a la gente del público a que lo derrotara. Si alguien de los presentes lo desafiaba y el Andarín se cansaba primero, el retador ganaba la apuesta.

Doña Raquel cuenta que dos hacendados "jugaron" a Manuel Ríos, el hijo mayor de Federico, y le exigieron que desafiara al Andarín. Manuel caminó y caminó día y noche y el Andarín se rindió. Manuel fue a vivir a Jayuya y "le perdieron el rastro", en opinión de nuestra entrevistada[4]. A comienzos del año 2000 recibí ésta atenta cartita que aportaba a la historia de Manuel:

13 de mayo de 2000

Jayuya

Sr. Roberto Martínez Torres

Bo. Barahona

Estimado Martínez

Escribo esta carta para solicitar de usted su ayuda. He sabido que

---

[3] Ver artículo de Thomas Jimmy Rosario Flores, "El Andarín", publicado en *Cayure*, revista del Centro Cultural Carmen Rivera de Alvarado de Vega Baja, Puerto Rico; Ed. Núm. 5, de septiembre de 1988.

[4] Manuel estaba residiendo en Morovis junto a su esposa, Felícita Ríos, pues el 12 de agosto del 1881 se les muere un niño a los diez meses y lo registran en la Parroquia de Morovis.

usted realiza un estudio de los documentos de los Cabrera, familia de esclavos. Le diré: Yo soy uno de ellos; la quinta generación: Federico Cabrera de África - Manuel Cabrera de Morovis - Bernardo Cabrera de Jayuya - Carmen C. Cabrera de Jayuya - Yo, de Jayuya.

Sr. Martínez, también he encontrado un Acta de Nacimiento de mi abuelo, Bernardo.[5] Mi bisabuelo, Manuel, llegó a Jayuya; no sé cuando se estableció en el barrio Saliente. Un mallorquín llamado Emeterio Atienza le dio cinco cuerdas y las desarrolló y allí tuvo alrededor de veinte hijos. Los hijos se fueron hacia Unibón y Patrón. Mi abuelo murió en el Huracán San Felipe en 1925 (*sic* por 1928); en el año que nacieron unas gemelas, una de ellas. Carmen Celina y Carmen Emelina. Sólo quedan ellas como Cabrera. A mí todo el mundo me llama Cabrera y a mi mamá y tía, "Las Negritas Cabrera". Sr. Martínez, ayúdeme usted para conocer mi pasado y vivir orgulloso el presente.

Gracias.

Cordialmente,

José A. Roldán Cabrera

Por la información recogida en las entrevistas realizadas a los familiares directos de Don Manuel, este llegó a ocupar posiciones de prestigio en Jayuya. Según narraba su nieto, Ismael Cabrera, él llegó a ser Comisario de Barrio. Esa era una posición de relevancia en la estructura del gobierno español en la isla. Poseía una Cédula de identidad, documento que lo autorizaba a moverse libremente por la zona, aún en la época del Componte, cuando la ciudadanía vivía prácticamente bajo ley marcial y se suprimían los derechos civiles.

Don Manuel ocupó posiciones de Mayordomo de haciendas cafetaleras en la zona de Jayuya. Su biznieto, Don José Roldán Cabrera, nos narraba que "...cuando ese negrito bajaba al pueblo de Jayuya, la gente se quitaba el sombrero en señal de respeto ante su persona." Estos datos nos llevan a replantear los conceptos que hasta el presente se tienen sobre la condición en que vivía 'la gente de color' en nuestro país a fines del Siglo XIX. La sociedad jíbara del centro montañoso a la que se integraban los descendientes de un esclavo, era una sociedad inclusiva y respetuosa de la dignidad humana, irrespectivamente de la tonalidad de la picl de sus integrantes.

PREJUICIO RACIAL EN MOROVIS

Al momento presente, el único trabajo sobre historia de Morovis que toca el tema del prejuicio racial en nuestro pueblo, es la obra del historiador Damián Marrero Medina, *Morovis: Sin Mitos y Sin Cuentos - La Historia que no Quemaron*, Volumen I, (1818-1898), impresa en el año 2000. En este escrito el autor retrata el

---

[5] El documento se reproduce en la sección del Diario de la Investigación del día 15 de mayo de 2000.

ambiente racista y opresor que vivía nuestra población "de color" durante todo el Siglo XIX, a la vez que reafirma su orgullo por llevar el mismo color de piel de sus antepasados, que eran clasificados en la categoría de "pardos".

Leíamos la obra del investigador Benjamín Nistal-Moret que lleva de título Esclavos, Prófugos y Cimarrones (1984), donde hace alusión a las marcas corporales que traían los esclavos que transportaban desde África. Estas eran cicatrices que los identificaban, según su procedencia étnica o tribal. Y pensé que esas eran marcas que desaparecían con su muerte. Pero las marcas que imponía la sociedad con su discrimen racial no se podían arrancar y pasaban de padres a hijos, generación tras generación, como si estuviesen grabadas en el código genético. Se pueden enumerar varios ejemplos de los agravios sufridos por miembros de la familia Cabrera.

Los testimonios que recogimos sobre prejuicio racial en Morovis pertenecen ya a fines del Siglo XIX y más de la primera mitad del XX. Durante las entrevistas que le realizamos a una de las octogenarias descendientes de los propietarios de esclavos, de la Familia Barreras Ibáñez, ésta nos manifestó que una canción que se titula "El negrito no va", que alude en forma despectiva a los rasgos físicos predominantes de los afro descendientes, provocaba coraje a familiares de los Cabrera "prietos", quienes la escuchaban por la radio.

Fue a través de estos ancianos descendientes del antiguo propietario del esclavo Ma/Ne Ngobá que me enteré de episodios de *"bullying"* que ocurrieron en la escuelita del barrio Unibón de Morovis, la que lleva el nombre de Don José Barreras Martínez. Este distinguido moroveño es el abuelo de nuestra entrevistada y yerno de Don Lorenzo Cabrera, el propietario de esclavos. El maltrato contra un joven de la familia Cabrera, Modesto, quien era nieto de Nengobá, consistía en que le gritaban el mote de "King-Kong", dado que en sus rasgos fenotípicos resaltaban las facciones "africanas". La incomodidad que el joven experimentó lo llevó a abandonar la escuela eventualmente. Este tipo de comportamiento se efectuaba con la anuencia de las autoridades escolares, que nada hicieron para evitar el lamentable desenlace. Su "derecho" a una educación en una escuela del estado no tenía ninguna validez, porque era de tez oscura.

En las conversaciones informales con esta familia, salió a relucir que personas de la familia Cabrera "negros" realizaban labores ocasionales de jardinería para esta familia, descendiente de los Cabrera "blancos". Todos se trataban como "familia". Pero a Doña Raquel Barreras, nuestra más asidua colaboradora en la investigación, se le hacía sumamente embarazoso explicarle a Don Juan ("Toto") Maldonado, la razón por la cual "ellos eran familia". Don Juan quería encontrar, con toda razón, por parte de cuáles de sus antepasados "se daban sangre". Doña Raquel, no sabemos por qué motivo, no tenía la fuerza de voluntad para decirles que "no se daban sangre", sino que cargaban los mismos apellidos, simplemente porque sus antepasados los habían tomado del amo.

"LA ESCLAVITUD ERA UN BALDÓN"

En otras conversaciones con nuestra entrevistada, ésta nos narró que Don "Joseíto" Cabrera, el anciano que monta la yegüita que engalana la portada de esta obra, les había confesado en varias ocasiones que "ser esclavos, para él había sido el más grande baldón que había sufrido su familia". A mi pregunta sobre el significado que tenía para el anciano la palabra "baldón", se me explicó que era algo de lo que él se sentía apenado y adolorido, al extremo de que lloraba cuando hablaba del particular. Pero Joseíto, que nació en 1870, no debió padecer el rigor de haber sido esclavo, porque había nacido hijo de una mujer libre y de un padre liberto, es decir, de ex esclavo, de un hombre libre.

Las narraciones que por tradición oral que sobre la esclavitud se conservó entre los hijos de Federico debieron calar hondo, para provocar esa reacción pública en uno de sus hijos. Recuérdese que Federico procreó dos hijos mientras sufría la condición de esclavo: a Manuel Ríos, hijo de Matilde Río, y a Venancio, hijo de Matilde Río o de Matilde García. A Manuel "lo juegan" dos hacendados en una actividad en una plaza pública, como si fuese una pelea de gallos. No se nos dijo nunca cuál fue "el hacendado que lo jugó." Pero si el hijito del esclavo pertenece a su dueño, entonces Manuel era propiedad de Don Lorenzo Cabrera, el bisabuelo de la entrevistada. ¿Sería que su propietario le apostó a que no ganaría la competencia? ¿O había sido vendido a otro hacendado? Venancio, por su parte, se vio involucrado en sin número de percances con la Ley, por motivos que se desconocen, casi en su totalidad (Picó, 2011).

Fue después de todas estos hallazgos y reflexiones que he podido comprender el porqué de la negativa de la hija de "Joseíto", Doña Belén Cabrera, a conversar conmigo sobre ese pasado que, para su padre y para muchos de sus tíos y primos, tan sólo fue motivo de sufrimientos y de angustias. También aprendí con esta experiencia que la historia de nuestra gente humilde, a veces puede quedar oculta para siempre, tras un velo de lágrimas.

ORGULLO DE LA NEGRITUD - LA GRAN CELEBRACIÓN DEL 7 DE ENERO

Una de las experiencias más emocionantes que experimentamos fue cuando hablábamos con uno de los biznietos de Federico Cabrera, Don Juan Maldonado, con relación a las festividades tradicionales que se celebraban con más fervor entre la familia. Me hablaron de las Fiestas del Acabe, que celebraban en las haciendas cafetaleras del vecino municipio de Ciales, donde laboraban numerosos miembros de la familia. (Ver Entrevista #9.) También nos hablaron de las Fiestas de los Tres Santos Reyes, que celebraban en el sector Patrón del barrio Unibón de Morovis. (Ver Entrevista #8.)

Nombre de los hijos de Federico Cabrera y María Nicomedes Salgado Nieves	Fecha de Nacimiento	Fecha de Bautismo	Cura párroco que lo bautizó	Procedencia de los abuelos paternos, comentarios etc.
Juana C. O Juana de la Cruz	C. noviembre 1858	14 de noviembre de 1858	Venancio Alonso	Libro #8 Bautismos Folio 86 abuelos paternos no se conocen según lo manifiesta el padre de la niña
Eleuteria, negra ("Teya")	15 de abril 1860	30 de julio de 1860	Venancio Alonso	Bango Y Sandú De África Libro #8 Bautizos, bajo letra "e" de esclavos Folio #305-306
León	28 de junio de 1861	9 de julio de 1861	Benancio Alonso	Federico liberto de Lorenzo de Cabrera Libro #8 Bautismos, Folio #441
Eusebio	13 de diciembre de 1864	n/a	N/A	se casó con Julia Ríos Soto en 1953
Pascual	17 de mayo de 1866	7 de julio de 1866		abuelos paternos se ignoran
María José "Fefa"	19 de marzo de 1868	17 de mayo de 1868		abuelos paternos no se conocen por ser africanos
José María ¿Joseíto?	19 de marzo de 1870	26 julio 1870	N/A	Matilde García, madrina abuelos paternos se ignoran por ser de África
Juan Crisóstomo	27 de enero 1872	31 marzo 1872		abuelos paternos se ignoran por ser de África
Romana	9 de agosto 1874 (sic por 1873)	1 de febrero de 1874		abuelos paternos se ignoran por ser de África
Juan	N. C. 1874			9 octubre de 1894 muere de 20 años Libro #12 entierros, folio #25 Federico natural de África
Ramona	N. C. 1875			la entierran el 9 de mayo de 1900 a los 25 años.
María Carmen ("Tía Guare")	12 de mayo de 1877	3 de junio de 1877		abuelos paternos se ignoran por ser de África
María Juana	12 de mayo de 1877	3 de junio de 1877		abuelos paternos se ignoran por ser de África; muere de 5 meses el 1 de octubre de 1877
Pedro Nolasco (" Tío Pero")	31 de enero de 1879	1 de julio de 1879	Venancio Alonso	abuelos paternos se ignoran por ser de África
Marcelina		¿1879-80?		Libro #16, Folio 204 el abuelo paterno es natural de África
Juan Lázaro	nace c. 20 diciembre de 1880			muere de once días, 1 de enero de 1881
Eustaquia (le llamaban "Nené")	¿?			1. sepulta a Juan Rafael , hijo natural, el 25 de marzo de 1894 2. sepulta su hijito Ramón Casimiro Cabrera, 11 de octubre de 1897

Tabla 1.4. Nombre de los Hijos de Federico Cabrera y María Nicomedes Salgado Nieves.

Me aseguraba éste que las fiestas de Navidad comenzaban con la Noche Buena del 24 de diciembre y culminaban con la fiesta a los Tres Reyes, pero que el día de clausura de la fiesta era el día 7 de enero. Estas fiestas se extendían por más de dos semanas. En ellas afluían parientes y amistades desde todos los puntos del país y se congregaban en el sector Patrón del barrio Unibón, donde reside el núcleo principal de los Cabrera. Estas fiestas estaban amenizadas por instrumentos típicos tales como cuatro, tiple, güiros y maracas. No podían faltar las guitarras, los violines y las armónicas (sinfonías de mano).

Inquirí sobre el motivo por el cual la celebración culminaba el día 7 de enero, porque me parecía raro que la fiesta terminara con la máxima celebración, al día siguiente del tradicional día de Reyes, el día 6. Entonces me enteré que el día 7 de enero, el cual yo recordaba porque es el cumpleaños de mi esposa, corresponde al Día de Melchor... ¡EL REY PRIETO!

Esta celebración del día del "Rey Prieto"[6] por la familia de Nengobá, aunque dentro de la tradición del catolicismo, tiene elementos de clara reafirmación de la negritud. Ese es un rasgo que observé consistentemente en la Familia Cabrera. La canción favorita de una de las jóvenes es "Las Caras Lindas de Mi Gente Negra", que interpretaba modernamente nuestro ya desaparecido Cheo Feliciano. En una de las visitas que realicé al Sector "Cuatro Calles" del municipio de Vega Alta, donde reside buena parte de la familia Cabrera, pude escuchar un comentario alusivo a la tonalidad oscura de la piel de sus integrantes: Dijo: —¡Éste es el color más bonito que existe!

Uno de los sucesos que me resultó más placentero fue que una de las descendientes de Don Federico, la Sra. Anita Cabrera, se firmara "Anita Cabrera Nengobá" en la parte posterior de una fotografía, donde figura acompañada por su abuelo, Don Rosa Maldonado Cabrera. Fue a través de Don Rosa que su sobrino, Juan ("Toto") Maldonado, pudo enterarse de detalles muy importantes sobre la historia de su antepasado esclavo, preservándose en la tradición oral de la familia elementos tales como los posibles "apellidos" africanos de Nengobá.

VIDA PROLÍFICA DE FEDERICO CABRERA

Don Ismael Cabrera, biznieto de Federico, había escuchado de su abuelito Manuel, que su padre había sido libre antes de 1873 y que falleció "hace como cien años". Habíamos ubicado, tentativamente, su deceso para la época del Componte (1887), pero el Archivo Parroquial nos deparaba una grata sorpresa tras otra. Su hijo, Juan Lázaro, le nace en 1880, a base del documento del Libro de Entierros de 1881. ¡Federico está procreando hijos **a los ochenta y cinco años**!

---

[6] El investigador Rafael Nevárez Nieves menciona que el estudioso cubano, Don Fernando Ortiz, opinaba que los esclavos y libertos de Cuba celebraban el día de los Tres Santos Reyes como un tributo al Rey Melchor, que por ser de su raza, lo habían aceptado como su patrón (Nevárez, 1989: 10). Esta podría ser la razón por la cual se enfatizaba el 7 de enero como la fiesta mayor en la Promesa a los Tres Santos Reyes observada por familia Cabrera.

Hoy podemos enumerar sus hijos (as) con bastante certeza, en el orden en que fueron procreados. Con Doña Matilde Ríos procreó a Manuel Río, quien figura en los documentos del pueblo de Jayuya como Manuel Cabrera y Ríos. Así consta al momento de la inscripción de su hijo Bernardo en el Registro Civil de Jayuya, el 15 de septiembre de 1888. De una aparente segunda relación con Doña Matilde García, nace Don José Venancio ("Nangó") Cabrera. Eso se desprende de la documentación consultada. Su sobrina de mayor edad a la que entrevistamos, Doña Natividad Cabrera Ortega, nos aseguró que Manuel y Venancio eran hermanos de padre y madre. De su segunda (¿o tercera?) relación matrimonial, con Doña María Nicomedes Salgado, procrearon a Juana de la Cruz (1858), a Eleuteria ("Teya"), en 1860; a León en 1861, a Eusebio en 1864, a Pascual en 1866, a María José en 1868, a José María ("Joseíto") en 1870; a Juan Crisóstomo en 1872, a Romana en 1873, a Juan en 1874, a Ramona en 1875; a María Carmen y María Juana ("Las Guares") en 1877; a Pedro Nolasco en 1879, a Marcelina (entre 1879-1880); a Juan Lázaro en 1880 y a Eustaquia ("Nené"), cuya acta de bautismo no pudimos localizar[7].

Federico Cabrera está registrado como uno de los contribuyentes que aportan "donativos voluntarios" a los esfuerzos de guerra del gobierno español en África, en 1860. Allí figura en el listado que publica el gobierno español en su vocero oficial, ya en calidad de "liberto", junto a su antiguo amo, Don Lorenzo Cabrera. (*Gaceta de Puerto Rico*, 1860) (Ver Fig. 1.11).

El Acta de Defunción del patriarca Federico Cabrera Nengobá, obtenida por el Sr. Rafael ("Rafita") Cabrera, su tataranieto, demuestra que vivió en el sector Patrón del barrio Unibón de Morovis, hasta el año 1905, donde falleció de "marasmo senil". ¡Había nacido en África en 1705!

PRIMEROS Y ÚLTIMOS DÍAS DE FEDERICO EN BORIQUÉN

Don José Cabrera Ríos, hijo de Eusebio y nieto de Federico, narraba una curiosa anécdota sobre las circunstancias en que llega su abuelo a nuestra tierra desde el África. Cuando llega a Puerto Rico, debido a que su corta edad no lo cualificaba para ser vendido como esclavo, el gobierno español lo recluyó en la cárcel hasta que cumpliera la edad reglamentaria. Por esa razón, su propietario, Don Lorenzo Cabrera, va a la ciudad de San Juan a comprar esclavos jóvenes, como los que se recluían en las cárceles. (Otra tradición oral dice que lo trae de Ponce.) La razón era porque esos ejemplares prometían mayor rendimiento por su juventud y podían ser explotados como mano de obra por más tiempo que los esclavos ya maduros.

---

[7] En una información que aparece en 'Federico Cabrera-Overview-Ancestry.com' que nos proveyó el Sr. Rafael Cabrera, figura un Jacinto Cabrera (1850-1940) como hijo de Federico y María Matilde Ríos y Ocasio. No encontramos este personaje en los Archivos Parroquiales de Morovis. Este correspondería a un tercer hijo procreado con su primera esposa. Pero los datos provienen del Censo de 1910 y este documento oficial está plagado de errores de todo tipo.

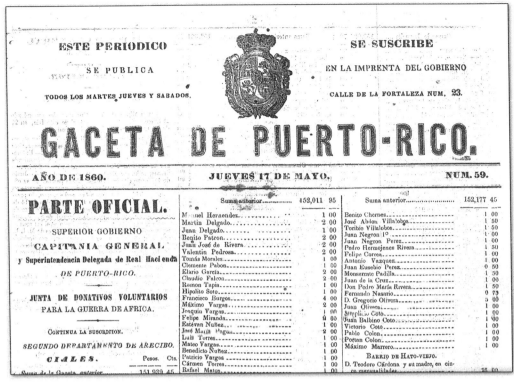

Figura 1.11. Noticia en La Gaceta donde informa a Federico Cabrera y Lorenzo Cabrera haciendo aportaciones económicas para la guerra en África (17 de mayo de 1860).

Don José resaltaba la gran longevidad de Federico, quien había vivido ciento trece años. No sólo que tuvo una vida tan larga, sino que mantuvo todas sus facultades hasta el momento de su partida. Contaba Don José que Federico laboraba en su talita todos los días y que el último día de su vida trabajó, como normalmente lo hacía. Luego se recostó en su hamaquita a descansar para siempre... un 5 de abril de 1905. (Ver Acta de Defunción de Federico Cabrera.)

ELEUTERIA CABRERA: "UNA MUJER DE ARMAS TOMADAS"

A medida que íbamos recopilando información sobre el esclavo Nengobá y sus descendientes, pudimos percatarnos de detalles que contradecían muchos de los postulados de nuestra historiografía, especialmente de la "nueva historiografía". Se ha establecido como premisa la explotación a que era sometida la mujer Boricua, en especial la mujer pobre y negra y la posición social de inferioridad a que era relegada en esa sociedad patriarcal de la hacienda cafetalera en el interior montañoso del país, a fines del Siglo XIX y en la primera mitad del Siglo XX.

Pero nos encontramos una Eleuteria Cabrera Salgado, a la que "marcan" con los estereotipos de "negra" y de "esclava" al momento de su bautismo católico y en su condición de hija de un esclavo (ya liberto o no) al momento de su nacimiento. Su madre, Doña María Salgado, debió ser una mujer boricua con alto porcentaje genético de nuestra etnia aborigen sobreviviente. Hacemos esta inferencia a base de los rasgos físicos de su hija, "Teya", como la describen sus sobrinas octogenarias, quienes la conocieron personalmente.

Sus rasgos resultan ser muy gráficos: de estatura alta, de tez trigueña (en la acepción de piel cobriza o morena), de rostro perfilado (lo que se conoce en el campo moroveño como "una negra fina", lo que implica rasgos de nariz no achatada), de pelo lacio, negrísimo y muy largo (lo que implica la cualidad de pelo lacio grueso, fenotipo del nativo boricua). Estas características la retratan como una "típica india". Además, según relatan sus sobrinas, era una india sumamente hermosa. "¡Esa mujer paraba el tránsito...!", era la expresión que escuchamos. La estatura pudo haber sido un rasgo heredado por cualquiera de sus linajes, porque nuestros nativos no eran, necesariamente, de estatura baja, como también es probable que se debiera a su ascendencia africana, o de ambas. (Ver Entrevista #6).

"Teya era una mujer de armas tomadas". Esa expresión de dos de sus sobrinas tiene una connotación trascendental. "Tomar armas" era privilegio del caballero en la tradición de la nobleza medieval española. En el habla jíbara, esa expresión le adjudica a esa mujer "excepcionalmente alta" unas cualidades de valentía y arrojo que tradicionalmente se le atribuye sólo al varón en una sociedad machista. Si Teya "...tenía que darle un cantazo a cualquiera, se lo daba..." Teya era respetada por diversas razones. Su condición de "negra" nacida de un esclavo no le impidió escalar la posición de Mayordomo de hacienda en una sociedad agrícola, donde dicho rango se asume privativo del hombre; una posición que es, en la jerarquía de mando, inferior sólo al propietario.

Entonces esa sociedad donde Teya realizaba esa labor no impedía que una fémina de esas cualidades ascendiera en la escala de mando en la jerarquía de la hacienda agrícola del centro montañoso del país. Una posición de alta responsabilidad, donde se tiene a cargo la empleomanía y la producción de una hacienda cafetalera. Evidentemente, en ese entorno social se estaba dando una dinámica radicalmente distinta al paradigma que ha pintado la historiografía tradicional, puesto que allí se permitía y se alentaba la participación femenina en aspectos de la actividad económica que, se alega, le estaban vedados tradicionalmente a la mujer, como narran nuestros libros de historia.

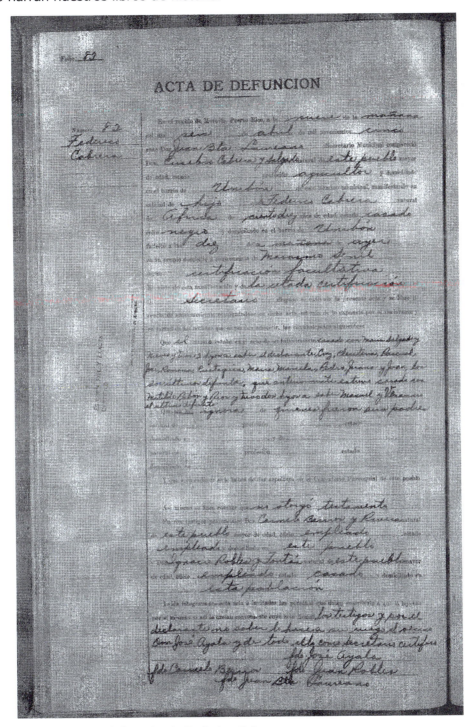

Figura 1.12. Acta de defunción de Federico Cabrera.

"Teya" parece ser una mujer a-histórica. Eleuteria Cabrera Salgado contrae nupcias con el Sr. Ramos, con quien procreó a Don Santiago Cabrera Ramos. Pero, como se habrá notado, su hijo "carga" el apellido de la madre, el apellido de la estirpe Ma/Ne Nengobá. Al notar este detalle en la documentación, no pude menos que preguntar qué explicación tenía el fenómeno. Se me dijo, por su tataranieto, el Sr. Rafael ("Rafita") Cabrera, que "así lo había determinado ella, que sus hijos llevaran su apellido". Debido a ello es que el padre de "Rafita", Don Rafael Cabrera Ortiz (1945-1977), carga el apellido de su padre, Don Aniceto Cabrera Pabón (1924-1996) y éste, a su vez, del hijo de "Teya", Don Santiago Cabrera Ramos.

"EL RAPTO VOLUNTARIO" DE ANTONIA ORTEGA POR PASCUAL CABRERA

En la búsqueda de información sobre la familia Cabrera, los familiares me proporcionaron un documento de la autoría del finado historiador puertorriqueño Fernando Picó. En el mismo se recogen datos sobre el pleito que incoó el Sr. Lorenzo Ortega contra Pascual Cabrera Salgado, hijo de Federico Cabrera, en el año 1896. En el expediente consta la denuncia, que es redactada por el Sr. Pedro Cabrera, el Comisario de Barrio de Unibón, a la sazón, hijo de Lorenzo Cabrera I y que lee así:

> "Señor Juez Municipal Mi vecino Lorenzo Ortega me ha expuesto la queja que en la noche de anoche a las doce le fue raptada (sic) su hija Antonia de 15 años de edad y se sospecha que halla sido el del echo Pascual Cabrera, lo que pongo en conocimiento de VS para lo que crea mas conveniente. Dios guarde a V.S. muchos años. Unibón. 13 de abril de 1896. El Comisario Pedro Cabrera." [*Sic*].

La práctica de "robarse la novia" o de la joven "irse con el novio" es algo común y corriente en nuestro país en época reciente y lo era aun más un siglo atrás. En el caso que reseñamos, por tratarse de un hijo de nuestro biografiado, tenemos información de la tradición oral que complementa estos hechos. El investigador hace los siguientes comentarios sobre el particular:

> "Como esta denuncia, hay cientos de otras parecidas en los archivos judiciales de la época. (…) De la investigación practicada por las autoridades de Morovis resulta que la muchacha no tiene 15 sino 17 años; que él es jornalero y se la ha llevado a la casa de su hermana Eleuteria, en Vega Alta. Las autoridades obtienen que tanto Antonia como Pascual sean enviados de Vega Alta. Él es puesto en prisión preventiva y ella es interrogada:
>
> > Preguntada para que diga si ha tenido unión carnal con su referido amante Pascual Cabrera, contestó que desde dos o tres meses antes de salirse de la casa paterna, ya estaba ofendida en su virginidad por su amante y desde entonces, en todas las ocasiones en que les era posible, se unían. Preguntada si su padre sabía que no era doncella, contestó que cree que su padre nada sabía ni sospechaba, puesto que nunca le había hecho indicación alguna.
> >
> > Hasta aquí nada llama la atención. Antonia relata sus primeros tratos con Pascual. Su padre se enteró de que Pascual la rondaba y "por ser este de color negro se opuso a las relaciones, dándole malos tratos a la di-

cente, razón por la cual se marchó de su casa yendo a reunirse con el Ca-brera..."

Pascual declaró que "... al hacer saber las relaciones al padre de la Ortega, se opuso a ello aquél, sin duda porque el declarante es hombre de color, lo cual no es motivo para que aquél se oponga y por eso maltrató a su hija, la que, asediada, se marchó a casa del exponente, que la recogió.

Habiendo reunido toda esta evidencia la corte resuelve que como Antonia no era doncella cuando se marchó de su casa, "no puede apreciar-se el hecho como constitutivo del delito de rapto". Fin del caso." (Picó, 1998).

Por la tradición oral recopilada de voz de las hijas de Pascual Cabrera y An-tonia Ortega, las hermanas "Nata", "Pola" y Elisa, nos enteramos del importante dato de que Antonia no era hermana de madre de los demás hijos de Lorenzo Or-tega. El autor del artículo señala que en otro expediente judicial en que estuvieron envueltos Cabreras y Ortegas, Carmen Ortega es clasificada como "negra", así co-mo a todos sus hijos. ¿Qué motivaba el prejuicio de Don Lorenzo Ortega hacia Pascual, su yerno? La tradición oral también nos informa que Pascual, que tenía 30 años para ese entonces, ya había tenido una relación sentimental con una herma-na de Don Lorenzo Ortega, Adelaida Ortega, de la que había nacido una hija de nombre Andrea, previo a su romance y posterior matrimonio con Antonia (cf. En-trevista #6). Uno podría pensar que había en el asunto viejas rencillas y machis-mos "pasmaos" hacia el "macharrán", hijo de Federico.

Pude entrevistar a cuatro de los hijos del matrimonio de Pascual con Anto-nia. Ellos me narraron las historias de sus padres y de media familia Cabrera. Picó concluye su artículo sobre la unión de Pascual con Antonia de una manera jocosa, sin menoscabar el profundo análisis social, que pareciera que los visitó en el sector Patrón de Unibón:

"Pero los hijos de Antonia, retozando descamisados en las lomas donde ya no pastaba la oronda novilla de la contienda, recogiendo fresas, buscando bruquenas, inventaron felicidades que ni El Nuevo Trato, ni Manos a la Obra, ni la Guerra Contra la Pobreza pudieron opacar. Por eso seguramente allí todavía allí estarán vacilando, en Unibón de Morovis, los hijos, lo nietos y las nietas, los biznietos y las biznietas de Antonia, esperando el calen-dariado milenio, seguros y pertinaces en su amulatamiento." (Picó, 1998).

En efecto, allí están, en el sector "Patrón" del barrio Unibón de Morovis, a dieciocho años transcurridos ya del "milenio". Y esperan, ansiosos, porque esta historia salga a la luz.

VENANCIO CABRERA, EL REBELDE

Venancio Cabrera Ríos (según su familia), Cabrera García (según los docu-mentos parroquiales) es el segundo hijo de Federico Cabrera. Persiste la duda so-bre su segundo apellido. La tradición oral conservada en la familia le asigna el so-brenombre 'Nangó' y le adjudica el apellido Ríos. Es el único hijo de Federico que carga un nombre familiar que tiene sonoridad 'africana'. De hecho, con el prefijo 'ba' dice Nangoba. Y, curiosamente, lleva el nombre del próximo Cura Párroco de Morovis que bautizaría muchos de sus dieciocho hermanos restantes: Venancio Alonso.

Venancio no figura en el Censo de 1910 practicado en el barrio Unibón de Morovis (Picó, 2011). Sus sobrinos octogenarios, al momento de nuestras entrevistas, se muestran desconocedores de su vida. Uno de sus familiares me informó que Venancio tuvo nueve hijos en Jayuya. Hay información de que Venancio tuvo una vida azarosa y estuvo en cárcel por muchos años. También se conserva el recuerdo de que era un hombre 'guapo'.

La voz nativa 'guapo' tiene dos acepciones. Utilizaremos aquí una porción de nuestro trabajo *A Lo Sucu Sumucu, Raíces Mayas del Habla Jíbara, Volumen II*, que se encuentra en preparación:

Guapo: Esta voz jíbara tiene dos acepciones. Un hombre 'guapo' es aquél que es apuesto, 'bien parecido'. En la expresión de mi padre, 'un hombre bien tipo' y, en la de mi abuelo, 'un hombre arrogante'. Pero también se le llama 'guapo' en nuestra tierra al hombre que es temerario, valiente, arriesgado, valeroso, audaz; que no se arredra o achanta ante el peligro o el desafío. La voz deriva de los siguientes morfemas de la lengua ancestral:

Uadz, 'doblar las cañas'; *uac*, 'cosa enhiesta, como los palos que salen de una pared' (DEMYC, 1970: 88); *putz*, 'doblar varas, curvar, doblegar' (DEMYC, 1970: 76); *p'oh*, 'agobiar, encorvar, doblar, enarcar, inclinar' (DEMYC, 1970: 78).

La lectura daría: *uadz.p'oh; uadz.putz; uac.p'oh* y *uac.putz*. En todas las posibles combinaciones se observa una reiteración de la idea de 'doblar, doblegar varas'. Dicha expresión metafórica se refiere a 'enfrentar a la autoridad o dominar la autoridad' (ALSS, II, inédito.)

La cualidad que resaltan de Venancio es la segunda. Razones de más tenía Venancio para su rebeldía. Venancio parece haber nacido bajo la condición oprobiosa de la esclavitud. Nace un 14 de marzo de 1855 y o bautizan un mes después, el 15 de abril de 1855. En su partida de bautismo consta que es "negro liberto'. El dato resulta por demás confuso, puesto que un liberto es aquél que ha nacido bajo la condición de la esclavitud y es liberado de la misma. En esas circunstancias y para esa fecha, probablemente porque ha sido comprado a su amo.

Cuando tratábamos de establecer la fecha en que Federico Ma/Ne Ngobá adquiere su libertad, buscábamos indicios en las partidas de bautismo donde él bautizaba a sus hijos, o bien, apadrinaba a otros esclavos. En esos documentos se hacía constar el estatus de los contrayentes, bien porque se indicaba su cualidad de 'esclavo' o 'liberto', o bien porque lo inferimos del hecho de que tiene o no un apellido. Cuando apadrina al esclavito Grifón en 1856, ya Federico tiene apellido. Y también tiene apellido cuando bautiza a Venancio. Es decir, que Federico adquiere su libertad, probablemente entre marzo y abril de 1855. Venancio fue esclavo durante un mes, a lo sumo. Quizás ese fue el tiempo que le tomó a su padre gestionar su libertad y la de su hijo recién nacido. Federico tenía ya sesenta años.

Venancio tenía ya trece años para los sucesos de la Rebelión de Lares. La tradición oral que conservan sus familiares alude a la persecución de su familia inmediata por haber sido involucrada de alguna manera en dichos eventos o en otro tipo de 'revolución' que se había escenificado en esa época, de la cual no tenemos datos históricos. Para El Componte tenía treinta y dos. No sabemos la razón por la cual expiaba cárcel desde 1891 hasta 1898.

Para esa época estuvieron en cárcel seguidores de Don Román Baldorioty de Castro por sus ideas de soberanía política para nuestro país. Para ese entonces el Dr. José Celso Barbosa, el único líder político afro descendiente en nuestro país que presidió un movimiento político bajo el régimen Español, asumió posturas autonomistas más radicales que las que asumió Luis Muñoz Rivera. Fue este mismo líder quien fundó el Partido Republicano, instaurada ya la dominación norteamericana en nuestro suelo. Desaparecido ya Venancio, fue a ese partido al que se afiliaron sus hermanos para el primer tercio del Siglo XX.

Esclavo	Natural de:	Madre	Dueño	Barrio donde está empadronado	Ocupación	Edad	Estado civil	Está coartado En:
Alejo	P.R.	Crispina	Sebastián Silva	San Lorenzo	labrador	17	S	N/A
Celestino	P.R.	Lorenza	Lucas Colón	Montellanos	labrador	12	S	N/A
Gerónimo	P.R.	Dolores	Lorenzo Cabrera	Unibón	no	07	S	N/A
Jacinta	P.R.	Beatriz	Ramón Cardona	Morovis Norte	labradora	13	S	N/A
José Ma. Mónico	P.R.	Dolores	Lorenzo Cabrera	Unibón	no	3-4	S	N/A
Juan Gabriel	P.R.	Teresa	Francisco Rosado	Barahona	labor	12	S	400 escudos
Juana Paula	P.R.	Juana Leonor	Juan Suro	Pueblo	doméstica	38	S	N/A
María Antonia	P.R.	Lorenza	Lucas Colón	Montellanos	no	05	S	N/A
Serapio	P.R.	Gregoria	José Ma. Rivera	Cuchillas	no	11	S	N/A
Celestino	P.R.	Lorenza	Lucas Colón	Montellanos	labrador	12	S	N/A

Tabla 1.5. Información sobre algunos esclavos moroveños empadronados en 1871 obtenidos de sus cédulas.

En 1899, Venancio es objeto de un proceso policíaco, puesto que asumió la responsabilidad del delito del hurto de una novilla propiedad del hacendado Graciano Archilla, en la vecindad de los terrenos de Federico, su padre. Se acusaba a su hermano, Pascual Cabrera, de ser responsable de los hechos. La información la obtenemos del artículo escrito por el ya finado historiador, Fernando Picó. (Picó, 2011) La novilla es sustraída de la propiedad de Archilla, conducida y sacrificada en terrenos de la familia Cabrera y repartida entre las familias Cabrera Ortega y Cabrera Salgado.

Durante el proceso, Venancio asume la responsabilidad del delito y se apresta a pagar cárcel al no poder sufragar el importe de la multa ascendente a 2,000 pesetas, cuando el valor estimado de la res era de 250. Por ser declarado persona insolvente, se expone a cumplir cárcel nuevamente. Pero el proceso termina cuando el Gobernador Militar, Guy B. Henry, quien está dejando su cargo en esos días, concede un indulto a todos los procesados por delitos menores cuyos casos están pendientes en corte. La Corte de Arecibo entiende que Venancio es acreedor de dicho indulto.

El proceso de la novilla es catalogado por Picó como "una muerte no castigada". Lo que resulta curioso es que estos actos no aparezcan enmarcados en el trasfondo histórico que servía de telón a los mismos. El país vivía años turbulentos de crisis económica y política. Los campesinos empobrecidos se organizaban en partidas, armadas o no, y asaltaban los almacenes de víveres de los hacendados españoles o los cercados de reses de los ganaderos. Allí robaban o inutilizaban el ganado, cuya carne era luego repartida entre la comunidad. Esos grupos operaban en Morovis con el nombre de "Los Tiznaos" y en Vega Baja, municipio colindante con Morovis por el barrio Unibón, como "Los Come Vaca".

La acción de los Cabrera podía muy bien inscribirse en esa modalidad, con la diferencia que fueron delatados a las autoridades, con las consabidas consecuencias. Con su postura de asumir la responsabilidad por los hechos adjudicados a su hermano, Venancio demostraba su cualidad de 'guapo', que, acorde con la definición de la voz jíbara, es una persona que se encuentra enfrentada a la autoridad constituida.

EUSEBIO

Eusebio fue el primer hijo varón que sobrevivió de la segunda relación de Federico con María Salgado. El primero fue León, pero parece ser que fallece pequeño, porque no hay memoria oral de su existencia entre los sobrinos entrevistados. Nace en 1864. Es uno de los hijos que mantuvo un vínculo de cercanía con su padre. Sus herederos residen aún en el sector Patrón del barrio Unibón de Morovis y en el barrio Almirante Sur (En voz de los viejos, 'El Mirante Sur') del vecino municipio de Vega Baja. Allí tuvo sus propiedades, donde desarrolló una próspera ganadería, de lo cual levantó una pequeña fortuna. Allí residen aún sus descendientes, algunos de los cuales nos aportaron información significativa sobre su antepasado.

Parecen fantásticas las narraciones que hacía su hijo, José Cabrera Ríos, que de niño, solía jugar con los puñados de monedas de oro que guardaba su padre en un baúl en la casa. Su fama de hombre tacaño es aún recordada por sus descendientes. Parece ser una característica de las personas que se hacen de alguna fortuna económica. Y, como sucede en muchas de estas narraciones, toda la fortuna la dilapidó. Y acabó viviendo de los $7.50 mensuales que daba el gobierno, muriendo 'de limosna'. Algunos de sus descendientes alegan que 'botó su fortuna en mujeres".

En las entrevistas que realicé, sus familiares insisten en la gran cantidad de mujeres que tuvo Eusebio. No me pudieron dar cuenta exacta de cuántas esposas tuvo, aparte de la 'legítima', ni de cuántos hijos engendró en ellas. Una de sus biznietas me aseguró que pasaban de ochenta. Algo que nos sorprendió cuando hacíamos la investigación en el Archivo Parroquial de Morovis es la nota que figura en el Libro Décimo de Bautismos, Folio #83, V.: "Contrajo matrimonio en esta parroquia con Julia Ríos Soto, hija de Eleuterio Ríos y Justa Soto, el día 18 de enero de 1953". ¡Tenía 89 años!

Una de las biznietas de Eusebio narra que su bisabuelo fue quien primero tuvo un Ford 'de patita' en el barrio Almirante Sur. Se accionaba por una manigueta para el encendido. Alega que como Don Eusebio no sabía nada sobre automóviles, un mecánico lo explotaba, pues continuamente le llevaba el auto para reparaciones y el mismo seguía fallando. Esa es otra de las razones por las cuales menguó su fortuna.

Como tenía sus recursos económicos, Eusebio mantenía la tradicional Promesa a los Tres Santos Reyes Magos. Para él no era impedimento alguno gastar trescientos dólares en la fiesta que culminaba el día 7 de enero, que era la gran celebración en la familia, la del día del Rey Prieto, Melchor. Eusebio tenía sus Tres Reyes de caoba, los que corrieron igual suerte que otros en Morovis: fueron a parar a manos de coleccionistas de antigüedades en San Juan que, bajo engaño, engatusaban a los jíbaros que, de buena fe, 'los donaban' al Instituto de Cultura Puertorriqueña 'para su preservación'.

Fue a través de su hijo mayor, José, que se conservó la tradición de uno de los nombres africanos de Federico: Mangobá. Su nieta, Lucila, fue de las que divulgó esa tradición oral que recibió de su abuelo materno, el padre de Patria Cabrera, su señora madre.

UN ABOLICIONISTA EN LA FAMILIA DE LOS PROPIETARIOS DE ESCLAVOS

Don José Pablo Morales, junto a su señora esposa, Doña Felicia Cabrera, figuran como padrinos de la niña Rafaela De Jesús, hija de Don Lorenzo Cabrera y Doña Francisca Rivera, que son los propietarios de Federico Ma/Ne Ngobá. Inferimos que Don Lorenzo y Doña Felicia Cabrera debieron ser hermanos. Así lee el documento, que transcribimos íntegro:

"En esta Parroquia de Nuestra Señora del Carmen de Morovis, a los dos días del mes de febrero de mil ochocientos cincuenta y siete años, Yo, el infrascrito, Bauticé solemnemente, puse óleo y crisma y el nombre de Rafaela de Jesús que nació el día tres del mes pasado, hija legítima de Don Lorenzo Cabrera y Doña Francisca Rivera; Abuelos paternos: Manuel Cabrera y Celestina Marrero y abuelos maternos: Ramón Rivera y María del Loreto Colón. Padrinos: José Pablo Morales y Felicia Cabrera, a quienes advertí el parentesco y obligaciones de que doy Fe.

Ramón Sulsona"[8]

Don José Pablo Morales Miranda fue residente del municipio de Toa Alta, donde se destacó, a mediados del Siglo XIX, como abolicionista y político. Militó junto a Don Román Baldorioty de Castro en el movimiento Autonomista. En 1866, los comisionados boricuas fueron enviados a las Cortes Españolas a deliberar sobre la forma como se debía realizar la abolición de la esclavitud en Puerto Rico y Cuba. Estos fueron obstaculizados por los intereses de los esclavistas cubanos. Don José Pablo Morales le propuso a Baldorioty levantar la opinión del país para respaldar las posiciones de nuestros comisionados, quienes impulsaban la abolición de la esclavitud, con indemnización o sin ella, para los propietarios.

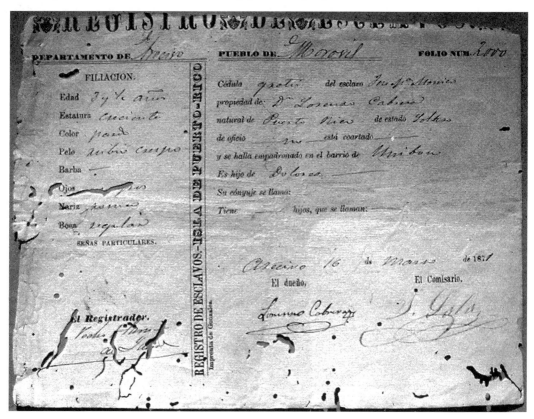

Figura 1.13. Cédula del esclavo de José María Mónico, propiedad de Don Lorenzo Cabrera.

---

[8] Libro #7 de Bautismos de Blancos y Tercero de Indistintos, 1856-1858. Folio #40, vuelto.

Esta posición firme a favor de la libertad de los esclavos le acarreó a este patriota la persecución del gobierno español en el año 1866, el cual puso a Morales bajo la vigilancia de las autoridades y expuesto a la pena del destierro por sus principios, como les ocurrió a Betances, Ruis Belvis y a muchos otros en esos días (Díaz-Soler, 1981).

En la biografía que sobre su hijo, José Pablo Morales Cabrera, escribiera la Profesora Esther Melón Portalatín, nos dice: "Morales Miranda fue un polígrafo: escribió de economía, política, derecho, agricultura, etnología, historia y literatura. Se le consideró "el primer periodista verdaderamente popular y práctico de Puerto Rico, y el más que logró apartarse en su tiempo del convencionalismo aparatoso y vago, de la ampulosidad inútil, de la artificial y pomposa declamación." (Fernández Juncos, en Melón-Portalatín, 1966: 10).

José Pablo Morales era propietario de tierras en Toa Alta y debió tener una dotación de esclavos a su servicio. Dos años después, ocurrido el levantamiento del Grito de Lares, donde se proclamó la república de Puerto Rico, la abolición de la esclavitud y de la Libreta de Jornaleros, las autoridades de los respectivos municipios del país condenaron la insurrección. José Pablo Morales encabeza la lista de los Mayores Contribuyentes del Ayuntamiento de Toa Alta (*Gaceta de Puerto Rico*, 1868). Sobre este personaje nos dice Don Francisco Manrique Cabrera:

> "José Pablo Morales, otro tenaz luchador de estilo brioso, cuyo nombre ha quedado unido para la posteridad con la abolición de la humillante Libreta de Jornaleros "especie de registro policíaco", que prácticamente entregaba maniatada nuestra clase obrera a sus patronos. Amplio fue el laboreo periodístico de José Pablo Morales. Recorre asuntos tan diversos como son la crítica literaria, costumbres, problemas económicos, etc. Bajo el título de Misceláneas (dos tomos), sus hijos publicaron una obra que puede considerarse representativa de ese autor." (Manrique Cabrera, 1973: 141).

Aquí voy corroborando un fenómeno cuya explicación venía ocupándome. Ya me había encontrado un nieto de Federico Cabrera Nengobá, Lorenzo ("Lencho"), que lleva el nombre del propietario de su abuelo. Pero su abuelo materno también se llama Lorenzo, de apellido Ortega. Encuentro aquí un hijo de Federico que lleva el nombre del padre de Don Lorenzo Cabrera: Manuel. Al inicio de la investigación me pareció curioso cómo el nombre de los amos lo llevan también los descendientes del esclavo. ¿Explica esto el que los Cabrera eran amos benévolos con sus esclavos? Al menos no pude captar información en contrario en lo que narra la tradición oral de la familia:

> "Este... la verdá era... que él nos decía que ese señor, sus amos lo querían tanto que le dieron unas novillitas... le regalaron unas novillitas... lo querían mucho... Y ahí él siguió trabajando, siguió comprando terreno; terreno de esta parte, lo vendo, pasando por aquí, todo lo que pertenece del puente... de todo esto fue dueño él. Y él trabajando, trabajando. ¿Y sabe lo que chupaba? Según me decía agüelito..., naranja agria... para... sostenerse...

con eso. Bueno, eso me lo dijeron, y eso digo. Y siguió trabajando y siguió comprando esas tierras, que no valían casi nada... y se llegó a ser dueño desde esta parte del puente, cogiendo hasta el río... con todo esto, lo que se ve, estas pareles (*señala hacia el oeste del Sector Patrón del barrio Unibón*), y fue dueño hasta esas pareles..." (Entrevista #3 a Ismael Cabrera).

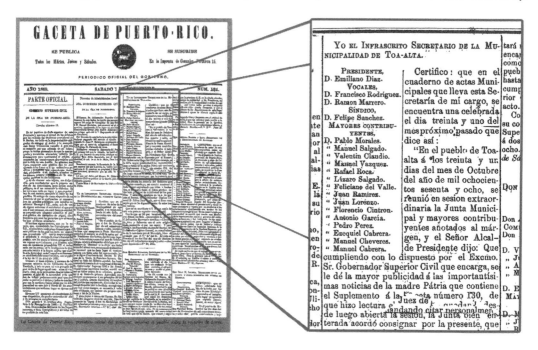

Figura 1.14. Gaceta de Puerto Rico (sábado, 7 de noviembre de 1868).

Don Lorenzo Cabrera, el amo de Federico Ma/Ne Ngobá, figura en posiciones de alta honorabilidad en la sociedad moroveña desde temprano en la historia. Es cuñado y compadre de Don José Pablo Morales, el abolicionista arriba reseñado. En el Libro de cuentas de la Parroquia, en fecha de mayo de 1860, figura como Mayordomo saliente de la Iglesia el Sr. Andrés Guerrero y como Mayordomo entrante, Don Lorenzo Cabrera. El cura Párroco es Venancio Alonso. Guerrero le entrega la mayordomía de la Iglesia de Morovis a Lorenzo Cabrera el 3 de junio de 1860. Esta posición exigía una gran responsabilidad y capacidad, puesto que su función es velar por que se incrementen los bienes de la Iglesia. Recordamos que la residencia del Padre Venancio Alonso, fue el edificio que, siete décadas después, albergaba aún la Casa Alcaldía de Morovis, antes de su incendio en 1936, cuando era Alcalde un Guerrero, precisamente: Don Arturo Guerrero (cf. Martínez-Torres, 1987-1999: 668-671).

Don Lorenzo Cabrera figura como integrante de la Junta Municipal que se reunió para elegir la nueva dirección del Ayuntamiento de Morovis, en la que recayó sobre Don Arturo Quintero el cargo de Alcalde Presidente y sobre Don Agustín Padró, el de Secretario (Hernández, 2000: 173; Nota 1: 197).

Hijos de Lorenzo Cabrera y Francisca Rivera	Libro del Archivo de la Parroquia Nuestra Señora del Carmen y el Arcángel San Miguel de Morovis	Folio
José María	Segundo Libro de Blancos (7 de agosto de 1831 al 27 de Mayo de 1839) p.p. 222-249.	Folio #198 Vuelto.
Carolina	Segundo Libro de Blancos (7 de agosto de 1831 al 27 de mayo de 1839) p.p. 222-249.	Folio #248, Vuelto.
Isabel	Libro #3 de Blancos, 1 de junio de 1839 al 29 de diciembre de 1842; p.p. 250-266.	Folio #54, Vuelto.
Lorenzo E.	Libro #3 de Blancos 1 de junio de 1839 al 29 de diciembre de 1842; p.p. 250-266.	Folio #17.
Francisca	Libro #3 de Blancos 1 De Junio De 1839 Al 29 de diciembre de 1842; p.p. 250-266.	
Monserrate (Hijo)	Índice Del Libro para los Años 1843-1850	Folio #174.
María L.	Índice Del Libro para los Años 1843-1850	Folio #13, Vuelto.
Lorenzo	Índice del Libro para los Años 1843-1850	Folio #110, Vuelto.
Dolores	Índice del Libro para los Años 1843-1850	Folio #89, Vuelto.
Agustín L.	Índice del Libro para los Años 1843-1850	Folio #74, Vuelto.
José C.	Índice Del Libro para los Años 1843-1850	Folio #19, Vuelto.
Juan Manuel A. J.	Índice del Libro Segundo de Pardos, 1842-1854.	Folio #19.
Pablo	Índice del Libro Segundo de Pardos, 1842 1854.	Folio #63.
Josefina	Libro Sexto de Blancos y Segundo de Indistintos, 1854-1856	
Rafaela[9]	Libro Séptimo De Blancos y Tercero de Indistintos, 1856-1858.	Folio #40, Vuelto.
Fabián	Índice del Libro 8 de Bautismos de Indistintos, 13 de febrero de 1858 en adelante	Folio #5.
Pedro	Índice del Libro 8 de Bautismos de Indistintos, 13 de febrero de 1858 en adelante	
Ignacia	Índice Del Libro#9 De Bautismos.	Folio #118, Vuelto.

Tabla 1.6. Descendencia de Don Lorenzo Cabrera y Doña Francisca Rivera.

---

[9] Muere a los veinticinco (25) años de edad. Natural de Morovis; casada con Don José Barreras. Hija Legítima De Don Lorenzo, Natural de Toa Alta y Doña Francisca Rivera, natural de Arecibo. (Folio #184, Vuelto.)

El propietario de esclavos procreó una extensa familia con Doña Francisca Rivera, que asciende a dieciocho hijos(as) registrados en el Archivo Parroquial de Morovis. (Ver Tabla "Descendencia de Don Lorenzo Cabrera y Doña Francisca Rivera") Encontré que los hijos de Don Lorenzo Cabrera comparten, al menos, siete de los nombres con los de los hijos de Federico Cabrera. Estos son: Lorenzo, Francisca, María, José, Rafaela, Pedro y José María. ¿Por qué esta recurrencia en utilizar los nombres de la familia de los amos para los hijos y nietos del ex esclavo? Pero a medida que adelantaba la investigación, me percaté que, tanto el padre del propietario de los esclavos, Manuel Cabrera, llevaba el mismo nombre que lleva el abuelo de Manuel Ríos, el primer hijo de Federico.

El nieto de Federico Cabrera, Don "Lencho", lleva el nombre de Lorenzo, pero por su abuelo Lorenzo Ortega y no por el propietario de los esclavos. Los nombres restantes, todos del santoral católico, son tan comunes, como hoy son los nombres que llevan los niños, tomados de los integrantes de la farándula. Esto nos llevó a descartar la suposición de que, en ese entonces, había también una preferencia por ciertos nombres en esa época, como ocurre en el presente.

LOS MAYORDOMOS DE FÁBRICA DE LA IGLESIA DE MOROVIS

Se conserva el Primer Libro de Cuentas de la Parroquia Nuestra Señora del Carmen y el Arcángel San Miguel de Morovis. Resulta interesante pasar las páginas del desvencijado libraco. Páginas un tanto ilegibles, debido a lo deteriorado de la tinta. Otras veces porque la polilla y el gusano taladraron el libro de un lado al otro. Pero resulta aún legible la contabilidad de la institución.

Ante nuestros ojos se van sucediendo, uno tras otro, los moroveños que fueron ocupando la posición. Los Mayordomos de Fábrica de la Iglesia tenían a su cargo la responsabilidad de gestionar las finanzas de la institución. Estos eran propietarios que aportaban también de su peculio.

Desde la fundación de la Parroquia en 1823 y a lo largo de la primera mitad del Siglo XIX, se suceden en el cargo Don Lucas Colón, Don Juan Suro, Don Lorenzo Cabrera, Don Juan José de Torres, Don Juan Hostos. Sustituyendo a Don Andrés Guerrero, figura Don Lorenzo Cabrera.

La mayoría de ellos son propietarios de tierras y dueños de esclavos. Así lo pudimos corroborar en los censos de mediados de siglo. Ese es el caso, al menos, de los primeros tres que encabezan la lista. Interesante documento para quien emprenda un estudio de la relación entre el poder económico y el religioso en el municipio en el primer medio siglo de su existencia, el cual se desenvuelve bajo la institución de la esclavitud. Documento importante para establecer la riqueza económica del municipio, a falta de documentos de contabilidad locales, los cuales perecieron, probablemente, en el incendio de la Casa Alcaldía en 1936.

"EL QUE TIENE PADRINOS, SE BAUTIZA"

En el Libro #8 de Bautismos de Indistintos, que va del 13 de febrero de 1858 en adelante, Folio #157, figura Pedro T. Cabrera, hijo de Lorenzo Cabrera y

Doña Francisca Rivera. En este libro se indica cuando el bautizado es pardo, blanco o negro. Su segundo nombre es Toribio. Resulta interesante, porque tiene dos padrinos y dos adicionales "que lo sacan de la pila bautismal". ¡Tiene cuatro padrinos! Por supuesto que es de los Cabrera "blancos". Ahora entiendo el porqué del refrán Boricua: ¡El que tiene padrinos, se bautiza! Ese es el Comisario de Barrio de Unibón que recoge la querella de Lorenzo Ortega cuando Pascual Cabrera "le llevó la muchacha" en 1896.

ANTE LA FOSA, ES IGUAL TODA LA HUMANIDAD...

Así dice el tango que cantaba Daniel Santos. Pero durante nuestra investigación de los archivos parroquiales de nuestro pueblo, pudimos comprobar que no es así. En nuestra búsqueda en los Libros de Entierros, los cuales consultábamos en busca de la fecha del fallecimiento de nuestro biografiado, de sus hijos y nietos, nos deteníamos a leer la descripción de los protocolos de las ceremonias de enterramiento que se efectuaban. Y los difuntos con muchos recursos económicos disfrutaban de un ceremonial especial, con misa, rezo, procesión, etc. La descripción de todo el protocolo ocupa buena parte de las páginas destinadas a registrar el deceso. Resultaba, pues, muy fácil determinar si el difunto era rico o era pobre. Porque la descripción de éstos últimos se limitaba a indicar la fecha en que se enterró y no se describía ningún ceremonial, porque no lo podía pagar, ni él ni sus deudos...

EVIDENCIAS MATERIALES DE LA SOBREVIVENCIA INDÍGENA

Yo había estado excavando en las cuevas de mi pueblo durante los años 1986-1988 y había exhumado piezas arqueológicas que planteaban serias interrogantes sobre la alegada desaparición de nuestra etnia aborigen en el Siglo XVI, como dejaron establecido los arqueólogos Irving B. Rouse y Don Ricardo E. Aleyría, entre otros. En el Yacimiento de "La Tembladera" (Martínez-Torres, 2018), pude exhumar puntas de flecha confeccionadas con las técnicas de talla aborigen, pero en vidrio industrial antiguo. Eran las primeras puntas de proyectil confeccionadas en materiales reciclados de la cultura europea que aparecían en un yacimiento arqueológico aborigen en el Caribe. Además de esta evidencia crono-diagnóstica, los fechados de C-14 obtenidos de carbón vegetal arrojaban cifras nunca antes vistas para yacimientos de la cultura llamada Arcaica en el país: finales del Siglo XVIII y mediados del Siglo XIX.

Me enfrentaba ahora a una tradición oral de gente de mi comunidad que parecía corroborar los fechados del Yacimiento "La Tembladera" y la tradición oral que yo había escuchado directamente de la boca de mi abuelo paterno en esa misma dirección. Pero como mis hallazgos arqueológicos, presentados como tema de Tesis de Maestría en el C.E.A.P.R.C. en 1992, fueron censurados, nos percatamos de que resultaba muy difícil "nadar contra la corriente" del pensamiento dominante en la academia del país. Continúe con mis investigaciones, ignorando aún que la misma me reservaba grandes y agradables sorpresas.

Figura 1.15. El autor excava en el yacimiento arqueológico de "La Tembladera" en 1986.

LAS FIESTAS DEL ACABE EN CASA BLANCA

En mi más reciente obra, *A Lo Sucu Sumucu; Raíces Mayas del Habla Jíbara, Vol. I.* (Martínez-Torres, 2018) hemos preparado parte de lo que, eventualmente, constituirá el primer 'Diccionario Etimológico del Habla Jíbara'. No lo decimos con falsas pretensiones. Es la primera vez que se considera al habla jíbara nuestra como una lengua con personalidad propia y no "un español mal hablao' por el campesinado pobre del país", como hasta hoy nos habían hecho creer algunos "eruditos".

En nuestro trabajo definimos más de 500 voces del habla jíbara de uso cotidiano en nuestro país y ofrecemos su origen etimológico. Para lograrlo, descomponemos las voces en sus unidades lingüísticas radicales o morfemas. Utilizamos el *Diccionario Etimológico Maya Yucateco Colonial* (en adelante, DEMYC) (Swadesh, et al.; 1970) para establecer el significado de dichos morfemas constitutivos. Utilizamos el diccionario maya yucateco porque aparenta ser la versión de la lengua que más se asemeja a la que fue utilizada en el Caribe por nuestros ancestros nativos por más de seis milenios. En estos momentos preparamos el Volumen II de dicha obra. La información que sigue la extraemos de ese volumen aún inédito.

"**Acabe** - Al final de la cosecha del café en "la altura" de nuestro país, era costumbre celebrar "La Fiesta del Acabe". La literatura costumbrista es abundante en descripciones de ese evento. La misma era una temporada de fiesta que consistía de baile, bebidas, comida y diversión, que era auspiciada y costeada por el propietario de la hacienda y así se obsequiaba a los que habían participado en las labores de la cosecha del grano. El Diccionario lo define así:

"Acabe. 1. m. Col. Acción y efecto de acabar; fin, acabamiento, extinción. 2. m. Puerto Rico. Fiesta con baile que los recolectores y demás peonajes de las haciendas de café celebran después de terminada la recolección del grano." (DRAE, Pág. 48).

Díaz Montero le añade a la definición que dicha fiesta está acompañada "de baile y comelatas". (Díaz Montero, 1984: 12) "Comelata" significa que la comida está abundante en la actividad.

¡Se les va a hacer difícil creer esto! Cuando busqué los únicos tres morfemas mayas cuya pronunciación se asemejan, asombrosamente, a la palabra española "acabe", encontré lo siguiente:

Hatz, 'repartir por montones' (DEMYC, 1970: 52); *kab*, 'mano de obra' (DEMYC, 1970: 57); *et*, 'en compañía, junto con' (DEMYC, 1970: 51)

De modo que, la fiesta del *hatz.kab.et* consistía en *repartir a montones en compañía*, entre *la mano de obra (el peonaje)* parte de los recursos que le ha producido la cosecha al hacendado. Y lo verdaderamente asombroso es que se acepte el término "acabe" como derivado del verbo "acabar", que es el momento en que se efectúa la fiesta, pero que la raíz de la palabra en la lengua ancestral es la que describe el fenómeno de lo que se practica en ese evento, a tono con la dinámica del idioma maya. Se trata de una actividad comunitaria donde se realiza una redistribución de la riqueza entre todos los que participaron en su producción; una obvia práctica egalitaria, no capitalista, de nuestra sociedad jíbara" (Martínez-Torres, ALSS, II, en preparación).

LAS RAÍCES DE NUESTRO MESTIZAJE

El tema de la descendencia que deja Federico Cabrera toma un cauce harto interesante. Encontramos en la tradición oral la referencia de que "se casaron con mujeres de raza india" o "las esposas de Manuel Cabrera (tuvo dos) eran indias" y ello nos llevó a tratar de documentar la afirmación. Nuestros esfuerzos en esa dirección han sido más que fructíferos. Hemos tenido la tremenda suerte de poder conversar con una descendiente de una de esas familias "indias", naturales de nuestro pueblo. La señora que tenía ya ciento cinco (105) años cumplidos al momento de las entrevistas, según alegaba la familia y que conservaba una lucidez mental admirable.

Ella era Doña Rosa Ríos Agosto. A través de ella es que pude localizar valiosas pistas para buscar información en los documentos del Archivo Parroquial, que comprueban a la saciedad la aseveración. La documentación hasta ahora examinada tiende a corroborar totalmente el dato que ofrece la tradición oral. Solamente confrontamos la dificultad de que para 1823, cuando comienzan los registros de bautizos en la Parroquia de Morovis, la población indígena se engloba dentro de la etiqueta de "pardos", lo que los coloca en la misma categoría de los llamados "mestizos", "zambos" y "mulatos" y "esclavos" (ver Entrevistas #6-9 y #11).

NATIVOS SOBREVIVIENTES NARRAN SU HISTORIA

Las entrevistas a Doña Rosa Ríos Agosto, conocida en su comunidad como "La India", a sus más de cien años de existencia, resultaron ser experiencias que jamás pensé que viviría y disfrutaría. En primer lugar, porque nuestra formación académica formal nos instruye sobre "la desaparición de nuestra etnia nativa". Siendo así, cualquier mención de la existencia de alguien con rasgos fenotípicos indígenas atrae la atención en cualquier lugar del país. Y es porque pensamos que se trata de una extraña coincidencia si alguien muestra esos rasgos físicos. Esa fue la primera falacia histórica que tuve que rechazar.

Doña Rosa Ríos me narró la captura de su abuelita india que se hallaba escondida en una cueva junto a sus familiares, la familia Ríos, en algún lugar de la zona de cuevas del área norte-central del país. ¿Morovis, Vega Baja, Corozal? La tradición oral no esclarece el lugar. Pero esa "india", Doña Isidora Pavón, figura en el Índice de Bautizos de Pardos del Archivo Parroquial de Morovis correspondiente a las primeras dos décadas de la fundación de nuestro pueblo (c. 1840) (ver Parte II: El Diario).

A la hermana de Doña Rosa no tuve la oportunidad de conocerla, por haber fallecido tiempo antes de mi investigación, Doña María Ríos Agosto (ver fotografía de María Ríos Agosto). Esta era de rasgos puramente indígenas pero de tez clara. Ella narraba que su familia se encontraba huyendo escondida en las cuevas de la zona "porque habían hecho una revolución..." y eran perseguidos por las autoridades; en su expresión, "por los españoles". Todo esto le hubiese parecido fantasioso a cualquier investigador a la altura de 1989. Pero no era así en mi caso.

¿EN QUÉ AÑO FUE CAPTURADA ISIDORA PABÓN, LA INDIA?

Desaparecido, para todos los efectos prácticos, el Libro Primero de Bautismos de Pardos (1823-1842), decidimos hacer un cálculo para tratar de establecer el año aproximado en que fue bautizada Isidora Pavón. Esta figura en el Folio #78, Vuelto. El número máximo de folios en ese índice es de 198. Como están escritos en ambas caras (hojas vueltas) se duplica la cifra. Redondeamos a 400 folios en el transcurso de 20 años. Asumiendo que el índice de natalidad de los pardos que se bautizaban en esas dos décadas fuera estable, entonces se puede estimar que el bautizo de Isidora, En el Folio #78 caería al final del año cuarto del registro: cerca de 1826.

El problema es tratar de determinar el año en que es capturada "en la cueva con perros", como reza la tradición oral entre su familia. Si estaba en la cueva con su familia, los Ríos, y con su esposo, entonces debemos suponer que es adulta, de edad de veinte a treinta años. Ello nos llevaría hasta 1856. Si ya tenía hijos grandes, entones las fechas se podrían proyectar hasta 1866. Doña Rosa Ríos alega que llegó a ver a la mamá de su papá, Don Triburcio Ríos: "La vi, pero como estaba pequeñita..." Al momento de la entrevista, Doña Rosa contaba con cerca de ciento cinco años. (N. c. 1885.) Si llegó a ver a su abuela, la india capturada en la cueva, cuando era niña, entonces Isidora debió haber estado viva para 1890 o hasta 1900. Entonces se debe buscar la fecha de su fallecimiento de 1890-1900 en adelante.

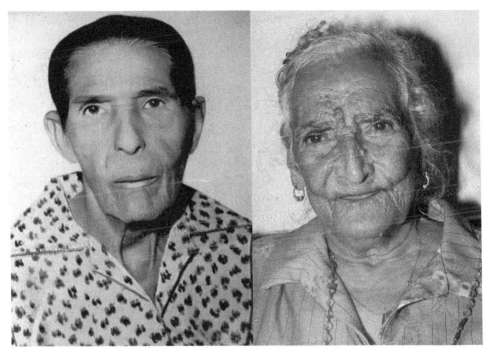

Tabla 1.16. María Ríos Agosto y Rosa Ríos Agosto, nietas de Isidora Pabón.

LOS BAILES EN CASABLANCA

Frecuentemente escuchábamos en nuestra temprana adolescencia y mocedad las narraciones de los viejos sobre aquella época en que "el jíbaro se daba a respetar"; cuando las diferencias personales se resolvían en ausencia de "la justicia" o los tribunales. Cuando se "echaban a pelear a un hoyo practicado en el suelo, con el dedo gordo de los pies amarrados" para que ninguno "se juyera". Y esos bailes en el campo, allá "en la altura", que acababan "a tajo limpio". Estos relatos no figuran en nuestra primera literatura, "El Gíbaro", de Manuel Alonso, aunque los eventos son contemporáneos. Doña Rosa Ríos Agosto, "La India", rebasando ya un siglo de existencia, nos narró uno de esos episodios:

"Pero un día en Cialitos, que no hace mucho tiempo y yo estaba... El que mataron fue un padrino de una hermana mía. Eso fue por la noche. Siguieron bailando. El difunto... el esposo mío, le dijo a... Mi papá no estuvo porque había garateao con la mujer. Dijo: —Esta noche no voy al baile porque ya prencipió. Ya prencipió y no voy. Fue el esposo mío y se fue al baile. Cuando sintieron que llegaron las muchachas y tós' los que llegaron dijeron: —Esta noche se esbarata el baile temprano porque los

Romanes ni los Ríos han venío. Cuando sintieron los Romanes... Los Ríos no fueron. ¿Quién es? ¿Quién es?

Cuando siguieron bailando y bailando y era como máj e' media noche, el esposo le dijo a la suegra y tía... eran primos hermanos... Le dijo: —¡Vámonos, que va a haber la decisiva aquí! Ay, vamos a bailar ésta... En esta lo cogen, en esta lo cogen... Y decía: ¡Ay, no, bendito, vamos a bailar ésta. Cuando ella quería, en toa' la alegría del baile, la primera, en la cocina, le decía: —¿Tú oyes? Esa es la primera... en la cocina. Y cuando apagaron, se encerraron, 'pagaron las luces y antonce, cuando pasa así un compadre de mi papá, pasaba así... Creo que de una reja le tiraron una puñalá y le pasaron el corazón. Y decía: —¡José, José... (al hermano) Sigue pa' lante, sigue pa' lante, que me han cruzao de una puñalá! Y cayó a los pies del esposo mío... cayó a los pies. Y decía: —¡Ay, bendito! ¿Qué hago? ¿Qué jacemos? Antonce mandó a prender la luz. Él lo que tenía era un cantito e' palo así... (Señala cerca de seis pulgadas en el dedo.) Con el cantito e' palo se defendía... en la buena fe que tenía en Dios... Y cruzaron las puñalás por 'onde quiera. Y entonces dijo... Uno de la familia dijo: —¡Han matao' unos cuantos y van a matar más!

Así jicieron luz y el muerto estaba al lao' de él. Era el esposo de... (Inaudible.) Entonce salieron la mujere: —Salgan de ahí, quítense de ahí... Estaba una virándolo, una de las hermanas virándolo. Y cuando ella vio que jicieron luz, que él le sacó un grito: —¡Ay, compadre! Yo creí que era usted que lo habían matao... —¡Quítense de ahí! Y seguían saliendo heridos y siguen cargando muertos. Antonce pue, aguantaron la cosa y antonce él... Amaneció y la mujer de él, del esposo que era mío... la primer mujer... Sintió que se sacó un carajo. Se sacó un carajo y sintió cuando dijeron que si iban a matar más de los que habían muerto. Y se levantó y se puso la ropa y se fue. Se fue a donde el tío mío. Y fue: —¡Compae', compae' Manuel... (el hermano e' papá) —¡Vamo allá a Casablanca, que parece que han matao' a unos cuantos... Sentí la voz de mi esposo que se diba y que iban a matar a más de los muertos que habían. Y dijo: —¡Ay! María, comay, no diga eso. ¿Y usted sintió esa palabra? Y dijo: —Ay, sí, yo la sentí. Antonce dijo: —Pues yo voy pa' llá. Se puso la ropa y cogió pa' fuera esmandao.

En el camino fue a onde el hermano: —Compai, compai... Y le dice: —¿Qué quiere, compai Triburcio? Le dice: —¡Vamos allá a Casablanca que parece que han matao' a unos cuantos allá! La comae sintió la voz del compae Fele, sintió la voz de compae Fele. Dijo: —¡Carajo! Y que si diban a matar más de los que habían muerto. Dijo: —¡Ave María, comae no diga eso! ¡Vamos! ¡Compay, vamos pa' llá! Antonce cogió y se fue, se puso la ropa y se puso y cogió ella el machete que llevaba y cogió y se fueron. Y pasaron unos pasos e' río y cuando pasaron unos pasos e' río y venía el marío' de ella: —Muchacha... ¿Pa' ónde tú vas? Dice: —¡Ay, yo voy... que yo sentí cuando dijeron que había unos cuantos muertos y que diban a haber más muertos...! Y dijo: -—Muchacha, ¿Tú sentiste esa palabra? Dice:-Yo fui, el que sí... el que saqué cl carajo y... Son heridos los que hay. Muertos no hubo más que uno y uno sacao' con las tripas por fuera. Hay unos cuantos heridos y dice: —Compay, si usted va pa' llá, véngase seguío; no se aguante vea lo que vea. Y dice: —¡Compay, mataron a Luis Mamío... Y dice: -Tienen a otro con las tripas fuera... a José Mamío! ¡Ay, compay, otro compadre mío, los dos hermanos... matao y el otro está con las tripas por fuera... y hay unos cuantos heridos allí! Compay, sí, véngase siguío, que ya fueron a buscar... Él se vino; se vinieron enseguía..." (Ver Entrevista #9)

Parecería fantasioso si afirmáramos que los dos hermanos, el herido y el muerto, son de apellido Mamío, uno de los apellidos indígenas que ha sobrevivido hasta nuestros días. El fallecido en la confusa situación que se narra era el compadre de Don Triburcio Ríos, pues le había apadrinado a su hija, María Ríos Agosto, la hermana de nuestra entrevistada. Este apellido, de origen indígena, aún existe en el vecino municipio de Ciales. Pero no crean que estamos fantaseando.

Los apellidos Mamya y Mamyo los registra Don Aurelio Tanodi en su importante obra sobre los indios esclavos en las Haciendas Reales de Dorado y Utuado. En la página 125 se refiere a "Gonzalico Mamya", como uno de los indios clasificados como "naborías de casa", el cual está realizando esa labor en la Hacienda Real establecida en la ribera del Toa, el 8 de marzo de 1519 (Tanodi, 1971: 125). También registra a "Antón Mamyo", a quien se le entrega "camisa y zaragüelles de presilla, bonete y alpargatas", quien está laborando en la misma Hacienda el 8 de marzo de 1518. (Tanodi, 1971: 115) Parecería ser que estos nativos encomendados se les bautizaba con un nombre español y conservaban su nombre indígena, el cual hacía las veces de un "apellido", al estilo europeo. La diferencia de cómo escribimos hoy "Mamío" y como se hacía hace medio milenio, es cuestión de la grafía que se utilizara, porque la "i" y la "y griega" siempre han sonado igual en el habla del español.

Pero no sólo han sobrevivido "apellidos" indígenas entre nuestra gente (Delgado-Colón, 2001). Sobrevivieron prácticas culinarias nativas hasta finales del Siglo XIX. Doña Rosa recuerda, junto a su hija, la receta indígena de la preparación de la torta del marunguey, conocida en la hermana República Dominicana como la guáyiga. También ha sobrevivido, entre los jíbaros moroveños y de todo el país, nuestra lengua ancestral.

DOÑA ROSA RÍOS HABLABA NUESTRA LENGUA INDÍGENA

Durante las entrevistas que le realicé a las dos hijas de Doña Rosa Ríos Agosto, Matilde y Margarita, la primera me narró que su señora madre, quien pernoctaba en su residencia en Levittown, se desvelaba de noche y se ponía a hablar "en la lengua india". (Ver Entrevista #9.) Yo le indiqué a Matilde que sería conveniente que yo le prestara mi grabadora y que ella recogiera la conversación, para ver cómo sonaba el "idioma indio", puesto que yo no podía ir a escucharla y a grabarla de noche. Su hija no le prestó la menor atención al asunto y, para mi pesar, di por fallido mi intento.

Hijos de Casimiro Pavon y María Negrón	Fecha de nacimiento	Ubicación en el archivo de bautizos de la parroquia de Morovis
Ma. Santos	(1823-1842)	Índice de Pardos, Libro #1 (1823-1842), p. #510
Ysidora	(1823-1842)	Índice de Pardos, p. 510; Libro #1 (1823-1842), (Folio #78, Vuelto)
María Blasina	(1823-1842)	Índice de Pardos, Libro #1 (1823-1842), p. 510
Fermín	(1823-1842)	Índice de Pardos, Libro #1 (1823-1842), p. 510
Cristina	(1823-1842)	Índice de Pardos, Libro #1 (1823-1842), p. 510
Catalina	14 de febrero de 1843	Libro Segundo de Pardos. (P. 137 en adelante.) (Folio #5, Vuelto.)
Juan Bruno	1842-1854.	Libro Segundo de Pardos. (P. 137 en adelante.) (Folio #20.)
Epifanía	1842-1854.	Libro Segundo de Pardos. (P. 137 en adelante. (Folio #37)
Francisco	1842-1854.	Libro Segundo de Pardos. (P. 137 en adelante.) (Folio #89.)
María	24 de diciembre hasta 13 de agosto de 1854	Libro #5 de Bautizos de Blancos y #1 de Indistintos (Folio #58.)
Paula	13 de agosto de 1854 al 31 de mayo de 1856.	Libro #6 de Bautizos Blancos y #2 de Indistintos (1854-1856) (Folio #186.)

Tabla 1.7. Descendencia de Casimiro Pavon y María Negrón.

Pero en la misma entrevista en que me manifestaba el dato, Doña Rosa comenzó a cantarme algunas canciones que su madre le cantaba de niña, especie de "lullabies" jíbaros. Uno de ellos se lo cantaba cuando tenía que "dejar a los bebés jaltitos" para irse a buscar agua al pozo. El mismo dice así:

"¡Mantenten bulgue, bulgue, mantenten. Yo pozo, a bu... agua!"

Ella me explicó que la canción significaba lo siguiente: "Que yo me iba, después que dejaba al nene abastecío, me diba al pozo a buscar agua... ¡Ah..., mantenten bulgue...!"

Mi preocupación por determinar cuál era el "idioma indio" que Rosa hablaba en las noches se debía a que, ya un colega investigador había propuesto, con bastante evidencia lingüística, que el idioma nativo nuestro era una forma del maya continental. En esencia, su planteamiento consistía en que nuestros ancestros hablaban una lengua similar al Maya Yucateco actual. El hermano lareño ya había producido varias obras demostrando su hipótesis, y, aunque yo las conocía, todas estaban inéditas en ese momento (Martínez-Torres, 2016). También estaba inédita, hasta hoy, la anécdota que les narraré.

Mi ya finado colega investigador me contó sobre la ocasión en que fue, allá para 1974, a conocer a una "viejita" en Lares. Esta era Doña Carmencita Soto, la joven que había asistido a Doña Mariana Bracetti en el Rosario Cantao la noche en que se ejecutó El Grito de Lares. Mariana estaba "esbarrigándose", en el último mes del embarazo. La longeva ancianita estaba en los 120 años.

Cuando el amigo investigador, de nombre Oscar Lamourt Valentín, fue a saludar a Carmencita, le dio este saludo: ¡*Xup.kutz.tich*! Él me narra que Doña Carmencita alzó los brazos y evidentemente asombrada, permaneció muda por unos segundos, contemplándolo. Luego colocó el cabito del cigarro en el borde del fogón y le dijo: —Tú eres muy goloso pal' humo. La frase que había utilizado el amigo es una expresión en el idioma maya que significa: "¿Me das la colilla?" El asombro de Doña Carmencita no era para menos, pues Lamourt le estaba hablando "en el lenguaje de los muertos"... el lenguaje indígena de nuestros nativos Boricuas que ya no se escuchaba (Lamourt-Valentín, 2016, 1976).

Con ese y otros ejemplos, me estaba demostrando que ese era el idioma Jíbaro, que es el que hablaban nuestros ancestros nativos. Como para ese entonces no habíamos realizado aún la serie de estudios que hemos desarrollado en las casi tres décadas transcurridas desde nuestra entrevista a Doña Rosa Ríos, no podíamos acabar de darnos cuenta de que ¡Doña Rosa estaba cantándonos una melodía en la lengua nativa! Toda la melodía está en idioma maya, que es el idioma nativo ancestral Boricua. (Ver Entrevista #9).

ROSA ME CANTÓ UN 'LULLABY' JÍBARO EN LENGUA NATIVA

No podíamos, a la altura de 1989, percatarnos del fenómeno. Esto ha sido posible luego de que hemos estado estudiando nuestra lengua jíbara con el fin de producir el primer diccionario etimológico de la misma, obra a la cual ya hemos dado inicio y lleva como título *A lo sucu sumucu: raíces mayas del habla jíbara* (Vol. I) (Martínez-Torres, 2018). Al igual que lo hicimos con las más de 500 palabras de la lengua jíbara que se incluyen en dicho volumen, hacemos el desglose de los morfemas de la lengua maya que componen la expresión que nos cantó Doña Rosa: ('Man ten ten bul gue'). En maya: "*maadz.tzem.tzen.but.hep*". Veamos:

maadz, 'chupar con fuerza, mamar del mismo modo' (DEMYC, 1970: 64)

tzem, 'pecho, teta" (DEMYC, 1970: 86)

tzen, 'sustento, alimento' (DEMYC, 1970: 86)

but, 'llenar, henchir, rellenar, embutir' (DEMYC, 1970: 38)

hep, 'empezar' (DEMYC,1970: 53)

La lectura de la frase en español dice, literalmente: "empiecen a chupar con fuerza, el pecho, la teta, y llénense bien (la barriguita) con el sustento, el alimento."

En horas tempranas de la mañana del miércoles, 9 de enero, me encontraba dedicado a la corrección de los errores ortográficos de la primera Entrevista a Doña Rosa 'La India' Ríos Agosto. Cuando revisaba la sección en la que ella me canta una nana en la lengua nativa, 'se me cortó la respiración' cuando pude notar que ella me había dictado dos veces la canción, pero en ambas ocasiones, añadió frases que había pasado desapercibidas. Al reconocerlo así, las desglosé con ayuda del DEMYC. Para mi sorpresa, Doña Rosa añade dos frases adicionales en la lengua nativa y me da la traducción de las mismas. Estas son: "a bu" y "a tale".

En la primera ocasión, ella dice: *Mantenten, bulgue, bulgue, mantenteeen*, yo pozo, *a bu* agua… En la segunda ocasión, ella dice: "*Mantenten, bulgue, bulgue, mantenteeen*, yo pozo yo nene, *a tale*…" El desglose de la porción "*a bu*" es -*a'.but*; -*a'*, 'en este tiempo, (ahora)' (DEMYC, 1970: 33); *but*, 'llenar, henchir, rellenar, embutir' (DEMYC, 1970: 38).

El desglose de la porción "*a tale*" en lengua maya es: -*a'*, 'en este tiempo, (ahora)' (DEMYC, 1970: 33); *ta'*, 'panza, vientre, buche' (DEMYC, 1970: 79); *lem*, 'fortificar'; *le'm*, 'sosegar, aquietar' (DEMYC, 1970: 62). Y a renglón seguido, me da la traducción: "*Nenito, que ya estaba jaltito*". La lectura de la porción *a tale* dice: -*a'.ta'.lem*, 'ahora, ya, han fortificado la panza, el buche' y -*a'.ta'.le'm*, 'ahora, ya, han sosegado el buche, la panza'.

La interrogante que surge es: ¿Cómo es que la madre de Doña Rosa Ríos está cantando ese "*lullaby*" jíbaro a su niña, en lengua maya, a la altura de 1887, el Año del Componte? Sólo hay una explicación: la que ofreció el amigo Lamourt y que ha quedado comprobada con sus estudios y con los que venimos realizando. Que nuestros ancestros indígenas sobrevivieron, hablando la lengua ancestral, una forma del maya, y que los jíbaros la hemos seguido hablando, no importando que estemos conscientes o inconscientes, de nuestra herencia nativa.

Aún con todas las dificultades que confrontamos para obtener ciertas informaciones sobre las familias Cabrera, Salgado, Ríos, Maldonado, Ortega, Agosto; pues se trata en ocasiones de temas que tocan fibras íntimas de nuestros compueblanos, sabíamos, desde el inicio, que estábamos sobre la pista de algo verdaderamente único y excepcional. Intuimos que estos fenómenos podrían haber sido cosa cotidiana en otras comunidades en nuestro país a la altura de la década de los 80. ¿Se percataría alguien más?

LA FAMILIA RÍOS

Resulta fascinante la historia de esta familia moroveña. No hemos podido establecer el origen de este apellido. Probablemente tiene idéntico origen al apellido 'Cuevas' del barrio Ángeles de Utuado: así se apellidaron y fueron registrados 'los indios de las cuevas'. Parece suceder algo similar con el apellido Rivera, el segundo en mayoría numérica en nuestro país. Probablemente deriva de los indios que vivían en la 'rivera' de algún río.

El apellido Ríos figura como Río, indistintamente, en los documentos y se ha podido establecer el origen 'pardo' de la familia, lo que significa que pertenecen a la etnia nativa boricua. Esto sería evidencia de que es apellido adquirido por alusión al lugar donde se encontraban establecidos: en el Río Indio o el Río Sibuco, porque nuestros indios no tenían apellidos europeos. A ese sector es que traza su procedencia la tradición oral recogida entre sus descendientes, residentes aún en el barrio colindante, Unibón de Morovis.

Esta familia Ríos es la que la tradición oral ubica 'escondidos en unas cuevas' porque 'había ocurrido una revolución'. Allí permanecían, precavidos de que los podían rastrear con perros... De esta misma familia Ríos es la primera esposa de Federico. Y las dos esposas de su hijo mayor, que lleva el apellido Ríos por su señora madre. Estos son los mismos Ríos de cuya familia tuvo Venancio varias esposas. Y son a estos mismos Ríos a quienes se une un nieto de Federico, Evaristo Maldonado Cabrera. Este se une a María Ríos, hermana de Rosa Ríos; ambas hijas de Triburcio Ríos y nietas de Isidora Pavón, la india capturada en la cueva.

Hay algo singular cuando Rosa nos narra los eventos violentos acaecidos en el baile de Casablanca, la famosa Hacienda cialeña. Los Ríos son gente muy respetada en la comunidad. Nadie osa 'romper un baile' en Casablanca si los Ríos están presentes. Es en su ausencia que ocurren los hechos de violencia donde fallece un compadre de Triburcio Ríos y resulta herido de gravedad el hermano del primero. José Mamío es el padrino de María Ríos. Lleva un apellido 'indio'. Resulta interesante la escueta descripción que hace Rosa, la hija de Triburcio, del método de autodefensa y combate que su padre utilizaba: "...con un cantito e' palo se defendía, en la buena fe que tenía en Dios"... (¿Un arte marcial nativo ya olvidado?).

Estos Ríos, a la altura de 1989, me están narrando estos sucesos acaecidos un siglo antes. Y Doña Rosa se desvelaba en las noches y 'hablaba en el idioma indio'... En la entrevista me cantó un "lullaby" en la lengua nativa, que debió recordar por casi un siglo. Su sobrino, Juan Maldonado Ríos, se enorgullecía de la estirpe de 'india pura' de su señora madre y de la sangre de su abuela Josefa Cabrera, hija de Nengobá.

Nos preguntamos: ¿Qué es lo que hemos estado haciendo los historiadores de nuestro país durante el último siglo transcurrido? Quede nuestro humilde ensayo a manera de reflexión.

A MANERA DE REFLEXIÓN - EL LLANTO DE MAGALY

Un día recibí una cartita muy atenta de uno de los descendientes de Federico Cabrera. La cartita venía desde el pueblo de Jayuya. Yo comencé a contestarla y quise hacerlo de una forma en la cual el remitente pudiera comprender el objetivo de mi investigación sobre su antepasado esclavo. Pero no sólo eso, sino la motivación que tenía como educador para dar a conocer esa historia. Cuando terminé la cartita, la leí nuevamente. Decidí no enviársela y, en cambio, escribirle algunas "cortas letras". Yo estaba seguro que más tarde, el texto de la respuesta que había escrito y que no le envié, formaría parte importante del libro que escribía sobre Federico Cabrera Ma/Ne Ngobá. El mismo ocupa los primeros cuatro párrafos de la narración que sigue.

Cuando investigaba sobre el tema que se convirtió en la obra que hoy el amable lector tiene en sus manos, pude vivir un episodio que se desarrolló en el salón de clases, en la asignatura de Historia de Puerto Rico en la Escuela Superior Jaime A. Collazo del Río de Morovis. Fue en el primer semestre del curso 1989-1990. Yo proyectaba unas vistas fijas en la pared, con la luz apagada, las puertas y ventanas cerradas y los abanicos encendidos.

En medio de la proyección de las "diapositivas", una estudiante se me acerca y me comunica, muy discretamente, que la estudiante Magaly Torres Cabrera, estaba llorando inconsolable en su pupitre. Yo le indiqué, en voz baja, que la acompañara, que salieran afuera y se lavara la cara en el baño y cuando se calmara, que regresaran. La estudiante regresó con la contestación de Magaly. Ella no quería ausentarse del salón.

Figura 1.17. Magaly Torres Cabrera y sus hijas Emily Joan y Jomaily.

Yo interrumpí brevemente la clase, me acerqué a la joven y le pregunté si tenía "dolor de mujer". Ella me contestó que no. Yo le pregunté por la razón de su llanto, en vista de que no era por causa de ese "dolor". Entonces la joven me contestó algo que yo no esperaba, porque ha sido la experiencia más dramática, pero además, la más aleccionadora que experimenté como maestro enseñando la historia de mi país. La joven, aún con su rostro bañado en lágrimas, me dijo:

—¡Es que usted nos está mostrando cómo era que maltrataban a mi familia... y me da mucha pena!

La clase de ese día era sobre el tráfico de esclavos, cómo eran capturados y transportados en condiciones infrahumanas. Era sobre cómo eran vendidos, destrozando las familias, sin importar sus sentimientos al separar padres y madres de sus hijos, además de los castigos tan crueles e inhumanos a que eran sometidos, sobre el castigo aún mayor de convertirse en bestias de carga, lejos de sus seres queridos, sin derechos de ninguna clase. Magaly Torres Cabrera es hija de Doña Rosa Cabrera, una de las tataranietas de Nengobá.

Es obvio que ningún estudiante en un salón de clases del país reaccionaría así a menos que tenga una clara conciencia de que desciende de un esclavo (a) de origen africano o Boricua. Así debiéramos reaccionar todos, si verdaderamente estuviéramos conscientes de nuestras raíces y si nuestros maestros de historia hicieran su trabajo como es debido. Y en las actuales circunstancias, como lo era ya hace tres décadas, nuestros estudiantes no tendrán ninguna motivación por conocer la historia de nuestro país si no se hace, precisamente, todo lo contrario a lo que dicta el sistema de enseñanza público y privado del país, en su objetivo de enajenar a nuestras jóvenes generaciones para destruir nuestra identidad Jíbara Boricua. Mi tarea, por lo que me reste de vida, es dar a conocer nuestra verdadera historia, para evitarlo.

En Barahona, Morovis, P.R.

De junio de 1979 a enero de 2019.

UN CUENTO QUE PUDO HABER SIDO REALIDAD

Camerún, África. Tribu N'gumba. 1805. Dos millas al este de la costa. Un fornido y esbelto joven, curtido por el trabajo agrícola y las marchas por el boscaje, responde al nombre de Bangó. Su compañera, Sandú, aviva el fuego de la leña para preparar el cocido de la comida de la tarde. Esperan a que se reúna la familia pero los chicos no han llegado aún. En el corazón de Sandú late un presentimiento al que no desea darle cabida. Ya le han advertido a los niños que no se alejen en sus correrías por el boscaje, porque es peligroso acercarse a la arena de la playa.

Desde hace varias lunas ya se escuchan rumores de gentes de piel color del marfil del diente del elefante, que vienen en grandes embarcaciones y ondeando paños color de la sangre, invitan a los niños a dar un paseo sobre las blancas crestas del mar.

Aquella tarde el sol teñía de una tonalidad rojiza las aguas del océano. El niño había visto aquellos tejidos de colores vivos y brillantes que contrastaban tan límpidamente contra el verde de la selva, el azul del cielo y el oro de las arenas. Estaban en las manos de aquellos hombres extraños que, en la orilla de la playa, los agitaban, con ademanes que invitaban a tomarlos.

Se acercaron los muchachos más valientes, los menos tímidos, los más arriesgados. Fue muy fácil tomar los pañitos de color punzó. Pero, de súbito, sintieron cómo eran asidos por el aire y llevados dentro de la embarcación, donde fueron atados como el animalito que es cazado y se conserva vivo para el festín del día siguiente.

En su asombro, no se percataban que los llevaban en un viaje sin regreso. Entonces Nengobá recordó las advertencias que les hacían sus padres de no acercarse a la orilla. Dos gruesas lágrimas humedecieron su faz morena, en el mismo momento en que Sandú, al acomodar los pedazos de leña en la hoguera, escuchó el leve chirrido del agua evaporándose sobre los tizones, los que veía a través de la borrosa película de sus lágrimas...

Por: Roberto Martínez Torres

Concepción artística del rapto de niños (as) en las costas africanas en el Siglo XIX, por el pintor arecibeño Tomás Montalvo (2013).

BUSCA TU GENEALOGÍA

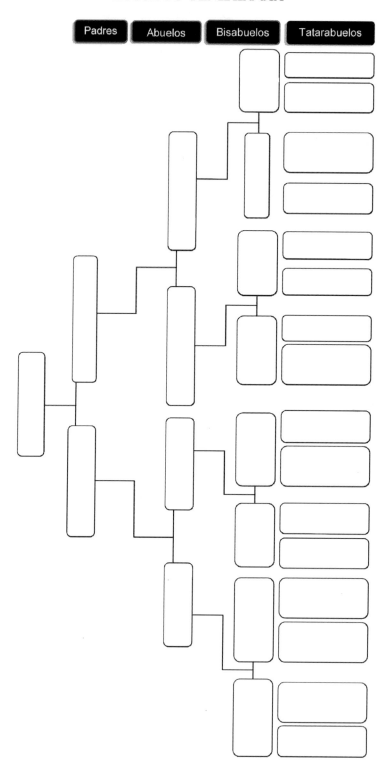

Parte II

EL DIARIO DE LA INVESTIGACIÓN

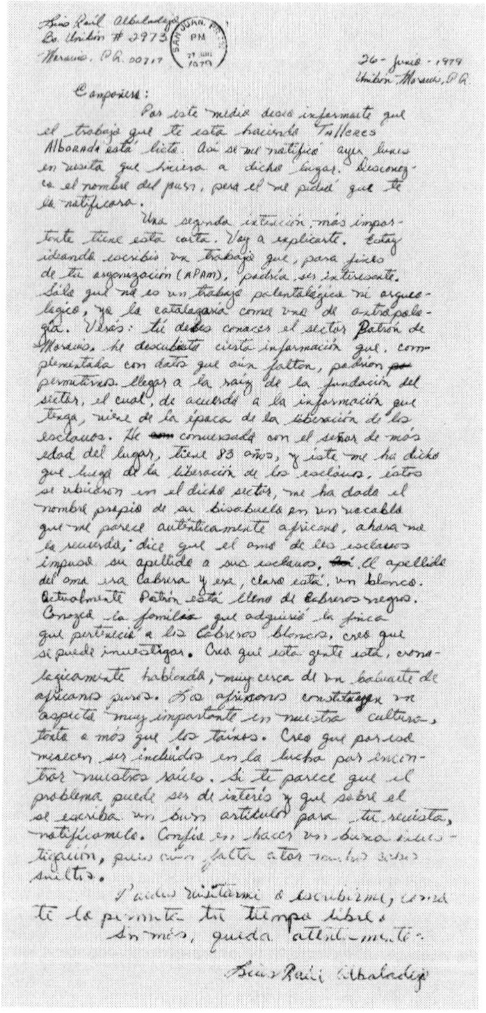

26 de junio de 1979

Unibon, Morivis, P.R.

Compañero;

Por este medio deseo informarte que el trabajo que te estaba haciendo Talleres Alborada está listo. Así se me notificó ayer lunes en visita que hiciera a dicho lugar. Desconozco el nombre del joven, pero él me pidió que te lo notificara.

Una segunda intención, más importante tiene esta carta. Voy a explicarte. Estoy ideando escribir un trabajo que para fines de tu organización (APAM), podría ser interesante. Solo que no es un trabajo paleontológico ni arqueológico, yo lo catalogaría como uno de antropología, veras: tú debes conocer al sector de Patrón de Morovis, he descubierto cierta información que, complementada con datos que aún faltan, podrían permitirnos llegar a la raíz de fundación del sector, el cual, de acuerdo con la información que tengo, viene de la época de la liberación de los esclavos. He conversado con el señor de más edad del lugar, tiene 83 años, y este me ha dicho que luego de la liberación de los esclavos, estos se reubicaron en el dicho sector, me ha dado el nombre propio de su bisabuelo en un vocablo que me parece auténticamente africano, ahora no lo recuerdo; dice que el amo de los esclavos impuso su apellido a sus esclavos. El apellido del amo era Cabera, y era, claro está, un blanco. Actualmente Patrón está lleno de Cabreras negros. Conozco la familia que adquirió la finca que perteneció a los Cabreras blancos, creo que te puedo investigar. Creo que esta gente está, cronológicamente hablando, muy cerca de un baluarte africano puro. Los africanos constituyen un aspecto muy importante en nuestra cultura, tanto o más que los tainos. Creo que por eso merecen ser incluidos en la lucha por encontrar nuestras raíces. Si te parece que el problema puede ser de interés y que sobre él se escriba un buen articulo para tu revista, notifícamelo. Confío en hacer una buena investigación, pues aunque falta atar muchos cabos sueltos.

Puedes visitarme o escribirme, como te lo permita tu tiempo libre.

Sin más, queda atentamente,

Luis Raúl Albaladejo

Figura 2.1. Carta de Luis Raúl Albaladejo al autor y transcripción del documento.

PARTE II: EL DIARIO DE LA INVESTIGACIÓN

MES DE JUNIO DE 1979

La primera vez que escuché el nombre "Nengobá" o "Ñengobá" fue en circunstancias curiosas. Fue en un círculo de compañeros que laborábamos en la preparación de la edición de la Revista Literaria Taravilla en Morovis, allá para 1978. La misma era editada por el poeta moroveño Alfonso Fontán Nieves, quien dirigía el núcleo de jóvenes de la Escuela Superior de Morovis que fungían como la Junta Editora. Entre ellos figuraba el joven Luis Raúl Albaladejo.

Fue este último quien primero hizo mención de que había un antepasado esclavo de la familia Cabrera, residentes en el sector Patrón del barrio Unibón de Morovis. Este joven escritor comenzaba a publicar sus primeros poemas y cuentos en la Revista mencionada, allá para los años de 1978-79. Luis Raúl escribía ocasionalmente la sección "Diccionario del Pueblo" en la publicación. No sé si sería que, buscando las palabras "de los viejos" se topó con la tradición oral sobre este esclavo moroveño. Luis Raúl me mencionó en carta, para esa fecha, que estaba tratando de hacer una investigación sobre el particular, pero pasó el tiempo y nunca me enteré si en algún momento la hubiera comenzado o si le pudo dar feliz término a la misma. Perdimos el contacto con él cuando se fue a cursar estudios superiores al recinto de Río Piedras de la Universidad de Puerto Rico. (Ver Carta de Luis Raúl Albaladejo en la página opuesta).

Yo me encontraba sumergido en la investigación de nuestra arqueología y paleontología y no me percataba aún de las posibilidades de la investigación que Luis Raúl proponía. No obstante, ya iba comprendiendo, poco a poco, que nuestros viejos se nos van a la tumba e irremediablemente, se llevan con ellos la historia que nadie más nos podía contar... Decidí gestionar el permiso de la Diócesis de Arecibo para realizar investigaciones en el Archivo Parroquial de Morovis. La autorización me fue concedida. En esos meses pude examinar brevemente la valiosa colección de documentos históricos de nuestro pueblo allí depositados, que van desde el año 1823 hasta el presente. Mis nuevas obligaciones como papá me impusieron otras prioridades, lo que cambió drásticamente mis planes.

Más tarde, cuando me interesé por escribir sobre la historia de Morovis en forma sistemática, mientras publicaba el Archivo Histórico de Morovis (Martínez-Torres, 1987-1999), fui un día a la residencia de Doña Belén Cabrera, nonagenaria, residente en el barrio Almirante Sur de Vega Baja. A mi solicitud de información sobre sus antepasados esclavos, Doña Belén me dio a entender que no podía acordarse de detalle alguno referente a la vida de ellos. Le expliqué sobre mi deseo de recopilar la historia de nuestra gente olvidada. Percibí por su lenguaje corporal que el tema le causaba cierta incomodidad y que no deseaba conversar sobre el asunto. No pudo ocultar el par de lagrimitas que le rodaron por las mejillas, a pesar de que, muy discretamente, volteó su carita y se quedó mirando el monte... Eso ocurrió en 1987, pero no pude entender el porqué de su actitud hasta varios años después, cuando escuché la historia que me narraron sobre su padre, Don Joseíto Cabrera... (El anciano que cabalga en su yegüita blanca y cuya fotografía se encuentra en la portada.)

Días después, encontré uno de los descendientes de los "más viejos" de los Cabrera en el barrio Patrón, al cual le indiqué que interesaba recoger alguna información sobre el tema. La persona estuvo en la mejor disposición. Por razones que ya he detallado, no le pude dar seguimiento a la investigación en ese momento.

Mi interés en la próxima década giró en torno a la investigación histórica, arqueológica y paleontológica. Durante la misma desarrollamos una serie de exploraciones, ya como integrante y fundador de la Agrupación Paleontológica y Arqueológica Moroveña (A.P.A.M.) y como editor de la Revista El Mapa, La Primera Revista de Arqueología, Paleontología e Historia que se publicaba en el país. Posteriormente laboramos como editor de la Revista Archivo Histórico de Morovis, donde proseguimos la labor investigativa como director de la Sociedad de Investigaciones Arqueológicas e Históricas de Morovis (S.I.A.H.M.) Durante nuestras investigaciones, la de mayor importancia fue la realizada en el Sector "Las Cabachuelas" de Morovis, entre las que resaltan las excavaciones en el Yacimiento Arcaico de "La Tembladera".

El año de 1989 decidí iniciar estudios superiores conducentes a la Maestría en Estudios Puertorriqueños en el Centro de Estudios Avanzados de Puerto Rico y El Caribe (en adelante C.E.A.P.R.C.), que a la sazón, dirigía el Dr. Ricardo E. Alegría. Ya había tomado el curso "Introducción a la Arqueología" con el Profesor y Arqueólogo Miguel Rodríguez López durante los meses de verano. A inicios del segundo semestre de ese año comencé a tomar los cursos nocturnos y sabatinos con el propósito mencionado. Fue en ese semestre cuando mis investigaciones tomaron un giro inesperado, pero muy afortunado.

MESES DE JUNIO A JULIO, 1987

En la página 68 de la tercera edición de la revista Archivo Histórico de Morovis (Martínez-Torres, 1987-1999: 68), que apenas comenzábamos a publicar, se reprodujo una fotografía de Don José ("Joseíto") Cabrera, uno de los hijos del esclavo Federico Cabrera, Nengobá. Es la única fotografía que existe en Morovis de un esclavo, quien, a su vez, es hijo de esclavo. (El anciano que cabalga en su yegüita blanca, de nombre "Paloma" y cuya fotografía engalana nuestra portada.) La misma la copiamos del Álbum de la Familia Barreras-Ibáñez, residentes del barrio Unibón de Morovis, quienes nos la facilitaron. La Familia Barreras es descendiente directa de Don Lorenzo Cabrera, quien fue el propietario del esclavo Federico Cabrera, Nengobá.

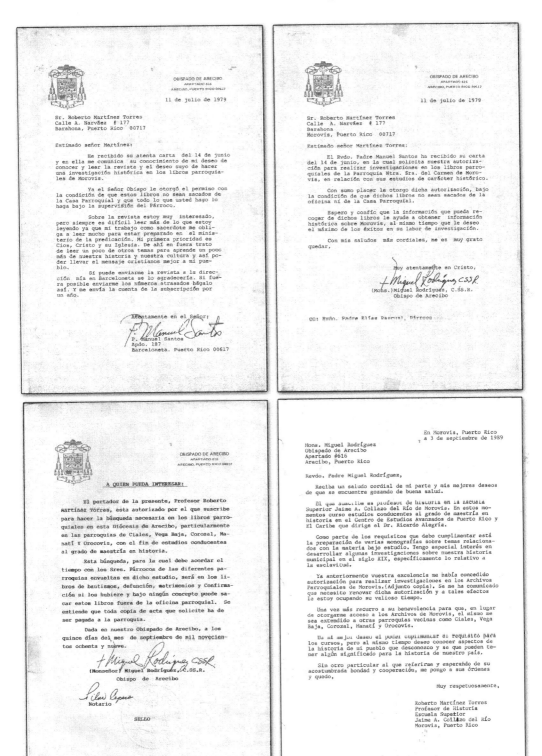

Figura 2.2. Correspondencia cursada entre el investigador y el Arzobispado de la Diócesis de Arecibo, Puerto Rico.

22 DE AGOSTO DE 1989

Yo me desempañaba como maestro de Historia de Puerto Rico en la Escuela Superior Jaime A. Collazo del Río de mi pueblo, Morovis. Al comenzar el curso de Historia de Puerto Rico en agosto del 1989, cuando llamo la asistencia por la lista de alumnos, en la misma había una joven trigueña, de apellido Torres Cabrera. Le pregunté si era de "los Cabreras negros" de Patrón. Me indicó que su familia era de los "Cabreras prietos" de Patrón. Le insistí que le preguntara a sus familiares, a sus abuelos si estaban vivos aún, sobre ese famoso personaje, Nengobá. Así ella lo hizo. Andaba buscando la información relacionada con la genealogía de la familia, uno de los primeros trabajos que yo le asignaba a los estudiantes del curso. En efecto, el abuelo de la joven, Don Ismael Cabrera Vázquez, le dio los detalles de su genealogía y la trazó hasta el primer "Cabrera negro" que llega a Morovis: Don Federico Cabrera, "Nangobá". (Ver Tabla Genealógica de Magaly Torres Cabrera.)

Me lo informó así al día siguiente, cuando llegó, alborozada, con el hallazgo. De inmediato le entregué un casete de grabación de cinta magnetofónica vacío para que fuera recogiendo algunos datos a su abuelito sobre su vida y la de sus antepasados. La entrevista fue realizada el 22 de agosto de 1989 y se conserva en nuestro poder, la cual hemos transcrito en su totalidad. (Ver Entrevista #1.) Este es el verdadero inicio de la investigación, porque por primera vez me enteraba de la existencia de un testigo vivo de la familia que conociera sobre antepasados africanos que sufrieron la esclavitud. Ese es el origen del trabajo que hoy el lector tiene en sus manos.

25 DE AGOSTO DE 1989

Encontrar un testigo, mayor de edad, que fue nacido y criado en el campo en el Municipio de Jayuya; hijo huérfano que pasó a vivir con sus abuelos paternos (Don Manuel Cabrera) y de quien obtuviera la información relativa a su más antiguo antepasado en Puerto Rico, no deja de ser un acontecimiento singular, toda vez que en ese testimonio se recoge la tradición sobre el mismo origen y el nombre del individuo o de la tribu a la cual pertenecía ese antepasado en la lejana África, cuna de uno de los pilares de nuestra etnia Boricua.

Por las conversaciones, aún cortas, que hemos sostenido con Don Ismael Cabrera, en el Sector Patrón del barrio Unibón de Morovis el 24 de agosto de 1989, intuimos que dicho pasado africano está muy claro en su mente, presentando cierta confusión en el aspecto de la esclavitud y su naturaleza. Sin embargo está claro "que vino de allá" su bisabuelo, Don Federico Cabrera, "Nengobá".

Don Ismael conoce las colindancias de la propiedad que Federico fue adquiriendo "trabajando mucho", según le comunicó su abuelito. Traza, señalando con su dedo, las colindancias del predio del sector Patrón del barrio Unibón de Morovis donde nació y se crió Don Manuel Cabrera, su abuelo, antes de pasar a vivir a Jayuya, en el barrio Saliente de esa municipalidad.

Figura 2.3. Prisioneros africanos listos para ser vendidos al barco negrero.

Hoy viernes, la nieta de Don Ismael Cabrera me mostró una fotografía a color de uno de los familiares recientemente fallecidos de éste. En dicho retrato aparece el finado pariente junto a su nieta, la cual le dedica la foto y se firma Anita Cabrera "Nengobá". Esto me causó una gran emoción, al enterarme de que alguien en la familia siente un profundo orgullo por el nombre con que se identificó su antepasado, hasta donde sabemos, el único esclavo moroveño y/o Boricua, cuyo nombre africano se recuerde.

27 DE AGOSTO DE 1989

En el documento Censo de Esclavos de Morovis, del 21 de enero de 1870, figura como propietario de esclavos Don Lorenzo Cabrera. (Ver documento.) En el censo indica que posee tres esclavos, cuyos nombres y circunstancias son: Gerónimo, soltero, de seis años; José María Mónico, de dos años y medio y Dolores, una fémina de 27 años y de oficio labradora. (Ver las Tablas del Censo de Esclavos de Morovis de 1870.)

En una conversación que tuve con la Sra. Raquel Barreras Ibáñez en 1987, mientras recopilábamos fotografías antiguas de Morovis para nuestra publicación, ésta me comunicó que su familia Barreras Ibáñez está emparentada directamente con la familia Cabrera, quienes poseían esclavos, algunos de los cuales llevaron posteriormente dicho apellido. Transcribí el Documento sobre el Padrón de Esclavos de Morovis de 1867. (Ver copia fiel y transcripción del autor.)

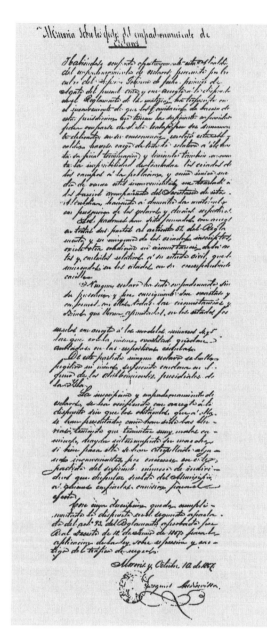

Memoria sobre los efectos del Empadronamiento de Esclavos

Habiéndose ocupado oportunamente esta Al-caldía del empadronamiento de esclavos, prevenido por circular del Superior Gobierno de fecha primero de agosto del presente año, y con arreglo a lo dispuesto en el Reglamento de la materia ha tropezado con el inconveniente de que los Comisarios de barrio de esta jurisdicción no tienen la suficiente capacidad para ocuparse de dicho trabajo por ser sumamente delicado; en su consecuencia resolvió esta Alcaldía hacerse cargo de todo lo relativo a él hasta su final terminación, y también teniéndose en cuenta la imposibilidad de trasladar los esclavos de los campos a la población, y como único medio de vencer estos inconvenientes, me trasladé a los barrios, acompañado del secretario de esta Alcaldía, haciendo a domicilio la matrícula con presencia de los esclavos y dueños respectivos.

Los padrones han sido formados con arreglo en todas sus partes al artículo 57 del Reglamento y en ninguno de los criados inscriptos, existe otra condición ni circunstancia de los actos y contratos relativos a su estado civil, que los marcados en los estados en su correspondiente casilla.

Ningún esclavo ha sido empadronado sin su presencia y, por consiguiente son exactas y conforme con ellas todas las circunstancias y señas que llevan apuntadas en la estados, formado con arreglo á los modelos números 4 y 5 las que con la misma exactitud quedan anotadas en las respectivas cédulas.

De este partido ningún esclavo se halla fugitivo ni menos sufriendo condena en algunos de los establecimientos presídiales de la Isla.

La verificación y empadronamiento de esclavos se ha verificado con arreglo a lo dispuesto sin que los obstáculos que a ella se han presentado, como ha sido las lluvias, teniendo que transitar muy malos caminos, hayan interrumpido su marcha, si bien para ello se han atropellado algunos inconvenientes por carecer-se en este partido del suficiente número de individuos que disfruten sueldo del Municipio, a quienes confiarles comisión para el efecto.

Con cuya descripción queda cumplimentado lo dispuesto en el segundo apartado del artículo 93 del Reglamento, aprobado por Real Decreto de 18 de junio de 1867, para la aplicación de la ley sobre represión y castigo del tráfico de negros.

Morovis, Octubre 10 de 1867

Ezequiel Mediavilla

Figura 2.4. Memoria sobre los efectos del Empadronamiento de Esclavos [foto de la memoria y la transcripción].

30 DE AGOSTO DE 1989

Fui al Archivo Parroquial de Morovis con la intención de coordinar algunas visitas al mismo, con el objeto de ir trazando las genealogías de esclavos y esclavistas de Morovis. La Srta. Ana Díaz, encargada del Archivo, nos comunicó que la carta del señor Obispo de Arecibo, que me autorizaba el uso del Centro de Archivos, estaba vencida. (Ver copia de la Carta del Obispo de Arecibo.) Se me sugirió que me comunicara con el señor Obispo de la Diócesis, Monseñor Miguel Rodríguez. Se me proveyó la dirección postal para solicitar la renovación del permiso. Se me orientó al respecto por el Padre Miguel Mendeguía, quien me aconsejó indicara el objetivo que persigo al examinar el Archivo Parroquial. De inmediato redacté un borrador de la solicitud. (Ver intercambio epistolar cursado entre el autor y el Obispo de la Diócesis de Arecibo.)

1 DE SEPTIEMBRE DE 1989

Entrevisté al joven Carlos Cabrera, estudiante de la escuela Superior Jaime A. Collazo de Morovis. Carlos es estudiante de mi clase de Historia de Puerto Rico. En los datos sobre su genealogía se puede trazar su parentela hasta su antepasado Federico Cabrera, Nengobá. (Ver Genealogía de Carlos Cabrera en Entrevista #6.) Carlos afirma que nunca antes había escuchado el nombre africano con el que identifican su familia.

3 DE SEPTIEMBRE DE 1989

En el día de hoy le realicé una entrevista formal a la Sra. Raquel Barreras Ibáñez. Doña Raquel me había dado datos esporádicamente sobre la esclavitud en Morovis. Pero ahora intentaba recopilar la información que conocía una de las descendientes de la Familia de Don Lorenzo Cabrera, uno de los propietarios de esclavos en Morovis, el dueño de Federico Cabrera, Nengobá. (Ver Entrevista #2.)

El mismo día 3 redacté una cartita para el Obispo de la Diócesis de Arecibo, Monseñor Miguel Rodríguez, solicitando su autorización para realizar investigaciones en el Archivo de la Parroquia de Nuestra Señora del Carmen y el Arcángel San Miguel de Morovis. (Ver Documento en la Fig. 2.2.)

11 DE SEPTIEMBRE DE 1989

Apenas comenzaba el primer semestre de mis estudios conducentes a la Maestría cuando apareció por el C.E.A.P.R.C., "como llovido del cielo", el Dr. Israel López Valdés. El distinguido investigador cubano estaba acompañado por el Dr. Manuel Moreno Fraginals, el historiador especialista en los temas del azúcar y la esclavitud en la hermana república de Cuba. Su presencia la motivaba un encuentro sobre "La Presencia Africana en América" o "La Persistencia de la Cultura Africana en América". El Dr. López Valdés fue traído como conferenciante invitado al curso, que dictaba el Dr. Ricardo E. Alegría, el 11 de septiembre de 1989.

En la corta conversación que sostuve con Don Israel, este nos entusiasmó en la búsqueda de las raíces de la "Familia Nengobá". Nos narró cómo en Cuba se están llevando a cabo intensas investigaciones conducentes a descifrar las claves y códigos negreros para así poder conocer dónde están las raíces de los cubanos en África. Le preguntamos al Dr. López Valdés dónde debíamos investigar si encontrábamos algún nombre africano en la tradición oral de nuestra gente. Le solicitamos que nos indicara posibles fuentes para consulta y orientación.

El investigador nos refirió a las obras del investigador cubano Fernando Ortiz, así como los de otras nacionalidades. Nos resultó sorprendente conocer que varios investigadores boricuas habían estudiado el tema, como el Dr. Manuel Álvarez Nazario, que estaba vivo y era profesor en el Recinto de la U.P.R. en Mayagüez. Salí del Centro motivado a continuar con la investigación. En esos días nos azotó el Huracán Hugo y no pude regresar al Área Metropolitana hasta octubre.

SÁBADO, 7 DE OCTUBRE DE 1989

Asistí a las clases de ese día en el C.E.A.P.R.C. No encontré la obra del Dr. Álvarez Nazario en la Biblioteca. Fui a la Librería La Tertulia y allí la compré. Una vez llegué a casa, comencé su lectura en forma frenética. Busqué el índice de materias y luego el índice de nombres. ¡No lo podía creer! ¡Allí estaba el nombre Nengobá o Nangobá! Un escalofrío de emoción me invadió todo el cuerpo.

15 DE OCTUBRE DE 1989

Busqué en la Guía Telefónica y encontré el teléfono residencial de Don Manuel Álvarez Nazario, residente en la Urbanización Villa Nu Sigma de Mayagüez. Teléfono: 833-5434. Me respondió su señora esposa. Pedí hablar con el Dr. Álvarez Nazario y éste, muy gentilmente, contestó mis interrogantes. Me refirió a la Hemeroteca Puertorriqueña de la Universidad de Puerto Rico, donde debía consultar la obra de Daubón, un famoso periodista y escritor costumbrista que escribió estampas del San Juan del Siglo XIX. Álvarez escuchó el nombre "Nengobá" que le mencioné e hizo referencia al vocablo africano "N-gumbe", alusivo al "Clan del Toro".

Este me comunicó además que "los esclavos negros, posteriormente a su liberación, no hablaban de su pasado africano; que eventualmente adoptaban lo español y se identificaban con esos valores". El dato me pareció significativo puesto que, a pesar de la experiencia que había tenido con Doña Belén, ya había contactado descendientes de un esclavo moroveño que sí hablaban de ese pasado, por lo que la tradición oral venía directamente del esclavo. Entonces el caso moroveño era una excepción afortunada. ¡No todo estaba perdido!

19 DE OCTUBRE DE 1989

Redacté unas breves notas sobre la presencia africana en Morovis. Encontré que la voz "Nangó", que el historiador Juan Manuel Delgado había señalado ya como una voz africana en el barrio Montebello de Manatí, es el inicio de la voz "Nango-bá". Habría que investigar si son familia estas gentes de Morovis y las de

Montebello.

Leyendo la obra de Manuel Álvarez Nazario, encontré las voces "amboi" y "embo" (Nazario, 1974: 55) Recordé la expresión de mi abuelo paterno, Abuelo "Pao", quien exclamaba: —No se le entiende ni ambo...—, refiriéndose a una persona que está hablando, pero no logra hacerse entender. Recordé también que contaba que, a su padre, Manuel Martínez Marrero (Papá "Nei") lo trataban en el barrio como "Siño Manuel", una forma del trato que se dispensaba a gente "de color".

En algún momento conversé con la compañera maestra Sandra Sierra, en la Escuela Superior, donde laboramos. Ésta me comentó que su abuelo paterno, padre de Don Ludovico ("Cúchin") Sierra, Don Goyo Sierra, es hijo de la esclava Dolores Rosario.

25 DE OCTUBRE DE 1989

Cuando iniciamos nuestra investigación, no teníamos las mínimas nociones de cómo se encontraba organizado el Archivo Parroquial de Morovis en las primeras décadas de la existencia del mismo. Luego fui aprendiendo por experiencia propia. Al inicio de la existencia de la Parroquia de Nuestra Señora del Carmen y el Arcángel San Miguel de Morovis, existía el Libro de Bautismos de Blancos y el Libro de Bautismos de Pardos. Los esclavos se inscribían bajo la letra "E" del Libro de Pardos, puesto que éstos carecían de apellido y no podían colocarse en ningún orden alfabético.

Al eliminar las autoridades españolas, a principios del Siglo XIX, la clasificación de "indios" para los pobladores nativos, se cambió por la de "pardos". En esa clasificación se englobaba, mayoritariamente, a personas de ascendencia indígena, pues en estos pueblos del centro montañoso no hubo grandes concentraciones de esclavos que produjeran, con el mestizaje, numerosas personas de tez morena. Posteriormente se estableció la clasificación de "Indistintos" para englobarlos a todos, blancos, pardos y todo tipo de mestizaje. De esa forma, existen cuatro Libros de Bautismos de Blancos, puesto que al iniciarse el correspondiente al Libro 5 de Blancos se le identifica como: Libro Quinto de Blancos y Primero de Indistintos; Libro Sexto de Blancos y Segundo de Indistintos (1854-1856); Libro Séptimo de Blancos y Tercero de Pardos o Indistintos (Desde el 2 de junio de 1856 al 13 de febrero de 1858.)

Me presenté al Salón Parroquial de Morovis a las 9:30 A.M. A eso de las 10:00 A.M. me entrevisté con el Párroco de Morovis, el Revdo. P. Miguel Mendeguía. Le mostré la autorización que me había expedido el Sr. Obispo de Arecibo para realizar investigación en todas las parroquias de la Diócesis. Sin la misma, no se me autorizaba a examinar los libros antiguos, es decir, los correspondientes a la época desde la fundación de la Parroquia en 1823 y el resto del Siglo XIX. Tratamos brevemente sobre el horario que podía utilizar para consultar los libros y acordamos iniciar la consulta de inmediato para aprovechar el día hasta el fin de la jornada de la encargada del Archivo, la Srta. Ana Díaz, hasta las 3:00 P.M.

De inmediato la Srta. Díaz me dio acceso a los libros "más viejos" de la Parroquia, que comienzan en 1823. Estos libros se encuentran en una condición tal que sus páginas están disecadas. Si uno pasa la página descuidadamente, para leer el reverso del documento, se corre el riesgo de que el dedo atraviese el papel y el fragmento desprendido se pulverice. Ya me había familiarizado con los Índices de los libros que me interesaba hojear, que están dedicados a Bautismos de Blancos, Bautismos de Pardos y Bautismos de Indistintos. Otros libros tratan sobre Defunciones, Matrimonios, etc.

El Libro Primero de Blancos, que inicia en 1823, no está disponible en el Archivo. Desconozco la razón. Alguien debió sustraerlo en violación de la norma eclesiástica. Esto lo infiero ya que, personalmente pude ver cuando un compueblano que, a la sazón, pertenecía al Consejo Parroquial, hojeaba dicho libro en su casa y cuya identidad me reservo por discreción y respeto a su persona y su familia.

Me interesaba buscar más en los Libros de Pardos. Me sorprendió constatar que el Primer Libro de Bautismos de Pardos no aparecía en el anaquel usual. La Srta. Díaz se mostró sorprendida al corroborar la ausencia del mismo. Me constaba que estaba allí, porque ya había consultado dicho Índice en una visita previa, cuando había iniciado mis investigaciones sobre genealogía de mi familia.

La Srta. Ana Díaz me hizo un curioso comentario cuando inquirimos sobre el paradero del Libro Primero de Pardos. Nos indicó que: El Libro no estaba. Me explicó que había venido, hace poco, una gente de la Universidad a hacer una investigación recientemente. Que de aquí luego iban para Ciales. Que traían sus maletines y "como uno no desconfía..." La aseveración me dejó perplejo, porque parecía ser que hay investigadores que sí pueden sustraer los libros más antiguos y llevárselos para su comodidad, mientras yo había tenido que gestionar el permiso obispal. Y suerte, que yo había utilizado "la amistad" del Padre Santos, de Morovis, que estaba recién ordenado y en ese momento se desempeñaba como funcionario en la Diócesis de Arecibo.

Me indigné bastante pero no se lo exterioricé a la Srta. Díaz. Puse manos a la obra de inmediato, sabiendo que el trabajo se me iba a dificultar con un libro menos, para mí, el más importante, que abarca los bautismos de los pardos desde 1823 a 1842. Son los primeros veinte años de bautizos en la Parroquia luego de la fundación del pueblo en 1818.

DATOS OBTENIDOS EN EL ARCHIVO PARROQUIAL DE MOROVIS

Comencé la búsqueda en los Libros de Bautismos de Blancos #1-#7. Afortunadamente, el Libro #6 de Blancos es el mismo que el Libro #2 de Indistintos, por lo cual los pardos y esclavos figuran bautizados allí a partir de 1842. Este es la continuación del Libro #1 de Pardos, que "desapareció". Al comienzo, me desanimé un poco por las circunstancias que confrontaba, pero continué la búsqueda.

En el Libro Segundo de Pardos, Folio 114, figura el bautizo de la niña María Antonia, hija de la esclava Paula, propiedad de Don José Morales y natural de África. Fueron sus padrinos Francisco Siriaco Martínez y Petrona Martínez. El cura que la bautizó es Ramón Ponce de León.

En el Libro #6, Folio #114 aparece la Esclava Juana, hija de Petrona. Creo que es la primera esclava que aparece registrada en este libro. Continúe la búsqueda y seguí encontrando esclavos en el Libro #7, donde ya aparecen todos bautizados, en orden cronológico. Allí pude ir cotejando esclavo por esclavo, corroborando la identidad de algunos de los que se encuentran registrados en las Cédulas que gentilmente me había permitido copiar recientemente el Dr. Billy Torres. Es una labor interesante, pero no le dediqué tiempo en la búsqueda de hoy. Anoté cuidadosamente los nombres y datos básicos: Nombre, madre, dueño de la madre, padrino y madrina y su procedencia. Inicié así la labor, ignorando que recibiría una de las más gratas sorpresas del día.

Bajo la letra "E" del mismo libro, encontramos:

- Esclava Tomasa, hija de Crispina, esclava de Don Sebastián Silva de San Lorenzo (Folio 53)

- Esclava Ma. De los Santos, hija de Carolina, esclava de Don Lorenzo Padró (Folio 99, Vuelto)

- Esclavo Grifón, hijo de Manuela, esclavo de Don Lorenzo Cabrera (Folio 6, Vuelto)

- Esclavo José Raymundo, hijo de Dolores, esclava de Don Lino Marrero (Folio 68, Vuelto)

- Esclavo Ramón, hijo de Remigia. (Folio 81, Vuelto)

El esclavo Ramón es apadrinado, a su vez, por dos esclavos: Fermín y Lorenza. Me resultó curioso el que no se indica el padre de ningún esclavo. Y me preguntaba si un esclavo podía ser padrino de alguien y el documento lo confirma así. La interrogante de si Federico era esclavo o libre a la altura de 1856-58 continúa.

Me llamó la atención el hecho de encontrar un esclavo propiedad de Don Lorenzo Cabrera, propietario, a su vez, de Federico Nengobá. El esclavo Grifón (o sería Trifón?) figura en el Acta Bautismal con Federico Cabrera como padrino. Transcribimos íntegra el Acta bautismal:

"En esta Parroquia de Nuestra Señora del Carmen de Morovis, Isla de Puerto Rico, a los veinte días del mes de julio de mil ochocientos cincuenta y seis años, Yo, el infrascrito, bauticé solemnemente y puse óleo y crisma y el nombre de Grifón que nació el día tres de este, hijo natural de Manuela, esclava de don Lorenzo Cabrera. Fueron sus padrinos Federico Cabrera y Matilde Ríos a quienes advertí sus obligaciones de que doy Fe

Ramón Sulsona"

Por el documento, deduzco que Federico Cabrera ya había adquirido su libertad para 1856. Primero, porque en el acta de Bautismo no se indica que ninguno de los padrinos fuera esclavo, pero sí se indica la condición de esclavitud del niño. Así es como se acostumbra a hacerlo en otros casos que hemos visto. En segundo lugar, Federico ya figura con un apellido, cosa que no era usual en un esclavo, el cual se registra sólo por su nombre propio. ¿Sería Matilde Ríos su esposa? ¿O se tratará de dos personas particulares sin relación entre sí? ¿Sería blanca, negra, o india? El documento no indica pistas sobre el particular.

Don Ismael había escuchado de su abuelito que Federico había sido libre antes de 1873 y que falleció "hace como cien años". Habíamos ubicado, tentativamente, su deceso para la época del Componte, pero el Archivo Parroquial nos deparaba otras gratas sorpresas. Continuamos la búsqueda.

A las 12:00 M., la encargada del Archivo nos comunicó que ella tenía que salir a almorzar. Me permitió permanecer en el Archivo, pero con la condición de que ella cerraría la reja con candado y yo quedaría allí confinado. A su regreso volvería a abrirla. Acepté que se me privara de la libertad a condición de poder aprovechar una hora adicional, pues me había ausentado de clases para hacer la investigación. Por primera vez en mi vida estaba "tras las rejas".

Mientras buscaba los índices, que aparecen en orden alfabético, buscaba nombres relacionados con los apellidos de mi familia: Martínez, Torres, Otero, Pérez, Matos, González, Figueroa, Sánchez, Marrero, Cordero, Etc., encontraba datos sobre mi genealogía. Iba anotando los datos más relevantes y las fuentes. Las emociones fueron sucediéndose aceleradamente. Comencé a hojear los Índices de Bautismos con la esperanza de obtener información sobre los padres y abuelos de Nengobá. Me concentré en los Índices correspondientes a los años 1850-1870.

Así fue que di con el bautizo de Rafaela Cabrera, hija de Lorenzo Cabrera, el propietario del esclavo Federico Nengobá. Esta persona viene siendo la abuela de Doña Raquel Barreras Ibáñez, nuestra entrevistada. En el Libro #7 de Blancos y #3 de Indistintos, en el Folio 40 (Vuelto), figura el bautismo de Rafaela de Jesús Cabrera, hija de Lorenzo Cabrera y Francisca Rivera, quien casaría de adulta con Don José N. Barreras Martínez. Doña Raquel me había comunicado que la Profesora retirada, Doña Dolores ("Lola") Cruz, había estado haciendo investigaciones sobre la historia de Morovis y había encontrado que la primera esclava en Morovis era Rafaela Cabrera. ¿Será acaso esta persona la que doña Lola Cruz confundió con la "primera esclava inscrita en Morovis", porque lleva el apellido Cabrera?

Transcribimos íntegra el Acta de Bautismo:

"En esta Parroquia de Nuestra Señora del Carmen de Morovis, a los dos días del mes de febrero de mil ochocientos cincuenta y siete años, Yo, el infrascrito, Bauticé solemnemente, puse óleo y crisma y el nombre de Rafaela de Jesús que nació el día tres del mes pasado, hija legítima de Don Lorenzo Cabrera y Doña Francisca Rivera; Abuelos paternos: Manuel Cabrera y Celestina Marrero y abuelos maternos: Ramón Rivera y María del Loreto Colón. Padrinos: José Pablo Morales[10] y Felicia Cabrera, a quienes

---

[10] Este José Pablo Morales, escritor, es el padre de Pablo Morales Cabrera, el también escritor de Toa Alta. (Ver Referencias.)

advertí el parentesco y obligaciones de que doy Fe

Ramón Sulsona

Aquí voy corroborando un fenómeno cuya explicación venía preocupándome. Ya me había encontrado un nieto de Federico Cabrera Nengobá, Lorenzo ("Lencho"), que lleva el nombre del propietario de su abuelo. Encuentro aquí que otro nieto de Federico lleva el nombre del padre de Don Lorenzo Cabrera: Manuel. Es curioso cómo el nombre de los amos lo cargan los esclavos, aunque el nombre del bautizado lo deben escoger los padres, si son libres.

Pero todos estos razonamientos van quedando atrás y seguimos encontrando información valiosa. Encontré el acta de un niño bautizado con el nombre de Pedro Nolasco, hijo también de Federico Cabrera, pero de otra relación, esta vez con la señora María Salgado. El segundo nombre resultaba confuso. El acta se encontraba íntegra en el Libro de Bautismos #15, Folio #160. Como no se encontraba en el anaquel que examinaba, se lo solicité a la Srta. Díaz.

Minutos antes había dado con la información de una niña, Belén, que debería tener hoy entre 95-96 años de edad. Creí que podía ser la misma Belén Cabrera, nieta de Federico e hija de José, de la cual me había hablado Doña Raquel Barreras. La Srta. Díaz me indicó que esta persona debe estar registrada en la Parroquia de Vega Baja. Al buscar el Acta de Bautismo de Pedro Nolasco, recibí la sorpresa más grande de esa tarde.

El niño Pedro Nolasco aparece bautizado el 1 de julio de 1879, hijo de Federico Cabrera y María Salgado. No consta el origen de Federico ni de su madre. Pero al anotarse la información sobre sus abuelos paternos se indica: "Los abuelos paternos se ignoran, pues son de África". Corroboraba así la información que me ofreció Don Ismael Cabrera de que su bisabuelo Federico "vino de allá". Si los abuelos paternos vinieron o se quedaron allá, no lo podríamos saber, pero sin duda que eran oriundos del continente africano. Dada la importancia que le vi al documento, solicité se me expidiera el Acta. Así lo hizo la encargada y me cobró los $5.00 correspondientes.

Necesitaba constancia del documento, porque corroboraba la tradición oral que me había transmitido Don Ismael. Ya anteriormente había tratado de obtener copias de los mismos por otros medios y no me había sido permitido. Mis recursos económicos eran limitados. El amigo Jaime González, ex alcalde accidental de Morovis, muy generosamente me ofreció una fotocopiadora para que la introdujera al Archivo Parroquial y así resolver el problema de que "los libros no pueden ser sacados de allí". También esto me fue denegado por la autoridad de la Parroquia, el Padre Miguel Mendeguía, de origen Vasco. ¡Qué difícil se la ponen a uno…!

En el mismo Índice, Libro #16, Folio 204, aparece una niña, Marcelina. Desafortunadamente, indicaba que sus abuelos paternos "no constan", siendo los mismos del niño Pedro Nolasco, pues era hija de los mismos padres: Federico y María Salgado. Pero la Srta. Díaz leyó el Acta original y en la misma se consigna que el padre de Federico "¡Es natural de África"! La madre, María Salgado, es de

Vega Alta. No solicité el Acta por lo costoso que me resultaba el documento. Le solicité a la Srta. Díaz que consultara con el Obispado para que se me permitiese tomarle una fotografía al documento y así no tener que sacarlo fuera.

Ya eran casi las 3:00 P.M., hora del cierre de la facilidad, y aún me aguardaban sorpresas. Encontré en el Libro de Enterramientos #8 que una niña de cinco meses murió el 1 de octubre de 1877, llamada María Juana, hija también de Federico y María. La búsqueda fue a la ligera, por la premura del tiempo. Esta criatura se malogró antes del nacimiento de Pedro Nolasco y Marcelina. Seguí buscando rápidamente y encontré algo que me pareció muy curioso. Encontré que Lorenzo Cabrera, hijo a su vez de Lorenzo Cabrera, el propietario de los esclavos, tuvo en el mismo año de 1875, dos muertes entre sus hijos infantes, uno de meses y uno de casi un año. Me llamó la atención la alta mortandad infantil que aparecía en tan pocas páginas del registro y entre personas de muchos recursos económicos.

Como ya cerraban el local, estibé cuidadosamente el material documental en su lugar y me apresté a abandonar la sala del Archivo. Como estaba examinando el libro que incluía el año 1868, me dio curiosidad investigar si había ocurrido alguna defunción el día 23 de septiembre, día de la Gesta de Lares. Encontré que, casualmente, se registraron muertes el día 22 y el día 24, pero ninguna el 23. (Para un titular sensacionalista: ¡Ni un sólo muerto en Morovis en el Grito de Lares!)

La investigación demostraba que la tradición oral recopilada "es una escritura", la cual es corroborada por documentos que son totalmente desconocidos por los entrevistados. Está aún por aclararse si Federico tuvo dos matrimonios, pues figura acompañando una segunda pareja ya para la séptima década del Siglo XIX. Su procedencia africana quedó demostrada a la saciedad. Nos asalta la duda de por qué razón no se indican los nombres de los padres de Federico en los documentos de la Iglesia, si Federico mismo debía conocerlos.

Ya en casa, eran las 11:00 P.M. y leía la obra del Dr. Manuel Álvarez Nazario. En la página 133 trata sobre el habla afro-criolla en Puerto Rico. Menciona la obra de 1677 titulada "Villancicos que se cantaron en los maitines del gloriosísimo padre San Pedro Nolasco", de la pluma de Sor Juana Inés de la Cruz. Ese es el santo del hijo de Federico, el cual figura en el Acta que me condujo a la verificación de la procedencia africana de Federico... ¡Qué chulería!

27 DE OCTUBRE DE 1989

Me propuse redactar la Propuesta de Investigación para la asignatura Puerto Rico y El Caribe que dicta el Profesor Carlos Gaztambide Géigel en el C.E.A.P.R.C.

A MANERA DE INTRODUCCIÓN

Nos tropezamos con un dato, aparentemente trivial, cuando un anciano en nuestro pueblo, Morovis, menciona que sus antepasados vienen del África y recuerda lo que le contaba su abuelo en "la altura" de Jayuya, sobre su padre esclavo en Morovis.

Narraba el anciano que su bisabuelo era esclavo y que le llamaban Federico. Su apellido era el del amo: Cabrera. Este lo había comprado. Añadía que a él lo llamaban con un nombre que tiene sonoridad africana: Nengobá o Nangobá. Decidimos continuar con la investigación, luego de haberla pospuesto, ante la fuente recién descubierta. Comenzamos las entrevistas. Fuimos al Archivo Parroquial a corroborar la información. Volvimos a reanudar las entrevistas para cotejar puntos específicos de la investigación. En esa etapa nos encontramos.

PROPUESTA

Este estudio trata sobre la investigación para trazar la procedencia africana de los antepasados esclavos de una familia moroveña que conserva una rica tradición oral sobre la época y el esclavo, Federico Cabrera Nangobá. Envolverá información tendiente a recoger este valioso documento de la tradición oral mediante entrevistas orales y/o grabadas, fotografías; material que estará acompañado de documentos de corroboración de las fuentes, tales como cédulas de identidad del Registro de Esclavos Moroveños en Arecibo; Partidas de Bautismo y Defunción del Archivo Parroquial de Morovis y documentos oficiales del Ayuntamiento de Morovis depositados en el Archivo Nacional de San Juan, hasta donde sea posible.

Se plantea la posibilidad de que la memoria oral sobre los antepasados africanos en nuestro país sea mucho mayor de lo que hasta hoy se había pensado. Nos colocamos en condición de señalar que quizás no hemos estado haciendo las preguntas, cuando debimos haberlas hecho a nuestros viejos. Al no haber recopilado el material oral, concluimos ahora que no existe memoria oral entre nuestros jóvenes, no porque no la había, sino porque se preservó, pero no se recopiló.

28 DE OCTUBRE DE 1989

Copia manuscrita de este texto se lo entregué al Profesor Gaztambide:

PROPUESTA

El trabajo en preparación versa sobre la investigación que vamos realizando para poder evidenciar la procedencia africana de una familia de descendientes de esclavos negros de Morovis en el siglo pasado. La investigación está montada sobre documentación consistente en:

1. Tradición oral de los mayores de la familia de descendientes africanos.

2. Documentos del Archivo Parroquial de Morovis y Vega Baja.

3. Documentos en el Archivo General de Puerto Rico.

4. Literatura sobre el tema.

5. Conferencias dictadas por especialistas extranjeros en Puerto Rico.

El método utilizado consiste en recopilar la tradición oral y verificar la misma a medida que aparece más evidencia documental. Con este trabajo pretendemos plantear la posibilidad de que aún se conserva mucho de la tradición oral relacionada con la procedencia africana de los puertorriqueños y la hipótesis de que se está pensando que queda poco o nada, y quizás es que no hemos buscado lo suficiente.

De regreso a casa, hice gestiones, vía telefónica, para conversar con Don Luis De la Rosa Martínez, Director del Archivo Nacional de Puerto Rico. Hoy estuvo cerrado el Archivo, puesto que su Director se encuentra enfermo.

Llamé a Doña Raquel Barreras Ibáñez. Pude conversar brevemente con La Sra. Luz P. Archilla, quien me dio referencias de la Lcda. Palmira Cabrera. Reside en Río Piedras. Se ha destacado en la política del país. Fue maestra, directora escolar y superintendente. Fue senadora por el Distrito de Arecibo. Se desenvolvió en el municipio de Toa Alta, en la Escuela Pablo Morales Cabrera. Su tesis de maestría trata sobre su pariente, el distinguido escritor e intelectual boricua de ese nombre.

Figura 2.5. Separación de los miembros de una familia africana por la esclavitud.

29 DE OCTUBRE DE 1989

Redacción de la posible Introducción al trabajo:

A MANERA DE INTRODUCCIÓN

Los puertorriqueños nos hemos venido identificando con las raíces étnicas de nuestra nacionalidad, en especial con aquellas que han tenido una influencia decisiva en la definición de nuestro ser nacional. Pero esta identificación no ha sido "ecuménica" en el sentido de que se ha inclinado más hacia unos polos que otros, en determinadas circunstancias históricas.

Primero la inclinación fue hacia lo español, lo hispanizante, predominando absolutamente sobre "lo negro" y "lo indio". Es probable que las clases sociales que se sentían amenazadas ante el avance de la política de la "americanización" instaurada por el gobierno de los Estados Unidos en Puerto Rico, estimulara esa búsqueda de raíces para oponer un dique al proceso desnaturalizador al que se sometía al pueblo puertorriqueño.

Es lógico que los sectores pro-nacionalidad del patio buscaran en lo Hispánico la defensa ante el proceso de aculturación impulsado desde el mismo sistema de instrucción pública. Superada esta etapa de la defensa de "lo hispánico" ante "lo norteamericanizante" y sentadas ya las condiciones que permitieran la reafirmación de la nacionalidad, las clases que advienen al poder, que detentan el limitado poder local, impulsan una búsqueda de nuestras raíces africanas e indígenas, lo que da pie al estudio profundo de los restos de dicha civilización autóctona. El Instituto de Cultura Puertorriqueña encarna ese afán, especialmente bajo la dirección del arqueólogo Ricardo Alegría, mas es necesario recalcar que consideró la aportación de esas culturas tan solo como aportación al folklor nacional.

Pero "la hora" de la cultura negra no ha llegado. Sólo recientemente se comienza a estudiar esa aportación tan fundamental de las culturas africanas a la forja de nuestro "ser nacional". Parafraseando al estudioso cubano de la negritud, Don Fernando Ortiz, "Puerto Rico, sin la aportación de los negros, no sería Puerto Rico".

Nos han resultado inspiradoras las obras de historiadores, sociólogos y lingüistas del patio: Manuel Álvarez Nazario, Ramos Mattei, Guillermo Baralt, Arturo Morales Carrión, Isabelo Zenón y Jalil Sued Badillo. Y no podemos dejar de mencionar a los precursores: J. A. Daubón, Luis M. Díaz Soler y Ricardo Alegría. Hemos recibido un enorme impulso al leer los clásicos de Fernando Ortiz, Miguel Barnet y Moreno Fraginals de Cuba, así como con las charlas del Dr. Israel López Valdés. Una pléyade de jóvenes investigadores nos han puesto al día en sus últimos hallazgos e interpretaciones, como Nistal-Moret, López Cantos y otros que, por falta de tiempo y espacio, no mencionamos.

Se acerca la hora en que se reconozca la aportación tan enorme del negro a nuestra cultura, a nuestra forma de ser, a nuestra formación de pueblo mestizo. A esos ejércitos de seres humanos que fueron objeto del comercio más inhumano, a las crueldades más salvajes y a la explotación más inmisericorde que se haya conocido en la historia de la humanidad y que prohijaba la institución que resume todos esos atributos: la esclavitud.

Puerto Rico tiene un capítulo de su historia, uno de los capítulos más extensos y trágicos en un aspecto, pero también glorioso y grande en otro. Y ese capítulo de nuestra historia lo compartimos con nuestra otra "madre patria", esa que siempre hemos relegado al olvido: nuestra Madre Patria, África.

Estas son unas breves páginas sobre esa historia: la historia de Federico

Cabrera Nengobá, un hijo de ese continente, digno ejemplo de los hijos de África que vinieron al nuestro a fecundar con su sudor y su sangre este suelo, para que fructificara eso que nos resulta aún tan difícil de definir: nuestra nacionalidad Boricua.

30 DE OCTUBRE DE 1989

Tuve la oportunidad de entrevistar informalmente al joven Jorge Rivera Cabrera, de 17 años, estudiante del cuarto año de Escuela Superior Jaime A. Collazo del Río, donde laboro. Jorge trazó su ascendencia hasta Federico Nengobá:

Jorge Rivera Cabrera - Genoveva Cabrera (Madre) - Ismael Cabrera (Abuelo) - Inginio Cabrera (Bisabuelo)- Manuel Cabrera (Tatarabuelo) - Federico Cabrera, Nengobá.

La joven Alicia Fuentes Rivera, natural del Sector Patrón del barrio Unibón de Morovis, está casada con el joven Jaime Jiménez Cabrera, hijo de Sara Cabrera; me informa el compañero maestro, José Fuentes Rivera.

31 DE OCTUBRE DE 1989

En la mañana recibí una agradable sorpresa, pues la estudiante Magaly Torres Cabrera me trajo la fotografía donde figura Don Rosa, el anciano que Luis Raúl Albaladejo fue a entrevistar en Patrón, junto a una nieta de nombre Anita Maldonado, la cual se firma "Ana Maldonado Nengobá". Tomé fotografías de la misma. Este familiar de Magaly, Doña Anita, me dicen que tiene un negocio en La Marina, en el Viejo San Juan. (Ver fotografía.)

Por Magaly me enteré de que la estudiante Liliana Crespo Cabrera estudia en el undécimo grado de la escuela. Busqué el registro y es del grupo 11-4. Le dejé razón en el Salón Hogar de la Sra. Luz M. Pantojas, para hacerle una entrevista pronto.

Por la noche comencé a leer "Biografía de un Cimarrón" de Miguel Barnet, cubano. En la misma se relata la vida de un esclavo cimarrón que vivió en Cuba más de cien años y en su narración cuenta desde los recuerdos que tenía de su África nativa hasta el presente. Nos llamó la atención su narración sobre la captura de unos esclavos en África, por lo familiar que nos resultan los detalles:

"Para mí que todo empezó cuando los pañuelos punzó. El día que cruzaron la muralla. La muralla era vieja en África, en toda la orilla. Era una muralla hecha de yaguas y bichos brujos que picaban como diablo. Espantaron por muchos años a los blancos que intentaban meterse en África. Pero el punzó los hundió a todos. Y los reyes, y todos los demás, se entregaron facilito. Cuando los reyes veían que los blancos, yo creo que los portugueses fueron los primeros, sacaban los pañuelos punzó como saludando, les decían a los negros: —¡Anda, ve a buscar pañuelo punzó, anda! Y los negros embullados con el punzó, corrían como ovejitas para los barcos y ahí mismo los cogían. Al negro siempre le ha gustado mucho el punzó.

Por culpa de ese color les pusieron las cadenas y los mandaron para Cuba. Y después no pudieron volver a su tierra. Esa es la razón de la esclavitud en Cuba." (Barnet, 1979: 11).

Esta narración del "comienzo" de la esclavitud tiene unas similitudes con la narración que le llegó a Don Ismael Cabrera por boca de su abuelo, Manuel Cabrera, quien la escuchó de su padre esclavo, Federico Nengobá. Incluso, el detalle de que al comienzo de la misma es un engaño "con pañuelos punzó", según la versión del cimarrón cubano y "con banderitas colorás", según narra Don Ismael, biznieto de Nengobá. El color punzó tiene un gran parecido al rojo y creo que la diferencia es de tonalidad. Mi esposa me dice que es como "fuscha". Busqué la definición del término:

"Punzó: Dícese del color encarnado muy subido. (Del francés ponceau.)" (Pequeño Larousse, 1974: 735).

"Encarnado: De color carne, colorado. (Sinónimo V. Rojo.)" (Larousse, 1974: 347).

1 DE NOVIEMBRE DE 1989

La compañera Haydeé Correa me dice que "punzó" es sinónimo de "rosa intenso", al menos en lo que al color de las telas se refiere. Correspondería a "fuscha". Quizás en Cuba tiene distinto significado. Pero el Diccionario los da como sinónimos. Las narraciones de los entrevistados son idénticas aquí y en Cuba. Ambos entrevistados son iletrados. Don Ismael me había dicho que "Al negro les ha gustao lo coloroa" y Barnet dice "A los negros le ha gustado mucho el punzó." ¿Cómo es posible que en lugares tan distantes se conserven narraciones tan parecidas? Alguna base histórica verídica debe tener dicha narración.

Me encontré con Héctor Santos y le hablé del trabajo que realizo. Me ofreció nombres de descendientes de Federico: Don Damián Cabrera, chófer de carro público de Almirante Sur, es hermano del papá de Liliana, hija de María Cabrera. Damián es hijo de Pablo Cabrera; "Manoco" vive en Patrón, pero casi siempre está "ajumao".

Entrevisté a la estudiante Liliana Cabrera Crespo. Me dice que en su familia nunca se oye ese nombre "Nengobá", pero que por alguna razón, a ella le parece haberlo escuchado en algún momento. Ella no recuerda que le hayan puesto el tema de que su familia desciende de esclavos que vinieron de África. No tenía conocimiento de que hubo un primer "Cabrera" esclavo, del que proviene su descendencia. Le expliqué el propósito de la investigación sobre la genealogía y de seguir haciéndoles preguntas a los ancianos que quedan en la familia. Me hizo un mapa para llegar a su casa.

EN LA TARDE, LUEGO DE CLASES

Como me proponía continuar con la investigación y ya había obtenido información de primera mano sobre los recuerdos que atesoraba Don Ismael Cabrera, uno de los biznietos vivos del esclavo moroveño, coordiné con su nieta, la estudiante Magaly Torres Cabrera, para realizar una visita a su abuelito y conversar con él.

Llegué a la residencia de Don Ismael Cabrera a eso de las 3:20 de la tarde del miércoles, 1 de noviembre. Escuchaba, desde que me bajé de la guagua, el himno religioso que entonaba Don Ismael, acompañado de los acordes de su güiro. Cuando nos asomamos a la puerta, Don Ismael nos vio y suspendió el culto que realizaba, no sin antes excusarse ante el Señor por mi inesperada visita, al mismo tiempo que pedía protección y bendición para el recién llegado. Nunca había visto en un anciano de mi pueblo tanta nobleza, bondad y hospitalidad al recibir a un desconocido, puesto que Don Ismael me conocía sólo por referencias. Enseguida me atendió y le pedimos su autorización para grabar la entrevista, a lo que él accedió sin reparos. La misma la comenzamos de manera informal, la que hemos transcrito. Salí de su residencia a las 5:00 P.M. (Ver Entrevista #3.)

VIERNES, 3 DE NOVIEMBRE DE 1989

Recibí llamada de Doña Raquel Barreras. Me ofreció datos sobre Palmira Cabrera, quien tiene 86 años. Me dio el teléfono de las hermanas Natividad, Elisa y Polonia Cabrera (i.e., 727-3584). Estas son nietas de Federico Cabrera, Nengobá. Ellas residen en Barrio Obrero, en la Calle Lippit #406, detrás del Cine Imperial. Me dio las referencias para llegar hasta allá si decido visitarlas y coordinar una entrevista. El próximo lunes vienen para Morovis y estarán en La Gran Parada, negocio de Don Enrique (Quique) Cabrera, de las nueve de la mañana en adelante. Pensé que es una buena oportunidad para entrevistarlas.

SABADO, 4 DE NOVIEMBRE DE 1989

En el curso que dicta el Profesor Antonio Gaztambide en el C.E.A.P.R.C., recibimos la agradable noticia de que, por tratarse de una investigación original el trabajo que desarrollo sobre la descendencia de Nengobá, no se me requerirá la entrega mecanografiada del trabajo final, sino que puedo someter evidencia del adelanto del mismo. El Profesor opina que este tipo de investigación "abre brecha" en las investigaciones históricas en el país, en sus palabras.

En uno de los recesos abordamos al Profesor Luis M. Díaz Soler, catedrático en el C.E.A.P.R.C. y quien es el autor de la obra clásica sobre la historia de la esclavitud negra en Puerto Rico. (Díaz-Soler, 1981) Le expliqué mi interés en tener una conversación con él sobre el tema de la esclavitud y la misma se acordó para el próximo sábado, 11 de noviembre, luego de finalizadas las clases de ese día.

De regreso a Morovis me detuve en la residencia de Don Luis De la Rosa Martínez, el amigo e historiador de Vega Baja, quien dirige el Archivo General. Don Luis dicta el curso sobre Metodología de la Investigación Histórica en El Centro. Allí conversamos sobre varios temas, entre los cuales estaba su curso, así como el trabajo de investigación que vengo desarrollando. Don Luis me indicó que los Protocolos Notariales de Morovis deben pasar, por ley, a la Región Administrativa o Distrito y de allí pasan al Archivo General de San Juan.

Si existían notarios en Morovis al momento de la transacción de compra-venta del esclavo Federico Cabrera, debe aparecer constancia de la misma.[11] También me indicó que en el caso de los esclavos que hubiesen obtenido su libertad por cualesquiera medios, se indicaba su condición de "Liberto" en los documentos eclesiásticos y si era esclavo, se hacía constar así. Me hizo la observación de que en esa época era común el tener varias esposas, cosa que era una práctica generalizada en las clases sociales desposeídas, al igual que lo era en las clases pudientes. Don Luis me dio el ejemplo de "Los Naranjos" en Vega Baja, sector que se nutrió de descendientes de esclavos, muchos de los cuales llevar el apellido Soler, de sus propietarios.

En la tarde visité a mi suegra, Doña Rosa Chéverez González, residente del sector Buena Vista del barrio Morovis Norte de Morovis. Le hice una corta entrevista sobre algunos personajes de la familia Cabrera que ella conoció. En la misma, Doña Rosa abunda sobre el concepto conocido en Morovis como "media lengua". Este fenómeno se ha asociado en Morovis a personas afro descendientes. (Ver Entrevista #4.)

DEFINICIÓN DEL CONCEPTO "MEDIA LENGUA"

En la erudita obra del Dr. Manuel Álvarez Nazario (1974) aparece una definición del concepto "media lengua" que usan nuestros jíbaros en Morovis. El mismo tiene diversos sinónimos en Las Antillas, llamándosele también "hablar luango" y "bozal" en Cuba, nombres que, según el investigador, "son empleados con el mismo significado en Puerto Rico". También se le conoce como "hablar en boruco" en Santo Domingo, sinónimo allí de "hablar confusamente a media lengua". (Álvarez, 1974: 136-37)

La connotación que tiene la palabra "media lengua", según este investigador, "representa una actitud desvalorativa respecto del decir alterado que representa en boca de los esclavos africanos o de sus descendientes modernos, la lengua del superestrato". (Nota 26) Se usa para calificar el "habla corrupta" de esclavos o sus descendientes.

Observamos que se usa en Morovis la expresión "ese está hablando emborrujos" o "ese está hablando emborujao", para referirse a aquella persona que no articula claramente el español, como los niños cuando comienzan a hablar. Puede ser que la versión moroveña se relacione con esa expresión "hablar en boruco" que apunta el investigador.

DOMINGO, 5 DE NOVIEMBRE DE 1989

Llamé a las hermanas Cabrera residentes en Barrio Obrero. Doña Elisa Cabrera me contestó. Me ofreció datos sobre Don Rosa, el nieto de mayor edad que

---

[11] Posteriormente descubrimos que el barrio Unibón de Morovis pertenecía primero al municipio vecino de Vega Alta.

quedaba y el que más conocía sobre su abuelo, Federico. Le expliqué mi interés en recopilar la genealogía de la familia Cabrera y me invitó a que estuviera el lunes, de 9:30 de la mañana en adelante, en La Gran Parada, el negocio de su sobrino Quique Cabrera, en el sector Patrón de Morovis.

En una conversación informal con mi madre, Doña Gloria Torres Pérez, esta abundó sobre el concepto "media lengua" y "hablar angolo", ambas expresiones utilizadas en mi pueblo para referirse a las personas que no pronuncian el español "correctamente". (Ver Entrevista #5.)

LUNES, 6 DE NOVIEMBRE DE 1989

Llegó el tan esperado lunes, cuando tendría la oportunidad de conocer las nietas de Federico Cabrera que residían en Barrio Obrero de Santurce. Acudí a "La Gran Parada", donde se encontraban Doña Natividad ("Nata") Cabrera y sus hermanas Polonia ("Pola") y Elisa. También se encontraban allí Don Quique, sobrino de ellas y su esposa, Ana Hilda Méndez Cabrera. Los acompañaba Don Juan ("Toto") Maldonado Cabrera.

La entrevista discurrió a manera de una reunión familiar en la que yo hacía la mayoría de las preguntas y todos aportaban a la contestación de las interrogantes que yo les manifestaba. La conversación fue enriquecedora por la cantidad de conocimientos que adquirimos sobre el personaje objeto de nuestra investigación. Durante las noches siguientes realicé la ardua tarea de la transcripción de la extensa entrevista. (Ver Entrevista #6.)

LUNES, 13 DE NOVIEMBRE DE 1989

Reanudé la investigación en el Archivo Parroquial de Morovis a eso de las 8:30 de la mañana. Comencé a examinar el Índice de los libros con la esperanza de encontrar allí alguna pista que me condujera al bautizo de Federico Cabrera o alguno de sus hijos mayores. También intentaba localizar otros esclavos y a esa familia "Maunez", de la cual me hablaron en la entrevista, en el caso de que fueran de Morovis y que hubiesen sido los más antiguos propietarios de Federico Cabrera, el esclavito. Como me habían contado los familiares entrevistados, sus nombres eran Nengobá y Maunez.

UN DIA DE BÚSQUEDA EN EL ARCHIVO PARROQUIAL

En el Primer Libro del Índice, correspondiente a los años 1823-1831, figura la primera esclava registrada en la Parroquia y responde al nombre de Juana, hija de Petrona. (Folio #114) Le sigue: Esposita, María R. Es curioso que le sigue Esposito, Antonio. Este debe ser un apellido, pero los esclavos no llevan apellido. Expósito, pudo ser nombre propio. (¿O se referirá acaso a que son "espositos"?)

Encuentro en los bautizados a Marrero, Petrona, hija de Pedro Marrero y Rosalía Sánchez. (Folio #100) Estos nombres parecen ser los de la genealogía de uno de mis bisabuelos paternos, Manuel Martínez Marrero. ¡Estos son la madre y los abuelos maternos de mi bisabuelo paterno, "Papá Nei"!

No aparece ningún Cabrera bautizado entre 1823-1831 en la Pa
Busqué el Segundo Libro de Blancos correspondiente a los años 1831-1839. El primer Cabrera bautizado es María J. (o "Y"), hija de Lázaro Cabrera y Victoriana Jiménez. (Índice - Pág. 223; Folio #134, Vuelto.) Le sigue: Cabrera, José Ma., hijo de Lorenzo y Francisca Rivera. (Folio #198 Vuelto.) Le sigue Cabrera, José C., hijo de Lázaro Cabrera y Victoriana Jiménez. (Folio #234, Vuelto.) A este sigue: Cabrera, Carolina, hija de Lorenzo Cabrera y Francisca Rivera. (Folio #248, Vuelto.) Estos son Cabreras blancos.

Busqué en el Índice del Libro Tercero de Blancos, correspondiente a los años 1839-1842. Aquí figura una lista grande de Cabreras. Estos son:

- Cabrera, Pedro J.; hijo de Lázaro y María V. Jiménez. (Folio #38.)
- Cabrera, Lorenzo E.; hijo de Lorenzo y Francisca Rivera. (Folio #54, Vuelto.)
- Cabrera, Isabel; hija de Lorenzo y Francisca Rivera. (Folio #17)
- Cabrera, Francisca; hija de Lorenzo y Francisca Rivera. (Folio #112, Vuelto.)
- Cabrera, Manuela; hija de Lázaro y María V. Jiménez. (Folio #116, Vuelto.)

Busqué en el Índice del Libro para los años 1843-1850. Allí figuran los Cabrera, fuera del orden alfabético e incrustados después de los Class, como sigue:

- Cabrera, Monserrate; hijo de Lorenzo y Francisca Rivera. (Folio #174.)
- Cabrera, María L.; hija de Lorenzo y Francisca Rivera. (Folio #13, Vuelto.)
- Cabrera, Lorenzo; hijo de Lorenzo y Francisca Rivera. (Folio #110, Vuelto.)
- Cabrera, Dolores; hija de Lorenzo y Francisca Rivera. (Folio #89, Vuelto.)
- Cabrera, Agustín L.; hijo de Lorenzo y Francisca Rivera. (Folio #74, Vuelto.)
- Cabrera, Julio (¿a?; hijo (¿a?) de Lorenzo y Francisca Rivera. (Folio #50.)
- Cabrera, José C.; hijo de Lorenzo y Francisca Rivera. (Folio #19, Vuelto.)
- Cabrera, Manuel; hijo de Lázaro y María V. Jiménez. (Folio #67, Vuelto.)

Este detalle de dos Lorenzo Cabrera, hijos de los mismos padres, es indicativo de que el primero falleció y le dan el nombre al segundo, o bien ambos vivieron, distinguiéndose por el segundo nombre (E.) en el caso del primero. Ya habíamos encontrado un segundo Lorenzo anteriormente.

Busqué en el Índice del Libro Primero de Pardos, correspondiente a los años 1823-1842. Allí no figuran pardos con el apellido Cabrera. Bajo la letra "E" es que figuran los esclavos bautizados, 24 varones y 13 hembras, para un total de 37 (p.p. 300-301 del Índice de Pardos.)

Busqué en el Índice del Libro Segundo de Pardos, correspondiente a los años 1842-1854. No figuran Cabreras bautizados en este libro. Igual que en el libro anterior, en el apartado correspondiente a la letra "E", figura una lista de 39 esclavos bautizados. Son 18 varones y 21 hembras (p.p. 322-323 del Índice.)

Encontré los primeros bautizados del apellido Torrales, antepasados de la familia de mi esposa, los cuales figuran en la Página 339 del Índice del Libro Segundo de Pardos. Continúe la búsqueda en el Libro Quinto de Blancos y Primero de Indistintos. En este se encuentran todos, irrespectivamente de su color o condición social. El apellido Cabrera figura nuevamente luego del apellido Class. Allí figuran:

- Cabrera, Juan Manuel A. J.; hijo de Lorenzo y Francisca Rivera. (Folio #19.)

- Cabrera, Pablo; hijo de Lorenzo y Francisca Rivera. (Folio #63.)

Bajo la "E" figuran los esclavos siguientes:

- Esclava María Sinforosa, hija de Antonia. (Folio #117.)(¿?)

- Esclavo Alejo, hijo de Bonifacia (¿o Crispina?) (Sin Número de Folio.)

- Esclavo Francisco, hijo de Juana Benigna. (Folio #142.)

- Esclavo Juan Celestino, hijo de Lorenza. (Folio #152.)

Aparecen más Torrales en la Página #364 del Índice del Libro Segundo de Pardos. Continúe la búsqueda en el Libro Sexto de Blancos y Segundo de Indistintos, correspondiente a los bautizados entre los años 1854-1856. Allí figura:

- Cabrera, Josefina; hija de Lorenzo y Francisca Rivera. (Folio #157, Vuelto.)

Aparecen Martínez, Matos y Marrero en la Página 373 del Índice del mismo Libro.

Consulté luego el Libro Séptimo de Blancos y Tercero de Indistintos, correspondiente a los años 1856-1858. Allí figura:

- Cabrera, Rafaela; hija de Lorenzo y Francisca Rivera. (Folio #40, Vuelto.)

Aparentemente es ésta Rafaela Cabrera la persona que La Profesora Dolores ("Lola") Cruz creyó que es la "primera esclava" bautizada en Morovis, como narra Doña Raquel Barreras en la entrevista. En el apartado correspondiente a la "E" figuran varios esclavos bautizados, a saber:

- Esclava Tomasa, hija de Crispina. (Folio #33 ¿?)

- Esclava María Santos, hija de Carolina. (Folio #99, Vuelto.)

- Esclavo Trifón (¿Grifón?), hijo de Manuela. (Folio #6, Vuelto.)

- Esclavo José Raymundo, hijo de Dolores. (Folio #68, Vuelto.)

- Esclavo Ramón. Hijo de Remigia. (Folio #81, Vuelto.)

En este mismo Índice del Libro Séptimo, Página 388, figuran miembros de la Familia Martínez. Busqué luego el Índice del Libro 8 de Bautismos de Indistintos, correspondiente al 13 de febrero de 1858 en adelante. Aquí figuran todos los

Cabrera, irrespectivamente de si son los amos o los descendientes del esclavo, a saber:

- Cabrera, Fabián; hijo de Lorenzo Cabrera y Francisca Rivera. (Folio #5.)

- Cabrera, Juana C.; hija de Federico y María Salgado. (Folio #86.)

- Cabrera, Pedro; hijo de Lorenzo Cabrera y Francisca Rivera. (Folio #157.)

En el mismo Libro #8, en la letra "E" y bajo el apartado de Esclavos, encontré algo que me cortó la respiración: ¡Una esclavita hija de Federico Cabrera: Eleuteria! Esa es la tía "Teya", de la que me hablaban sus sobrinas Nata y Elisa en la entrevista. Indicaba que se encuentra inscrita en el Folio #306. La busqué y no la encontré allí. Busqué, por si las dudas, en el Folio #206, pero tampoco la encontré.

En el folio #441 del mismo libro figura el esclavito León C., propiedad de Don Lorenzo Cabrera. ¡Para mi sorpresa, el esclavito es hijo de Federico Cabrera! El Acta reza de esta forma:

"...León nació el día 28 de junio del presente año (1861), por haberlo bautizado (prericulo mortis ¿?) Ezequiel Adorno (quien lo había practicado bien) cuyo niño es hijo legítimo de Federico Liberto de Don Lorenzo Cabrera y de María Salgado; abuelos maternos: Sabas Salgado y Cruz Nieves. Padrino: Ezequiel Adorno. P. Venancio Alonso."

Federico figura como "Liberto", a la altura de 1861. Está casado para entonces con María Salgado. Parece ser que su hijo nació enfermizo y al temer que muriera "moro", como se dice en Morovis a los niños que mueren sin recibir el bautismo cristiano, sus padres lo bautizaron en la casa. Se dice que "le echan agua", bautismo simbólico, pero igual de válido, para efectos de la creencia Católica, si el niño muere. Parece ser que se recuperó, porque luego lo llevan a bautizar a la Parroquia, el 9 de julio de ese año.

Seguí buscando a "Teya". La encontré en el Folio #305, que se extiende al Folio #306.

Eleuteria Cabrera

Negra

En esta Parroquia de Nuestra Señora Del Carmen y el Arcángel San Miguel de Morovis, Isla de Puerto Rico a los treinta días del mes de julio del mil ochocientos sesenta (1860), yo, el infrascrito Presbítero, cura propio de ella bauticé solemnemente, puse óleo, crisma y el nombre de Eleuteria a una niña que nació el día 15 de abril del presente año; hija legítima de Federico Cabrera y María Salgado; abuelos paternos Bangó y Sandié naturales de África; maternos, José Salgado y María de la Cruz Nieves. Fueron sus padrinos Ventura Folquera (¿?) y Dolores Rijo a quienes advertí el parentesco y sus obligaciones de que doy fe, fecha (ilegible) supra.

Venancio Alonso

¡Por fin encontré lo que buscaba! Federico viene de África y recordaba sus dos padres, Bangó y Sandié![12] Recuerdo que Don Ismael me dijo hace poco que un hijo de Manuel Cabrera, nieto de Federico, llevaba el nombre "Nangó", en Jayuya. ¿Significará Nango-ba "el hijo de Nangó"? Pero la "n" la escriben clarita en el documento, por lo que el nombre correcto del padre del esclavo Federico, es Bangó. Por otro lado, María Salgado debe ser hija de José Sabás Salgado y María de la Cruz Nieves, porque apadrinaron al esclavito León con otros nombres y son los mismos padres de Eleuteria.

Figura 2.6. Niños y niñas africanos transportados en el barco negrero.

¡Cada vez que me ocurre una experiencia de estas, me enamoro más de la búsqueda de las raíces históricas de nuestro pueblo. Cada vez que me tropiezo con datos como este, siento algo muy sublime en mi interior. Es un encuentro con lo que busco afanosamente: nuestras verdaderas raíces. Y me envuelvo en el drama de esas vidas y siento deseos de reír, de salir corriendo y contárselo a Nata, a Elisa, a Toto, a Magaly... a todos...!

Entonces Federico tuvo muchos más hijos de María Salgado que los que sus nietos recuerdan o conocieron. María Salgado fue, aparentemente, su segunda esposa. Ya para 1860 le da una hija, Eleuteria, cuando ya gozaba de la condición de "Liberto". Antes de proseguir en la búsqueda de los hijos de Federico Cabrera, decidí investigar si hay otros esclavos procedentes de África. Hice una investigación en sus Partidas de Bautismo. Encontré los siguientes:

- Esclava Juana, propiedad de Don Pedro Rosado, hija natural de María,

---

[12] Por error de la lectura del nombre de la madre de Nengobá, leí **Sandié,** porque en la caligrafía la "**ú**" acentuada, parecía una "**ié**" acentuada y luego descubrí que se debe leer: **Sandú.**

esclava de Don Juan Rosado. No indica la procedencia. (Folio # 173.)

- Esclavo Juan P., propiedad de Don Manuel Quintero. Es criado de Don Manuel Quintero. Es hijo natural de Antonia, criada de Don Manuel Quintero. (Folios #232-233.)

- Esclava Nicolasa, propiedad de Don Sebastián Silva. Es hija natural de María Santos Martínez, esclava de Don Sebastián Silva. La abuela es Francisca Martínez, natural de África. (Folio #239.) (¡Interesante relación entre Silva, Santos y Martínez!)

Ya son las doce del mediodía. El personal del Archivo Parroquial salió a almorzar. Se me autorizó a permanecer trabajando en el mismo hasta el regreso del personal a la una de la tarde. Como yo tenía mi cámara fotográfica cargada en la mochila, puse de excusa que allí tenía mi almuerzo, para que me permitieran tenerla conmigo. ¡No tenía ningún almuerzo ná'!

Tuve que valerme de este "engaño", puesto que no me permitieron sacar copias con la fotocopiadora ni diapositivas con la cámara fotográfica de los documentos. Aproveché para tirar algunas fotografías de aquellos que más me interesa tener copia, como evidencia gráfica e histórica. Quién sabe si, con el paso del tiempo y el abandono en que se encuentra nuestro Archivo Parroquial, estos documentos se perderían irremediablemente en el futuro. (Eso es un "pecado venial"...)

Tomadas las fotografías, continúe la búsqueda de esclavos:

- Esclava Águeda, propiedad de Don Lucas Colón. Hija natural de Benigna Colón, esclava de Don Juan Colón. (Folios #245-246.)

- Esclavo Román, propiedad de Don Lucas Colón. Es hijo natural de Lorenza Zayas, esclava de Don Juan Colón. (Folio #254.)

- Esclavo Alberto, propiedad de Don Ramón Cardona. Es hijo natural de Beatriz Cardona, esclava de Don Ramón Cardona. (Folio #325.)

- Esclavo Juan Bautista, propiedad de Don Juan Suro. Es hijo natural de Juana Paula, mulata, sierva de Don Juan Suro. (Folio #385.)

- Esclavo Benito, propiedad de Don Manuel Quintero. Es hijo natural de Antonia, esclava de Don Manuel Quintero. (Folio #14.)

Terminé de cotejar el Libro Octavo de Bautismos. Le eché una ojeada al Índice del Libro Noveno de Bautismos. Bajo el apartado de los esclavos, en la letra "E" figuran:

- Esclavo Fidel, propiedad de la Familia Quintero. (Folio #81, Vuelto.)

- Esclava María Altagracia, propiedad de la Familia Rivera. (Folio #281, Vuelto.)

- Esclava Clotilde, propiedad de la Familia Martínez. (Folio #94, Vuelto.)

En el Índice tan sólo aparecen dos Cabreras:

- Cabrera Rivera, Ignacia. (Folio #118, Vuelto.)
- Cabrera Campos, Lorenzo Trinidad. (Folio #119.)

Busqué en el Índice los bautizados de apellido Torrales. Pasé a consultar los Libros de Actas de Defunción, desde julio de 1892 hasta 1900, con la esperanza de localizar, por casualidad, la de Federico Cabrera. No la encontré. Continué la búsqueda en el Libro de Defunciones correspondientes al 9 de mayo de 1894 hasta el 31 de diciembre de 1899. ¡Qué curioso! Me pareció ver por un momento el nombre de Federico en el Índice, pero no lo encontré cuando lo busqué. ¿Será que lo imaginé? En éste encontré el Acta de Defunción de:

- Cabrera, Ramón (¿Casimiro?) - Hijo natural de Eustaquia Cabrera. Figura inscrito el 11 de octubre de 1897 y falleció el día anterior, de un año de edad, en el barrio Unibón. (¡Esta es Eustaquia, la hija de Federico Cabrera, que le decían "Nené"!)

Encontré el nombre que buscaba. Corresponde a un hijo de Federico, cuya Acta lee así:

- Cabrera, Juan. Hijo de Federico y María Salgado. Inscrito el 9 de octubre de 1894. Soltero, de 20 años de edad. Hijo legítimo de Federico Cabrera, natural de África y vecino de Morovis y María Salgado, natural de Vega Alta. No recibió los sacramentos por no dar tiempo la enfermedad. (Libro de Entierros #12, Folio #25.)

De este otro hijo de Federico no tenían memoria Nata y Elisa. Como falleció joven, los descendientes lo van olvidando de las narraciones y de la memoria. Continué buscando el Índice de Defunciones pero en forma regresiva, con la esperanza de encontrar el Acta de Defunción de Federico, si es que falleció en el Siglo XIX. Encontré a:

- Cabrera, Zoilo, cuyos padre y madre se ignoran por ser de África. El acta tiene fecha del 21 de marzo de 1893 y falleció el día anterior a los ochenta años de edad. Está casado con Dorotea Salgado, vecina de Morovis.

Resulta interesante que existiese otro esclavo procedente de África residiendo en Morovis y que, al igual que Federico, lleva el apellido Cabrera y está casado con una Salgado, quizás familiar de la esposa de Federico, María de la Cruz Salgado. Nació en África, en 1813. ¡Podría ser hasta familia de Federico y ser ambos contemporáneos! Todo esto me lleva a pensar que Federico vino de Vega Alta hacia acá. En Vega Alta hubo grandes concentraciones de esclavos. Los "Longoba" protagonizaron la famosa revuelta en esa área geográfica del país. (Baralt, 1981)

Busqué en el Libro #11 de Entierros, Folio # 294. Allí aparece:

- Cabrera, Juan Rafael. Es hijo natural de Eustaquia y no se nombra su padre. Se inscribe el 25 de marzo de 1894 y había muerto el día anterior, de tres días de nacido. Es hijo natural de Eustaquia Cabrera, natural y vecina de Morovis. Había sido bautizado "de agua" por un señor de apellido Torres. La mortandad infantil en ese siglo en Morovis no escoge clases sociales ni orígenes étnicos.

Busqué en el Libro #13 de Entierros. Allí encontré a:

- Cabrera, Juan Abad, inscrito el 12 de febrero de 1900 a los tres años de edad. Es hijo natural de Petronila Cabrera. (Folio #6.)

- Cabrera Salgado, Ramona. Inscrita el 9 de mayo de 1900. Fallece a los 25 años de edad. Es hija legítima de Federico Cabrera y María Salgado. (Folio #64, Vuelto.)

Esta hija de Federico tampoco era recordada en la tradición oral de los descendientes de más edad entrevistados. Continué la búsqueda en retroceso. Consulté el Libro de Entierros #10. En el mismo no figura ningún Cabrera. En el Libro de Entierros #9 figura:

- Cabrera, Juan Lázaro - Hijo de Federico y María Salgado. Murió el 1 de enero de 1881 a los quince días de nacido y lo registran el día 2 de enero del mismo año. (Folio #5.)

- Cabrera, Juan Ángel - Hijo legítimo de Manuel Cabrera y Felícita Ríos. Muere a los diez meses de nacido, el 12 de agosto de 1881 y lo registran al siguiente día.

- Cabrera, Rafaela - Muere a los veinticinco (25) años de edad. Natural de Morovis; casada con Don José Barreras. Hija legítima de Don Lorenzo, natural de Toa Alta y Doña Francisca Rivera, natural de Arecibo. (Folio #184, Vuelto.)

- Cabrera, Salomé - Murió el día 19 de junio de 1884 a la edad de 60 años. Natural de Toa Alta y cuyo estado y padres se desconocen.

¿Se tratará de otra esclava procedente de África? En una ocasión anterior ya había buscado en el Libro de Entierros #7. A eso de las 2:45 P.M. me despedí y salí del Archivo Parroquial.

16 DE NOVIEMBRE DE 1989

Mientras transcribía las entrevistas realizadas a la familia Cabrera, iba pensando sobre el hecho de que, prácticamente, el sector del barrio Unibón conocido como "Patrón", antiguamente eran terrenos propiedad de la Sucesión Cabrera. Pensamos que la denominación "Patrón" o "El Patrón" para el lugar, podría tener dos posibles orígenes: la alusión a "terrenos del patrón", refiriéndose al amo de los esclavos, ¿o alusión al Santo Patrón de Morovis, San Miguel Arcángel?

Como habíamos visto a lo largo de las entrevistas, los descendientes señalan insistentemente que esas son las tierras que heredaron de Federico Cabrera. Indican además que las mismas le fueron compradas por el esclavo a su amo, una vez obtenida su libertad. En una versión se indica que el amo le dio reses y tierras. En uno u otro caso, las tierras pertenecían originalmente al "Patrón" o amo del esclavo.

Si fuera el caso de que el toponímico tenga su origen en la reverencia al "Santo Patrón" de Morovis, resulta interesante el hecho de que es, precisamente San Miguel, el santo reverenciado en las Fiestas de Negros en Puerto Rico. Era la celebración de esa festividad Católica el día que los esclavos no tenían que trabajar. El historiador Álvarez Nazario señala que "los negros desfilaban el día de San Miguel en San Juan." De una manera u otra, el origen del toponímico donde se levantó y aun reside esta familia descendiente del esclavo Nengobá, está relacionado con la historia de la propiedad y/o a la imagen que reverenciaban los negros en nuestro país. Me inclino por la primera opción, porque del santoral católico, la entidad a quien festejaba la Familia Cabrera, era a Melchor, "el rey prieto" de los Tres Santos Reyes Magos.

18 DE NOVIEMBRE DE 1989

Nota: El texto de esta sección es el Cuento Que Pudo Haber Sido Realidad, que se reproduce al final de la Parte I: El Ensayo.

19 DE NOVIEMBRE DE 1989

A medida que desarrollamos la investigación, nos surgen interrogantes que habrá que ir dilucidando. Las esbozamos aquí como guía de investigación.

- ¿Será la narración de las banderitas rojas una especie de "leyenda" de la época desde que dio inicio la trata negrera y, por ende, muy anterior a la captura de Nengobá?

- ¿La existencia de esa narración entre los familiares de Federico, implica necesariamente que haya sido capturado en las costas de África?

- ¿Qué rol jugó la tribu N'gumba durante la trata negrera a principios del Siglo XIX en Camerún?

- ¿Por qué existe en la tradición oral entre los descendientes en Morovis la mención de que Federico Cabrera, antes de adoptar ese apellido, tenía el nombre Maunez o Maone?

- ¿O será acaso que Federico se llamaba Maone Nangoba o Maone, de la Tribu Nangoba?

- ¿Por qué nos lo mencionan indistintamente Maunez o Maone? ¿Se tratará de un antiguo propietario de esclavos en Morovis?

- ¿Existirá un documento donde figuren propietarios de esclavos de principios del Siglo XIX en la zona entre Vega Alta y Toa Alta, donde pudiera existir uno de apellido Maunez?

- ¿Acaso alguien de mucha edad de la Familia Cabrera, le preguntaría a Federico en algún momento su nombre verdadero?

- El hecho de que Federico recuerde el nombre de sus dos padres, ¿implica ello que vino sólo de África y sus padres permanecieron allá? ¿Habrá memoria oral de esto en su familia?

- ¿Cabría la posibilidad de que sólo recordara los nombres africanos de sus padres y que olvidara el suyo propio? (No parece ser así, pues no se mencionaría la voz Nengobá.)

- ¿Habrá forma de documentar su llegada a Morovis? ¿A qué edad?

LA ETIMOLOGÍA DE NANGÓ

En la obra del Dr. Manuel Álvarez Nazario, el investigador indica que el nombre de la procedencia tribal original de África se empleó como apellido del individuo desde temprano en el Siglo XVI y que el mismo fenómeno se registra el Hispanoamérica. Éste cita estudios realizados en el territorio de La Nueva Granada, que señala el uso de gentilicios de los antiguos esclavos de nombres tribales y regionales como Nangó. Señala que aún hoy subsisten apellidos que provienen de esas tribus o regiones y gentilicios tales como Longo, Mandinga, Etc., pero no menciona el apellido "Nangó" (Alvarez-1974:207).

Existe un caso en el barrio Montebello de Manatí, Puerto Rico. Allí existe el Sector "Nangó" y al mismo se hace alusión como "donde viven los negros Nangó". Sería recomendable realizar entrevistas de tradición oral entre los descendientes para determinar si el vocablo alude a su origen africano.

20 DE NOVIEMBRE DE 1989

Llevé a imprimir un ejemplar de la Revista Archivo Histórico de Morovis a la Imprenta Lirio en Vega Baja. Allí labora una joven de nombre María Rivera Cabrera y me indica que reside en el barrio Almirante Sur de esa municipalidad. Aproveché para preguntarle sobre sus antepasados Cabrera del área. Me narró que su abuelito, Don José Cabrera Ríos, hablaba mucho sobre sus antepasados. Su hermana, Lucila, conversaba más frecuentemente con su abuelo y fue en una ocasión de esas en que este le informó que ellos (Los Cabrera) tenían antiguamente un apellido: Mangobá. Como no conoce muchos de sus antepasados, nos refirió a su señora madre, Doña Patria Cabrera Maldonado, residente en el Km. 10, Hm. 04 de la carretera que conduce al barrio, para poder establecer la relación de esos Cabrera con los descendientes de Federico, el esclavo del barrio Unibón.

24 DE NOVIEMBRE DE 1989

En la mañana de hoy visitamos, junto al Sr. Juan ("Toto") Maldonado Cabrera, a la Sra. Margarita Román Ríos. Ella reside en las Parcelas Columbo del barrio Pugnado Afuera en Vega Baja, Puerto Rico. Debido a que no se encontraba presente su señora madre, la ya centenaria anciana, Doña Rosa Ríos Agosto, mejor conocida por "La India", decidimos entrevistar a su hija. La entrevista ha sido transcrita y se incluye en el apartado correspondiente. (Ver Entrevista #7.)

En la tarde aproveché para realizar una entrevista al Sr. Juan ("Toto") Maldonado Cabrera, nieto de Rafaela Cabrera, hija a su vez de Federico Cabrera. La misma se incluye en el apartado correspondiente. (Ver Entrevista #8.)

SABADO, 25 DE NOVIEMBRE DE 1989

Realicé una búsqueda sobre bibliografía relacionada con las investigaciones realizadas en el país en los Archivos Parroquiales. Entre las obras consultadas se encuentra la Tesis del Rev. P. Mario A. Rodríguez León (1975). De ahí extraje algunas citas relevantes al trabajo presente.

"Hasta el momento no se han realizado investigaciones en los archivos parroquiales encaminados a buscar y estudiar los orígenes africanos en la isla."

"El Dr. Manuel Álvarez Nazario ha sido la primera persona en estudiar las procedencias africanas en Puerto Rico. Sin embargo, en sus valiosos trabajos realizados sobre el tema, no incluye información procedente de archivos parroquiales." (Rodríguez, 1975: 73 y Sig.).

"El estudio de los registros parroquiales, en conjunto, no sólo permite conocer algunas procedencias africanas en Puerto Rico; también ofrece cierta información sobre la población india de la isla; en particular, en las áreas donde se concentró la mayor parte de la población indígena durante los siglos XVIII y XIX (Las Indieras). Por ejemplo, el 15 de diciembre de 1790 se celebró en la Parroquia de Moca un matrimonio de un "indio nacional de Yauco". En el Archivo Parroquial de Ntra. Sra. Del Rosario de Yauco, el Padre Carlos Pynenburg Van Derbe, O.P., en sus pesquisas e investigaciones ha encontrado la presencia de indios en esa región." (Rodríguez, 1975: 83).

A las 12:00 M. cerraron la Biblioteca del C.E.A.P.R.C. y no tuve tiempo para continuar la investigación en horas de la tarde.

ENTREVISTA A LCDO. FLORENTINO ("FOEN") MACHARGO BARRERAS

Realicé la acostumbrada visita a la oficina del Lcdo. Florentino Machargo Barreras en Río Piedras. Le llevo la última edición de la Revista Archivo Histórico de Morovis, en la cual tiene pautado un anuncio de cortesía. Le comenté sobre la investigación que realizo y de mi proyecto de escribir aspectos importantes de la historia de nuestro pueblo. Un hermano de Foen lo llamó y tuvimos la oportunidad de hablar sobre la familia Cabrera. Este nos contó que conoció personalmente a Joseíto Cabrera. Me indicó que llegó a hablar con él en numerosas ocasiones. Joseíto trabajó "en el muei". (En el muelle). Me aseguró que Joseíto llegó a ser esclavo y que alcanzó bastante de la época de la esclavitud. Me dijo que Joseíto falleció cerca de la década de los '50, a edad muy avanzada, ya de más de cien años. (Si el dato es correcto, entonces Joseíto debió haber nacido cerca de 1860, lo que confirma que pasó toda su adolescencia como esclavo, es decir, hasta 1873.)

Machargo me dio algunos datos sobre la vida artística de una moroveña, vedette del cine mejicano, fallecida recientemente, doña Blanca Castejón. Me indicó que recordaba bien a Míster Groló (Graulau), que es de una familia oriunda de Hatillo o Camuy. Me dijo que los Mercado, familia de Elgin, son oriundos de Cabo Rojo. La conversación terminó con una invitación a su residencia en Guaynabo para ver las fotografías antiguas de Morovis que su padre había tomado, pues era fotógrafo.

Continué la conversación con Foen, quien me aseguró que también conoció personalmente a Joseíto, de quien narró una anécdota. Cuenta Foen que Joseíto viajó desde Morovis hasta Lares en su yegüita a asistir a una boda o a una fiesta. Regresó luego a Morovis y cuando llegó, la yegüita se le murió. Foen me felicitó por la labor que realizo de rescatar la historia de Morovis y me extendió el acostumbrado donativo para seguir editando la revista. ¡Gracias, Foen; Morovis te lo agradece!

28 DE NOVIEMBRE DE 1989

Fui a trabajar a la escuela. Tuve un contratiempo con la Directora Auxiliar y decidí no ponchar. Bajé hasta el Archivo Parroquial, en parte, para pasar el "mal rato". Se me había dañado el día. Eran las 9:00 A.M. Le solicité a la Srta. Ana Díaz los libros de Entierros a partir de 1898. Esta me informa que dichos libros no existen en la Parroquia, porque desde esa fecha, el registro de defunciones pasó al Registro Demográfico. A partir de dicha fecha no se llevan records de defunción en la Iglesia. Esto se debe a que, al establecerse la separación Iglesia- Estado desde el inicio del dominio del gobierno norteamericano en el país, dicha función pasó a la agencia del estado correspondiente: el Registro Demográfico.

Como necesitaba corroborar la información que me había dado Juan ("Toto") Maldonado sobre el apellido anterior, Maunez o Maone, que alegadamente tenía Federico antes de apellidarse Cabrera, inicié nuevamente la consulta de los Libros de Bautizos de Blancos. Asumí que los propietarios de esclavos debían figurar en dicho libro. Examiné el Índice del Libro Primero de Blancos, correspondiente a los años 1823-1831. En este registro no figura nadie de apellido Maunez. Tampoco figuran Ríos ni Salgado, puesto que, aparentemente, estos deben ser "pardos". El Libro Primero de Blancos no se encuentra en el Archivo.

Continúe la búsqueda. Examiné el Índice del Libro Segundo de Blancos, correspondiente a los años 1831-1839. No figura nadie de apellido Maunez. Examiné el Índice siguiente, correspondiente a los años 1839-1842. Tampoco figura allí ese apellido. Lo mismo ocurre con el libro siguiente, correspondiente a los años 1843-1850.

Pasé al Índice del Libro Primero de Bautizos de Pardos, correspondiente a los años 1823-1842. Este es el libro "desaparecido". No encontré el apellido Maunez. Busqué los apellidos Ríos y Salgado. Encontré a:

- Canga, Francisca - Hija de Francisco y María Jesús Collazo (Libro Primero, Folio #297.)

¿Será Canga un apellido que, como la planta "yerba cangá", se le atribuye un origen africano? Como no está disponible el libro, no puedo verificar la procedencia de la bautizada. Aparece un Cruz en el Folio # 299; un Salgado en el Folio # 314.

En el Índice del Libro Segundo de Pardos (1843-1854), que es el mismo que Sexto de Blancos y Segundo de Indistintos, figura un Cruz en el folio #321; Salgados en los Folios #337; Ríos en el Folio #311. De apellido Canga, no hay.

Busqué en el Índice del Libro Quinto de Blancos y Primero de Indistintos. Aparece un Román en el Folio #361; un Ríos en el Folio #357; un Salgado en el Folio #361-362. Canga no hay. Encontré además:

- Río, Julián - Hijo de José y Petrona Ríos. (Folio #4, Vuelto.)

- Río, Manuel - Hijo de Federico y Matilde Río. (Folio #62, Vuelto.)

- Río, Aniceto - Hijo de José y Anastasia Rivera. (Folio #67.)

- Río, Juan - Hijo de Juan y Brígida Ortega (Folio #120.)

- Río, Zenón Ilario - Hijo de Jaime y María Rodríguez. (Folio #123.)

- Río, María Agapita - Hija de Andrés y Monserrate Bruno. (Folio #126.)

Si Manuel es hijo de Federico Cabrera, casado con una Ríos, entonces los Ríos y Cabreras se mezclan desde el principio. ¿Por qué razón no carga su apellido Cabrera? Al principio pensé que se trataba de un hijo ilegítimo. Pero busqué el documento y lo transcribí:

"En esta parroquia de Ntra. Señora del Carmen y el Arcángel San Miguel de Morovis, a seis de Febrero de mil ocho cientos cincuenta y tres, yo, el cura Rector de ella bauticé solemnemente puse oleo y crisma a Manuel, nacido el tres de enero po.po. hijo legítimo de Federico y Matilde del Río, abuelos paternos no se conocen. Fueron padrinos José María Suárez y María Suárez; a quienes advertí el parentesco espiritual y sus obligaciones, de que doy fe.

Franco Faz (¿?)

Este documento plantea la interrogante de si el hijo legítimo se inscribe con el apellido de la madre, puede ser que, por ser esclavo, Federico no tiene aún un apellido que darle a su hijo. Recuérdese que los esclavos figuraban inscritos en la letra "E" de "esclavos". ¿Era aún esclavo Federico para 1853? Cuando inscribe a Eleuteria en 1860, la que procrea con María Salgado, ella figura como esclava, pero Federico ya lleva el apellido Cabrera. En el bautizo de Manuel no se ofrecen los nombres de sus abuelos africanos, pero sí en el de Eleuteria, que es posterior. Tampoco se ofrecen los padres de Matilde.

- Río, Juan Abad. Indica que se desconoce su abuela materna. (Folio # 120, Vuelto.)

Busqué en el Libro Sexto de Blancos. Allí figuran:

- Río, Felícita - Hija de Severiano y Blasina Pavón. Fue bautizada el 18 de marzo de 1856, nacida el 29 de febrero. Hija legítima de Severiano Ríos y Blasina Pavón. Sus padrinos fueron Ramón Alejandro Cabrera y Francisca Rivera. Los bautizó Ramón Sulsona.

Si Manuel nació en Morovis, el 3 de enero de 1853 y Felícita Ríos el 29 de febrero de 1856, entonces se criaron y probablemente se conocieron acá. Es curioso que el nombre de su padre, Severiano, lo lleva a su vez, un hijo de Joseíto Cabrera. Continué la búsqueda:

- Río, José Micael - Hijo legítimo de Toribio y Eusebia Collazo. Bautizado el día 17 de mayo de 1855 y nació el 8 de mayo. Sus padrinos fueron Juan Sandoval y María Sandoval. (Folio #148, Vuelto.)

Busqué en el Libro Séptimo de Bautismos de Blancos y Tercero de Indistintos. Allí figura un Cabrera en el Folio #383; un Ríos en el folio # 392 y un Collazo en el Folio #383. Aquí encontré algo interesante: La mamá de José Micael aparece bautizando un hijo de nombre María (¿?), pero con el apellido Collazo. Siendo hijo legítimo de los mismos padres de José Micael, ¿Cómo es posible que tengan distintos apellidos? Aparece en el Folio #22, pero parece que está equivocado el número del Índice. Encontré:

- Río, Simón - Hijo de Toribio y Eusebia Collazo. El párroco indica que ambos padres son pardos de este vecindario. (Folio #100, Vuelto.) La tradición oral recopilada en Morovis indica que tanto los Ríos como los Collazo son "remanientes de indios".

Busqué en el Libro Octavo de Bautismos de Blancos, correspondiente a los años 1857 en adelante. Allí encontré:

- Cabrera, Juana C. - Hija de Federico y María Salgado. Figura en el Folio #86.

Transcribo el acta:

"En esta Parroquia de Nuestra Señora del Carmen y el Arcángel San Miguel a los 14 días del mes de noviembre de 1858, le puse nombre Juana de la Cruz. Hija legítima de Federico Cabrera, liberto de Don Lorenzo Cabrera, natural de África y de María Salgado, natural de Vega Alta y vecina de Morovis. Abuelos paternos no se conocen, según lo manifiesta el padre de la niña; maternos Sabas Salgado, natural de Vega Alta y Juana de la Cruz Nieves. Fueron sus padrinos Ezequiel Adorno de Vega Alta y María Vicenta Trinidad, natural de Corozal."

Padre Venancio Alonso

El documento plantea la interrogante de por qué el dato de los abuelos africanos cambia tanto en los distintos documentos cuando se bautiza un hijo. El dato, no obstante, permite inferir que, indudablemente, vino de África, ya sea con sus padres o sin ellos. Veamos la estadística:

- En 1853 - Bautizando a Manuel. - Se ignoran los abuelos africanos.

- En 1858 - Bautizando a Juana de la Cruz. - No son conocidos los abuelos paternos.

- En 1860 - Bautizando a Eleuteria. - Indican: Bango y Sandú, naturales de África.

- En 1861 - Bautizando a León. - Ni siquiera se mencionan sus abuelos paternos.

En este mismo Índice, Folio # 157, figura Pedro T. Cabrera, hijo de Lorenzo Cabrera y Doña Francisca Rivera. El segundo nombre es Toribio. Resulta interesante, porque tiene dos padrinos y dos adicionales "que lo sacan de la pila bautismal". ¡Tiene cuatro padrinos! Por supuesto que es "blanco".¡El que tiene padrinos, se bautiza! En este libro indica cuando es pardo, blanco o negro.

Encontré a Ríos, Jorge, hijo de Toribio y María E. (Eusebia) Collazo en el Folio #131. Indica el documento que "son pardos ambos padres." Esto comprueba a la saciedad la aseveración de mi abuelo paterno de que "Los Collazo son remanentes de indios en Morovis." (Ver Entrevista # 10 a Francisco Martínez.) Sus padrinos son Pedro Collazo y Concha Collazo, de Morovis. Hay otros Ríos, María A., hija de Toribio y Eusebia, en el Folio # 323. No indica si son pardos, pero se trata de la misma familia Ríos.

Busqué en el Índice del Libro Noveno de Bautismos. Encontré lo siguiente:

- Colón Sandoval, Clodomiro. Folio #141. Hijo legítimo de Marcelino Colón y María de la Cruz Sandoval. Abuelos paternos: Francisco Colón y Teresa Olivera; maternos: Ramón Sandoval y Candelaria del Castillo.

Encontré más hijos de Toribio Ríos y Eusebia Collazo en los Folios #8, Vuelto y #219. Figura un gran número de personas de apellido Román en el Libro 9, Folios # 107, #108, Vuelto; folio #187, #192 y #194, Vuelto.

Busqué en el Índice del Libro Décimo de Bautismos. En el Folio #83, Vuelto, encontré a Eusebio Cabrera, hijo de Federico y María Salgado. Este nació el 13 de diciembre de 1864. No indica abuelos paternos. En una anotación con una tinta diferente al margen de la página reza: "Contrajo matrimonio en esta parroquia con Julia Ríos Soto, hija de Eleuterio Ríos y Justa Soto el día 18 de enero de 1953." ¿Cómo es eso? Probablemente se trata de un error, pues no se iba a casar a los ochenta y nueve años. ¿O sí?

En el Libro #10, Folio #237, Vuelto, figura Pascual Cabrera. Hijo legítimo de Federico Cabrera, Liberto y María Nicomedes Salgado. Nace el 17 de mayo de 1866 y lo bautizan el 7 de julio del mismo año. Los abuelos paternos se ignoran.

En el Libro #10, Folio # 109, Vuelto aparece Ríos, María Carmen, hija de Toribio y María Eusebia Collazo.

Decidí darle una hojeada al Índice del Libro Cuarto de Entierros, que inicia en febrero de 1852 y termina el 9 de noviembre de 1859, porque ahí deben estar los que fallecieron en Morovis por la epidemia del cólera morbo. El libro lo firma el Obispo Pablo Benigno, el 10 de marzo de 1863. Contiene 155 partidas de entierros en ese período. Como el índice no especifica etnia alguna, es necesario leer uno por uno, para poder determinar si murió algún esclavo en el período.

Hojeé el Libro de Cuentas de la Parroquia para mayo de 1860. Figura como Mayordomo saliente de la Iglesia el Sr. Andrés Guerrero y como Mayordomo entrante, Don Lorenzo Cabrera. El cura Párroco es Venancio Alonso. Guerrero le entrega la mayordomía de la Iglesia de Morovis a Lorenzo Cabrera el 3 de junio de 1860. Recordamos que la casa del Padre Venancio Alonso fue el edificio que siete décadas después albergaba aún la Casa Alcaldía de Morovis, antes de su incendio en 1936, cuando era Alcalde un Guerrero, precisamente: Don Arturo Guerrero. (Ver: Martínez-Torres, 1987-1999: 668-671)

Busqué el Libro Undécimo de Bautismos de los años 1866-1869, para localizar datos sobre los bautismos de los hijos de Federico Cabrera y otros del mismo apellido. Encontré lo siguiente:

- Cabrera, Juana Cástula - Hija legítima de Zoilo Cabrera y de Dorotea Salgado; abuelos paternos no se conocen por ser africanos; maternos Sabas y Cruz Nieves. Nació el 30 de mayo de 1867. Bautizada el día 10 de julio de 1867. Fueron padrinos Federico Cabrera y María Salgado. (Folio #55, Vuelto.)

Esta niña es sobrina de la esposa de Federico Cabrera y Zoilo Cabrera debió ser otro de los esclavos de Don Lorenzo Cabrera y cuya procedencia es igualmente de África. Esto parece confirmar una información anterior sobre este Zoilo cuando muere.

Continúo la transcripción:

- Cabrera Salgado, María José - Hija de Federico y María Nicomedes Salgado. Nace el 19 de marzo de 1868 y la bautizan el 17 de mayo del mismo año. (Folio #141, Vuelto.) Abuelos paternos no se conocen por ser africanos; maternos Sabas y María de la Cruz Nieves. (Folio #141, Vuelto.)

- Cabrera Salgado, Lorenza - Hija de Zoilo Cabrera y Dorotea Salgado. Nació el 10 de agosto de 1869. La bautizaron el día 10 de noviembre del mismo año. Abuelos paternos son de África. Los maternos son los mismos del caso anterior. (Folio #259.)

Busqué Libro Decimosegundo (#12) de Bautismos, correspondiente al 6 de enero de 1870 hasta abril de 1872. Encontré:

- Cabrera, José María - Hijo legítimo de Federico Cabrera y María Salgado. Nació el 19 de marzo de 1870 y lo bautizaron el día 26 de julio de 1870. Abuelos paternos se ignoran por ser de África. Abuelos maternos los mismos del caso anterior. Fueron padrinos Amadeo Dávila y

Matilde García. (Folio #66.)[13]

Cotejé la información con una Cédula de Esclavos que circuló en Morovis años atrás. Allí figura el Acta de Empadronamiento del esclavito José María Mónico, en 1871, propiedad de Don Lorenzo Cabrera. Si nació en 1870, al año siguiente no debe tener de tres a cuatro años, como indica la Cédula de 1871. ¿Será error del informante cuando lo empadronan o será que es otro esclavito cuya única diferencia sería dos años y el tercer nombre Mónico? Examinando el Censo de Esclavos de Morovis de 1970, encontré que ahí figura José María Mónico con dos años y medio, lo que aclara la duda.

Encontré otro hijo de Federico:

- Cabrera Salgado, Juan Crisóstomo - Nació el 27 de enero de 1872 y lo bautizan el 31 de marzo del mismo año. Hijo legítimo de Federico Cabrera y María Salgado. Abuelos paternos se ignoran por ser de África; maternos Sabas y Cruz Nieves. Fueron padrinos Don Ambrosio Rodríguez y Doña Ramona Sandoval. (Folio #277, Vuelto.)

- Ríos Pavón, Fidela - Nace el 18 de mayo de 1871 y la bautizan el 9 de julio de 1871. Hija legítima de Severiano Ríos y Blasina Pavón; Abuelos paternos Juan Evangelista y Luisa Cintrón; maternos Casimiro Negrón. Padrinos Joaquín Archilla y Doña Carmen (¿Felicia?) Ramos. La bautiza el cura Párroco Venancio Alonso. (Folio #177.)

Consulté el Libro Décimo Tercero (#13) de Bautismos. Allí encontré otros hijos adicionales de Federico y María Salgado, así como sobrinos suyos:

- Cabrera Salgado, Juana Francisca. - Hija legítima de Zoilo y Dorotea Salgado. Nace el 28 de enero de 1872 y la bautizan el 28 de abril de 1872. Abuelos paternos se ignoran por ser africanos; maternos Sabas y Cruz Nieves. Fueron padrinos Federico Cabrera y María Salgado. (Folio 9, Vuelto.)

- Cabrera Salgado, Romana - El primero de Febrero de 1874 bauticé a la niña Romana Cabrera que nació el 9 de agosto de 1874; hija legítima de Federico y María Salgado; abuelos paternos se ignoran por ser de África; maternos Sabas y Cruz Nieves. Padrinos: Don Pedro Cabrera y María (¿Gracia?) Suárez. (Folio #195, Vuelto.)

- Ríos, Raymunda Madrona. Nació el día 15 de marzo de 1873. Bautizada el día 11 de mayo de 1873. Hija legítima de Severiano Ríos y Blasina Pavón. Abuelos paternos Juan y María Cintrón; maternos Casimiro y Eusebia Negrón. Bautizada por el cura Párroco Venancio Alonso. (Folio #118, Vuelto.)

Consulté el Libro Décimo Cuarto (#14) de Bautismos. Allí encontré otros hijos de Federico. Transcribo íntegra el Acta:

---

[13] Este es Joseíto, a quien ubicamos en la portada.

- Cabrera Salgado, María Carmen - El 3 de junio bautizaron a María Carmen que nació el 12 de mayo de 1877. Fue bautizada privadamente por María Cruz Suárez. Hija legítima de Federico y María Salgado; abuelos paternos se desconocen por ser de África; maternos Sabas y Cruz Nieves. Padrinos: José Ramón y María Cruz Suárez. (Folio #272, Vuelto.)

- Cabrera Salgado, María Juana - El 3 de junio de 1877 se bautizó una niña que nació el 12 de mayo de 1877. También bautizada en peligro de muerte. Abuelos paternos se ignoran por ser de África; maternos Sabas y Cruz Nieves. Padrinos: José Ramón y María Cruz Suárez.

¡Estas son "las Tías Guares" que recuerda la familia y se mencionan en las entrevistas con las hermanas Nata, Elisa y Pola! Eran enfermizas. Una de las dos falleció, a temprana edad aparentemente. También aparece:

- Cabrera, José de los Santos - Nació el 22 de abril de 1876 y se bautizó el día 5 de junio del mismo año. Hijo legítimo de Zoilo Cabrera y Dorotea Salgado. Abuelos paternos se ignoran por ser de África; maternos Sabas y Cruz Nieves. Padrinos Federico Cabrera y María Salgado. (Folio #179.)

El Archivo Parroquial lo cerraron a las 2:45 P.M. Recogí mis motetes y salí.

LA PROLE DE FEDERICO

A medida que vamos encontrando los documentos parroquiales donde obran las partidas de Bautismo y Defunción del Siglo XIX, nos surgen nuevas interrogantes. Al mismo tiempo, se van dilucidando enigmas que habían surgido a medida que recogíamos la tradición oral y la confrontábamos con la documentación de la época. Esta información documental de primera mano, conocida como "fuentes primarias", ya habían sido redactadas antes de que nacieran los padres de nuestros informantes, los cuales corroboran totalmente dicha información. ¡Y todavía escucho historiadores que dicen que la "tradición oral" no es un documento histórico confiable!

Este trabajo de investigación pone de relieve la importancia y la exactitud de la información que nos llega por la tradición oral, cosa que aceptábamos casi "por fe", pero que ahora hemos comprobado a la saciedad. Mucho más aun, cuando se trata de testigos que desconocían de la existencia de esas fuentes. Federico Cabrera Nengobá es un "Liberto" en o antes de 1858, es decir, que obtuvo su libertad mucho antes de que se promulgara el decreto de Abolición total de la Esclavitud en nuestro país, el 22 de marzo de 1873.

Federico fue un hombre muy prolífico. Aun no hemos podido contabilizar cuántos hijos procreó en la relación con estas dos mujeres, de apellido Ríos la primera y con una Salgado, la mayoría de ellos. A la altura de hoy podemos tabular los hallazgos en la documentación del Archivo Parroquial de Morovis, en los Padrones de Esclavos del Distrito de Arecibo y en el recuerdo de sus descendientes.

28 DE NOVIEMBRE DE 1989

LOS MAYORDOMOS DE FÁBRICA DE LA IGLESIA DE MOROVIS

(El texto de esta sección aparece íntegro en la pág. 52 de la Sec. I de 'El Ensayo'.)

INTERROGANTES SOBRE LA LIBERTAD DE FEDERICO

Uno de los problemas que he venido analizando es el hecho de que Federico Cabrera era "Liberto" décadas antes de que se promulgara la Abolición de la Esclavitud en nuestro país en 1873. La condición de "Liberto" se indica en los documentos del Archivo Parroquial cuando este acude a bautizar algún miembro de su progenie. Y un "Liberto" es un hombre libre que, en algún momento anterior de su vida, fue esclavo. Los datos que hemos venido examinando plantean ciertas interrogantes, las cuales enumero:

1. Federico aparece en febrero de 1853 bautizando un hijo "legítimo" que nació el 3 de enero del mismo año y al cual se le apellida Río; el apellido de la madre, Matilde del Río. Es conocido que cuando se "carga" el apellido materno, es que el hijo "no ha sido reconocido". Pero en este documento se establece que es "hijo legítimo" y que, por tratarse de un sacramento de la Iglesia Católica, debe existir una unión matrimonial igualmente "legítima" en términos del canon religioso, entre Federico y Matilde del Río. Entonces se plantea la posibilidad de que Federico aun no tenga un apellido que ofrecerle a su hijo, como es uso y costumbre, simplemente porque no lo tiene. Ello denota su condición de esclavo a la altura de 1853. Es sabido que el apellido Cabrera que luego "carga", es el de sus antiguos amos. Obviamente Federico era esclavo, propiedad de Don Lorenzo Cabrera y así lo establecen los documentos parroquiales cuando indican posteriormente que Federico es "Liberto" de Don Lorenzo Cabrera.

2. En 1856 Federico y Matilde Ríos apadrinan un niño esclavo de nombre "Grifón". No se indica la condición de "Liberto" de Federico, pero figura ya con el apellido Cabrera. Si un esclavo que no tenía apellido lo adquiere con posterioridad, es porque ha adquirido su libertad. ¿Murió Maltide o su relación con Federico finalizó?

3. Federico aparece con la condición de "Liberto" tan temprano como en 1858, cuando bautiza a su hija legítima, Juana de la Cruz, fruto de otra relación matrimonial, esta vez con María Salgado.

4. Dos años después, Federico bautiza a su hija Eleuteria, la cual procrea junto a María Salgado, el 30 de julio de 1860. Pero Eleuteria figura como "esclava", en la lista de nombres de bautizados que carecen de apellidos, por tratarse de esclavos, todos bajo la letra "E" del Índice. En el acta se indica su "condición" de "Negra". Federico figura con su apellido. ¿Cómo es que su hija nace esclava si su padre no lo es? ¿Será acaso que María Salgado era esclava? En ningún documento se indica tal cosa. ¿O será que el cura ingresa a Eleuteria bajo la lista de esclavos por error? Pero Don Venancio Alonso no era per-

sona ignorante, sino más bien, un adelantado a su tiempo. Era un religioso que se preocupaba por la enseñanza de la juventud de su parroquia. Así está documentado por el historiador, de madre moroveña, el Dr. Juan M. Delgado Colón. (Ver: Martínez-Torres, 1987-1999: 21-47) ¿Sería error del que llevaba las anotaciones en los registros, el que desconocía de la reciente condición de liberto de Federico?

5. En 1861, Federico y María Salgado llevan a bautizar a un hijo varón, de nombre León. El mismo tiene apellido y se indica su condición de "Liberto" de Don Lorenzo Cabrera. Esto quiere decir que también fue esclavo, por ser su padre esclavo al momento del nacimiento. Es el 9 de julio de 1860 y el niño nació días antes: el 28 de junio.

29 DE NOVIEMBRE DE 1989

Transcribo íntegramente las partidas de bautismo de León Cabrera (Libro #8 de Bautismos, Folio #441) y de Nicolasa Martínez.

León Cabrera

Liberto de Don

Lorenzo Cabrera

"En esta Parroquia de Nuestra Señora del Carmen y el Arcángel San Miguel de Morovis Isla de Puerto Rico á los nueve días del mes de julio de mil ochocientos sesenta y uno. Yo el infrascrito presbítero Cura Propio de ella suplí las ceremonias del bautismo de León que nació el día veinte y ocho de junio del presente año, por haberlo bautizado pro periculo mortis Ezequiel Adorno a quien examine sobre los particulares del bautismo y vi Se había practicado bien; cuyo niño es hijo legítimo de Federico liberto de Don Lorenzo Cabrera, y de María Salgado; abuelos maternos Sabás Salgado y Cruz Nieves fue su padrino Ezequiel Adorno á quien advertí el parentesco espiritual y sus obligaciones de que doy fe = *fetio ut supra*

(Rubricado)

Benancio Alonso

Nicolasa Martínez

Esclava

"En la Parroquia de nuestra Señora del Carmen y el Arcángel San Miguel de Morovis Isla de Puerto Rico a los nueve días del mes de julio de mil ochocientos sesenta y uno yo el infrascrito Presbítero Cura propio de ella Bauticé solemnemente puse oleo y crisma y el nombre de Nicolasa a una niña que nació el día dos del mes próximo pasado hija natural de María Santos Martínez esclava de Don Sebastián Silva parroquianos: abuela Francisca

Martínez natural de África. Fueron sus padrinos Don Esteban Ojeda y María Antonia Núñez a los que advertí el parentesco espiritual y sus obligaciones de que doy fe. fecha_____supra.

Venancio Alonso.

30 DE NOVIEMBRE DE 1989

Anoche leía con interés la obra del Dr. Manuel Álvarez Nazario, obra erudita sobre nuestras raíces africanas y sobre la sobrevivencia de los vocablos africanos y su uso en Puerto Rico y las zonas donde hubo tráfico negrero y esclavitud. Me resultó interesante la definición de la palabra "ñame". Dice Álvarez Nazario:

"De la importancia del ñame en la vida del negro, pues, tiene gran peso la suposición propuesta por diversos investigadores en el pasado (Schuchardt entre ellos), en el sentido de que el nombre original del expresado fruto deriva de las lenguas africanas de la familia Níger-Congo de una misma forma onomatopéyica, repetida con algunas variaciones a través de diversas hablas y expresivas de la idea de "comer" o "comida"... en jelofe, ñam, ñam "comer"; en fula ñamgo "comer", "ñamda" "comida"; en lenguas del Congo, ñama o ñame "comer". (Álvarez, 1974: 242.)

Álvarez añade otro dato aún más importante:

"Así, en el verbo nham nham "comer", que se atribuye a los esclavos llegados antaño al Brasil, paralelo a la voz ñami, ñami "comer", "comida" de los bozales de Cuba y a la expresión nian nian, que aparece en cuentos folklóricos de Santo Domingo cuando se trata de recrear la acción de comer." (Álvarez, 1974: 243.)

Curiosamente, la expresión "ñam, ñam" o "nyam, nyam", es la combinación de sonidos que utilizamos en casa para estimular a los nenes a comer, cuando aún están aprendiendo a masticar la comida, antes de comer ellos solos. Cuando se le ofrece el bocado, se acompaña la frase con un gesto de estímulo. Cuando se la comen se le dice: ¡Mmmmm, güeño, güeño...!

Decidí hacer una encuesta entre mis estudiantes de historia en la Escuela Superior y la experiencia fue interesantísima. En el primer grupo que recibí, el 12-10C, grupo de la facultad de Comercio, les solicité a mis estudiantes que reprodujeran los sonidos que acompañados de un gesto, se utilizan para que el niño aprenda a masticar y a tragar la comida. Luego de mostrarles la comida con la cucharita, sus contestaciones fueron las siguientes:

—El avión, el avión, el avión... Abre la boquita...; "¡Mmmm, mmmm, mmmm... qué ricoooo! ¡Nchp, nchp, nchp, nchp... come, come!

Una joven del grupo levantó la mano y nos dice: "Mi tía hace el ruido "ñam, ñam, ñam" para darle la comida al bebé". Me emocioné, porque la joven era Magaly Torres Cabrera, nada menos que la tátara tataranieta de Federico Cabrera, o nieta del biznieto de Federico, Don Ismael Cabrera. Entonces procedí a explicarles la información que había encontrado en la obra de Álvarez Nazario. Al finalizar la clase, algunos de los alumnos se me acercaron para informarme que ellos también conocían de esa expresión, pero por timidez, no se habían atrevido a expresarlo.

Figura 2.7. Acta de Bautismo de León Cabrera, hijo de Federico Cabrera y María Salgado.

Entonces pensé que somos, psicológicamente, más africanos de lo que estamos conscientes. ¿Por qué precisamente, le decimos a nuestros niños "¡Come, come!" usando fonemas o vocablos del idioma africano? Porque los que tenemos antepasados africanos en la familia no necesitamos explicación. Y probablemente los que no los tengan, lo aprendieron de las nanas negras esclavas que criaban los hijos de los esclavistas... Estudios de estos fenómenos no se realizan en nuestro país[14].

Terminadas las labores en la escuela, me dirigí hasta la residencia del amigo poeta Alfonso Fontán Nieves, ubicada en las Parcelas Padre Rosendo en el sector "El Jobo" del barrio Morovis Sur. Le comentaba sobre los hallazgos que recién realizaba sobre el tema. Fontán me dio los datos que a continuación transcribo:

"El tema sobre la ascendencia africana de la familia Cabrera de Morovis lo trajo un día el Cura Salvador Gavalda, quien nos había permitido a mí y a Luis Raúl Albaladejo utilizar el mimeógrafo de la Parroquia para imprimir

---

[14] Eso era lo que analizábamos en 1989. Hoy nos damos cuenta de que, siendo el ñame un cultígeno de origen africano introducido en el país desde el inicio de la colonización y por tanto, de la esclavitud negra, el mismo debió ser, en lo sucesivo, uno de los alimentos que aseguraba la subsistencia del cimarronaje aborigen-africano que sobrevivió en la zona central del país.

unas hojas de la Revista Literaria Taravilla. Nos dijo: "Los Cabrera eran negros esclavos que llevaban el apellido "Ñengoba". Dijo que en los libros de la Iglesia estaba la información. Entonces a Luis Raúl le dio el interés de hacerle una entrevista a uno de los viejitos Cabrera. Para 1978 el viejito tenía 80 años. De ahí es que Luis Raúl dice que le hará entrevistas a los más viejos."

Luego de la breve charla, le dejé a Fontán alguna información sobre el personaje, Federico Nengobá, con la idea de que fuera preparando unos pies de décima sobre la vida de este esclavo oriundo de África que vino a Morovis a abonar con su sudor este suelo y a levantar una fecunda y numerosa prole.

Figura 2.8. Acta de Bautismo de la esclava Nicolasa Martínez.

3 DE DICIEMBRE DE 1989

PARENTESCOS RÍOS-CABRERA Y RÍOS-PABON

Pavones y Ríos (o Río) aparecen todos bautizados en los Libros de Pardos. Eso apunta a su origen étnico, probablemente nativo, con preferencia. Desde los inicios de los registros en el Archivo Parroquial, aparecen formando parejas con numerosa prole. Resulta interesante que los Ríos-Pavon, esa familia que, en la tradición oral que nos ofrece Doña Rosa Ríos Agosto ("La India"), fueron capturados en las cuevas, constituirán el núcleo familiar de donde sale la primera pareja del africano Federico.

PARENTESCO RÍOS-SALGADO

Establecido el parentesco Ríos y Pabón, resta ahora por tratar de establecer el parentesco Cabrera-Salgado. La primera mujer de Federico se llamaba Matilde del Río y la segunda, de la que tuvo más generación, se llama María Salgado. El asunto es si era "india" como Matilde, o no. La tendencia de esta familia Ríos-Cabrera-Pabón es mezclarse entre sí. Todos son familias de tez oscura. El parentesco Maldonado-Ríos y Maldonado-Cabrera lo establecimos en la entrevista a Juan "Toto" Maldonado. Pero el parentesco Salgado- Ríos está por establecerse.

La segunda esposa de Federico es María Salgado. Doña Rosa Ríos Pabón informa que los Salgado son de Las Cabachuelas. La familia del esposo de Doña Rosa, Don Félix Román Salgado, es hermano de Don Cruz Román Salgado, que tiene 116 años. ¡Ahora veo la importancia de hacerle la entrevista a Don Cruz! Y se me puede morir en cualquier momento, si no se ha muerto ya... (Escribo esto a las 9:30 de la mañana.) Lucy, mi esposa, me recuerda que la primera esposa de Don Lorenzo Cordero, su cuñado, es de apellido Salgado, nacida ahí detrás de Las Cabachuelas, en el sector Cojobales del barrio Jaguas de Ciales. ¿Será posible que se trate de los mismos Salgado de Don Félix y Don Cruz? ¿Serán los mismos Salgado de la esposa de Don Federico? Habrá que hacerle una entrevista a Don Lorenzo Cordero, sobre sus antepasados del Sector Cojobales del barrio Pesas de Ciales...

¡Entonces los Collazo, los Pabón, los Ríos y los Salgado pueden ser indios. Los Chéverez de Cabachuelas vienen de Jayuya, pero los Díaz de Barahona son sus familiares de la etnia nativa; los Adorno de la familia de Don "Cayo" son de ascendencia india también, así como los Pérez de Barahona. Todo esto apunta a la existencia de núcleos de "pardos" de origen indio en Morovis y Ciales para la época de la fundación de Morovis (1818) y Ciales (1820). Nuestro aserto de que "Nuestros Indios Siguen Vivos" (Martínez-Torres, 1987-1999: 56-67) no está del todo descaminado.

5 DE DICIEMBRE DE 1989

ROSA, LA INDIA - SOBRINA DE MANUEL RÍOS

Transcribimos la entrevista a Doña Rosa Ríos ("La India"), tía de Juan ("Toto") Maldonado Ríos, quien a su vez, es biznieto de Federico Cabrera por parte de su abuela paterna, Josefa Cabrera. En dos ocasiones, Doña Rosa hace alusión a un tío suyo: "El Tío Manuel". Este es el padre de un tal "Manuelito" en Jayuya. Más adelante en la entrevista dice, "Mi padre (Triburcio Ríos), era primo hermano de Tío Manuel Ríos..." Este dato plantea la interrogante de que Rosa sea familia cercana de Doña Matilde Ríos, primera esposa de Federico Cabrera. Intuimos que "el Tío Manuel Ríos", al que alude Rosa, es el mismo Manuel Cabrera Ríos, el hijo mayor de Federico, que procreó con Matilde Ríos pero que no podía darle su apellido. ¿Será Triburcio Ríos primo hermano por ambos lados de Felicita Ríos, la esposa de Manuel y madre de Manuelito?

Me enteré hoy en la escuela, por una de mis estudiantes del curso de historia, Julia Pérez Rivera, que a Don Cruz Román Salgado lo dieron de alta de una operación de "corazón abierto" y se encuentra ya en su casa, en las Parcelas del barrio San Lorenzo de Morovis.

6 DE DICIEMBRE DE 1989

A las 7:30 A.M. salí hacia Río Piedras. Visité la Hemeroteca Puertorriqueña en la Biblioteca de la Universidad de Puerto Rico. Allí solicité, para examen, la única copia existente del libro de José A. Daubón: Cosas de Puerto Rico. En esta obra se narran las Fiestas de San Miguel en San Juan y hace alusión a La Reina de los Nangobás y al Rey de los Nangobás. Le tomé fotografías a las páginas que mencionan el vocablo, pues está averiada la fotocopiadora. (Ver fotografías de las páginas de la obra de Daubón.)

7 DE DICIEMBRE DE 1989

UN TEMPRANO CASO DE "BULLING" CONTRA UN CABRERA EN LA ESCUELA

En una visita a la residencia de Doña Raquel Barreras en el barrio Unibón de Morovis, conversamos brevemente sobre el curso de la investigación. Doña Raquel me informó que Don "Tito" Cabrera, quien tenía propiedades en Vega Alta, es el padre de Horacio Cabrera y de la Lcda. Palmira Cabrera. Me indicó que "Nata" es diseñadora de "alta costura"; "Pola", su hermana, hacía arreglos para bebés y Elisa trabajó mucho tiempo en una fábrica de ropa. Las tres hermanas trabajaron desde muy jovencitas, en la casa-taller de Doña Rosa Abolafia y conocen a su esposo, Ángel Cordero Abolafia, desde que todos eran niños.

Raquel me narró la historia de un hermano de estas muchachas, de nombre Modesto, que ya falleció. Los rasgos físicos del joven eran acentuadamente africanos. En su expresión típica jíbara, "Tenía los labios largos y era jocicú..." Los alumnos de la escuela le pusieron el mote de "King Kong" y él se molestaba mucho, al extremo que abandonó la escuela. Este episodio denota el racismo "sutil" que se practica contra la gente afrodescendiente en nuestro pueblo, puesto que va más allá de la ingenua "crueldad" de los escolares de esas edades.

Me narra Raquel, que un día vino uno de esos muchachos de la familia Cabrera a su casa con su hermanita y estaban cantando por la radio esa canción, que es muy despectiva hacia la persona negra, que dice: —El negrito no va / porque tiene la cara muy fea / cuando ve una mujer se marea / y por eso el negrito no va... Esta melodía se popularizó en los años sesentas. El joven comentó, mostrando su molestia: —¿Por qué estarán cantando la porquería de canción esa?

Es obvio que la conciencia de la negritud en un país tan racista como el nuestro, hace que las personas descendientes de esa etnia, se encoléricen cuando se permite que ese tipo de "melodías" se canten en tono festivo en la radio del país, sin tomarse en cuenta la sensibilidad y la dignidad de las personas que, eufemísticamente son llamadas "de color".

15 DE DICIEMBRE DE 1989

Redacté una serie de preguntas para realizar las próximas entrevistas a Rosa Ríos Agosto, a don Ismael Cabrera Vázquez y a las Hermanas Cabrera Ortega.

Esto es en la posibilidad de que pueda hablar con ellos y aclarar algunas dudas que surgen de la información recopilada.

PREGUNTAS PARA DOÑA ROSA RÍOS AGOSTO

- ¿Cuál es el parentesco entre Triburcio Ríos y Manuel Ríos, hijo de Federico Nengobá?
- ¿Quiénes eran las esposas de Manuel Ríos?
- ¿De quién era hijo "Manuelito", el de Jayuya?
- ¿Quiénes eran los hijos de Manuel Ríos?
- ¿Quién era Don Severiano Ríos?
- ¿Quién era Doña Blasina Pavón?
- ¿Por qué razón Isidora Pavón estaba huyendo escondida por las cuevas?
- ¿Cuál fue esa "revolución" que hubo, que ellos estaban escondidos y huyendo?
- ¿En dónde está bautizada Rosa ("La India") Ríos Agosto? ¿En Morovis?
- ¿Dónde nació Triburcio Ríos?

PREGUNTAS PARA DON ISMAEL CABRERA VÁZQUEZ

- ¿Don Manuel Cabrera, su padre, era Cabrera o Ríos?
- ¿Qué parentesco de sangre había entre él y sus dos esposas?
- ¿Escuchó alguna vez este estribillo?

  ¡Ejpabílese, Joaquín,

  que anda la fiesta caliente;

  en el barrio de Saliente

  mataron a un mallorquín!

- ¿Cómo se celebraba la Fiesta de Reyes allá en Jayuya?
- Dígame la descendencia de Manuel Cabrera allá en Jayuya y dónde están ubicados sus descendientes en la actualidad.

PREGUNTAS PARA 'NATA', 'POLA' Y ELISA

- Cuéntenme lo que supieron de "Teya", su tía.
- Cuéntenme lo que supieron de Tío Pedro.
- Cuéntenme lo que escucharon de su Tía Marcelina.
- Cuéntenme de su padre, Don Pascual Cabrera.

- ¿Cuáles otros hijos de Federico conocieron personalmente?

- Cuéntenme cómo llegaron a Barrio Obrero. ¿Por qué se fueron de Patrón?

- ¿Han sentido el prejuicio racial alguna vez?

16 DE DICIEMBRE DE 1989

Luego de las conversaciones y entrevistas sostenidas con los informantes, se percibe claramente la existencia de racismo contra personas cuyos rasgos físicos provienen de las etnias de origen africano, esto es, labios gruesos, pelo crespo, nariz chata y aplastada, etcétera. Cuando la coloración de la piel se acentúa hacia el marrón oscuro, también se convierte en un rasgo atribuido a ese mismo origen étnico. Esto es irrespectivo de si la coloración de la piel se acentúa por su mezcla con la de la etnia aborigen.

El racismo se manifiesta en el "bullying" que describe doña Raquel Barreras contra uno de los hijos de Pascual Cabrera Salgado. Por su parte, Hilda Méndez comenta en la entrevista que a uno de sus hijos le gritan en la escuela, "¡Africano, africano...!" Lo que para un joven es meramente "una broma" ingenua, para el aludido puede constituir una ofensa.

Cuando en los Estados Unidos, de la década de los 60, se inició el movimiento del "Black Power", que era una cruzada para luchar contra el racismo y la segregación racial rampante, se acuñó el término "*Black is Beautiful*", que reafirmaba el orgullo del ser afrodescendiente. Morovis ha sido, tradicionalmente, un pueblo bastante racista, a juzgar por las narraciones de personas que sufrieron en carne propia las humillaciones de que eran objeto, meramente por la acentuada presencia de melanina en su tez.

18 DE DICIEMBRE DE 1989

SOBRE LA VOZ "NENGOBÁ"

En la conferencia que dictó el Dr. Israel López Valdés, el 11 de septiembre de 1989, en el C.E.A.P.R.C., hizo las siguientes aseveraciones: "—En las lenguas Bantú, al sur del ecuador de África, el término "ba" quiere decir "multiplicidad". Entonces la voz "Nango-ba" podría significar "muchos de los Nango". Pero sigamos escuchándolo: —El prefijo "ma" tiene idéntico significado."

Entonces la acepción "Mangobá" podría descomponerse en "Na-Ngobá" o Ma-Ngmbá", queriendo significar "los muchos de Ngmba". Ya habíamos señalado que en la obra del Dr. Álvarez Nazario se hace mención de la tribu de los N'gmbas. También se señala en el escrito que la palabra "m' ndongo", la pronunciamos "mondongo". Siendo así, es probable que la palabra "N'gmbá" la pronunciemos "Nengobá" y la voz "Ma' ngmbá" la pronunciemos "Mangobá". Probablemente ambas acepciones son correctas. Estas se escucharon entre la familia y pasaron por tradición oral de los más viejos hasta los descendientes actuales. El fenómeno de la pronunciación podría deberse a que, al hablar en el idioma español, resulta extraño pronunciar tanta consonante junta, por lo cual se le añaden vocales que "facilitan" la pronunciación.

19 DE DICIEMBRE DE 1989

EN ÁFRICA, LA GENTE TIENE DOS NOMBRES

Releía las notas que había tomado de la conferencia del Dr. Ricardo Alegría en su curso, donde se trató de nuestra herencia africana para el examen final y encontré una de sus aseveraciones, curiosa por demás. Nos dijo Don Ricardo, "En África no se daba el nombre personal y una persona tiene dos nombres: el que la persona da y el que tiene en realidad." Como estaba estudiando para el examen, no me había percatado de la relevancia que el dato podía tener para mi investigación. Desperté el martes, a las cuatro de la mañana, y comencé a darle consideración al asunto de los nombres.

En primer lugar, me preguntaba por qué razón Federico no revelaba el nombre de sus padres cuando se preguntaba el dato al momento de bautizar su hijo Manuel, así como otros que bautizó posteriormente, a excepción del bautismo de "Teya", su primera hija. Luego de ese suceso, no vuelven a figurar los nombres africanos de los padres de Federico. Debió haber una razón poderosa para él verse en la disposición de revelar sus nombres, porque los conocía desde que vino de África.

Inicialmente pensamos que el hecho de que su amo o un familiar de sus amos, Don Lorenzo Cabrera, propietario de esclavos, ocupase un cargo tan alto en la jerarquía de la Iglesia Católica de Morovis, por ser "Mayordomo de fábrica", podría haber sido un factor en la decisión. Pero no he podido determinar si el período en que Cabrera ocupó dicho cargo coincide con el momento en que se bautiza a Eleuteria, en 1860. Revisando los documentos, pudimos encontrar una agradable coincidencia: Resulta que precisamente el día 30 de junio de 1860 es cuando Don Andrés Guerrero, el Mayordomo de Fábrica de la Iglesia saliente, le cede su cargo a Don Lorenzo Cabrera. Y es un mes más tarde, el 31 de julio del mismo año, cuando Federico bautiza su primera hija y revela los nombres africanos de sus padres. ¿Qué elemento mediaría para que cambiase de opinión? Permanece la incógnita.

Pero lo más interesante me ocurrió cuando recordé lo que me había dicho "Toto" Maldonado, en su entrevista, cuando le pregunté sobre el verdadero nombre de Federico antes de llamarse así y antes de tener el apellido Cabrera. "Toto" me asegura que Don Rosa, su tío, le decía que los nombres de Federico eran Mangobá, Nengobá o Maone. Entonces pensé que Federico podía tener el apellido africano "Maone" y tener dos nombres: Nengobá o Mangobá.

SOBRE LA POLIGAMIA EN ÁFRICA

En la obra del Dr. Louis S. B. Leakey, el paleontólogo inglés que dedicó su vida a la búsqueda de fósiles humanos y residió hasta su muerte entre las tribus africanas de Kenya, en África, narra en sus memorias una interesante anécdota sobre la poligamia en África y cómo el intento "misionero" de los colonizadores ingleses choca con la costumbre ancestral, en su intento por desnaturalizarlos, tratando de llevarlos a la monogamia. Así narra Leakey su experiencia, cuando dio su opinión sobre el intento de los misioneros:

> "Entre otras cosas yo dije, categóricamente, que yo pensaba que la visión de los misioneros sobre la poligamia estaba desenfocada (*"misguided"*), puesto que al condenar la práctica africana de tomar más de una mujer, estaban forzando a las jóvenes cristianas que no habían tenido éxito en conseguir un esposo monógamo, a convertirse en prostitutas en las calles de Nairobi. Yo fui más lejos al decir que yo creía que el mismo Jesucristo hubiera preferido que esas niñas fueran "esposas secundarias" en un hogar cristiano en lugar de tener que ganarse el sustento en las calles..." (Leakey, 1974: 72.)

El señalamiento viene muy a propósito, puesto que en nuestro país existe una monogamia cristiana oficialmente y una poligamia africana extraoficialmente. A lo largo de nuestra investigación nos hemos encontrado con que la práctica entre la familia descendiente de Federico, sus hijos toman dos o más mujeres como esposas simultáneamente, a veces siendo éstas hermanas y conviviendo y criando ambas bajo el mismo techo. El aspecto de si los hijos, fruto de estas relaciones eran bautizados en la Iglesia Católica como hijos legítimos o naturales, está por investigarse.

BANGÓ Y SANDÚ, NOMBRES AFRICANOS DE LOS PADRES DE FEDERICO

Habíamos leído y transcrito el Acta de Bautismo de Eleuteria Cabrera, la segunda hija de Federico. Habíamos transcrito los nombres de los padres de Federico como "Bangó" y Sandié". Revisé nuevamente la caligrafía del documento y encontré que la había transcrito incorrectamente. Analizando la caligrafía pudimos notar que, leyendo la misma en cursivo, confundimos vocales "u' por "ie", cosa que no sería posible en letra manuscrita. Los nombres correctos serían entonces Bangó, para el padre y Sandú, para la madre. El cura, quien produce el documento, claramente coloca los acentos de las vocales inmediatamente sobre la misma, lo que se puede observar en otras palabras del documento, como en las palabras bauticé, nació, José, fé, Etc. Yo había escrito una sencilla plena a los padres de Federico, rimando el nombre de la madre incorrectamente. Una de los estribillos decía: "Bango y Sandié / Bango y Sandié / a mis padres africanos / nunca los olvidaré." Habrá que escribir otros con una nueva rima...

20 DE DICIEMBRE DE 1989

"LAS PELEAS DE LOS CABRERA"

Me contaba la profesora Dolores ("Lola") Morales Pabón, compañera maestra de español de mi escuela que, de niña, cuando apenas contaba los seis añitos (ca. 1960) y se criaba en el barrio Patrón, escuchaba hablar sobre "los Cabrera", como gente que tenía fama de "peleones", "bravos", lo que le causaba temor con solo que se mencionase el hecho de que "un Cabrera" andaba por allí cerca, en alguna tienda de la localidad.

Ella recuerda que, en la tienda de Doña Julia Cabrera, que aún vive en el barrio, se formaban peleas, en una época en que no había luz eléctrica en esa comunidad. Asegura que cuando se formaban esas peleas en Patrón, no se sabía quien había cortao' a quien, porque todo ocurría "a lo oscuro". Ella misma nos sugirió que, quizás ese temor que la gente les temía por su fama de "peleones", inspiraba en los niños un sentimiento racista, lo que podría ocurrir si se asociase el miedo que inspiraban las peleas a personas de tez oscura. Me dice la profesora que "el Blacki" Laureano (de oficio, cartero en Morovis), "se pasaba allá en casa de esos Cabrera", porque se decía que ellos eran familia…" (Esta información ya me la habían corroborado personas entrevistadas anteriormente.)

Recordé que en la entrevista que le había realizado a Margarita Román Ríos está la mención de que "…cuando Joseíto Cabrera pasaba por Barahona, la gente cerraba las puertas de sus casas…". Lo que no sabemos es si esa actitud respondía al mismo temor.

21 DE DICIEMBRE DE 1989

Anoche leía la obra del Dr. Manuel Álvarez Nazario (1974) y en la página 310, trata del vocablo afro-negroide "candongué". Menciona el investigador que el vocablo "candomblé" se usa para nombrar "bailes y fiestas" y da el sinónimo de "sandunga" para jolgorio. Ofrece el dato de que el nombre "n' dunga" es de origen Congo y se usa para denominar "una clase de tambor". Nótese que en nuestra forma de hablar o cl habla coloquial nucstra, la palabra "sandunguera" se le aplica a aquella fémina que muestra una inclinación y/o una habilidad marcada para el baile, lo que es perfectamente cónsono con el significado en esa lengua africana.

Si se observa, la palabra "sandunga" se puede dividir en "sandu y nga". La primera sección es precisamente el nombre africano de la madre de Federico. En los idiomas de las familias Bantúes en la zona Congo-Angola-Camerún, es típica la mezcla de grupos consonánticos en las palabras. Como un ejemplo del fenómeno antes señalado, los estudiosos señalan que la voz "m'ndongo" se convierte en "mondongo", al españolizarse.

Si escribimos el nombre del padre de Federico: Bangó y lo dividimos: "Bango", al hacer la inversión obtenemos: Ngo-ba. Si lo vamos a pronunciar "en español", lo leeríamos como "Nengobá ". ¡Entonces el nombre africano que se le adjudica a Federico en la tradición oral de sus descendientes, podría ser, precisamente, la inversión del nombre de su padre!

El documento del Archivo Parroquial viene a corroborar, probablemente, que la sonoridad del nombre guardado por casi dos siglos en la tradición oral, corresponde a la inversión del nombre africano registrado hace más de siglo y medio en esa fuente documental. Esto viene a demostrar la riqueza histórica que constituye la tradición oral ancestral y lo confiable de la misma como documento, algo que ha constituido una polémica entre nuestros historiadores.

A las 10:30 A.M. pasé por el Archivo Parroquial. Habían puesto un letrero que lee: "Jueves cerrado". Decidí ir a la oficina del Registro Demográfico. Allí tuve una corta conversación con el Sr. Díaz, encargado de la institución. Me informó de la dificultad que una persona puede tener al solicitar información sobre personas fallecidas que no son miembros cercanos de su familia ni con el cual tenga nexos de sangre. Eso dificulta mi búsqueda en esa fuente, en lo concerniente a la documentación sobre la familia Cabrera, posterior a 1898. ¡Bendito, si ya Federico Cabrera es como parte de mi familia...!

CONVERSACIÓN CON DON LORENZO CABRERA

En horas del mediodía fui hasta la residencia de Juan ("Toto") Maldonado Ríos. No lo pude localizar. Conversé brevemente con Don Quique Cabrera en su residencia, donde se encontraba, para mi sorpresa, Don Lencho Cabrera, hijo de Pascual Cabrera. Conversé brevemente con él sobre mi trabajo de investigación sobre su abuelo, Federico Cabrera y con las personas que allí se encontraban: los hijos de Quique y un sobrino de nombre Lincoln, hijo de una persona de origen hindú. Lencho hace alusión a su antepasado esclavo y utiliza la variante del nombre "Mangobá".

Don Lencho se excusó y seguí conversando con Ana Hilda y "Quique" sobre varios temas. El matrimonio recordó algunas narraciones sobre los familiares. Me llamó la atención la forma como Ana Hilda respondió a la pregunta de una hermana de Quique que llegó y le preguntó sobre lo que estaba haciendo. Ana Hilda le contestó: —Aquí estoy, *dando bembé* con Míster Martínez...—. Le pregunté sobre el significado de la voz y me dijo que quería decir, hablando, conversando y que ella lo utilizaba con frecuencia. Yo había escuchado "bembeteando" en otras partes de Morovis, pero nunca la frase que ella usa.

Más tarde regresó Don "Lencho" y conversamos un poco más. "Lencho" conoce bien a mi abuelo "Tano" y mi familia materna, que residieron por muchas décadas en "El Cerro de Patrón". Me narró una curiosa anécdota sobre un hijo de "Tía Teya". Se llamaba José, "el del bigote", uno que "se perdió" y nunca se supo más de él.

Cuentan que José vendía billetes. Un día le cogió billetes a Pascual Albaladejo pa' vender. "Pascual era un hombre chiquitito, pero era bravo. Ese hacía correr hasta al mismo Diablo." Se le adjudicaba haber dominado al mismísimo Diablo en una reyerta que habían tenido, resultando vencedor don Pascual. ¡El viejito era bajitito, pero "tenía un corazón"...! Un día le dijo a uno que era como de seis pies de alto y bien robusto: —Mira, yo soy chiquitito y tú eres un hombre grande, pero si tú no me pagas el dinero, con esta hoja e' sable que yo tengo aquí, yo te talo el cuello..." Y José, que le había cogío el dinero, prefirió desaparecerse, porque se decía que Pascual se lo cobraba...—.

22 DE DICIEMBRE DE 1989

ENTREVISTA CON EL MONSEÑOR ÁLVARO CORRADA DEL RÍO

A las 8:00 A.M. el amigo Rafael ("Pali") Corrada del Río me esperó en la Escuela Superior para acompañarme en una visita a la Casa Parroquial con idea de entrevistarnos con el Párroco, Rev. P. Miguel Mendeguía. Por el camino conver sábamos y yo le narraba los hallazgos que hasta el momento había realizado. El propósito de la visita al Párroco era que este me permitiera utilizar los documentos del Archivo en un horario más flexible, de tal forma que no me confligiera tanto con las horas laborales en la escuela. Cuando íbamos pasando frente a la Cooperativa, "Pali" se detuvo y me preguntó: —¿Por qué mejor no hablamos directamente con un obispo? Y yo le pregunto: ¿Con cuál obispo? Me dice "Pali": —Con mi hermano, el Obispo Álvaro Corrada, Obispo Auxiliar de Washington, del Cardenal Hicky. Porque entre obispo y obispo hay mejor comunicación…—. Yo le pregunté: —¿Y dónde está Álvaro Corrada?—. "Pali" me dijo: —"Guai" está en casa. Llegó de Washington en estos días—. De inmediato lo llamó y le dejó la razón de que queríamos hablar con él. Fuimos a casa de "Pali" a eso de las 10:00 A.M.

El Obispo me narró cómo se conservaron los Archivos Parroquiales de Morovis y cuál era la política de la Iglesia para conservar esos documentos. Le expliqué mi interés en estudiar a fondo el Archivo Parroquial y mi preocupación de que los documentos se puedan conservar para la posteridad, dado su estado delicado. Corrada tomó nota de mi preocupación. Me indicó que el Archivo Parroquial de la Diócesis de Caguas está microfilmado y que él personalmente estuvo trabajando en ese proyecto para la Iglesia, pero que desconoce cómo terminó el mismo.

Le solicité que tratara de gestionarme con el Párroco de Morovis un horario flexible para la consulta en el Archivo Parroquial, a lo cual accedió. Quedó en que regresaría el 3 de enero a Morovis. Le reiteramos nuestro interés en conservar esos documentos y le indiqué que poseía una cámara fotográfica de bastante calidad, con la cual podía levantar diapositivas de los documentos. Le indiqué además que yo podía gestionar recursos económicos con otras personas para sufragar esa labor, de tal manera que pudiera obtener copia para mis investigaciones y dejar copia para ser consultada por otras personas. Me indicó que él podía decirle a Fernando Picó de su respaldo a mi gestión. Pasó el tiempo. Nunca recibí contestación a mi solicitud…

LA PLENA DE NENGOBÁ

Luego de la conversación con el Monseñor Corrada, pasé al Centro Cultural. Allí encontré a Alfonso Fontán. "Fonso" estaba escribiendo una plena a Nengobá y unos pies de décima sobre la vida del esclavo moroveño. Me la mostró. La leí. Le informé de mi reciente hallazgo sobre la transcripción del nombre de la madre de Nengobá. Ello haría necesario reescribir uno de los pies de la décima. Fontán utiliza la variante Nengobá. La plena va como sigue:

LA VIDA DE NENGOBÁ

Plena por: Alfonso Fontán Nieves

I
Mi madre era Sandú,
Bango era mi Papá;
yo vengo de la Tribu
de Nengobá.

II
África fue mi tierra,
mi cuna, Camerún;
fui víctima inocente
de aquella esclavitud.

III
Con grillete y cadenas
en una embarcación,
sufriendo mi condena,
tirado en un rincón...

IV
El viaje fue tan cruel
que de hambre me moría
y el látigo infernal
todo lo resolvía...

V
Me quemaba la sed,
el sol me sofocaba;
el negrero español
me daba de patadas.

VI
Yo vine por la fuerza
cuando era un niño;
entre aquellos negreros,
no había cariño.

VII
Cuando llegué a esta tierra
me subastaron;
para que trabajara,
a mí me compraron.

VIII
Pongámosle Cabrera'
ordenó el amo;
que tenga mi apellido
y que sea cristiano.

IX
Compré mi libertad;
no me la regalaron;
pero, como era negro,
seguí discriminado.

X
Me dieron una india
los españoles;
junto a aquella mujer
fundé mi prole.

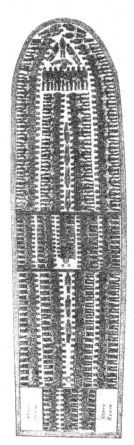

Figura 2.9. Secuestrados africanos son llevados al barco negrero.

22 DE DICIEMBRE DE 1989

¿UNA FOTO DE FEDERICO CABRERA?

Cuando me encontraba ayer en la tarde en el barrio Patrón, el joven Lincoln nos inquirió sobre si existía alguna fotografía de Federico Cabrera. Yo le contesté que no había cámaras fotográficas para ese tiempo. Pero yo estaba pensando en el momento que Federico había sido traído a la isla. Federico fue una persona longeva. Luego nos percatamos de que esa fotografía podría existir. Nos pasó por la mente la idea de que, si Federico llegó a existir hasta inicios del Siglo XX, entonces cabía la posibilidad de una fotografía suya, pero no en Morovis.

Si Federico residió en Morovis hasta sus últimos días y su fallecimiento ocurre en el primer lustro del Siglo XX, y si participó activamente en los procesos eleccionarios, es posible que haya sido fotografiado para propósitos electorales en 1902, que fue la primera elección en el país bajo el régimen de dominación Norteamericana. Para ese evento electoral se fotografiaron los electores hábiles: varones propietarios solamente. ¿En qué año murió Federico? ¿Era acaso propietario para 1902? ¿Participaría en ese evento electoral? Esas interrogantes habrá que dilucidarlas.

Habíamos conversado en una ocasión con Don Luis de la Rosa Martínez, Director del Archivo General de Puerto Rico. Le hablamos sobre el particular y le interrogamos sobre el lugar donde podía existir tal récord electoral. Nos entusiasmamos con la idea de encontrar una fotografía del único esclavo traído a Puerto Rico cuya historia hubiese sido narrada por sus descendientes. Tratamos infructuosamente de comunicarnos con Don Luis, pero como era el último día de trabajo en el Archivo General y se celebraba la fiestecita de Navidad, el asunto quedó pospuesto.

MA-NGOBA; MA-ONÉ

Seguí dándole pensamiento al nombre Mangobá. Ya habíamos señalado que el prefijo "ma" significa multiplicidad. Pero volviendo "sobre el otro nombre de Federico", nos preguntamos si en el caso del vocablo "Ma-oné", el prefijo "ma" significaría lo mismo. Por otra parte, el mismo tiene una gran sonoridad africana.

26 DE DICIEMBRE DE 1989

ENTREVISTA A DON FRANCISCO ("PANCHITO") MARTÍNEZ OTERO

Don Francisco Martínez Otero, mi padre (N. 1922) me ofreció los detalles que conocía sobre los vecinos de las familias Ríos y Pabón que residían en el barrio Barahona y en los barrios adyacentes de Torrecillas y Fránquez de Morovis. Abunda en la conversación también sobre otras familias descendientes de indios en la comunidad. (Ver Entrevista #10.) Fuera de la entrevista, me mencionó el parentesco de un Cabrera que se casó con una tía-abuela de mi padre, Doña Ricarda Matos.

1 DE ENERO DE 1990

¿SOCIEDADES CIMARRONAS EN MOROVIS?

Comienza la última década del Siglo XX. Quizás sea la década de las grandes conclusiones sobre la antropología y la historia de Puerto Rico. Trataremos de aportar para que así sea. Ya casi son las 10:00 P.M. cuando escribo estas notas. Había estado organizando unos apuntes sobre "Los Hermanitos Iluminados" de La Culebra en el barrio Vaga de Morovis. Esa secta religiosa floreció a principios del Siglo XX en el centro de Morovis, liderada por la Familia Rosario, en una comunidad cuya característica principal es que son de extracción étnica de piel oscura. Prácticamente se trata de una "tribu" aislada en esa zona remota del país.

Se me ocurre establecer una comparación entre las comunidades de Patrón, con la familia Cabrera y los de La Culebra, con las familias Rosario y Reyes. Son comunidades de características étnicas afrodescendientes mezclados con la etnia aborigen, que han conservado prácticas y costumbres ancestrales, manteniendo una cohesión social y se han mantenido confinados en una reducida área geográfica subsistiendo de la agricultura.

Pensamos que este tipo de comportamiento social podría tener su origen en un mecanismo de auto-protección en una comunidad tan racista como Morovis. Pero esa podría ser una explicación simplista. El fenómeno podría responder a razones mucho más profundas. Parecería ser que en estas comunidades se ha instaurado una especie de "cimarronaje", un mecanismo para sustraerse del sistema esclavista-racista tan opresor, el cual evaden mediante la práctica de una agricultura que provee para una subsistencia un tanto precaria, pero en libertad.

Quizás esto sean especulaciones sin fundamento de mi parte. Quizás no.

Hay tantas cosas por investigarse sobre nuestra historia y nuestra sociedad. ¿Respondió acaso la creación de esta secta a una necesidad de reconstruir raíces espirituales perdidas que le proveyeran a estas familias una identidad? Habrá que investigar. Me propongo leer la obra Sociedades Cimarronas de Richard Price (1981), a ver qué teoría podría explicar este fenómeno sociocultural que ha acaecido en Morovis...

2 DE ENERO DE 1990

Salí a buscar la residencia de Doña Rosa Ríos, "La India", por las Parcelas Villa Columbo en Vega Baja, pero me desorienté. Por pura casualidad, llegué a una casa y allí reside Don Inocencio ("Chencho") Román Ríos (N. 1938), hijo de Doña Rosa, precisamente. Allí se encontraba Juan ("Toto") Maldonado Ríos, quien le ayudaba a pintar la casita. Tuve la oportunidad de conocer la esposa de "Chencho", Doña Elena Cabrera, que resulta ser hija de Don Lorenzo ("Lencho") Cabrera. "Toto" me la presentó como "mi sobrina". Deduje que Doña Elena debe tener su segundo apellido Ríos. Elena me dijo tener una prima que reside en el barrio Vaga de Morovis, hija de Bernardo Cabrera y es la esposa de Don "Nitín" Figueroa.

Conversando informalmente con "Chencho", éste me comentó que la familia Romero, de Barahona, son familia suya. De hecho, noté de inmediato su enorme parecido a su hermana Matilde, quien también tiene facciones muy parecidas a personas de la familia Romero de Barahona. Me informó "Chencho" que es familia de Doña Juanita Salgado Romero, la esposa de Don Dionisio ("Chito") Rosario, mis vecinos de toda la vida y compadres de mis viejos. ¡De los Rosario de La Culebra, en el barrio Vaga de Morovis! Por parte de los Salgado, Doña Juanita es pariente del padre de "Chencho", Don Félix Román Salgado.

Me informa que Don Félix Román nació en San Lorenzo y que está inscrito en Morovis. Un sobrino de Don Félix, hijo de Don Cruz Román Salgado, reside en el barrio San Lorenzo de Morovis. Está casado con una Salgado que "parece una india". Me contó "Chencho" que en sus años mozos, él estuvo 'enamorao' de Delia, la hija de Don Jesús ("Chungo") Colón. Don "Chungo" es el padre de dos de mis primos hermanos, "Chuíto" y "Mita". Un cuñado de Don "Chungo", por parte de su primera esposa, Don Agustín Romero, está emparentao' con la familia de "Chencho".

3 DE ENERO DE 1990

SOCIEDADES CIMARRONAS

Leía la obra compilada por Richard Price, experto en sociedades cimarronas en Surinam, Guyana. Price ofrece datos que muy bien podrían tener relación con los fenómenos que vamos encontrando entre las familias de afro-descendientes en Morovis. Salvando las debidas distancias, puesto que la comunidad Cabrera de Patrón no es una sociedad cimarrona, sino una familia integrada por afrodescendientes mezclados con descendientes directos de aborígenes nativos sobrevivientes (c/p "pardos").

Uno de los fenómenos que con mayor dramatismo narra Price es la actividad que se desarrolló para la captura de los esclavos cimarrones, utilizando en algunas ocasiones a indios para realizar esta tarea. Vemos en la narración que "el uso de perros amaestrados" para la captura de los negros o esclavos cimarrones fue práctica común. Este dato nos trae a la memoria el testimonio de Doña Rosa Ríos, "La India", cuando narra la captura de la familia de sus abuelos paternos con perros en la cueva, "porque eran indios salvajes..." (Ver Entrevistas #9 y 11 y Martínez-Torres, 2018a: 169-70.) Ahora comprendo aquél pasaje de la narración de Doña Angelita ("Lita") Colón, cuando narraba la aparición y captura de una india desnuda, una de sus antepasadas, la cual fue capturada por los perros "...porque en esa época los perros sabían como la gente..." Eran perros amaestrados. (Martínez-Torres, 2018a: 167-68).

En la obra de Price se plantea el problema que confrontaron las sociedades cimarronas con la escasez de mujeres. Señala Price que "...los cimarrones, frecuentemente tomaron esposas indígenas." (Price, 1981: 25) Un comportamiento similar entre los Cabrera es explicable, puesto que, aunque no se trata de una sociedad cimarrona aislada, el prejuicio racial de la sociedad española aísla en la práctica a los afro-descendientes en la búsqueda de parejas femeninas. Señala Price que: "La poligamia fue prerrogativa de los cimarrones importantes en muchos lugares, lo cual redujo el número de esposas disponibles para el resto de la comunidad." (Price, 1981: 28)

Esa misma escasez de parejas femeninas la confrontaron los esclavos en Puerto Rico cuando el número de varones sobrepasaba por mucho el número de hembras disponibles, cosa que vino a aliviarse cuando se fomentó la importación de mujeres desde África para estimular la procreación de esclavos en Puerto Rico. Esto ante la prohibición del Imperio Inglés de la trata negrera que dificultaba entonces la compra de esclavos de todas las edades en el Caribe.

Otro de los fenómenos que analiza Price es el referente a la construcción de nuevas sociedades cimarronas y establece una diferencia entre los afroamericanos que establecieron sociedades cimarronas y los otros, en que los primeros pudieron "mirar hacia África" en busca de principios organizativos para construir sus culturas y los otros no lo hicieron. Pero nos llama la atención lo que señala Price y que consiste en que uno de los aspectos culturales que los cimarrones utilizan de su cultura nativa, es el de "ponerle nombres africanos a sus hijos". (Price, 1981: 37).

Podemos ver cierta similitud con el caso de Manuel Ríos, hijo del esclavo que levantó su familia en Jayuya, quien bautizó uno de sus hijos con el nombre Nangó. (Ver Entrevista #3 a Don Ismael Cabrera Ríos.)[15] Por otro lado, la práctica

---

[15] Es un error. Don Ismael nos narra que el segundo hijo de Federico, su tío, le llamaban Nangó.

generalizada de la bigamia o poligamia entre miembros de la familia Cabrera, bien puede tener su origen en la práctica heredada de la sociedad africana, como también puede haber sido una práctica generalizada en el Morovis del Siglo XIX y comienzos del XX. Este aspecto de nuestra historia social, por sí solo, constituiría un interesante tema de investigación de tesis.

PARENTESCOS RÍOS-PABÓN

Luego de haber transcrito la segunda entrevista que le realizara a Doña Rosa Ríos Agosto (Ver Entrevista #11.), la información que me ofrece la entrevistada parece confirmar mi hipótesis de que "Manuel Ríos", el de Jayuya, es el mismo "Manuel Ríos" bautizado en Morovis, hijo legítimo de Federico y Matilde Ríos. Pero que no carga el apellido Cabrera, porque su padre no podía otorgárselo aún. El detalle es que Rosa le llama "Tío Manuel" y menciona que "es hermano de Papá". Pero Rosa se confunde, pues aclara luego que es primo. Si Manuel Ríos es primo de Triburcio, lo es por los Ríos de su madre, Matilde Ríos. Por otro lado, Manuel se une a dos hermanas de apellido Ríos que son parientes de él y que, a su vez, son hijas de Severiano Ríos y Blasina Pabón, la tía de Rosa Ríos Agosto. "Toto" había indicado que las esposas de Manuel eran primas de Triburcio. Nos resta por dilucidar el parentesco entre Matilde Ríos, la primera esposa de Federico y sus nueras, Fela y Fidela.

4 DE ENERO DE 1990

INTERROGANTES PARA DILUCIDAR

Una de las interrogantes que tenemos al momento es la identidad de uno de los hijos de Federico, de nombre Venancio, del cual no encontramos su acta de bautismo. Una posibilidad es que pudiera estar registrado con el apellido Ríos en lugar de Cabrera, como ocurre con su hermano mayor, Manuel. La tradición oral lo ubica como hijo de la primera esposa de Federico, Matilde Ríos. Restaba por localizar a Marcelina, a la cual le decían "Nené". La misma la localizamos en el Libro #16, Folio #20.

Leíamos la obra del investigador Benjamín Nistal-Moret que lleva de título Esclavos, Prófugos y Cimarrones (1984), donde hace alusión a las marcas corporales que traían los esclavos que transportaban desde África. Estas eran cicatrices que los identificaban, según su procedencia étnica o tribal. Y pensé que esas eran marcas que desaparecían con su muerte. Pero las marcas que imponía la sociedad con su discrimen racial no se podían arrancar y pasaban de padres a hijos, generación tras generación, como si estuviesen grabadas en el código genético. Se pueden enumerar varios ejemplos de los agravios sufridos por miembros de la familia Cabrera.

VISITA A LA FAMILIA CABRERA EN PATRÓN

Bajé a Patrón y me encontré por el camino a "Lencho" Cabrera. Iba acompañado de Don Maximino Ortega, que está emparentado con la madre de "Lencho". Yo me identifiqué como "el nieto mayor de 'Tano' Torres", hijo de su 'comay Gloria' y conversamos un rato. Ya yo lo había visitado hacía varios años atrás, cuando era maestro de varias de sus hijas y nietas en las escuelas de la zona urbana de Morovis.

Figura 2.10. Don Dionisio Cabrera Ríos y Doña Evangelista Cabrera Ríos.

Fui a la residencia de "Nata", "Pola" y Elisa Cabrera en el barrio Patrón. Habían llegado de Santurce. Les tomé fotografías a los cuatro hermanos, nietos de Federico Cabrera. También le tomé fotografías a "Lencho" junto a su señora esposa, Doña Eufemia Maldonado Ríos, hermana de "Toto". Conversamos un poco sobre la investigación y los hallazgos.

"Lencho" me narró una anécdota de un suceso vivido con su hermano Bernardo. Este último se había embriagado y tuvo un altercado con "Lencho". Armado de un hacha, intentaba cortarle los estantes a la casita de "Lencho", "para tumbársela encima". "Lencho" y su hermano llegaron a "enredarse" y forcejearon. Un hijo de Bernardo vino en su auxilio y golpeó a su padre con una azada. Esto evitó una desgracia mayor. Familiares de su esposa y vecinos de "Lencho" le dijeron: -Mata a ese hermano tuyo con una hoja e' sable, que nosotros te servimos de testigos. "Lencho" pensó que eso haría sufrir a la madre de ambos, pero estuvo "a punto de cometer un disparate". El golpe que recibió Bernardo lo afectó y posteriormente "se lo remachó" cuando se cayó "de un rancho de guindar tabaco de catorce parrales", sufriendo contusiones, heridas y fracturas.

CONVERSACIÓN CON DOÑA ALICIA MALDONADO

Luego, el mismo día, pasé a la residencia de Doña Alicia Maldonado Ríos, hermana de "Toto". Conversé un rato y tomé notas sobre su familia. Me narró datos sobre Eusebio Cabrera, quien está emparentado con ella. Eusebio tuvo una esposa propia, tomó como pareja a su cuñada, que vivía "en el Área" y a otra de las hermanas, que fue a cuidar a su primera esposa y también tuvo hijos de ella.

Alicia vio un reportaje que apareció o en el Periódico El Mundo o en El Imparcial, donde publicaron una fotografía de Dionisio Cabrera cortando caña en la finca de los Barreras. Dionisio es hijo de Manuel Cabrera Ríos y casó con Evangelista Cabrera. Evangelista es hija de Eusebio Cabrera y está bien viejita. Los hijos de Dionisio y Evangelista son "Cholo" y "Chili" y ambos residen cerca del Centro Comunal en Patrón. "Pololo" conoció a Don Evaristo Maldonado, el padre de Alicia y de "Toto", y ya tiene 90 años.

Figura 2.11. Reportaje del Puerto Rico Ilustrado 14 de enero de 1967.

CONVERSACIÓN CON DON ISMAEL CABRERA VÁZQUEZ

Fui a saludar nuevamente a Don Ismael Cabrera y conversamos un ratito. Don Ismael me narró un dato curioso sobre la gente del barrio Salientito de Jayuya, donde se crió. Allí residían unos hacendados Corsos. A uno de ellos le apodaban "El Corsito" y "La Corsita", a su esposa. En opinión de Don Ismael, ellos "*hablaban arrevesa'*". Dice Don Ismael que en lugar de decir: 'prende la lámpara', decían: 'prende la rámpara', y por decir 'el sol se está poniendo', decían: 'ya la antorcha va a caer'.

Figura 2.12. Biznietos de Pedro Cabrera Salgado, Barrio Bajura, Vega Alta, P.R. en 1989.

Don Ismael llegó a escuchar los cuentos que hacían sobre la Hacienda de los Figueroa entre Ciales y Jayuya. La tradición oral de todo el "centro" era cónsona en que a esa hacienda iba a trabajar la gente y al momento de pagarles el jornal, los enviaban con cierta persona al monte. Éste los conducía hasta una zanja abierta en la tierra. Allí lo mataban y esa era la 'paga' por su trabajo. Dicen que un día un 'jíbaro listo' se enteró del asunto. Fue a trabajar a la Hacienda. Al momento de cobrar, en lugar de ir delante, cuando lo conducían hacia el monte, le dijo a su acompañante que siguiera él al frente, que él conocía el camino. El jíbaro aprovechó un descuido de su acompañante y lo mató primero. Así se terminó el abuso que tenían en la Hacienda.

Don Ismael, persona sumamente religiosa, quien se precia de jamás mentir, nos dice, "Yo no peco con decir lo que me contaron". También nos narró la tradición oral que escuchó de niño sobre el arcoíris. Esta dice que: "Si un hombre orinaba sobre el arcoíris, se convertía en mujer; y si era una mujer la que lo hacía, se convertía en varón".

Me dijo unas palabras sobre su apreciación de tener antepasados esclavos en la familia. Me dijo, "Yo no creo que sea dañativo para mí o mi familia haber descendido de un esclavo que trajeron de África." Yo le comenté que, más bien sería todo lo contrario; que debería estar orgullosa la persona que descendiera de un esclavo como Federico, que lo primero que hizo fue trabajar sin descanso para comprar su libertad. Don Ismael quedó muy complacido con mi opinión y me lo hizo saber así. Antes de despedirnos, me recordó un dato sobre el parentesco de mis familiares por parte de los Matos. Un hijo de Doña Eugenia ("Geña") Matos Albaladejo, hermana de mi bisabuela paterna, Cornelia Matos, se casó con una hermana suya (de Don Ismael Cabrera.)

Figura 2.13. Don Juan Cabrera, Nieto De Federico y su Esposa, Doña Úrsula Quintero.

6 DE ENERO DE 1990

A eso de las 11:30 A.M. fui hasta la residencia de "Nata", "Pola" y Elisa Cabrera en Patrón. Había hecho el compromiso de mostrarles las fotografías que les había tomado en la visita anterior. Quedaron encantadas con las mismas. Se habían reunido en la residencia varios familiares que habían llegado desde San Juan.

Entre ellos se encontraba Don Armando ("Min") Marrero Cabrera. Este es hijo de la hija mayor de Pascual Cabrera Salgado, Doña Sixta. Esta casó con Don Bartolo Albelo, su padre. "Min" es biznieto de Federico Cabrera. Reside en el barrio Cibuco Abajo de Corozal, en las cercanías del yacimiento de grabados rupestres que hemos documentado en nuestros trabajos de arqueología (Martínez-Torres, 1982). Don "Min" me indicó que trabajó con un señor de apellido Valés en Vega Baja. Este alegaba ser nieto de un esclavo y que me podrían dar información sobre él en la oficina de la A.S.A. en Morovis. Este señor es de tez oscura y cree que reside en Vega Baja. Don "Min" se puso a nuestra disposición para cualquier información relacionada a mis investigaciones, lo cual le agradecí.

Habíamos acordado esperar allí ese día a "Toto", quien nos conduciría hasta el barrio Bajura de Vega Alta, donde residen otros nietos de Federico Cabrera. Allí reside Don Juan Cabrera, que es hijo de Don Pedro Cabrera, a su vez, hijo de Federico; así como su hermano "Mañoco" o "Manoco". Pero "Pola" preparó un sabroso almuerzo, en lo que ella es experta: arroz con gandules y carne de cerdo, ñame, malanga sancochá y carne de cerdo frita. Lo demostró. Luego de compartir el almuerzo, a eso de las 2:00 P.M., salimos hacia Vega Alta junto a "Toto" y su cuñado, Don "Lencho" Cabrera.

CONVERSACIÓN CON DOÑA TOMASA TORRES CABRERA

Llegamos al barrio Bajura de Vega Alta y fuimos preguntando por Don Juan Cabrera, para localizar su residencia. En el balconcito de una casita de dos plantas descansaba una señora de edad avanzada, que respondía al nombre de Tomasa Torres Cabrera. Es una señora de tez trigueña y de lo más conversadora. Comenzó a hablar con "Toto" y nos indicó que Don Juan reside en "Cuatro Calles", un poco más adelante. Cuando mencionamos el apellido Cabrera, una de sus hijas que le acompañaba le dijo: —Mamá, a lo mejor Don Juan es familia tuya...—.

Yo escuché el comentario y me bajé del vehículo a preguntarle de qué "cepa" de Cabreras era ella. Era hija de Juana Cabrera, quien a su vez era hija de Don Jesús Cabrera. Le interrogué sobre el nombre del padre de Don Jesús, pero ella no lo recordaba. Me aventuré a sugerirle que esa "cepa" de Cabreras pudiera ser descendiente de Don Zoilo Cabrera, quien se había casado con una señora de nombre Dorotea Salgado, y luego había fallecido en Morovis en 1893. Doña Tomasa se llenó de alegría al escuchar los nombres de sus bisabuelos, los cuales ya había olvidado. Les expliqué que Don Zoilo había sido esclavo en Morovis y que probablemente era familia de Federico, el abuelo de Don Juan y de "Mañoco". Que ambos contrajeron matrimonio con mujeres de apellido Salgado de Vega Alta o Morovis, las cuales podían haber sido parientes.

Doña Tomasa se mostró sumamente interesada en la investigación y se puso a nuestra disposición para dar cualquier información que ella pudiera aportar. Su hija hizo un comentario sobre el color de la piel de sus familiares que nos impresionó. Dijo, "¡Éste es el color más bonito que existe!"

CONVERSACIÓN CON DOÑA ÚRSULA QUINTERO

En "Cuatro Calles" preguntamos por Don Juan Cabrera. La persona que nos orientó resultó ser su hija mayor. Esta nos indicó que residía más adelante. Conocimos a Don Juan Cabrera, hijo de Pedro Cabrera Salgado. Don Juan se casó tres veces. Su tercer matrimonio es con Doña Úrsula Quintero, natural de Corozal y quien único le ha dado tres hijos. Don Juan está cercano a los 87 años y la mente ya no le favorece para recordar datos precisos. Doña Úrsula nos ofreció la información que conocía sobre la familia Cabrera.

Don Pedro Cabrera se casó con María Ríos, pareja de su tercer matrimonio.

Por eso Don Manuel es Cabrera Ríos. Doña Úrsula sabe cuáles son los "hijos conocidos" de Don Pedro y dónde viven. En Vega Baja residen algunos hijos de una de las esposas. Les tomé fotografías a ella con Don Juan, a dos de sus sobrinos y a una nieta.

Ya salíamos de Cuatro Calles de regreso a Morovis, cuando nos encontramos con "Mañoco". Lo detuvimos y le solicitamos nos permitiera fotografiarle, a lo que accedió muy amablemente. Ya llegados a Almirante Sur, saludamos a Don Elviro Morales, padre de la compañera profesora Dolores Morales y con su señora esposa, hija de Don "Chilo" Pabón, de quienes recuerdan que "se dedicó toda su vida a negociar caballos".

Continuamos conversando con "Toto" y con "Lencho" por el camino hasta que arribamos al barrio Patrón. "Toto" nos informó que aún vive un anciano de nombre Félix Rivas en "la cuesta de Patrón", que ya alcanza los 107 años, por si interesaba entrevistarlo. Llegados al barrio, nos despedimos.

9 DE ENERO DE 1990

DESCENDENCIA DE ZOILO CABRERA

Don Zoilo Cabrera es sepultado en Morovis, el día 21 de marzo de 1883. (Libro 11 de Entierros, Folio #215, Vuelto.) El acta dice que fallece a los 80 años de edad, lo que daría el año de nacimiento para 1803. El Acta hace constar que su padre y su madre se ignoran, por ser de África. Su viuda es la Sra. Dorotea Salgado.

Una de las interrogantes sobre esta persona es si es procedente de África, al igual que Federico y si son oriundos de la misma localidad. Será necesario investigar en las Actas de Bautismo de sus hijos para ver si en alguna de ellas se hace mención de los nombres de los abuelos paternos, como ocurre con el caso de Federico. Por las actas de bautismo que hemos consultado, sabemos que los hijos del segundo matrimonio de Federico son sobrinos de la esposa de Zoilo, puesto que María Salgado y Dorotea Salgado son hermanas de padre y madre.

6 DE FEBRERO DE 1990

Llegué al Archivo Parroquial de Morovis a las 9:15 A.M. Intenté buscar los familiares de Rosa Ríos Agosto "La India", sus padres y tíos, si es que están bautizados en Morovis. También intentaré encontrar a Venancio Cabrera, que podría aparecer con el apellido Ríos en el acta, como ocurre con su hermano, Manuel. Buscaré en el Índice los apellidos Ríos, Pabón y Salgado. Encontré lo siguiente:

- De 1823 a 1831 - Primer Libro de Blancos - No hay ningún Pabón inscrito.

- De 1823 a 1831 - Hay dos Ríos: 1) Ríos, Hilario, hijo de Juan y Luisa Cintrón; 2) Ríos, Gregorio, hijo de Juan A. y Eusebia Ramírez.

- Clas, Juana B., hija de Valentín y Cecilia Matos. (Índice de 1823, Página 205.)

En el Índice de Pardos, Libro #1 (1823-1842), Página #510 figuran:

- Pavón, María Santos - Hija de Casimiro y Juana Negrón.

- Pavón, Juana - Hija de Manuela.

- Pavón, Juan de Gracia - Hija de Benito y Marcela.

- Pavón, Ma. Engracio (*Sic*) -Hija de Benito y Marcela.

- Pavón, Ysidoro - Hija de Casimiro y María Negrón.

- Pavón, Saturnina - Hija de Rafael y María C. Feliciano.

- Pavón, Ma. Blasina - Hija de Casimiro y María Negrón.

¡Podría ser que Blasina sea María Blasina y que el Ysidoro que aparece sea Ysidora, la india de la que cuenta Doña Rosa, que fue capturada en la cueva con perros amaestrados! Y aparece inscrita entre el 1823 y 1842. ¡Estas fechas coinciden con los fechados más tardíos del Yacimiento "La Tembladera" de Morovis! (Martínez-Torres, 2018a) ¡Todo esto resulta asombroso de verdad! ¿Y si Rosa está bautizada en Ciales, como dicen, y allí estuvieran los nombres de los abuelos? ¡Tengo que tratar de ir a Ciales!

Continúa la transcripción:

- Pavón, Ma. Ramona - Hija de José Dolores y Clemencia Laureano.

- Pavón, ¿Fermin(a)? - Hijo(a) de Casimiro y María Negrón.

- Pavón, Prágedes - Hijo de Rafael y María Agosto.

Aparece un Pavón casado con una Agosto. Las uniones Ríos -Pavón y Ríos-Agosto son frecuentes en toda la documentación. También las uniones Pavón - Negrón son frecuentes. Continúo con la transcripción:

- Pavón, María N. - Hija de José Dolores y Francisca Laureano.

- Pavón, Ma. Benedicta - Hija de Venancio y Ma. Josefa González.

- Pavón, Domingo - Hijo de Rafael y María Agosto.

- Pavón, Francisca - Hija de Francisco y María González.

- Pavón, Cristina - Hija de Casimiro y María Negrón. (Hermana de Blasina e Isidora.)

- Pavón, ¿Herminio? - Hijo de Rafael y María Agosto.

- Pavón, María Jesús - Hija de Venancio y María González.

- Pavón, Juan B. - Hijo de José D. y Dolores Laureano.

Nota: Muchos Pavon no llevan acento en este registro. Como el Libro Primero de Bautismos de Pardos se lo llevaron, no podré verificar el nombre de

Ysidoro (a) con el Acta de Bautismo. Continué la búsqueda de los Ríos en los Índices de los Libros de Pardos. En la página 511 del Índice, una nota advierte: - Los Ríos y Río están todos bajo el nombre Ríos. El listado es como sigue:

- Ríos, Severiano - Hijo de Evangelista y Luisa Negrón.
- Ríos, Valentín - Hijo de Juan y Lucía Rivera.
- Ríos, Juan Ma. - Hijo de Juan E. y Luisa Cintrón.
- Ríos, Pedro - Hijo de Juan E. y Luisa Cintrón.
- Ríos, Remigio - Hijo de José y Catalina Rivera.
- Ríos, Cirilo - Hijo de Juan y Luisa Cintrón. (Este en la página 512.)

Buscaré ahora en el Libro Segundo de Pardos. (Página 137 en adelante.) Este libro sí que está intacto. Incluye desde el Folio #1 al #115. El listado de los Pavón es enorme. ¡Aquí me voy a dar gusto! Aquí deben estar los familiares de Ysidora y Blasina. El listado es como sigue:

- Pavón, Catalina - Hija de Casimiro y María Negrón. (Folio #5, Vuelto.)
- Pavón, Juan A.P.L. - Hijo de Rafael y María Agosto. (Folio #7, Vuelto.)
- Pavón, Ceferino - Hijo de Manuel y Ma. Gracia Bruno. (Folio #19.)
- Pavón, Juan Bruno - Hijo de Casimiro y Ma. Rosalía Negrón. (Folio #20.) (Hermano de Blasina e Isidora.)
- Pavón, Pascasio - Hijo de Rafael y Ma. (Leonora?) Agosto- (Folio #25.)
- Pavón, José Fermín - Hijo de Manuel y Ma. Gracia Bruno. (Folio #35.)
- Pavón, Marcelino - Hijo Manuel y Ma. Gracia Bruno. (Folio #49.)
- Pavón, Epifanía - Hija de Casimiro y María Negrón. (Folio #37.) (Hermana de Blasina e Isidora.)
- Pavón, Francisco - Hijo de Casimiro y María Negrón. (Folio #89.) (Hermano de Blasina e Isidora.)
- Pavón, Isidoro - Hijo de Anastasio y Eusebia Arce. (Folio #47.)
- Pavón, José Monserrate - Hijo de Anastasio y Eusebia Arce. (Folio # 78.)
- Pavón, Félix -Hijo de Santiago y Ma. Lucrecia Rodríguez. (Folio #58.)
- Pavón, Gregorio - Hijo de Santiago y Lucrecia Rodríguez. (Folio #77.)
- Pavón, Ma. Isidra - Hija de Jacinto y Dionisia Pavón. (Folio #62.)
- Pavón, Joaquín C. - Hijo de Rafael y María Agosto. (Folio #64.)
- Pavón, Ma. José - Hijo(a) de Rafael y María Leonora Bruno. (Folio #103, Vuelto.)
- Pavón, Vicente - Hijo de Manuel y Ma. Engracia Bruno- (Folio #84.)

- Pavón, Sandalio - Hijo de Anastasio y Eusebia Arce. (Folio #105.)
- Pavón, José Ma. - Hijo de Santiago y Ma. Lucrecia Rodríguez. (Folio #110, Vuelto.)

Pasé directamente a las Actas de Bautismo. El primer caso, Pavón, Catalina, Hija de Casimiro y María Negrón, nació el 14 de febrero de 1843 y sus padrinos fueron Apollinario Vázquez y Rita Rosado. (La información es muy breve y parca.) Busco en el Libro Segundo de Pardos a los Ríos. Encontré lo siguiente:

- Ríos, Juan Franco. -Hijo de Juan y Brígida Ortega. (Folio #59.)
- Ríos, Florencio -Hijo de Juan y Luisa Cintrón. (Folio #11 (¿o 44?), Vuelto.

Busco en el Libro #5 de Bautizo de Indistintos a los Pavón y Ríos. El listado es el siguiente:

- Pavón, Canuto - Hijo de Manuel y María Bruno. (Folio #3, Vuelto.)
- Pavón, María F. - Hijo (¿a?) de Juana E. (Folio # 45, Vuelto.)
- Pavón, Francisco - Hijo de Anastasio y Eusebia Arce. (Folio #96, Vuelto.)
- Pavón, Juan Antonio - Hijo de Santiago y Lucrecia Rodríguez. (Folio #133.)
- Pavón, María - Hija de Casimiro y María Negrón. (Folio #58. No aparece ahí. (Hermana de Blasina e Isidora.)
- Pavón, Juan Francisco - Hijo de José Venancio y María (¿?) Chéverez. (Folio #90.)

En el transcurso de la investigación, se me ocurre que sería conveniente buscar los bautizos de los hijos de Casimiro Pavón con María Negrón, pensando en que sus padrinos podrían ser parientes cercanos a la familia, como los Cabrera. Busqué buen rato, pero no encontré nada.

En el Libro #5 de Bautismos de Indistintos aparece:

- Río, Juan Pedro - Hijo de Pedro y Hermenegilda Arroyo. (Folio #33.)

En el Libro #6 de Bautismos de Indistintos (1854-1856) aparecen:

- Pavon, José Inocencio - Hijo de Félix Manuel y María Bruno. (Folio #136, Vuelto.)
- Pavon, Juana - Hija de José y Ma. Jesús Chéverez. (Folio #136, Vuelto.)
- Pavon, Martina - Hija de Concepción y (¿?). (Folio # 144.)
- Pavon, Pablo - Hijo de Eulogio y Petrona Negrón. (Folio # 183.)
- Pavon, Paula - Hija de Casimiro y María Negrón. (Folio #186.)

(Hermana de Blasina e Isidora.)

Entre los bautizados de apellido Ríos y en el mismo Libro #6 de Bautismos de Indistintos (1854-1856), figuran:

- Río, José - Hijo de Toribio y Eusebia Collazo. (Folio #148, Vuelto.)
- Río, Santiago - Hijo de José y Anastasia Rivera. (Folio #102.)
- Río, Juana Paula - Hija de Jaime y María Rodríguez. (Folio #185.)
- Río, Felícita - Hija de Severiano y Blasina Pabón. (Folio #189.) (Sobrina de Isidora.)

En el Libro #5 de Bautismos (1850-1854), Folio #62, Vuelto; encontré una nota al calce que explica el problema de Manuel Cabrera Ríos, que no lleva su apellido correcto. La nota dice: "Es el apellido de la madre, por faltar el del padre". (Curiosamente, aparece registrado como Manuel Federico y tachado la sección del nombre 'Federico'.)

Busqué en el Libro #7 de Bautismos de Blancos e Indistintos, a ver si encuentro a Venancio Cabrera. En 1856 aparece Isidora Pabón bautizando a Inés Carmen, por lo tanto, la madre debió nacer entre 1820-1830, si saco un estimado a base de su "edad reproductiva", aunque podría haber sido más joven. Examiné hasta el Folio #34, Vuelto. Era mediodía. Apareció por el Archivo Parroquial mi amigo y colega historiador, Juan Manuel Delgado Colón. Suspendí la búsqueda y fuimos a almorzar.

17 DE FEBRERO DE 1990

BANGÓ Y ÑANGÓ DEL CAMERÚN

El sábado, 17 de febrero, fui al pueblo de Morovis. Allí conversé con Alfonso Fontán Nieves. Me comentó sobre una noticia que escuchó por la radio. Esta misma noche, precisamente, se presentaría en la Universidad de Puerto Rico, Recinto de Río Piedras, un Concierto de Música Africana de la República del Camerún. Anunciaron que allí se interpretaría música de dos regiones de la república: de la Zona de Ñangó y de la Zona de Bangó.

Para mí fue una agradable sorpresa, puesto que ambos nombres corresponden a la zona de Camerún, de donde estimamos que fue capturado Federico Cabrera; y ambos vocablos son idénticos o tienen idéntica sonoridad con los que hemos venido documentando en el estudio relacionado al nombre africano del esclavo, el padre del esclavo y uno de sus nietos. Fue precisamente el Dr. Manuel Álvarez Nazario quien nos había comunicado la ubicación de esos nombres como pertenecientes a las lenguas del Camerún en el Oeste africano. El dato escuchado por Fontán parecería ser la confirmación de nuestra hipótesis.

23 DE FEBRERO DE 1990

Buscando la genealogía de Doña Rosa ("La India") Ríos Agosto, nieta de Isidora Pabón, la india que fue capturada en la cueva junto a sus familiares, encontramos una serie de hermanos de padre y madre de Isidora y una hermana de padre solamente. Esta unión fue prolífica, los que enumeramos a continuación:

- Pavon, Ma. Santos - Hija de Casimiro y Juana Negrón.

- Pavon, Ysidora - Hija de Casimiro y María Negrón.

- Pavon, Ma. Blasina - Hija de Casimiro y María Negrón.

- Pavon, Fermín - Hijo de Casimiro y María Negrón.

- Pavon, Cristina - Hija de Casimiro y María Negrón.

- Pavon, Juan Bruno - Hijo de Casimiro y María Negrón.

- Pavon, Epifanía - Hija de Casimiro y María Negrón.

- Pavon, Francisco - Hijo de Casimiro y María Negrón.

- Pavon, María - Hija de Casimiro y María Negrón.

- Pavon, Paula - Hija de Casimiro y María Negrón.

Un detalle interesante es que Casimiro procrea una hija con Juana Negrón y los hijos restantes con María Negrón, que podrían ser la misma esposa si María se llamara María Juana, o a que podrían ser hermanas o primas entre sí.

VENANCIO RÍOS, HIJO DE FEDERICO

En la tradición oral de la Familia Cabrera se registra a Venancio como hijo del primer matrimonio de Federico Cabrera con Matilde Ríos. La versión de uno de los biznietos de Federico, Don Ismael Cabrera, es en el sentido de que tuvo a Manuel y a Nangó, ambos hermanos de padre y madre. La información la obtuvo Don Ismael de su abuelo paterno, Don Manuel, el hijo mayor de Federico.

Pero no hemos podido localizar a Nangó en el Archivo Parroquial de Morovis, a diferencia de Manuel. Por otro lado, la tradición oral que se conserva entre las nietas de Federico, Natividad y Elisa Cabrera, registran ese tío de ellas con el nombre de Venancio, como hijo de esa primera unión de Federico. Ambos descendientes permanecen en la incógnita, ante la ausencia de información en los registros históricos consultados.

ALGUNAS "PISTAS" PARA INVESTIGAR EN EL ARCHIVO PARROQUIAL

El personaje de Isidora Pabón me llama la atención, porque es la india que fue capturada en la cueva, donde vivía con otros familiares, según narra la tradición oral de la familia. Isidora aparece registrada en el Libro Primero de Bautismos de Pardos y figura como hija de Casimiro Pabón y María Negrón.

El asunto es que ella se encuentra en la cueva junto a su marido, "el Tío

José", en palabras de Rosa. Cuando Isidora bautiza a su hija, Inés Carmen, no sabemos si en el documento figura el nombre del padre, para corroborar el dato.

4 DE MARZO DE 1990

BIZNIETOS DE NENGOBA EN TORRECILLAS

En una ocasión en que me encontré con la señora esposa de Don Ramón ("Moncho") Torres, Doña Ceferina Cabrera, en el correo de Morovis, le hice la pregunta: —¿De cuáles de los Cabrera es usted? Me contestó: —Los Cabrera de mi familia salen de ahí, de ese Patrón…—. Me alegré por ello. Quedé en pasar en algún momento por "El Hoyo Frío" del barrio Torrecillas para conversar y recopilar parte de su genealogía.

Mientras conversaba con Don "Lencho" Cabrera en Patrón, le pregunté sobre las familias Cabrera en el barrio Torrecillas de Morovis. Me informó que, en efecto, un hijo de Pedro Cabrera se fue a vivir por ahí por Barahona o Torrecillas y que había una Cabrera de esa familia que se había casado con un Torres. De inmediato recordé la pregunta que le había hecho a Doña Ceferina Cabrera, la señora de Don Ramón "Moncho" Torres, sobre la procedencia de su familia.

El miércoles pasé por la residencia de mi primo Gualberto ("Goguín") Montes Martínez, quien está casado con Blanquita Torres Cabrera, hija de Doña Ceferina y Don "Moncho" Torres. Le pregunté si había conocido al padre de su suegra y me dijo que él sí lo había visto y que le pareció que "tenía facciones de esclavo aquél negrito." En efecto, se trataba del mismo personaje del que me había hablado Don "Lencho" Cabrera en la entrevista, Justo, hijo de Don Pedro Cabrera y que viene a ser nieto de Federico Cabrera[16].

Llegada Blanquita, la señora esposa de mi primo "Goguín", le pregunté datos sobre sus antepasados, pero ella desconocía la información sobre su abuelo, Don Pedro Cabrera. Me informó Blanquita que hay nietos vivos de Federico en Vega Baja, porque Pedro Cabrera tiene allí un hijo que se llama Johnny Cabrera. Me exhortó a que fuera a conversar con su señora madre para más datos sobre esos parientes. "Goguín" se mostró muy interesado en conocer más "sobre las raíces de sus hijos" y me exhortó a que no abandonara la investigación. Antes de marcharme, me mostró algunos objetos arqueológicos que había encontrado en territorio del barrio Barahona, en la zona aledaña a "Las Siete Cuerdas", donde reside.

17 DE ABRIL DE 1990

EL OTRO APELLIDO DE FEDERICO ES: MA-O-NE

Estaba leyendo el lunes en la noche, recostado en mi cama. Leía un capítulo sobre la trata negrera en África. Eran casi las 11:00 P.M. y me quedé dormido.

---

[16] El personaje que menciona el Sr. Montes es Don Justo Cabrera Ríos, quien es hijo de Pedro Nolasco Cabrera Salgado, hijo de Federico y María Salgado.

Salí soñando que le realizaba una entrevista a un señor de nombre "Ñingo". Yo no lo conocía en el sueño pero la entrevista era sobre sus antepasados africanos. Quedó en darme más información. En el mismo sueño, recuerdo que apunté con un lápiz la información sobre la pared de un edificio y busqué en el bolsillo la llave de la guagua para marcharme. Alguien que acompañaba al personaje le gritó: ¡Sácala, sácala! Al notar que Ñingo metía su mano al bolsillo, desconfié y no le dí la oportunidad de sacar algún arma. Le tiré un puntapié y de la fuerte impresión, desperté.

Al despertar pensé: ¡Qué curioso! Ñi-ngo tiene sonoridad de voz africana. Se asemeja mucho a Ñe-ngo-ba. Entonces se me ocurrió seguir descomponiendo las voces en sílabas o fonemas. Ne-ngo-ba; Ma-ngo-ba... Y en ese momento fue que me percaté de la relevancia del dato que "Toto" había escuchado de boca de su tío, Don Rosa Cabrera. Decía Don Rosa que Federico tenía otro apellido y que debía ser "Maone".

Y en ese momento me llega la idea de que, si lo escribimos así: Ma ó Ne, eso es precisamente lo que ocurre en la tradición oral que se ha conservado en la memoria de la familia Cabrera: que unos recuerdan a Ma-ngoba y otros a Ne-ngoba. ¡O es "Ma", o es "Ne". Entonces, ambas formas de pronunciar el nombre del esclavo Federico son válidas, según las reglas de la lengua del país de origen de Federico. Creemos que hemos descifrado así la incógnita del apellido de Federico. El referido "Maunez" debió ser entonces una confusión del informante.

24 DE ABRIL DE 1990

REGRESO AL ARCHIVO PARROQUIAL DE MOROVIS

Llegué a las 10:00 A.M. Le expliqué a la Srta. Ana Díaz que interesaba obtener copias de las Partidas de bautismo de los hijos de Federico Cabrera. Me pidió que anotara las fechas y ella buscaría los libros y transcribiría la información. Así lo acordamos y me di a la tarea de inmediato.

La investigación la había dejado suspensa en febrero de 1990. La reanudé en el punto donde la había dejado inconclusa. Busqué de inmediato los Libros de Bautismo #1 al #7. Continué buscando las familias Ríos y Pabón. Ya había encontrado a Pabón, Ysidora, hija de Casimiro y María Negrón. También aparecen otros hijos de Casimiro con Juana Negrón. Me preguntaba si serían hermanas. Ysidora figura en el Libro Primero de Pardos, Folio #76, Vuelto. Allí mismo aparece Pabón, Ma Rufina, hija de Rafael Pabón y Ma Leandra Agosto. Esto demuestra que la relación entre las familias Ríos-Pabón y Pabón-Agosto es antiquísima.

Busqué la familia Cabrera "blancos" en el Índice del Libro #1 de Bautismos de Blancos (1823-1834) Ahí no figuran Cabreras. En el Libro #2, correspondiente a los años 1834-1839 sí aparecen. Don José Sabás Salgado, el segundo suegro de Federico Cabrera, no aparece en esos índices.

El Índice del Libro #1 de Bautismos de Pardos inicia en 1823 y culmina en octubre de 1842. Ahí figuran:

- Canga, Francisca - Hija de Francisco y María Jesús Collazo. (Folio #91, Vuelto.)

Esta persona aparece en la página 504 del Índice, bajo la letra "L" de "Liberta". Bajo la "L" y bajo el "apellido" Liberto se enumeran los esclavos que poseían esa categoría al ser bautizados. Estos figuran en la página 505 del Índice.

EL CÁLCULO DEL AÑO EN QUE FUE BAUTIZADA ISIDORA PABÓN

Desaparecido, para todos los efectos prácticos, el Libro Primero de Bautismos de Pardos (1823-1842), decidimos hacer un cálculo para tratar de establecer el año aproximado en que fue bautizada Isidora. Esta figura en el Folio #78, Vuelto. El número máximo de folios en ese índice es de 198. Como están escritos en ambas caras (hojas vueltas) se duplica la cifra. Redondeamos a 400 folios en el transcurso de 20 años. Asumiendo que el índice de natalidad de los pardos que se bautizaban en esas dos décadas fuera estable, entonces se puede estimar que Isidora, En el Folio #78 caería al final del año cuarto del registro: cerca de 1826.

El problema es tratar de determinar el año en que es capturada "en la cueva con perros amaestrados", como reza la tradición oral entre su familia. Si estaba en la cueva con su familia, los Ríos, y con su esposo, entonces debemos suponer que es adulta, de edad de veinte a treinta años. Ello nos llevaría hasta 1856. Rosa alega que llegó a ver a la mamá de su papá: "la vi, pero como estaba pequeñita..." Actualmente Rosa cuenta con cien años. (N. C. 1890.) Si llegó a ver a su abuela, la india capturada en la cueva, cuando era niña, entonces Isidora debió haber estado viva para 1895 o hasta 1900. Entonces se debe buscar la fecha de su fallecimiento para 1895-1900 en adelante. ¿Sería sepultada en Morovis?

Busqué en Índice del Libro de Entierros o Defunciones del 9 de mayo de 1884 hasta el 31 de diciembre de 1890. No figura allí Isidora. Busqué en el Libro de Defunciones #11 que inicia el 16 de abril de 1890. No aparece Isidora Pabón. Busqué en el Índice del Libro de Entierros o Defunciones #13 de 1900 en adelante. Tampoco aparece allí.

En la tradición oral de Morovis se registra un suceso trágico donde fallece un residente del barrio Río Grande, de apellido Adrovet. Se narra que fallece cuando una "partida sediciosa" de insurrectos intercambia disparos y resulta muerto el aludido. Busqué en los Índices de Entierros mencionados, pero no figura ningún Adrovet en los mismos.

En el índice del Libro de Bautismos Segundo de Pardos, figuran los esclavos Zoilo y Pablo, en la Página #522. Zoilo figura en el Folio #46, Vuelto y Pablo en el Folio #47, Vuelto. El Archivo Parroquial lo cerraron a las 12:00 M. Lo reabrieron a la 1:00 P.M. Regresé y continué la búsqueda.

Busqué los esclavos Zoilo y Pablo. Sobre el primero, bautizado el 20 de marzo de 1847, ya adulto, se indica es "esclavo de la costa de África". Tanto él como Pablo, fueron bautizados por Don Lorenzo Cabrera. Fui leyendo acta por acta de los esclavos que figuran en el Libro Segundo de Pardos, los cuales transcribo a continuación:

1. Esclava Elena - Hija de _____ y Bárbara .... Folio # 9.

2. Esclava Martina - Hija de _____ y Ascensión .... Folio #18.

3. Esclava Ma Concepción - Hija de _____ y Elena .... Folio #21.

4. Esclava Leonora - Hija de _____ y Cipriana .... Folio #27.

5. Esclava Ma del Carmen - Hija de _____ y Catalina .... Folio #23.
(Dice: Esclava de la Sucn. Ramón Marrero.)

6. Esclava Ma Carmen - Hija de _____ y María..................... Folio #21?

7. Esclava María Ramona - Hija de _____ y Bárbara .... Folio #27, V.
(Dice: Hija natural de Bárbara Peña, esclava de Dña. Juana Rivera.)

8. Esclava Ma Lucía - Hija de _____ y María de los Reyes........Folio#30, V.
(Dice: Morena esclava de Don Juan Lozano.)

9. Esclava Ma Concepción - Hija de ____ y Asunción de los Reyes......Folio #42.
(Dice: Morena esclava de Don Juan Lozano.)

10. Esclava Juana Paulina - Hija de __ y María, morena esclava... Folio #54, V.

11. Esclava Catalina - Hija de _____ y Dolores .... Folio #73, V.
(Dice: Dolores, morena esclava de Don Feliciano Parés. La madrina fue Carolina, esclava de Lorenzo Padró.)

12. Esclava María - Hija de _____ y María Josefa .... Folio #76?

13. Esclava Eugenia - Hija de _____ y Luisa .... Folio #110, V.
(Dice: Luisa, esclava de Don Joaquín Ma. Inchauspe.)

14. Esclava Lucía - Hija de _____ y Lucía .... Folio #111.
(Dice: Lucía, esclava de Don Joaquín Ma. Inchauspe.)

15. Esclava Ma Francisca - Hija de _____ y Crispina .... Folio #111.
(Dice: Crispina, esclava de Don Sebastián Silva. Padrino Joaquín Chevres.)

16. Esclava Marcelina - Hija de _____ y María Eva .... Folio #113, V.
(Dice: Esclava de Da. Teresa Rivera de Sicardó.)

17. Esclava Matea - Hija de _____ y Francisca Nevada......... Folio #114.
(Dice: Francisca Nevada, esclava de Don Lorenzo Cabrera.)

18. Esclava Ma Del Carmen - Hija de _____ y Carolina .... Folio #114.
(Dice: Carolina, esclava de Don Lorenzo Padró.)

19. Esclava Sandalia - Hija de _____ y María .... Folio #114, V.
(Dice: María, esclava de Da. Aida de Rivera.)

20. Esclava Ma Antonia - Hija de_____ y Paula .... Folio #114, V.
(Dice: Paula, esclava de José Morales y natural de África. Fueron sus padrinos: Fco. Siríaco Martínez y Petrona Martínez.)

21. Esclava Ma Basilia - Hija de _____ y Leonora .... Folio #116. V.
(Dice: Leonora, esclava de Don Lucas Colón.)

Continué buscando a Venancio Cabrera. Busqué desde Manuel Ríos, el primogénito, hasta Eleuteria Cabrera, la primera hija[17], para verificar si Federico llegó a tener otros hijos (as) y los bautizó. Buscaba el Índice del Libro Sexto de Blancos e Indistintos, bajo el epígrafe de "Libertos", Página 574. Allí figura:

- José Venancio, negro liberto, hijo de Federico y Matilde García.... Folio #143, Vuelto.

De inmediato fui al Folio #143, Vuelto. Allí lee como sigue:

"José Venancio - En esta Parroquia de Ntra. Señora del Carmen de Morovis, Isla de Puerto Rico, a quince de Abril del mil ochocientos cincuenta y cinco, yo, el infrascrito Regente, Cura Párroco de Bayamón, bauticé solemnemente, puse óleo y crisma y el nombre de José Venancio a un niño que nació el quince del mes próximo pasado hijo legítimo de Federico, negro liberto y de Matilde García; se ignoran sus abuelos. Fueron padrinos D. Casimiro Luases y D. Cruz Otero, a quienes advertí sus obligaciones y espiritual parentesco, de que certifico.

(Ilegible)

Pedro Aboy"

JUEVES, 5 DE JULIO DE 1990

NENGOBÁ-CONTINÚA LA INVESTIGACIÓN

Durante la mañana, visité las facilidades del Archivo General de Puerto Rico y me entrevisté brevemente con Don Luis de la Rosa Martínez, su Director. Fui a recoger una carta de recomendación que necesitaba para acompañar la solicitud de la Beca de Arqueología que ofrece el Instituto de Cultura Puertorriqueña para ayudar a estudiantes del C.E.A.P.R.C. Ya Don Luis me la tenía escrita y con copia. Hablamos sobre su salud, un poco maltrecha y de su señora esposa, que está encamada.

Don Luis trajo el tema sobre la investigación que yo venía realizando sobre

---

[17] A la altura de esa fecha, no había encontrado la primera hija de Federico, Juana de la Cruz, en 1858.

el esclavo moroveño. Le indiqué que tenía dificultad para tener acceso al Registro Demográfico de Morovis. Allí pensaba localizar el Acta de Defunción de Federico Cabrera. Don Luis me indicó que él desconocía ese dato. Me puso al tanto de que se había hecho un Archivo Histórico del Registro Demográfico y se recopiló toda la información de la isla en ese archivo. Me indicó que la persona versada en eso era "Cheo", que trabaja en la sala del Archivo General en San Juan.

Le cuestioné sobre el dato que él le dio a Ovidio Dávila, sobre la total ausencia documental que hay sobre la zona de Morovis, antes de su fundación. Se sabe que el territorio estaba constituido por monterías. Me indicó Don Luis que en el Centro de Investigaciones Sociales de la Universidad de Puerto Rico están copiando documentos del Archivo de Indias en microfichas. Allí obra documentación sobre los hatos y monterías. El Profesor Pablo García, de Humacao, está haciendo investigación sobre ese fenómeno para su tesis y que encontró documentación relacionada desde Fajardo hasta Manatí. Don Luis sugiere que en esa documentación debe haber información sobre Morovis, puesto que ese territorio debió pertenecer tanto a Manatí como a Vega Baja.

Don Luis me informó que, para la década de 1850, se emitió una ley eclesiástica que suprimía la doble registración de Bautismos en los Registros Parroquiales, es decir, negros y blancos en registros diferentes y que, en adelante, se incluirían en un mismo libro a los blancos, pardos (antes, indios), morenos, negros esclavos y/o libertos. Por eso es que los libros posteriores llevan el título "Indistintos", que significa que ya no se hacía la distinción. A la salida del Archivo, me encontré con Sara Cecilia Otero Joy de Vega Baja y Ángel Vázquez Medina, de Manatí, con quienes conversé brevemente sobre nuestras respectivas investigaciones.

20 DE FEBRERO DE 1991

Antes de la entrada a clases en el C.E.A.P.R.C., a eso de las 4:25 P.M., me encontré con el investigador cubano, Dr. Rafael López Valdés. Nos sucedió algo curioso. Al verme, me preguntó si él me había enviado ya a Registraduría mi nota del curso que él acababa de dictar en el Centro, sobre antepasados africanos de las poblaciones de Cuba. Le indiqué que yo no había estado matriculado en su curso, porque me confligía con otros que estaba tomando. Me señaló que mi trabajo sobre el esclavo moroveño estaba muy bien realizado y que era una gran aportación al estudio de nuestras raíces africanas. Y fue que yo le había dado una copia del ensayo preliminar para que lo leyera y me diera su opinión, confundiéndose al creer que era mi trabajo final exigido en su curso.

El investigador cubano me narró sobre sus investigaciones relacionadas con las etnias africanas que dieron origen a la población afro descendiente en la Antilla hermana. Cuando hablamos sobre el hallazgo de dos nombres de africanos anotados en el registro Parroquial de mi pueblo, me comentó: "Es un fenómeno raro encontrar en los Archivos Parroquiales de Hispanoamérica el uso en documentos de la Iglesia Católica de nombres africanos. Existía una prohibición de tal práctica.

Lo que has encontrado es una verdadera joya histórica." El Dr. López Valdés me dejó su dirección postal y la de su cátedra en la Universidad de La Habana, por si necesitaba mayor asesoramiento de su parte, lo cual le agradecí.

ESTADO ACTUAL DE LA INVESTIGACIÓN

Al momento presente creemos que hemos dado con una importante clave para descifrar el posible origen de este esclavo moroveño. Durante una de las entrevistas realizadas a uno de los biznietos de Federico, este nos contó de sus largas conversaciones que sostenía con si tío, Don Rosa Maldonado Cabrera, el nieto de más edad que sobrevivió hasta tiempos recientes. EL entrevistado, Juan Maldonado Ríos, nos informó en una de las entrevistas que, según afirmaba Don Rosa, que fue el único de los nietos del esclavo Federico que aún vivía y que había conocido personalmente a su abuelo, que el nombre de Federico era Nengobá, pero que el apellido era Maone.

El dato nos resultó intrascendente, toda vez que no conocíamos de algún apellido Maone y, el que más se parece, Maunez, no hay evidencia de que hubiese existido en Morovis, ni en la familia del esclavo se nombraba dicho apellido para nada.

Pero en una ocasión pensamos al respecto de este dato y se nos ocurrió que el tal apellido era un juego de fonemas, que el que lo escuchó, no podía entender o descifrar; y que, probablemente, el que lo conocía, lo transmitió sin saber lo que significaba, pues le llegó por tradición oral de su padre o de su abuelo mismo. Y esto es lo que pensamos.

Entre la familia se conservan indistintamente los nombres de Nengobá y Mangobá, que muy fácilmente podrían ser intercambiados por Nangobá. Existen fenómenos lingüísticos que explican estas metamorfosis en nombres y palabras. Pero la relación que puede tener 'el segundo apellido' de Nengobá, es que el nombre del esclavo fuera Ngobá y que al mismo se le añadiera un prefijo "Ma" o "Ne" y que, indistintamente se usase uno u otro, o bien con algún propósito. Entonces los nombres del esclavo con su apellido se pueden transformar en Ma-Ngobá y en Ne-Ngobá. Y si el prefijo cumple las funciones de un apellido en la lengua del lugar de procedencia, entonces el nieto del esclavo, Don Rosa, nos estaba dando la 'clave': 'El apellido es Ma o Ne.'

Creemos que vamos descifrando el enigma y esto cada vez nos confirma en lo útil de tener la data que quedó en la tradición oral de nuestros viejos.

LUNES, 5 DE OCTUBRE DE 1999

En las clases de Historia de Puerto Rico que imparto en la Escuela Superior Jaime A. Collazo del Río, recogí el proyecto de las Genealogías de los estudiantes. Entre ellas se encuentra la de la estudiante Ana Julia Rodríguez Cuevas. Tiene fecha de septiembre de 1999. La transcribo íntegra, corrigiéndole algunos errores gramaticales.

FAMILIA CABRERA:

Yo, Ana Julia Rodríguez Cuevas, escribo esta pequeña historia de la familia Cabrera del barrio Patrón de Morovis. Yo tengo un bisabuelo llamado Raúl Cabrera Rivas; es el hijo de Bernardo Cabrera y Evangelista Rivas, nieto de Pascual Cabrera y Antonia Ortega, sobrino de Lorenzo 'Lencho' Cabrera, Lisa (Sic por Elisa) Cabrera, Natividad Cabrera, Pola Cabrera y Julia Cabrera. También queda familia de Alicia Maldonado, Toto Maldonado, quienes son primos de Don Raúl. La esposa del Sr. Lencho Cabrera es prima de Raúl. Don Raúl se casó con Doña Julia y tuvo tres hijos: José Cabrera Ríos, Luz M. Cabrera Ríos, Raúl Cabrera Ríos. Raúl tuvo nueve hermanos: Evan, Víctor, Delia, Ana, Eudelia, Ramona, Victoriano, Dolores y Antonia.

Doña Julia es hija de Eleuterio Ríos y Justa Soto. De su primer matrimonio con Eusebio Cabrera tuvo cuatro hijos: Tomasa, Carmen, Juan y Dolores. Federico Cabrera es el bisabuelo de Raúl, quien era un indio africano.

Don Raúl me informa que antes se podía hacer una compra para toda la familia con 25 centavos. En los tiempos de antes la gente trabajaba en la agricultura, recogiendo café, cortando caña y sembrando tabaco para mantener a su esposa e hijos. Había escuelas hechas de paja y madera. Antes, para transportarse, era en un carro de bueyes; lavaban sus ropas en el río, cocinaban en un fogón. La gente se vestía con la tela de los sacos y para pescar se iban en yaguas. Entonces mi tatarabuelo sería Bernardo Cabrera y mi tátara tatarabuelo sería Pascual Cabrera. Yo soy 'chorna' de Federico Cabrera.

Mi árbol genealógico por parte de los Cabrera es: Ana Julia Rodríguez Cuevas; Víctor M. Rodríguez Cabrera y Julita Cuevas Santiago (mis padres); Luz María Cabrera Ríos (mi abuela paterna); Raúl Cabrera y Julia Ríos (dos de mis bisabuelos paternos); Bernardo Cabrera y Evangelista Rivas, Eleuterio Ríos y Justina Soto (cuatro de mis tatarabuelos paternos); Pascual Cabrera y Antonia Ortega (dos de mis tátara tatarabuelos paternos); Federico Cabrera (de quien soy chorna).

Ana Julia Rodríguez Cuevas; Décimo grado.

Sr. Martínez - Historia de Puerto Rico.

LUNES, 08 DE MAYO DE 2000

En la tarde recibí la visita del amigo y colega investigador, el Profesor Juan C. Rosario Fernández. Este se encuentra laborando en el Museo Casa Alonso, del Municipio de Vega Baja. Me trae el mensaje de que el Sr. José Roldán Cabrera, de Jayuya, le ha escrito al Sr. Alcalde de Vega Baja, solicitándole información sobre la historia de su antepasado esclavo, Federico Cabrera. El Sr. Alcalde, Meléndez Cano, le refirió la solicitud a Rosario. En su visita me explicó los pormenores del asunto, en vista de que realizo una investigación sobre ese personaje de la historia de nuestro pueblo desde hace tiempo.

LUNES, 15 DE MAYO DE 2000

CARTA DE JOSÉ ROLDÁN CABRERA

Recibí hoy una atenta cartita desde Jayuya, con fecha del 13 de los corrientes. Me la escribe el Sr. José A. Roldán Cabrera. Dada la importancia de la misma, la transcribo íntegra, junto al documento que me envía:

13 de mayo/00

Jayuya

Sr. Roberto Martínez Torres

Bo. Barahona

Estimado Martínez

Escribo esta carta para solicitar de usted su ayuda. He sabido que usted realiza un estudio de los documentos de los Cabrera, familia de esclavos. Le diré: Yo soy uno de ellos; la quinta generación:

Federico Cabrera de África - Manuel Cabrera de Morovis - Bernardo Cabrera de Jayuya - Carmen E. Cabrera de Jayuya - Yo, de Jayuya.

Sr. Martínez, también he encontrado un Acta de Nacimiento de mi abuelo, Bernardo. Mi bisabuelo, Manuel, llegó a Jayuya; no sé cuándo se estableció en el barrio Saliente. Un mallorquín llamado Emeterio Atienza le dio cinco cuerdas y las desarrolló y allí tuvo alrededor de veinte hijos. Los hijos se fueron hacia Unibón y Patrón. Mi abuelo murió en el Huracán San Felipe en 1925; en el año que nacieron unas gemelas, una de ellas. Carmen Gladys y Carmen Celina. Sólo quedan ellas como Cabrera. A mí todo el mundo me llama Cabrera y a mi mamá y tía, "Las Negritas Cabrera". Sr. Martínez, ayúdeme usted para conocer mi pasado y vivir orgulloso el presente.

Gracias.

Cordialmente,

José A. Roldán Cabrera

ACTA DE NACIMIENTO

Yo, Sandra Hernández Llanes, Registradora Demográfica de Jayuya, P.R. por la presente CERTIFICO que en el tomo 5 de nacimientos del Registro Civil a mi cargo y bajo el folio 502, Acta Núm. 230 aparece inscrita un acta que copiada literalmente lee así:

En la demarcación pedánea de Jayuya, parroquia de la misma que la constituyen los barrios de Jayuya Arriba, Jayuya Abajo y Mameyes Arriba del término municipal de Utuado provincia de Puerto Rico, a las ocho de la mañana del día 15 de Septiembre de mil ochocientos ochenta y ocho ante DON GENARO PORRATA Y

VALENCIA, alcalde pedáneo accidental actuando por ausencia del propietario y DON ANTONIO COLÓN FARBIA, Secretario interino por renuncia del propietario compareció MANUEL CABRERA Y RÍOS, natural del pueblo de Morovis en cita provincia, casado, mayor de edad, jornalero domiciliado en dicho barrio de Jayuya Arriba, presentando con objeto de que se inscriba en el Registro Civil UN VARÓN, y al efecto, como padre del mismo declaró: --Que dicho barón nació en la casa del declarante a las seis de la mañana del día primero del corriente en sitio distante de este Registro, más de dos kilómetros—

Que es hijo LEGÍTIMO del declarante y de su mujer FELÍCITA RÍOS Y PABÓN, natural de dicho pueblo de Morovis, mayor de edad dedicada a las ocupaciones propicias de su sexo y domiciliada en el de su marido. –Que es nieto por línea paterna de FEDERICO CABRERA, cuyo segundo apellido se ignora, natural de ÁFRICA, casado en segundas nupcias, jornalero, domiciliado en citado pueblo de Morovis y de MATILDE RÍOS, cuyo segundo apellido también se ignora, natural del referido pueblo de Morovis en donde citan domiciliada ya difunta y por la línea materna de SEVERIANO RÍOS, cuyo segundo apellido se ignora, natural del repetido pueblo de Morovis, viudo, jornalero, domiciliado en el pueblo de su naturaleza y de BLASINA PABÓN y NEGRÓN natural de la villa de la VEGA en esta provincia en donde estuvo domiciliada ya difunta.

Y que el expresado varón se le pone el nombre de BERNARDO---
Todo lo cual presenciaron como testigos DON JUAN CRISÓSTOMO SOTO Y RIVERA casado, empleado y DON JUAN PEDRO HERNÁNDEZ Y TORRES viudo, agricultor, ambos naturales del citado pueblo de Utuado, mayores de edad y domiciliados en el del declarante. Leída íntegramente esta acta e invitadas todas las partes que deben suscribirla a que la leyeran por sí mismas si así lo creían conveniente. Se estampó en ella en sello de esta alcaldía y la firmaron el Sr. Alcalde y testigos haciéndolo a ruego del declarante que dijo no saber DON RICARDO NARVÁEZ Y RIVERA, de cita vecindad y de todo ello como Secretario certifico------
Al frente las firmas Certifico----

GENARO PORRASA (*Sic por Porrata*)   RICARDO NARVÁEZ
JUAN C. SOTO   JUAN P. HERNÁNDEZ
                ANTONIO COLÓN

SOLICITANTE: JOSÉ A. ROLDÁN

Certifico que el Acta que antecede es una copia del original que obra en el archivo de este Registro Demográfico.

(Rúbrica)
Sandra Hernández Llanes
REG. EST. DEMOG.
JAYUYA, P.R.

28 DE MAYO DE 1987

El Sr. José Roldán Cabrera llamó por teléfono en la noche y sostuvimos una interesante y emotiva conversación. Me cuenta que ha recogido tradición oral en su familia donde le mencionan que en su familia hay "negros finos" y otros con "facciones grotescas", refiriéndose a "facciones africanas". Don José está buscando su genealogía desde el día que vio el documental sobre "Kunta Kinte" de Alex Haley. Me indica que es primo hermano de Ivor Hernández, por los parientes de apellido Roldán de su madre.

Yo le abundé en datos sobre los hallazgos realizados. Le di información sobre sus antepasados indígenas de Morovis y le revelé el nombre de su antepasado esclavo moroveño, Federico Cabrera, Nengobá. El Sr. Roldán no pudo contener sus lágrimas y me dijo: "Algunas veces los hombres tenemos que llorar..." Esto me impresionó.

El documento que me envió aclara varios detalles importantes sobre la vida de su antepasado. Su primer matrimonio con Matilde Ríos de Morovis y el segundo con María Salgado, de Vega Alta. El documento revela que, a la fecha de 1888, "está casado en segundas nupcias", pues para esa fecha, Doña Matilde ya ha fallecido.

Figura 2.14. El Sr. José Roldán Cabrera junto a su señora madre, Carmen C. Cabrera.

JUEVES, 18 DE MAYO DE 2000

Con esta fecha recibí comunicación de Don José Roldán Cabrera, solicitándome algunas referencias bibliográficas sobre el tema de la esclavitud, tema que le interesa investigar desde que se interesó por sus antepasados esclavos, oriundos de África.

LUNES, 7 DE AGOSTO DE 2000

Con esta fecha recibí una comunicación de Don José Roldán Cabrera, de Jayuya, solicitándome le envíe copia de la fotografía de Don Joseíto Cabrera, publicada en la edición de Archivo Histórico de Morovis. Joseíto viene siendo hermano de su abuelo, Don Manuel Cabrera, de Jayuya. En la misiva me recuerda que pronto se efectuará el Festival Indígena de Jayuya y me reclama que "le debo una visita".

MIÉRCOLES, 9 DE AGOSTO DE 2000

Me encontré en el pueblo con Don Juan ("Toto") Maldonado Ríos y me informó que anoche había fallecido Don Lorenzo ("Lencho") Cabrera, uno de los nietos de Nengobá. ¡Que en paz descanse!

26 DE MARZO DE 2001

Con esta fecha recibí comunicación de Don José Roldán Cabrera de Jayuya. En esta ocasión me solicitaba si podía enviarle alguna copia de fotografías de descendientes de Nengobá para enviarlas a los Estados Unidos a someterlas a un proceso. En la carta me comunicaba que había hecho unas averiguaciones sobre las dos jóvenes que integran el grupo "AMBBAS" de apellido Cabrera, las que resultan ser descendientes de Federico Cabrera, Nengobá.

Figura 2.15. Dúo de cantantes AMBBAS, Johanna & Joharis Cabrera, descendientes de Ma/Ne Ngobá.

VIERNES, 27 DE JULIO DE 2001

Hoy realicé una visita al Sr. José Roldán Cabrera en Jayuya. Allí pude conocer y conversar con las hermanas Carmen Gladys y Carmen Celina, a quienes conocen en Jayuya como "Las Negritas Cabrera". Son hermanas gemelas, hijas de Bernardo Cabrera. Viven en una humilde residencia en las áreas marginales del pueblo. No tienen muchos recuerdos de sus antepasados. Los Roldán son de Utuado. Aproveché para tomarles fotografías individualmente y en grupo.

José parece tener recuerdos de su abuelito, Don Manuel Cabrera. Me narró que llegó a escuchar que "...cuando ese negrito bajaba descalzo al pueblo, todos las personas que pasaban frente a él, se quitaban el sombrero en señal de respeto".

Figura 2.16. Carmen Celina y Carmen Gladys Cabrera, "Las Negritas Cabrera" de Jayuya.

6 DE SEPTIEMBRE DE 2001

Con fecha del 26 de agosto de 2001 recibí una comunicación de Don José Roldán Cabrera, de Jayuya. En la misma me comenta que su señora madre y su tía, "Las negritas Cabrera", preguntan por mí. En el mismo envío recibí un CD ROM sobre El Grito de Lares, para que lo utilizara a mi discreción en mi clase de Historia de Puerto Rico.

1 DE MAYO DE 2006

Con esa fecha recibo una comunicación de Don José Roldán Cabrera, de Jayuya. Aparentemente, había extraviado mi dirección postal y no había podido comunicarse antes. En la misma me pregunta por mi familia y si he podido adelantar mis investigaciones. Desea conocer si he publicado otras obras sobre la historia de Morovis.

VIERNES, 27 DE JUNIO DE 2008

Con esta fecha recibí comunicación de Don José Roldán Cabrera, de Jayuya. En la misiva me recuerda que hace tiempo visité a su señora madre y su tía, ambas biznietas de Federico Cabrera, Nengobá. Me solicita información sobre nuevas publicaciones sobre la historia de Morovis que haya realizado y la forma de obtenerlas.

SABADO, 5 DE OCTUBRE DE 2013

Con esa fecha recibí nueva comunicación de Don José Roldán Cabrera, de Jayuya. En la misma me solicita nuevamente información sobre publicaciones sobre la historia de Morovis y, en especial, las que traten sobre su tatarabuelo, Don Federico Cabrera, Nengobá.

VIERNES, 22 DE NOVIEMBRE DE 2013

El día 22 de noviembre de 2013 cursé una breve visita al amigo José Roldán Cabrera, residente del municipio de Jayuya. En el camino a su casa pregunté por él y fueron a buscarlo. La casita donde residía su señora madre, junto a su hermana gemela, se encontraba cerrada. Con dos lagrimones se volteó hacia la casita y me dijo que las había perdido a ambas recientemente. Conversamos un rato. Recuerdo que le llevé un ejemplar del trabajo que recién había publicado, mi tesis de maestría que versa sobre "La Tembladera". En esa edición aparece una fotografía a color de su familiar, Doña Rosa Ríos Agosto, "La India". Me preguntó sobre el progreso de mi trabajo, el libro que escribo sobre su antepasado, Federico Nengobá, del cual me encargó, por adelantado, tres ejemplares. Le indiqué que estaba un poco detenido por ciertas dificultades que confrontaba para su publicación. Me dio a entender que si era cuestión de escasez de recursos económicos, que él podía y deseaba ayudar. Le dí las gracias y le indiqué que se trataba más de escasez de tiempo que de dinero lo que me atrasaba.

MARTES, 28 DE ENERO DE 2014

CONVERSACIÓN CON DON ISIDORO ("CHOLO") CABRERA

En la mañana, fui a la residencia de Doña Alicia Maldonado Ríos. Me refirió a Don Isidoro ("Cholo") Cabrera. "Cholo" es hijo de Dionisio Cabrera, quien a su vez es hijo de Manuel Cabrera Ríos, el hijo mayor de Federico Cabrera. "Cholo" (N.

1933) es biznieto de Federico. Nos narra una anécdota curiosa sobre su nombre. Es que está registrado como Teodoro y toda su vida se ha firmado como Isidoro.

Cholo conserva con cariño una copia de un reportaje periodístico que apareció en las páginas del Suplemento Sabatino Puerto Rico Ilustrado del sábado, 14 de enero de 1967. El mismo fue realizado en la finca de la familia Barreras en el barrio Unibón, donde su padre, Don Dionisio Cabrera, cortaba caña, junto a su hermano menor, David, ya fallecido. Pude examinar el escrito, que versa sobre una encuesta que realiza un periodista a unos jíbaros del barrio Unibón de Morovis sobre el Plebiscito de Status que se avecinaba. (Ver copia del reportaje en la Fig. 2.11.)

MIÉRCOLES, 19 DE FEBRERO DE 2014

Fui a la residencia de Doña Alicia Maldonado Ríos. Me permitió copiar fotografías de los familiares. Me narró el gran sufrimiento que vivió cuando su señora madre, Doña María Ríos, fue recluida en el Sanatorio, cuando fue atacada por la tuberculosis. Doña María se recuperó y regresó al sector Patrón, hasta que allí concluyó sus días. Doña María refleja sus marcados rasgos indígenas, como los pómulos salientes, la mandíbula y la barbilla robusta. Su pelito lacio y negro lo lleva recogido en la foto, por lo cual ese rasgo que acentuaría sus facciones indias, no está visible. María es una "india blanca", como nos decía su hermana, Doña Rosa Ríos Agosto, cuando nos describía a la madre de ambas. Esta era también de nombre Doña María Agosto, según nos informó Don Juan ("Toto") Maldonado Ríos, su nieto.

Uno de los hijos de Doña Alicia, José Aníbal Cabrera, quien procreó con Juan José Cabrera Ríos, reside cerca de su casa. Éste tenía alguna información que deseaba mostrarme. Resultó interesante que es precisamente él quien tiene contacto vía telefónica con la persona que obtuvo el reportaje periodístico donde figura Don Dionisio Cabrera. Se trata de un primo suyo que reside en California: Rafael Cabrera.

Rafael ha obtenido información sobre su familia buscando asiduamente en los Censos Federales de 1910, de cuya información posee copia José Aníbal. Me permitió copiar una fotografía antigua donde aparece su primo "Cholo" a muy corta edad y la cual apareció publicada a color en alguna fuente para 1946 aproximadamente. También me mostró copia de un artículo del historiador Fernando Picó donde se hace referencia a un pleito entre los Cabrera y los Ortega y los Cabrera y los Archilla en Patrón, a fines del Siglo XIX.

José Aníbal me aclaró el asunto del "Blaki", el Cartero. "Toño" Blacki se llama Antonio y es hijo natural de Eusebio Cabrera, procreado en una unión con una Laureano. Le tomé fotografías a José Aníbal para la publicación.

VIERNES, 22 DE AGOSTO DE 2014

Hoy conocí al Sr. Rafael ("Rafita") Cabrera Alicea, descendiente de Eleuteria ("Teya") Cabrera. Don Rafael se ha dedicado a extraer información sobre el Censo de 1910, que fue realizado en la isla por el Gobierno de los Estados Unidos. Allí se encuentran varias páginas con la información de los antepasados de los Cabrera que no compagina con la que habíamos recopilado en el Archivo Parroquial de Morovis. Asimismo figura información que nunca antes yo había encontrado.

Uno de los datos que surgen del Censo es la fecha de nacimiento de "Teya", que figura en 1864 en el Censo y en 1860 en el Archivo Parroquial de Morovis. Esta última fuente se redacta al momento del bautismo, pocos días después de su nacimiento. La información del Censo no es precisa. Sus fuentes pueden haber sido la tradición oral y el recuerdo de personas vecinas o familiares, generalmente analfabetas, que no llevan un registro escrito de los nacimientos. La diferencia de cuatro años es mínima. Nos inclinamos por la fecha del Archivo Parroquial, puesto que, en la costumbre Católica, se acostumbraba a "cristianar" (bautizar) al recién nacido pocos días después de su nacimiento, en previsión de que no fuera a "morir moro".

Pero el dato más interesante de la historia de "Teya" consiste en que, al bautizar a sus hijos, Doña Eleuteria exigió que se les inscribiera con su apellido, Cabrera, cuando el que usualmente se escribe es el paterno, que correspondería a Ramos.

DOMINGO, 25 DE ENERO DE 2015

Hoy recibí llamada del Sr. Rafita Cabrera desde el estado de California, Estados Unidos, a eso de la 1:30 P.M. Deberían ser cerca de las 9:30 A.M. en ese lugar. Conversamos sobre los datos que ha recopilado sobre los dueños de Federico Nengobá. El encontró que uno de esos Cabrera había subido desde Ponce. Luego de haber pertenecido a Don Lorenzo Cabrera, Federico perteneció a su hija, Doña Rafaela De Jesús Cabrera Rivera[18]. Ésta luego contrajo matrimonio con Don José Barreras Martínez. En la conversación Rafita me ofrece el dato de que Venancio, el segundo hijo de Federico, tuvo nueve hijos en Jayuya. También me indicó que, aunque Eleuteria Cabrera Salgado casó con Don Basilio Suárez Ramos, los hijos llevan el apellido Cabrera Ramos, es decir, el apellido de ella y el de la madre de su esposo. Él es nieto de Aniceto Cabrera Ramos, padre de Rafael Cabrera Ortiz, padre de Rafael (Rafita) Cabrera Alicea. Damaris reside en Vega Alta, en una vivienda al lado de la antigua residencia de Eleuteria y está casada con Santiago Cabrera Cox. Los Cox son oriundos de St. Croix.

VIERNES, 27 DE FEBRERO DE 2015

---

[18] Cotejando la información ofrecida por el Sr. Rafael Cabrera Alicea sobre la supuesta propietaria del esclavo Federico, la información es incongruente puesto que Doña Rafaela De Jesús Cabrera Rivera aparece bautizada entre los años 1856-1858, por lo cual, es imposible que hubiese sido propietaria de Federico, pues este ya ha adquirido su libertad para esos años.

En la tarde recibí correspondencia de Don Rafael ("Rafita") Cabrera Alicea. Me envía información sobre la genealogía de su familia. Ahora puedo concretar la genealogía de Doña Eleuteria, puesto que no había podido entrevistar a sus descendientes.

MIÉRCOLES, 8 DE ABRIL DE 2015

En la tarde de hoy sostuve una conversación, vía telefónica, con el Sr. Rafael ("Rafita") Cabrera Alicea, que se encuentra actualmente en los Estados Unidos. Hablamos sobre temas relacionados a mi trabajo sobre Nengobá, al cual ya ha aportado valiosa información.

MARTES, 14 DE ABRIL DE 2015

Fui a la Casa Alcaldía de Morovis a realizar unas gestiones en la Oficina del C.R.I.M. Me atendió la Sra. María Cabrera Maldonado, hija de Alicia Maldonado Ríos y sobrina de Juan ("Toto") Maldonado Ríos. En una corta conversación, Marie me contó que, de niñita veía las películas donde se presentaban escenas sobre la esclavitud y los maltratos de que eran objeto, lo cual le encolerizaba. Era algo natural, porque ella aún desconocía que algunos de sus antepasados descendían de esclavos africanos. También me indicó que, durante la Administración Municipal del Hon. Alcalde "Junior" Russe y, siendo entonces el Prof. Jaime Collazo Morales, encargado de la Oficina de Asuntos Culturales, llegó a conversar, vía telefónica, con el Sr. José Roldán Cabrera.

MIÉRCOLES, 14 DE DICIEMBRE DE 2016

En la mañana me encontré con el Sr. Aníbal Cabrera Maldonado, cuyo vehículo se había quedado sin gasolina pero ya le estaban resolviendo el problema cuando me lo encontré. Decidí bajar hasta la residencia de su señora madre, Doña Alicia, a saludarla. De allí pasé a saludar a Don Cruz ("Chiro") Torres y a su esposa, Doña Rosa Cabrera. Me dijo, con gran pesar, que ya su señora venía mostrando síntomas de la enfermedad de Alzhéimer. Les pedí que me dejaran tomarles algunas fotos a ambos, a lo que accedieron gustosos.

De allí pasé a la residencia de su hija, Magaly Torres Cabrera, donde se encontraba con sus dos niñas, Emily Joan de trece y Jomaily de ocho. Les pedí que me permitieran fotografiarlas con el propósito de ilustrar la obra sobre sus antepasados, la familia de Federico Cabrera, Nengobá. Esas son las fotos que acompañan este trabajo.

MARTES, 6 DE MARZO DE 2018

Pasados los huracanes Irma y María en septiembre del año pasado, afectando los sistemas eléctricos y de Internet, nos vimos impedidos de realizar gestiones para la publicación de la obra. Una vez se restauró el servicio en el barrio en marzo de 2018, reanudé aceleradamente la preparación de los textos de mis obras para publicación por Amazon. Simultáneamente solicité al comercio moroveño y a algunas de mis amistades el respaldo económico para lograr mi objetivo de publicarlas. Tuve éxito en mi gestión y en pocos meses ya pude publicar mi tesis de maestría, 'La Tembladera' (Martínez-Torres, 2018a) y el primer volumen de lo que pretende sea un diccionario etimológico de la lengua Jíbara: *A Lo Sucu Sumucu', Raíces Mayas del Habla Jíbara,* Vol. I. (Martínez-Torres, 2018b).

MARTES, 11 DE SEPTIEMBRE DE 2018

He pasado los últimos seis meses sin descansar, puliendo las obras que ya he terminado. Hasta hoy, las obras publicadas son: *El Yacimiento de "La Tembladera": Primer Tratado de Arqueología Nativa* (Martínez-Torres, 2018a) y *A Lo Sucu Sumucu: Raíces Mayas del Habla Jíbara* (Martínez-Torres, 2018b) La tercera, *Federico Cabrera, Nengobá: Un Hijo de África en Morovis,* está en proceso de redacción y pulimento de su sección final: El Ensayo.

De inmediato iniciamos la revisión del texto de esta obra y rehicimos El Ensayo, para iniciar el proceso de 'maquetaje' del mismo. Esta labor la realiza el investigador y especialista en artes gráficas, Roberto Pérez Reyes, quien nos prologó nuestra obra más reciente, a la cual se alude arriba.

GESTIONES PARA ESCRIBIR EL PRÓLOGO

Ya adelantado el borrador del texto del trabajo, decidimos contactar una persona para redactar el prólogo al mismo. Como criterio principal se tomaría en cuenta el bagaje de investigación y conocimiento sobre las aportaciones de las etnias nativa y africana a nuestro acervo cultural boricua. De entre las investigadoras sobre el tema abordamos, en primera instancia, a la Profesora Norma Carrión Portela. Esta investigadora tiene amplia experiencia en la recopilación de la tradición oral en numerosas comunidades del país, ha realizado investigaciones sobre la herencia cultural de origen africano y europeo en pueblos que son considerados baluartes de nuestra cultura, como en Loíza Aldea, etc.

DOMINGO, 14 DE OCTUBE DE 2018

En la noche le cursé una llamada a la Profesora Norma Carrión Portela. En la misma sostuvimos una conversación sobre los trabajos que preparo y sobre la obra que se encuentra en sus etapas finales de redacción, *Federico Cabrera, Nengobá: Un Hijo de África en Morovis.* Le hice un resumen sucinto de la obra, con la esperanza de que aceptara escribirle un prólogo. Para mi agrado, la investigadora no puso reparos a la solicitud y se mostró entusiasmada por realizar esa valiosa aportación. Acordamos que tan pronto recibiéramos la 'prueba' del manuscrito, le haríamos llegar copia del mismo.

LUNES, 22 DE OCTUBRE DE 2018

Hoy llegaron dos 'pruebas' del escrito desde Amazon. De inmediato hicimos una lectura en busca de errores ortográficos y de composición para someterlas al artista gráfico para su incorporación. Esta labor tomó muchas horas. Una vez transcritas las correcciones en la prueba de repuesto, coordinamos con la Sra. Norma Carrión, para formalizar un encuentro, hacerle llegar una de las copias y discutir los pormenores del trabajo que le solicitamos.

SABADO, 27 DE OCTUBRE DE 2018

Redacto los últimos párrafos que serán incluidos en la sección de 'El Ensayo', sobre la figura de Venancio Cabrera, segundo hijo de Federico Cabrera, Nengobá.

MARTES, 30 DE OCTUBRE DE 2018

Preocupado por haber perdido la comunicación telefónica con el Sr. José Roldán Cabrera, el amigo de Jayuya, descendiente de Federico Nengobá, hice una visita a la Casa Alcaldía de Morovis. Allí labora una pariente suya, Doña María Julia Cabrera Maldonado. La han reasignado al área de Finanzas, donde pude hablar con ella unos momentos. Le mostré el borrador de la obra, que ya está en su fase de corrección de prueba. La tuvo en sus manos y noté que 'se le aguacharon los ojitos' cuando la vio. Me dijo que le interesaba aprender sobre sus antepasados. Le pedí de favor que si lograba investigar el número de teléfono de su pariente en Jayuya, que me lo informara.

De allí partí para el sector Patrón del barro Unibón. Allí saludé a Don 'Chiro' Torres y a su señora esposa, Doña Rosa Cabrera. Ellos son los padres de Magaly Torres Cabrera, la estudiante que hace ya veintiocho años me puso en contacto con el primer descendiente de Federico Nengobá que entrevisté en 1989. Magaly me narró las vicisitudes que pasaron sus padres, ella y sus niñas a raíz de haber perdido todos sus viviendas. Ya están reconstruidas y eso los tranquiliza por el momento, hasta que vuelva la nueva temporada de huracanes del año entrante. Les mostré el borrador del trabajo sobre su antepasado Nengobá y se mostraron entusiasmados de que la obra pueda salir a fines de este año. Don 'Chiro' me obsequió con una rica taza de café, la muestra por excelencia de la hospitalidad de nuestra gente. Conversamos sobre varios otros temas antes de despedirme hasta una próxima ocasión.

SÁBADO, 3 DE NOVIEMBRE DE 2018

Acordado para hoy en encuentro con la Profesora Norma Carrión Portela, viajamos hasta San Juan junto al Sr. Jorge Montes Martínez, artesano moroveño y pariente nuestro. Nos encontramos en la Librería Casa Norberto en Plaza Las Américas. Allí sostuvimos una amena conversación con la Sra. Carrión Portela. Le hicimos entrega de nuestra obra más recientemente publicada, *A Lo Sucu Sumucu, Raíces Mayas del Habla Jíbara, Vol. I*. La misma es lectura básica para comprender el capítulo final del trabajo sobre el esclavo moroveño, pues trata de la tradición oral recogida entre familiares del esclavo pertenecientes a la etnia nativa boricua.

Asimismo le dejamos copia de la 'prueba' de la obra a la cual le redactará el prólogo. Luego de un breve compartir nos despedimos hasta un futuro encuentro en que se le daría seguimiento al trabajo.

MARTES, 6 DE NOVIEMBRE DE 2018

A eso de mediodía realicé una visita breve a la Doña Alicia Maldonado Ríos. La misma fue con el propósito de identificar algunas de las fotografías que serían incluidas en la edición de la obra y a recoger otras más actualizadas de los familiares inmediatos. Su hija menor, la joven Aida Luz Ortiz, hizo acopio de las que guardaban en el álbum familiar y me mostró otras tomadas recientemente. Las mismas me las haría llegar por correo electrónico. Doña Alicia me obsequió con la tradicional tacita de café prieto y luego de conversar brevemente con algunos familiares que acababan de llegar de los Estados Unidos, me despedí.

MIÉRCOLES, 7 DE NOVIEMBRE DE 2018

Hoy viajé hasta el barrio Quebrada de Camuy, a la residencia del amigo Roberto Pérez Reyes, donde además de compartir con su familia, nos dedicamos a organizar el emplanaje de la obra, ubicando las fotografías que ilustrarán la misma. Esa labor finalizó a las 5:00 P.M.

JUEVES, 8 DE NOVIEMBRE DE 2018:

Hoy viajé nuevamente hasta Camuy. Trabajamos todo el día en el 'maquetaje' de la obra. Las labores concluyeron a las 5:30 P.M.

VIERNES, 9 DE NOVIEMBRE DE 2018

En horas de mediodía fui a la residencia de mi primo Gualberto Montes Martínez. 'Goguín', como le conocemos, está casado con Blanca Torres Cabrera, que viene siendo una de las tataranietas de Federico Cabrera. Blanquita nos ofreció información para completar el cuadro genealógico de su entronque con Federico, pues su señora madre, Doña Ceferina Cabrera Ríos, es biznieta de Federico. Sus tres hermanos varones son: Ramón, Porfirio y Martín. Los primeros dos ya fallecieron. Sus siete hermanas son: Isabel, Carmín, Antonia, Mercedes, Florinda, Zoraida, Pilar y Ana Milagros. A nuestra solicitud de fotografías sobre el grupo familiar, nos refirió a la joven Ana Milagros Torres, su hermana menor. Debido a que no pudo establecer contacto vía telefónica con ella, determiné reali-zar una visita personal a la residencia de su señora madre, en el barro Torrecillas de Morovis.

En horas de la tarde del mismo día me dispuse a localizar la residencia de su hermano menor, Martín Torres Cabrera, quien fue mi alumno en la clase de Ciencia Física en 1981. Intentaba abordarlo para solicitarle fotografías sobre su núcleo familiar. No había regresado de su trabajo, por lo que pospuse el encuentro.

SÁBADO, 10 DE NOVIEMBRE DE 2018

Entrada la mañana llegué hasta la residencia de Doña Ceferina Cabrera Ríos, la señora madre de Blanquita y Martín. Su hija Ana Milagros, la menor de los once hijos, es quien cuida de ella. Doña Ceferina muestra gozar de buena salud física pero le está afectando la enfermedad de Alzheimer. Ana Milagros se alegró de saber que pronto aparecerá la obra sobre la historia de su familia materna. En la breve conversación que sostuvimos pude aclarar la ascendencia que la conecta con Federico Nengobá. Doña Ceferina es hija de Don Justo Cabrera Ríos. Este, a su vez, es hijo de Pedro Nolasco Cabrera Salgado, uno de los hijos de Federico.

Me narra Ana Milagros que Don Justo era quincallero. En nuestros campos, la voz 'quincallero' es sinónimo de vendedor ambulante de ropa y telas, pero también tiene la acepción de aquél hombre que tiene hijos en varias mujeres y a veces ni los hijos conocen a su padre. Don Justo tuvo varias relaciones. Doña Ceferina es la única hija procreada en su pareja conyugal. Me dicen que Don Justo acostumbraba vestir muy elegantemente. Venía desde San Juan a visitar a su hija a Morovis. La esposa de Don Justo era Doña Genara Ríos. Genara carga el apellido de su señora madre, Doña Carmela Ríos, esposa de Pedro Nolasco. Por el dato, deducimos que se trata de una hija sin reconocer.

Figura 2.17. Familia Torres Cabrera: Arriba, de izquierda a derecha: Ceferina Cabrera, Ana Milagros, Pilar, Martín, Zoraida, Florinda y Mercedes. Abajo, de izquierda a derecha: Antonia, Isabel, Carmen Alicia, Blanca María, Porfirio, Ramón Candelario y Pedro Ramón Torres.

Ana Milagros no conoce muchos detalles de sus antepasados, por ser la menor y porque ya su señora madre no le puede dar detalles al respecto. Ella recuerda una tía que le llamaban Tía Clide, que debe ser Euclides, hermana de Don Justo. Esta es hermana, a su vez, de Manuel (Manoco o Mañoco), de Esteban, Juan, Pablo, Margarita, Asunción, Efigenia, Pablo, Carmen, Carmen Pequeña, Isabel y Colá (o Chola). Todos estos son hermanos de padre pero no de madre. Ana Milagros nos refirió a su hermano Martín, quien posee una fotografía del núcleo familiar compuesto por Don Ramón, 'Moncho' Torres, Doña Ceferina Cabrera y todo el cuadro de once hijos.

MIÉRCOLES, 14 DE NOVIEMBRE DE 2018

En horas avanzadas de la tarde abordé al Sr. Martín Torres Cabrera en su residencia del barrio Barahona de Morovis. Le mostré el borrador de la obra sobre su antepasado Nengobá. Se mostró interesado en la misma y sorprendido por mi interés en investigar sobre sus antepasados de la lejana África. Martín posee una foto de su núcleo familiar y va a hacer la gestión para lograr la aprobación de su familia para su inclusión en la obra.

JUEVES, 15 DE NOVIEMBRE DE 2018

Viajé hasta el barrio Almirante Sur de Vega Baja. En dicho barrio reside aún un núcleo amplio de descendientes de Federico Cabrera y María Salgado. Uno de los hijos de Federico, Eusebio, era propietario de varias cuerdas de terreno allí. Algunas de ellas fueron vendidas a particulares pero la mayoría las conservan sus descendientes en calidad de herencia.

La primera descendiente de Federico Cabrera que localicé en ese barrio fue a Doña Luz Eneris Sierra Cabrera. Ella es hija de Catalina Cabrera Maldonado. Su abuelo materno es José Cabrera Ríos, hijo, a su vez, de Eusebio Cabrera Salgado, uno de los hijos de Federico. Doña Luz no tiene muchos recuerdos sobre sus antepasados. Sí me sorprendió agradablemente su expresión en el sentido de que ella, aunque es de tez clara, no niega a su familia Cabrera de tez oscura, porque, en su forma de decirlo, "lleva su misma sangre en sus venas y esa es su familia". Ella me dio las instrucciones para llegar a la residencia de María Rivera Cabrera, la joven que yo había conocido en 1989, cuando había llevado a imprimir una de mis publicaciones a la Imprenta Lirio, donde laboraba en ese entonces.

Siguiendo sus indicaciones, pudimos localizar la residencia de Doña Lucila Rivera Cabrera, hermana de María. Ella es hija de Doña Patria Cabrera, quien ya falleció. Doña Patria es nieta de Eusebio, pues su padre, José Cabrera Ríos, es el mayor de su numerosa prole. Por ella me enteré de que Doña Patria y Doña Catalina, son hermanas, hijas de José Cabrera Ríos. Doña Lucila, cariñosamente conocida como "Lula", siempre había estado pendiente del desenlace de la investigación que yo realizaba y que le había comunicado su hermana María en 1989. Resultó sorprendida al ver que la obra sobre su tatarabuelo Federico ya estaba casi concluida. Me manifestó su gran interés por adquirirla e informárselo a los parientes que viven fuera del país.

Doña 'Lula' me narró varias anécdotas dignas de ser referidas en este trabajo. Una de ellas es que, como compartía frecuentemente con su abuelo materno, Don José, este le llegó a narrar eventos importantes de su historia familiar. Le mencionó que, entre sus recuerdos de niño, llegó a jugar con las monedas de oro que guardaba su abuelo Eusebio en un baúl. Su abuelo era un próspero agricultor y aparentemente, poseía una buena fortuna. La misma la dilapidó con mujeres y con un mecánico de automóvil que lo engañaba continuamente.

Figura 2.18. José Cabrera Ríos (en ambas fotos) y Luz Delia Bruno Cabrera, su nieta (en la foto de la izquierda).

Don Eusebio fue el primero que compró un Ford "de patita" en aquella localidad. Le decían así porque el encendido del motor era girando una manigueta que accionaba un magneto. El vehículo no traía bocina de fábrica. Contaba Don José que, cuando llegaban a una curva en la carretera, por lo estrecha, un acompañante debía bajarse para indicarle al chófer si no venía un vehículo en dirección contraria, para no encontrarse ambos automóviles en la curva. El mecánico lo estafaba diciéndole que le había reparado algunos defectos, pero en realidad le cobraba por la labor y el vehículo seguía de mal en peor.

Otra anécdota muy importante que le narró Don José fue que a Federico lo trajeron jovencito desde el África. Cuando llega a Puerto Rico, debido a que su corta edad no lo cualificaba para ser vendido como esclavo, el gobierno español lo recluía en la cárcel hasta que cumpliera la edad reglamentaria. Por esa razón, su propietario, Don Lorenzo Cabrera, va a la ciudad de San Juan a comprar esclavos jóvenes, como los que se recluían en las cárceles. (Otra tradición oral dice que fue a Ponce.) La razón era porque esos ejemplares prometían mayor rendimiento por su juventud y podían ser explotados como mano de obra por más tiempo que los esclavos ya maduros.

Figura 2.19. Las hermanas María Rivera Cabrera y Lucila Rivera Cabrera, tataranietas de Don Federico Cabrera.

Entre los datos que Doña Lucila escuchó de boca de su abuelito, Don José, estaba el de la gran longevidad de Federico, quien, según él le narraba, había vivido ciento trece años. No sólo que tuvo una vida tan larga sino que mantuvo todas sus facultades hasta el momento de su partida. Contaba Don José que Federico laboraba en su talita todos los días y que el último día de su vida trabajó como normalmente lo hacía. Luego se recostó a descansar en su hamaquita...

Otra anécdota curiosa que le narró Don José fue que su familia, que llevaba el apellido Cabrera, en realidad no debió llevar el mismo. Decía que su padre le dijo que el verdadero apellido de Don Federico era Nangobá, porque ese era el apellido que trajo del África. En una ocasión en que Doña 'Lula' pudo relacionarse con el historiador, Don Arturo Dávila, le comunicó a este el dato. Don Arturo se mostró interesado en la información y le comentó a Doña 'Lula' que ese podría ser un buen tema para una de sus 'columnas' en el periódico. Le prometió que investigaría pero, según alegó, nunca pudo encontrar nada.

Aún más interesante y significativo es el hecho de que, fue la misma Doña Lucila quien les comunicó a muchos de sus parientes del sector Patrón de Morovis lo del apellido de origen africano de Federico, cosa que ellos desconocían. (En este punto de la conversación tuve la duda de si su hermana, María, me había comunicado lo del nombre Nangobá o Mangobá, en 1989.)

Al mostrarle el borrador de la obra a Doña Lucila, ésta se emocionó y me manifestó su deseo de colaborar y compartir la información que conocía. En su alegría, contactó vía telefónica a su hermana, María, para que supiera de mi visita. Pero por causa de la hora avanzada de la tarde y debido a que atiende a su esposo, Don Domingo, que está encamado, quedamos en reanudar la conversación en una ocasión posterior más oportuna.

Al llegar a mi casa, busqué las notas del Diario de Campo de la Investigación e, indudablemente, su hermana María me había comunicado en 1989, que la tradición oral escuchada de su abuelo José hablaba de Mangobá. Es decir, que nuestra hipótesis de que una parte de la familia conservaba el nombre Mangobá y la otra el de Nengobá parece ser corroborada por la versión de Don Rosa Cabrera, sobrino de Eusebio, que decía que el apellido de Federico era 'Ma' o era "Ne'.

DOMINGO, 25 DE NOVIEMBRE DE 2018

Redacto los últimos párrafos a insertarse en la sección 'El Ensayo', referentes a Eusebio Cabrera, hijo de Nengobá y otros sobre la Familia Ríos.

LUNES, 26 DE NOVIEMBRE DE 2018

En horas de la tarde realicé una visita a Don Enrique 'Quique' Cabrera y a su señora esposa, Ana Hilda Méndez, en su residencia del sector Patrón del barrio Unibón de Morovis. Fui en busca de algunas fotografías familiares para ilustrar el trabajo. Quique me narró una anécdota sobre su tío abuelo Eusebio Cabrera. Narra Quique que esa era la persona más tacaña que él conoció. Como ejemplo de esa cualidad, cuenta que en ocasión de que su padre, Don Lencho Cabrera, le mandara a entregar unos garrafones de leche del ordeño a cierto lugar, le encargó que, de regreso, trajera pan. Una de las libras se la llevó Quique a Don Eusebio. Al llevársela a su pequeño cafetín, vio que un racimo de guineítos maduros colgaba en el lugar. Quique le preguntó a su tío abuelo que si podía tomar un guineíto. Eusebio le contestó en forma seca, con una dicción 'muy fina', como lo imita Quique, que esos quineos eran para venderlos. Quique le dio un puño al racimo y se desprendieron tres o cuatro guineítos, los que agarró y salió corriendo del lugar. No se detuvo en su carrera hasta que llegó al lugar que le decían 'La Cambímbora' y allí se los comió...

Luego de pedirle a un nieto de Quique y Ana que me copiaran una de las fotografías del matrimonio y que las enviara a mi celular, viajé hasta el colindante barrio Almirante Sur de Vega Baja. Regresé a la residencia de Doña Lucila Rivera Cabrera y Don Domingo. Llegaron unas amigas de la familia, la Sra. Blanca Ferrer y su hija fotógrafa, Lin Benítez. Doña Blanca me narró que desciende de los Ferrer de Peñuelas. Su señora madre, de apellido De Jesús, es natural de ese pueblo y es de extracción indígena. Cuenta que sufrió mucho discrimen racial por su tez oscura por parte de sus familiares blancos. Desde joven se mudó a residir en Chicago. Su madre les exigió que siempre hablaran español en el hogar. Cuenta Doña Blanca que un día se fijó en ese actor del cine norteamericano que tanto se parecía físicamente a su padre. Esperó a leer los 'créditos' de la filmación y el artista era el boricua José Ferrer. Ella sacó la cuenta de la edad que podía tener un hijo ilegítimo que había tenido su padre en otra relación y coincidía con las circunstancias de José Ferrer. Pero siempre mantuvo su duda de si ese sería su hermano, el que nunca pudo conocer.

Le pedí a Lin, hija de Doña Blanca, que copiara con su celular la fotografía donde aparece Doña Patria Cabrera junto a su esposo, Don Manuel Rivera Heredia, padres de Doña Lucila. Así lo hizo y me la envió a mi celular. La misma se incluye en este apartado.

MARTES, 27 DE NOVIEMBRE DE 2018

En la mañana de hoy viajé a Camuy, a la residencia del artista gráfico, Sr. Roberto Pérez Reyes, quien desarrolla la maquetación de esta obra. Trabajamos desde las 9:30 A.M. hasta las 5:30 P.M.

VIERNES, 30 DE NOVIEMBRE DE 2018

Continúe con la revisión de la obra y se localizaron fotografías adicionales a insertarse en el texto. En estas labores se invirtieron varias horas.

JUEVES, 6 DE DICIEMBRE DE 2018

En la mañana de hoy viajé a Camuy, a la residencia del artista gráfico, Sr. Roberto Pérez Reyes, quien desarrolla la maquetación de esta obra. Trabajamos desde las 10:00 A.M. hasta las 6:00 P.M.

SABADO, 8 DE DICIEMBRE DE 2018

En el día de hoy, la colega investigadora e historiadora, Sra. Norma Carrión Portela, nos hizo llegar el Prólogo para esta obra. Le hice arreglos en términos del formato y corregí algunos errores ortográficos que tiene el documento por haberse utilizado una PC con programa en inglés.

LUNES, 10 DE DICIEMBRE DE 2018

En la mañana de hoy viajé nuevamente hasta Camuy, a la residencia del artista gráfico, Sr. Roberto Pérez Reyes, quien desarrolla el maquetaje de esta obra. Trabajamos desde las 10:00 A.M. hasta las 5:00 P.M. Se insertaron nuevas fotografías y el Prólogo a la obra.

MARTES, 18 DE DICIEMBRE DE 2018

En horas de la tarde fui hasta la residencia de la Sra. Alicia Maldonado Ricios. Doña Alicia me mostró algunas de las fotografías de familiares, entre la que se hallaba su difunto esposo. Le pedimos autorización para incluirlo en la obra. Doña Alicia recordó sus años mozos cuando su señora madre, Doña María Ríos Agosto, debido a su dolencia de tuberculosis, fue recluida en el Sanatorio de Tuberculosos en San Juan. En esos años aún no se había descubierto el tratamiento de penicilina para tratar esas infecciones. Se optaba por colapsarle un pulmón a la persona, pues podía vivir con uno solo. Ese fue el caso de Don Ángel Rafael Cordero Abolafia, 'Kaplan', esposo de Doña Raquel Barreras Ibáñez, ambos amigos de la familia Maldonado Ríos.

Durante la reclusión de Doña María, Alicia fue a vivir a 'La Colectora', un arrabal de la Zona Metropolitana. Como dice ella: 'Yo era la cheche de la barriada, con mis dieciséis años... Y no era que me la pasaba 'cabreando' por allá. Es que esos lugares eran más sanos que ahora y se podía salir de noche a pasear y hablar con la gente. Esos lugares son muy peligrosos hoy en día."

Narra Doña Alicia que allí vivía José Miguel Cláss, quien después se coinvertiría en El Gallito de Manatí. José Miguel vivía con su padre, quien se dedicaba a sembrar maní y a tostarlo. José Miguel lo vendía en la puerta del cine, donde también brillaba zapatos.

Alicia recuerda que allí, a los diecisiete años, 'se fue' con Juan José Cabrera Ríos. Allí, en 'La Colectora', tuvo a su primera niña, María Julia. En Morovis tuvo a los otros tres: José Israel, José Aníbal y Carmen Alicia. Por asuntos que no quisiera ni recordar, su esposo fallece, en circunstancias que nunca se aclararon muy bien. De otra relación sentimental posterior tuvo a Aida Luz. Cargada de nietos, no ha perdido su actitud estoica ante los vaivenes de la existencia.

Me bebí el cafecito prieto y me despedí de Alicia y de su hijo mayor. De allí pasé a la residencia de Martín Torres Cabrera, a recoger una fotografía de su núcleo familiar. En la misma se encuentran sus once hermanos y sus 'viejos'. La misma integrará esta obra.

VIERNES, 21 DE DICIEMBRE DE 2018

En la mañana de hoy viajé a Camuy, a la residencia del artista gráfico, Sr. Roberto Pérez Reyes, quien desarrolla el maquetaje de esta obra. Trabajamos desde las 10:00 A.M. hasta las 2:00 P.M. Luego de esta labor se hará una impresión de prueba, añadido ya el Prólogo a la obra.

VIERNES, 4 DE ENERO DE 2019

A las 10:00 A.M. el cartero trajo la copia de prueba de la obra: Federico Cabrera Ma/Ne Ngobá; Un Hijo de África en Morovis. En esa misma tarde nos dedicamos a ir revisando el texto para ubicar errores ortográficos o de composición, previo a su edición final.

En horas de la tarde recibí llamada telefónica del Sr. Rafael 'Rafa' Cabrera desde California. Aproveché para solicitarle una fotografía de su señor padre y una suya, para incluirlas en la obra. Me las envió, además de una de sus dos hijos.

DOMINGO, 6 DE ENERO DE 2019

Trabajé varias horas en la corrección de la ortografía y en los cambios al formato que se le realizará a la obra.

Figura 2.20. Don Rafael (Rafa) Cabrera y sus hijos, Dayak y Yazmin.

LUNES, 7 DE ENERO DE 2019

En horas de la mañana continué la revisión del texto de la obra. Horas más tarde, bajé al barrio Patrón de Morovis. Fui hasta la residencia del Sr. Teodoro 'Cholo' Cabrera. Le solicité que me proveyera copia del artículo periodístico que me había mostrado un par de años antes, en el cual figura su padre, Don Dionisio Cabrera, en la foto de portada. Hice una copia fotográfica de un facsímil de la misma. Ante mi preocupación de la mala calidad de la impresión, me instó a que fuera a la residencia de su hermana, Ana Luisa, quien conserva un retrato de los dos viejitos en la sala de su casa. Les tomé fotografías para incluirlas en la obra. Don Dionisio es nieto de Federico Cabrera.

CONVERSACIÓN CON DON 'CHOLO' CABRERA

A sus ochenta y cinco años, Don 'Cholo' tiene recuerdos muy claros de sus familiares y de las historias que estos le transmitieron. El narra que su padre, Don Dionisio, que se crió en la hacienda de Don Emeterio Atienza, un 'corso' en Jayuya, que a ellos los echaban a pelear y el incentivo era un par de zapatos para el que ganara. Su papá participó de bastantes peleas en las que ganaba, porque esa la motivación para obtener algunas cositas que necesitaba. Cuando conversa, Don 'Cholo' se dirige a uno y le dice: "Te miro a los ojos" y continúa la narración. Esa expresión es como si me dijese: —No le miento en lo que le digo... Tiene recuerdos de su abuelito, Don Manuel Cabrera Ríos, que vestía elegante y quien solía colgarse el reloj y las llaves de la tiendita en una cadena de oro, bastante larga, cuando se dirigía a atenderla en la mañana.

Figura 2.21. Doña Ana Luisa Cabrera y su hermano, Don Cholo Teodoro Cabrera.

Recuerda a Alberto, el hijo de Severo De Jesús y biznieto de Joseíto Cabrera. Esta persona era muy apreciada por la familia Barreras, pues era un muchacho trabajador y realizaba labores agrícolas con mucha habilidad. Opina Cholo que, si Alberto hubiese tenido más capacidad, estuviera disfrutando hasta de una buena herencia de parte de los Barreras, porque ese muchacho lo criaron ellos. Por diversas razones se dio a la bebida y un día lo encontraron muerto en su residencia, aún muy joven, aparentemente víctima de un infarto cardíaco.

Cholo me señala por donde discurría el caminito de a pie por donde Joseíto transitaba en las tardes, para venir con su cojera desde su casa, a comer a casa de Don Manuel Cabrera, su hermano. Lamenta cómo la finca que era de Federico se fue desmereciendo al venderse el terreno a diez dólares la cuerda. Se lamenta del estado de abandono en que se encuentra la misma, que está arropada por la maleza en su mayor parte. Añora cómo su padre y su hermano mayor trabajaban la agricultura en esa finca de los Barreras en el barrio Unibón de Morovis. Esos hombres ya no se fabrican...

Ana Luisa me ofreció un traguito de café, que no lo podía despreciar y de allí pase al vecino barrio Almirante Sur de Vega Baja, a tratar de localizar un familiar de Doña Belén Cabrera, nieta de Federico, que conservara una foto de la anciana, para incluirla en la obra.

Me detuve a preguntarle a los vecinos de la localidad para que me ayudaran a localizar a los familiares de Doña Belén. La casualidad fue que me detuve frente a la residencia de una nieta de Don Ismael Cabrera, biznieto de Federico Cabrera. Doña Sonia Robles Cabrera y su esposo me orientaron. Pasé a otras residencias de la localidad, donde me pidieron mi número telefónico para enviarme vía Internet cualquier fotografía que se pudiese obtener entre los familiares de Doña Belén.

En horas de la noche recibí una llamada del Sr. Roberto Robles Cabrera, hijo de Doña Belén, a quien le expliqué los motivos que tenía para obtener una foto de su señora madre. Este accedió a enviármela de inmediato. Me pareció extraordinariamente curioso el hecho de que concluía el acopio de información con el retratito de la primera de las personas de la Familia Cabrera que había intentado entrevistar al inicio de mi investigación, en 1987.

MIÉRCOLES, 9 DE ENERO DE 2019

En horas tempranas de la mañana me encontraba dedicado a la corrección de los errores ortográficos de la primera Entrevista a Doña Rosa 'La India' Ríos Agosto. Cuando revisaba la sección en la que ella me canta una nana en la lengua nativa, 'se me pararon los pelos' cuando pude notar que ella me había dictado dos veces la canción, pero en ambas ocasiones, añadió dos frases que me habían pasado desapercibidas. La experiencia la narro en detalles en la sección 'El Ensayo', para no ser repetitivos. La misma se titula: 'Rosa Me Cantó Un 'Lullaby' Jíbaro En Lengua Nativa'.

JUEVES, 10 DE ENERO DE 2019

En la mañana de hoy viajé a Camuy, a la residencia del artista gráfico, Sr. Roberto Pérez Reyes, quien desarrolla el maquetaje de esta obra. Trabajamos desde las 10:00 A.M. hasta las 7:00 P.M. Esta es la conclusión de las labores conducentes a la edición de esta obra.

Con estas gestiones finalizo la investigación que se concretiza en la obra presente.

Parte III

Entrevistas

Familia Torres Cabrera

Ismael Cabrera Vázquez

Ramona Cedeño Morales

Rosa Cabrera Cedeño y Cruz Torres Ramos

Magaly Torres Cabrera, Emily Joan y Jomaily

ENTREVISTA #1

(ENTREVISTA[19] GRABADA A DON ISMAEL CABRERA POR SU NIETA, MAGALY TORRES CABRERA, BARRIO PATRÓN, MOROVIS, PUERTO RICO, 22 DE AGOSTO DE 1989)

I.C. - Mi linaje empezó desde Federico Cabrera... entonces... Federico Cabrera, el papá de Joseíto... Joseíto. Federico vino, pues, vino del África. Entonces, al venir de allá pues vino como... como... la palabra es esclavo. Así es, una tontería... pero lo mencionan como "eso", verdá... Y de ahí siguió toda la familia y los hijos eran... (*Se corta la conversación.*)

(Federico no era Cabrera.) Adoptó ese apellido. Antes, pue... adió... se me olvida... porque dice Nengobá. De él, de su sitio, de adonde vino él. Pues entonces, los que lo adoptaron, pues le cambiaron el apellido de los que lo criaron ahí... El apellido entonces fue Cabrera. Advino a ser Cabrera. Entonces, ese Cabrera... entonces ahí sigue... Eusebio Cabrera, los hijos que yo conocía... los hijos de él... los mayores eran, pues, mi abuelo, Manuel Cabrera... Mi papá era hijo de Manuel Cabrera... nieto de Federico. El papá mío es Inginio Cabrera, nieto de Federico Cabrera... entonces al ser...vamos a seguir... Inginio Cabrera, nieto de Federico, que es mi papá: Inginio Cabrera Ríos. Y yo soy su hijo. Me llamo Ismael Cabrera Vázquez, bisnieto de Federico. Pues, ahí sigue los...

M.T. - ¿No conoció a Federico usted?

I.C. - No, no muchacha... De ese siglo sería... sabe, porque él tiene como cien años de muerto... no... ¡Ah, tiene...! Y de ahí vino esa generación...

M.T. - Ustedes vienen de Jayuya... ¿Cómo fue que vinieron a parar acá?

I.C. - ¡Ah! Porque nosotros fuimos a parar a Jayuya porque mi abuelo se fue de aquí, de esta finca, que pertenece a Morovis, barrio Patrón, Unibón... y se fue a una hacienda de español, de un español. Y allá él era un mayordomo... Mi abuelo... de las fincas esas grandes que tenía ese español que era Emeterio Atienza. Emeterio Atienza era un español; allá vivimos todo el tiempo... Agüelito vivió... que era el hijo mayor de... Federico era mi bisabuelo, el abuelo de mi papá.

M.T. - Su mamá, según usted menciona, era de descendencia española...

I.C. - ¡Sí, de linaje española, sí! Mi mamá era... tiene, como dicen, no sé... "media sangre"... o era nieta de algún español, o lo que era, la cuestión es que ella tenía una parte de española... que el papá de ella se lla-

---

[19] Se utilizan las siglas M.T. para el nombre de la entrevistadora y las I.C. para las del entrevistado.

maba... que ella nos lo decía... eh... ella... el papá se ñamaba Juan Vázquez... de mi mamá. Y la mamá de mi mamá era Inocencia del Río. Mamá luego nos decía eso de muchachos... y por ahí siguió. Y ahora, pues, si seguimos la generación, pues los hijos míos ahora son... los varones cargan el apellido Cabrera.

Figura 3.1. Don Severo De Jesús Cabrera.

M.T. - Esos son tátara, tátara, tátara...

I.C. - ¡Sí, son chojnos! Hay nietos, biznietos, tataranietos, y chojnos. Y no hay más nada...

M.T. - Un punto muy importante que usted menciona ahí es el de Nengobá...

I.C. - ¡Ah, el apellido! Sí, era de allá. Porque era una gente que divan de allá, los españoles, no sé quién. Y ellos se arrimaban, creo a la orilla de la playa... y ellos se los robaban... los españoles... Y que les enseñaban y

que banderitas. Era lo que decía la gente... coloraítas... Y a ellos les gustaban y ahí se los robaban y se los traían... Los vendían acá a los ricos, a los españoles... Y de esa misma familia de color... la sangre es igual... pues, hay familiares ligaos con los españoles... de esa familia es. Pero yo creo que en Puerto Rico no fue este señor Federico Cabrera esclavo nada más. Habían máj y aquí están ligaos...

M.T. - ¿Cómo se repartieron por Puerto Rico?

I.C. - ¡Ah! Pues aquí... de los hijos de Federico... pues vivía Eusebio Cabrera... ahí... que tenía una pertenencia de tierra que le tocó a Federico, porque Federico llegó a ser dueño del puente pa' ca'... con todo, cogiendo el río, parejo, parejo... Y el siguió... completo, desde el puente, con pareles ahí, cogiendo las guardarrayas estas, me decía agüelito. Cogía tos esos lados, to' esto cogiendo el río hasta por toas esas... por ahí pa' llá... Fue dueño Federico. Entonces, pue, ¿cómo se siguieron esparciendo? Entonce, pue... este... que yo conozca... el único que salió de aquí permanente, desde muy temprana edad, me supongo que era mi agüelo, Manuel, que cogió pal' centro. Entonces, los demás... este... el papá de Lencho... Pascual Cabrera, vivía ahí...a donde está Quique, pa' rriba. Ahí era de... le tocó la pertenencia a Pascual que es el padre de Bernardo Cabrera y de Lencho: Pascual.

Y abajo era... onde vive Severo, vivía Joseíto, que era cojito. Y Pedro, de esos son hijos de Eusebio... de Federico. Esos eran los primeros, la segunda generación... los hijos de

Federico... Lencho, Bernardo, Rosa Cabrera... eran nietos de ese señor, de Federico.

Y ahí, entonce, si se sigue mencionando... pues de los mismos que se han criado aquí ya uno ni los conoce... porque ya salieron "a la parte afuera", como se dice. No aparecen con esos apellidos, a menos que no hayan cogido por parte de los padres... Entonce era una que le decían, este... la madre de Rosa era Cabrera también... que Rosa es nieto y la mamá es hija de Federico, hermana de Eusebio y de Joseíto y de Pascual y de Manuel Cabrera. Entonces había otra que le decían Romana, dos hermanas, y las que decían "las güares", hija de Federico también. Mi papá, Inginio, era nieto de Federico.

Decían que salía una luz interna en los ríos... así nada más... y nada más... y que salía pero no sabían lo que era. A veces decían también que era y que un muerto que había quemao una cruz y que andaba buscando las cenizas... Así decían. Que esa luz que salía era y que un muerto que lo hacían que buscara, porque había quemao una cruz y estaba río arriba y río abajo dispués que murió... ¡Mire qué cosa! Eso lo decían antes, que yo lo oí. Entonces mi suegro, Félix Cedeño, me decía que, eso sí, que él lo veía. Que él salía desde el centro con un compadre de él que se llamaba Bautista Nazario, desde Jayuya, a coger café a La Jagua de Ciales, que había grandes cafetales y se venían acá a coger café porque había mucho café y lo pagaban bien... y ellos salían al oscurecer... a pie pa' quí, pa' Ciales, pa' una parte que le decían La Jagua, a pie porque no tenían calor... y donde quiera que venían, me dice

Félix, que veían vacas ordeñando, establos... se les aparecían esas cosas... Pero no eran personal vivo... como una apariencia... (*Yo creo que ese era Satán.*)

Entonce, pue, caminaban... Entonces el otro compadre, Bautista le decía: ¡Ay, compay, mire pa' ahí... yo no resisto esto! Y le decía: ¡No se apure! Y seguían hasta que llegaban acá. Entonces, cuando estuvieron toda la semana, pues volvieron y regresaron a Jayuya, siguió apareciéndose... este... le hacían aguaje... y toda la orilla de la carretera y veían lo mismo: como establos ordeñando vacas, y seguían con la misma cosa, hasta que en una pared se le aparece y que un fantasma, dice Félix. Me decía el... Que el sombrero de ese hombre, como aparentando un hombre pero como un fantasma, con un sombrero grande, en una pared bien alta en ese sitio de Ciales... cuando luego van para Jayuya por la carretera vieja... en la pared... pero no parado... pero encima de la pared no... como pegado así... con los pies así en la pared, no parado arriba sino pegado así, como para tirárseles encima... Y ahí fue que tuvieron que correr... Eso me lo decía Félix Cedeño... esa historia oí yo de antes.

ENTREVISTA #2

(ENTREVISTA[20] GRABADA A DOÑA RAQUEL BARRERAS IBÁÑEZ, 3 DE SEPTIEMBRE DE 1989)

Por:

Roberto Martínez Torres

Figura 3.2. Doña Raquel Barreras Ibañez.

R.M. - Raquel, háblame de la descendencia de Federico Cabrera...

R.B. - José era hijo de Federico... Eusebio, Manuel... y había otro José más. Manuel fue el que desapareció en Jayuya... Pascual y Pedro... María, Romana, las güares... Había dos José; Joseíto y otro más. Había otra

que se llamaba... Pérate, deja ver si me acuerdo... Si no me acuerdo, yo le pregunto a las muchachas... a las Cabrera, porque ellas vienen a menudo. Déjelo así, pero yo creo que hay otra más.

Eusebio es el mayor... La verdad que yo no estoy segura de cuál es el mayor... pero Joseíto no... Yo tengo un retrato de Pascual, magnífico, y uno de José... Un retrato magnífico, que está con un primo mío que era ministro... Sí, Pascual...

Joseíto era el más amigo de aquí. Joseíto siempre estaba metido aquí, venía aquí a menudo y la descendencia de Joseíto. Nosotros criamos a Alberto, que es nieto... Los hijos de José llenan cinco páginas, porque si... Porque eran por un lado y por el otro... Porque tenía su esposa, que se llamaba Dolores... Y tenía más hijos, sí, tenía más. Todavía tiene vivo unos cuantos: Belén, Chelo, Tite, Benita, Víctor, Severo... que no eran de Dolores todos... Eso es para el consumo suyo... Eusebio tiene un montón...

---

[20] Se utilizan las siglas R.M. para el nombre del entrevistador y las R.B. para las de la entrevistada.

Figura 3.3. *Joseíto Cabrera con su ye-güita Paloma.*

De Pascual: Natividad, Polonia, Elisa, Lorenzo, Bernardo... Modesto... se murió. Raúl, Evangelista. El otro... ¿Cómo es que se llama? Rosa es hijo de Josefa, la que yo le decía Tía Sefa, hija de Don Federico "el viejo"... Josefa. Josefa, Romana, María... Hay otra más... Hay como dos más... dos hijas más... Yo le voy a averiguar. Yo le voy a averiguar con las Cabrera, porque Lencho está en los Estados Unidos. De Pascual: Natividad, Polonia, Elisa, Lorenzo, Bernardo, Modesto, Raúl, Evangelista... Son más, hay más... Se han muerto algunos de ellos, claro. Evangelista no era de Pascual, no. Evangelista era de Bernardo, el hijo de Pascual. Evaristo es hijo de Tía Sefa.

R.M. - ¿Por qué le decías Tía Sefa?

R.B. - Pero Ismael es nieto de Manuel Cabrera... ¿Verdad? ¿Manuel lo puso ahí también? Ah, la línea de... Manuel era Andarín, que salían sin rumbo a andar por el mundo... por el país... pero se desapareció luego.

De Eusebio... Julia. Julia no es hija... Juan José, porque Eusebio se casó dos veces. Todos ellos se quedaron aquí, menos Manuel que se fue... Manuel después se fue porque ellos iban... como ellos llamaban, "al Centro" a coger café... y entonces, en una de esas, él se quedó. Todos los Cabreras iban a coger café... Mucha gente, no ellos sólo. Iban "de la bajura", como ellos decían, verdad, e iban al centro, allá... a Jayuya... a coger café... a Ciales y Jayuya, en una temporada, en la temporada del café. Mientras, se dedicaban a las fincas acá... a la agricultura general. Todos fueron a permanecer allá durante la siembra...

Las mujeres no. Estas permanecían y no iban hasta allá. Pero, por ejemplo, María se fue y viajó muchísimo y trabajó por San Juan. Fue la menos que vivió por acá... Era muy estilizada... ¡Ay, caramba...! ¿Cómo es que se llamaba la que vivía ahí... una hija de Pascual que vivía ahí en "El Monte de las Brujas"?

R.M. - ¿Qué es eso de "El Monte de las Brujas"?

R.B. - El Monte de las Brujas es por donde era la cárcel antes, en Corozal, que ahora es el garaje de las guaguas escolares... y eso... Ese era "El Monte de las Brujas".

R.M. - ¿Ustedes vivían por ahí o tenían finca por ahí?

R.B. - No, no. Mi mamá era de Corozal. Y mi mamá, cuando se casó, a donde fue a vivir fue a Padilla. Allí nacieron los cinco mayores. Pero no se preocupe, que yo le busco los nombres, completos y todo... se los busco... Lencho, hijo de Pascual. ¡Y fíjese, que les ponían los nombres de los dueños...! Don Lorenzo Cabrera era el abuelo de Papito, Don José Ramón Barreras Cabrera, y Lencho se llama Lorenzo Cabrera.

R.M. - ¿Usaban el mismo nombre de

los amos?

R.B. - ¡Sí! La mamá de Don Pepe Barreras se llamaba Rafaela Cabrera... y me dice Lola Cruz que el documento que ella encontró de la primera esclava que hubo en Morovis se llamaba Rafaela Cabrera... Me dice Lola Cruz...

R.M. - ¿Pero ella te estaba diciendo que esa fue la primera?

R.B. - ¡No, no, no! Que era la primera esclava que inscribieron en Morovis. La esposa legítima de Don Lorenzo Cabrera era... Don Lorenzo era el papá de Doña Rafaela Cabrera, que era la mamá de Papito. Esa es la línea directa, la descendencia. El esposo de Doña Rafaela Cabrera era Don José N. Barreras Martínez.[21]

Figura 3.4. Don José N. Barreras Martínez.

R.M. - ¿Don Lorenzo fue el que tuvo los esclavos?

R.B. - La familia. Don Lorenzo y la familia. Yo no sé si eran los padres... Pero Palmira debe saber, porque el papá de Palmira se llamaba Tito Cabrera, se llamaba Lorenzo Cabrera también. Don Lorenzo era el papá del papá de Palmira y ambos se llamaban Lorenzo. Le decían Tito al papá de Palmira. Horacio debe saber algo... Horacio viene mañana. Palmira debe tener mucho de la genealogía de eso también...

R.M. - ¿Cuéntame lo que te contaba Joseíto?

R.B. - Joseíto... Él decía siempre... que los amos eran muy buenos, que nunca los trataron como esclavos... Claro, servían como sirve to' el mundo y servían en sus tiempos...

R.M. - ¿Sería posible que Federico tuviera hijos aun cuando era esclavo?

R.B. - Ahí yo no sé... Pero Palmira puede saber. Yo voy a ver si la consigo esta noche. Yo lo llamo a usted.

R.M. - Entonces, Raquel... Tú me dices que Joseíto lloraba... ¿Por qué?

R.B. - Lloraba porque era un baldón para ellos haber sido esclavos

R.M. - ¿Qué es un baldón?

R.B. - Un baldón, una carga... un deshonor, una vergüenza. Se sentían humillados... Él decía: "Eso fue terrible". Haber sido su familia esclavos... Y lloraba... Entonces... Este muchacho[22]... le dije yo: —¿Y por qué tú fuiste tan atrevido que fuiste a donde Rosa...?—. Rosa estaba bien enfermo... Rosa era hijo de Josefa... Rosa y Evaristo.

---

[21] Nombre que lleva la Escuela Segunda Unidad Barrio Unibón de Morovis, Puerto Rico.

[22] El entonces joven Luis Raúl Albaladejo, hoy licenciado en Leyes.

R.M. - Pero lo que yo veo es que no hay una correspondencia entre lo que él mismo decía y lo que decía de que eran buenos amos...

R.B. - Pero usted sabe... quizás ellos no se lo decían... pero... ¿Cuántas cosas les hicieron a los demás que ellos se sentían tristes? Por ese mal trato fue que hubo levantamientos. Fue una pena que Joseíto muriera... que él tenía su mente tan clara... Y mi primo, que era el que siempre estaba ahí... Ellos trabajaban también con los Martorell.

Ángel Rafael tiene una anécdota bonita sobre eso. Pues trabaja en la... Ángel Rafael trabajaba en la Corte y Luis era Juez. Y entonces, cuando iban a cerrar por la tarde, llegó Joseíto, que conocía a Rafael porque estaban relacionados con nosotros... Y Joseíto era el más de aquí... el más de todos, yo diría. Y entonces, dice Cordero, que llegó Joseíto y le dice que iba en la yegua blanca que usted vio en aquel retrato... y él había perdido... en la Hacienda Esperanza de Utuado... entre Utuado y Lares y Arecibo creo que era... Pues la Hacienda Esperanza de los Fuster... Decía él que había perdido una pierna en un accidente de trabajo o en algo, porque ellos se dedicaban a ir a esas fincas a trabajar ya después de viejos... Entonces Don Luis le dijo: ¿Pa' donde tú vas, Joseíto? Y Joseíto le dijo: —Yo voy pa' la Esperanza en la yegua blanca. Y Luis le dijo: —¿Y a esta hora? Ten cuidado que tú sabes que por ahí hay un camino malo y a esta hora va a estar bien oscuro. —¡Ah, Don Luis...—. Niño Luis...! Ellos le decían "Niño" a todo el mundo... —Niño Luis, si yo tengo "un lebrillo"... Y sacó un cuchillo así de largo. (*Señala medio brazo*.) Y que Luis le dice: —¡Muchacho, esconde eso, que yo soy el Juez y te tendría que detener...! Entonces él metió "el lebrillo" envuelto por dentro de la camisa y se fue... Y Ángel Rafael contaba eso...

Figura 3.5. Don Ángel Rafael 'Kaplan' Cordero Abolafia.

Siempre tuvimos buenas relaciones. Cuando vinimos a vivir aquí, lo primero que nos trajeron fue esa palmita y una mata de sanguinaria. Un día, cuando vino "Toto"... vive ahí... es hijo de Evaristo, nieto de Tía Sefa... él se llama Juan... Juan Maldonado... Del nombre ese Nengobá nunca llegué a escuchar...

(Nota: A mi pregunta sobre cómo fue que los Cabrera obtuvieron las tierras que hoy ocupa la familia, Doña Raquel fue evasiva e hizo una larga digresión, pero no me contestó la pregunta en específico.)

ENTREVISTA #3

(ENTREVISTA GRABADA A DON ISMAEL CABRERA, 1 DE NOVIEMBRE DE 1989)

Por:

Roberto Martínez Torres

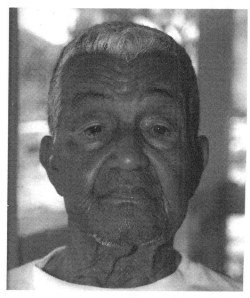

Figura 3.6. Don Ismael Cabrera Vázquez.

R.M. - Yo lo que quería saber era... usted me dijo que se había criao con su abuelito, Don Manuel...

I.C. - Era mi abuelo, sí.

R.M. - Porque usted quedó huérfano, porque Don Inginio murió...

I.C. - Sí, sí.

R.M. - ¿Entonces usted fue pequeñito a criarse a la casa de su abuelo?

I.C. - No muy pequeño... de una e-dad de... que yo me acuerde... pues fui allí de una edad de 12 años.

R.M. - Doce años... Estaba mucha-cho, ya grande... Tenía conocimien-to...

I.C. - Sí, sí. Ya estaba muchacho, ya de conocimiento, sí.

R.M. - Además de Don Manuel, ¿Us-ted llegó a conocer a la esposa de Don Manuel...?

I.C. - Sí, mi agüela...

R.M. - Abuelita... ¿Recuerda el nom-bre de ella? ¿La esposa de Don Ma-nuel?

I.C. - Este... sí, que era mi agüela... Fela Ríos.

R.M. - ¿Felicita? ¿Fela? ¿Le decían Fe-la?

I.C. - Sí, Fela.

R.M. - Pero, ¿Doña Fela era de Moro-vis? ¿Él fue allá a Jayuya con la espo-sa o él se casó en Jayuya?

I.C. - Este... Manuel Cabrera era de aquí...

R.M. - ¿Nació aquí? (*En el barrio Pa-trón.*)

I.C. - Ajá. Pero no sé si él... porque él tuvo dos matrimonios... No, no, per-dón. No sé si él se casó en Jayuya o fue casado de aquí... ve? Ah, no sé, no sé explicarle.

R.M. - ¿Pero conoció a Doña Fela? ¿Conoció a su abuelita?

I.C. - Sí, conocí mi agüelita, sí.

R.M. - Y además de Don Inginio... ¿Don Inginio era hijo de Doña Fela?... ¿O eso no...?

I.C. - Sí, Eran dos esposas, fíjese... de Manuel Cabrera... Las tenía en la casa a las dos...

R.M. - ¿Al mismo tiempo?

I.C. - Al mismo tiempo... Una Fela y otra Fidela... dos hermanas.

R.M. - ¡Ah!, eran hermanas, del mismo apellido... ¿Es curioso verdad?

I.C. - Es curioso... (*Ríe.*)

R.M. - Pero en ese tiempo esa práctica era bastante común... Yo he escuchado de otros casos...

I.C. - ¿Sí?

R.M. - Sí, ese tipo de forma... bueno, era otra época distinta.

I.C. - En esa época... era la cosa así...

R.M. - Entonces Don Inginio era su papá, pero usted tuvo más tíos... ¿El tuvo más hijos?

I.C. - ¿Quién, él? ¡Ah, tuvo más hijos! ¡Ah, muchos que tenía!

R.M. - ¿Recuerda los nombres de algunos?

I.C. - Me puedo acordar de algunos y muchos no los conocí. Conocí hijos de él: Dionisio Cabrera, Manuelito Cabrera... conocí también otro tío José y le decían José Ríos, porque como eran de dos esposas... pues era de la otra... hijos de él...

R.M. - Ajá. Eso es importante. Había unos que eran Cabrera Ríos y otros que llevaban el apellido de la mamá solamente...

I.C. - No, todos llevaban el mismo apellido de Cabrera, sí.

R.M. - Pero ese José Ríos? ¿Por qué llevaba ese apellido?

I.C. - Porque los distinguían, porque había otro mismo primo de ellos que era Cabrera Ríos también y los distinguían entonces, pues, sí.

R.M. - ¿Alguno otro además de Inginio, que era su papá... muchachas, había muchachas?

I.C. - Sí, habían. Catalina Cabrera. Todas esas eran hijas de él, pero la mamá de Catalina era la hermana de la esposa principal.

R.M. - ¿De Fidela entonces?

I.C. - Sí, Ajá, sí... Y está Pablo Cabrera Ríos, de la segunda esposa... Fíjese, que nacían casi uno... casi a la vez...

R.M. - ¿Pero él llegó a tener matrimonio oficial con Fela?

I.C. - Sí, con Fela. Esa era la esposa principal, como se dice.

R.M. - O sea, que si se casó por la Iglesia... y se casó en Morovis... Pero si se casó en Jayuya yo tendría que ir a Jayuya.

I.C. - Jayuya, ahí se quemaron muchos papeles...

R.M. - ¿En la Iglesia?

I.C. - Sí, eh... No sé si fue el Registro Demográfico...

R.M. - ¿Se quemaron en Jayuya?

I.C. - Se quemaron muchos papeles...

me dijeron, sí (*Digresión.*) Esta Julia... de Manuel. Esa es de la principal, de mi agüela, tiene ya 90 años. Está ahí en... Bayamón, con una hija...

R.M. - ¿90 años? ¿Estará lúcida? ¿Está consciente?

I.C. - No, ya casi no conoce. Hay veces que voy allá y no conoce. Está Vicenta Cabrera, de la segunda esposa... la hermana de mi agüela; que hoy la estaba viendo... está grave... en Vega Baja... Muchos tíos que murieron antes... esos yo no los conocí... Que le decían a uno Gerardo, Miguel Cabrera... Esos eran de la primera esposa... Miguel, Gerardo...

R.M. - ¿De Doña Fela?

I.C. - Doña Fela... Serafín Cabrera, de la segunda esposa... ¡Oiga, eso era terrible! ¿Sabe?

R.M. - Doña Vicenta, la de Vega Baja, ¿Está consciente?

I.C. - No, ya no conoce... hoy la estaba visitando...

R.M. - ¿De edad avanzada?

I.C. - Tiene 93 años, casi de la misma edad de la otra... (Digresión.) Pues sí, y está Matilde Cabrera... de la segunda esposa...

R.M. - ¿En Jayuya o por acá?

I.C. - No, este... Matilde está en Estados Unidos, y está América, de la segunda esposa... Porque ellos nos iban diciendo después cuáles eran de una y cuáles eran de otra... nos explicaban... y me acuerdo, verdad. Y ahí... ¿Yo le dije a Pablo?

R.M. - Sí, Pablo Cabrera Ríos, hijo de Fidela, ¿Verdad?

I.C. - Pablo tiene 70 años y era el más nuevo, ahí estoy en una duda... de quién era Pablo... ¿Sabe?... Vive en San José.

R.M. - Yo le iba a preguntar... Cuando Don Manuel hacía esas narraciones... Esas historias que le contaba de lo que Don Federico le había explicado a él; porque Don Federico le tiene que haber contado muchas cosas... de esa época... de "cuando vino de allá"... que usted le contaba el otro día a la nena... a Magaly... esa narración, la de las banderitas colorás, que me mencionó a mí también... ¿Usted lo escuchó de la boca de Don Manuel... Don Manuel mismo se lo contó?

I.C. - Sí, sí, sí, sí, sí. Lo decía sí, lo decía. Iban y vían esos muchachitos. Iban y se los traían. Eso era lo que decían... Yo no sé si estoy diciendo... Yo no puedo eso... ¿Ve? Porque... yo no puedo hablar mentiras, sí.

R.M. - Claro, eso está claro. Pero, ¿En algún momento le dijeron que a Federico lo trajeron pequeño? ¿Él vino pequeño acá?

I.C. - No sé a la edad que vino.

R.M. - Pero sí se hablaba de que vino "de allá".

I.C. - Eso se hablaba, sí. Eso se hablaba. Eso se hablaba, porque... no se puede negar... porque... a donde él vino, que eran Cabreras, pues le pusieron el apellido Cabrera a él...

R.M. - ¿Pero usted oyó mencionar que él (Federico) vino "de allá"?

I.C. - ¡Sí, sí, sí!

R.M. - Entonces es ahí la leyenda de que a los niños chiquitos les enseñaban las banderitas colorás...

I.C. - ¡Sí, sí!

R.M. - Entonces, el nombre aquél que usted mencionó en la entrevista y que me lo dijo después... ¿Nangobá o...?

I.C. - Nangobá.

R.M. - ¿Eso lo escuchó usted allá en Jayuya, cuando le contaron esa historia?

I.C. - Eso lo escuché... lo oí decir.

R.M. - ¿Don Manuel no le dio ese detalle? ¿Recuerda dónde escuchó el detalle?

I.C. - No, no, no. No me recuerdo. Y eso lo oía yo después... no va tanto tiempo tampoco... Yo no sé cómo sabrían esas personas ese apellido... Lo oía mencionar.

R.M. - ¿Lo oía mencionar entre familiares suyos?

I.C. - Sí. Sí.

R.M. - Porque personas, acá en Patrón, oyeron hablar de ese nombre, de la familia... (*Disgresión*)... Pero le voy a hacer una pregunta un poco delicada... porque quería estar seguro si es verdad o no es verdad que algunas personas usaron ese nombre Nangobá como... para hacer sentir mal a los Cabrera... como un mal nombre... ¿Se ha usado así en algún momento?

I. C. - Yo creo que no... No era interesado como en hacer daño...

R.M. - ¿Pero tampoco era usado como una "flor"?

I.C. - Sí, sí.

R.M. - ¿Podría interpretarse por algunas personas como una ofensa? ¿O usted no tiene conocimiento de eso?

¿Qué se haya hablado de un Cabrera-Nangobá como si fuera insultándolo...?

Figura 3.7. Concepto artístico del rapto de niños (as) en las costas africanas.

I.C. - Sí, entiendo, entiendo.

R.M. - (Digresión.)

I.C. - En otras palabras, le podría decir, maestro, en esta tarde, que lo más relacionado cuanto al apellido ese, es como usted dice... Rosa, que vivía ahí, que esos se enviaron aquí... y él decía que llegó a conocer al agüelo, que vivía por allí adelante...

R.M. - ¿A Don Federico?

I.C. - ¡Sí!

R.M. - ¿Rosa era hijo de Pedro? ¿De una muchacha?

I.C. - De una hija de Federico... De una hija porque Rosa es Maldonado Cabrera, porque el papá es Maldonado... porque yo hablaba con él.

R.M. - ¿Rosa sería hijo de Josefa?

I.C. - Creo que sí, sí. Y Josefa era hija de Federico. Lo que quise decir que... mi papá era nieto de Federico Cabrera y yo soy biznieto... Y Rosa era nieto también...

R.M. - Encontré a Federico Cabrera casado con María Salgado... ¿Usted oyó mencionar a María Salgado?

I.C. - No, eso yo no lo había oído...

R.M. - Pero aparecen hijos de dos esposas distintas...

I.C. - Sí, me llegaron a hablar. Habían dos hijos, que eran mi agüelo y... y...Nangó... le decían, de la primera esposa de Federico... y dispué él volvió y se casó.

R.M. - Tuvo dos esposas... ¡Fíjese que Nangó se parece a Nangobá...!

I.C. - ¡A Nangobá!

R.M. - ¿Por qué sería que le decían así?

I.C. - Yo no sé. Sería el nombre... Nango decían, lo mentaba agüelito. Ese fue agüelito quien nos lo dijo, sí.

R.M. - Cuando nace Don Manuel, el hijo de Federico... ¿Ya tenía finca?

I.C. - No, no. Eso sí es verdad... (Disgresión)

R.M. - ¿Usted conoce a Belén, hija de Joseíto? ¿No hay duda?

I.C. - Sí, no hay duda.

R.M. - ¿Tendrá 90 años Belén?

I.C. - No sé... Porque Severo es uno que camina por ahí, que es hijo de Joseíto, pero de otra esposa...

R.M. - ¿Cómo, cuántos años tiene Severo?

I.C. - Mayor que yo. No llega a los 80. Yo voy a tener ahora, en enero, 73 y él es un poquito más viejo que yo...

R.M. - ¿Él vive aquí en Patrón?

I.C. - Sí, por allá. Por "la bajaíta" vive. Doblando a la izquierda, un poquito abajo, verdad... Sí. Con Severo puede hablar. No tiene mucho enten-

dimiento, pero puede explicar, al, o... Sí, porque él se pone De Jesús Cabrera, porque era "hijo bastardo", como decían antes... porque los hijos, yo no sé... que tienen, que no son todos reconocidos... les decían "hijos bastardos"...

R.M. - ¿Conoció algún hijo o hija de Don Pedro?

I.C. - Ah, otra cepa... de distintas mujeres... Esa gente... Como eran, ¿Verdad? Sí. Hay de la primera esposa, me parece que era María Ríos, creo que prima hermana de la esposa de agüelito... creo que eran...

R.M. - Pero "esos Ríos"... ¿De dónde serían esos Ríos? Porque hay muchos casados con Ríos...

I.C. - Yo no sé de donde... Sí, esos Ríos dicen que vienen "del Centro"... de la zona esa... sí, lo decían...

R.M. - ¿Don Pedro llegó a vivir en Jayuya? ¿O esos usted los conoció acá? ¿Se conocían? ¿Se visitaban?

I.C. - Este... El que estuvo todo el tiempo fue mi abuelo, y ellos también caminaban, en esa época, para esa parte que le dicen La Jagua, caminaba Tío Pedro, que era encargado de fincas de café... caminaba por esos sitios, según nos decía...

R.M. - ¿Su abuelito fue mayordomo de fincas, usted me dijo?

I.C. - Sí, por muchos años...

R.M. - ¿Pero viajaba? ¿Iba y volvía?

I.C. - Sí, viajaba... y volvía...

R.M. - Pero a esa parte de Pesas - La Línea, ahí de Ciales?

I.C. - Sí, a La Jagua... Sí, Tío Pedro, algunos hermanos de él. Eh, una que había que... ¡Esa gente, yo no sé... es terrible! Esa señora era también encargada. Iba de acá... eso es lo que dicen... como mayordomo... Yo no sé si era hermana de Pedro...

R.M. - Pedro tuvo una hermana... pero ellos iban y atendían la finca... ¿De quiénes eran esas fincas? ¿No se habla?

I.C. - No sé, no sé.

R.M. - ¿No se habla de los Fuyana?

I.C. - No, no, no. Donde estaba la finca donde, estaba mi abuelo sí se yo, que lo llegué a conocer. Esa finca tenía otros dueños... cuando... (*Se interrumpe la conversación abruptamente al finalizar el rollo del 'casette'.*)

R.M. - ¿Usted llegó a trabajar en la finca de Don Emeterio Atienza?

I.C. - Sí, llegué a trabajar, sí, como no.

R.M. - ¿Y qué se hacía en la finca? ¿De qué era la finca?

I.C. - Era de café, café, sí. Y guineo... eso se perdía...

R.M. - ¿En qué barrio era que estaba?

I.C. - En el barrio Saliente, sí, en Saliente.

R.M. - ¿Y el café? ¿Lo recogían allí? ¿Lo procesaban, lo espulpaban allí?

I.C. - Sí, todo, todo.

R.M. - ¿Había toda la maquinaria para hacerlo allí?

I.C. - Sí, toda la maquinaria.

R.M. - ¿Y lo sacaban pilao, pá fuera?

I.C. - Si, tostao, hasta tostao. Había tostadora...

R.M. - ¿Y vendían harina pa' fuera?

Figura 3.8. Mujer pilando café (mural de Rafael Ríos Rey, recuperado de Murray-Irizarry, 2003).

I.C. - No sé qué ellos hacían... En eso yo...

R.M. - ¿Pero lo tostaban allí?

I.C. - Sí, hasta tostaban. El café lo echaban por un sitio "en cáscara", maduro y salía por otro lao la cáscara y por otro lao salía el café. Entonces ese café lo llevaban a un biombo grande que calentaba y secaba el café. Y tenía pa' que saliera en grano... y botara...

R.M. - ¿Para que botara el pellejito?

I.C. - O.K. Y salía limpio por el otro lado para la tostadora...

R.M. - El café pergamino le dicen...

I.C. - ¿Así es que le dicen?

R.M. - Así le dicen en algunos sitios... café pergamino, sí.

I.C. - Perdón. No sabe que yo llegué

ahora y como son 46 años que yo vivo por acá y todo eso se destruyó. Me enseñaron los últimos muchachos y me dijeron: —¡Ahí está la maquinaria... y lo que vi fue un escombro...

R.M. - ¿Cómo se llamaba esa hacienda?

I.C. - Esa Hacienda... Saliente, de Don Emeterio Atienza. Y había más Haciendas en colindancias, me contaban. Era... conocí a los Figueroa, Musiú Figueroa; por otro lado le decía a otra Hacienda Gripiña... pero a los dueños no los conocí. Y había otra en "Salientito", que allí eran señoras, que eran Pablo Morales, otra hacienda aparte... ¿Le nombré los Figueroa? ¿Verdá? Esa era en Salientito, que colinda con Saliente...

R.M. - ¿Que eso es casi llegando a Ciales?

I.C. - No, después de Ciales... es más "encentrao".

R.M. - ¿Cuál era la ruta ahí? De pesas, La Jagua, por ahí pa' Jayuya...

I.C. - ¡Muy fácil! Se sale de Ciales y directo se sale a La Pesa. Luego se camina también por Frontón a Jayuya. Y por acá, pues se pasa por el pueblo de Ciale y ahí se coge la carretera directa, directa y se pasa por Pesa, Chayote... Cialito. Esos son barrios de Ciale... Y por ahí sigue la carretera... ¿Eh? ¡Es terrible! Para llegar a Jayuya son dos horas... para llegar a Jayuya... Y hay un sitio que tiene... que no se ve ni el río. Hay un sitio que hay setenta y seis muros, que si uno mira así, pa' bajo, se marea... ¿No ha ido nunca por ese sitio?

R.M. - ¡Sí! Cuando usted fue a vivir allá con Don Manuel, ¿Le llegó a ha-

blar de la vida de los esclavos, de cuando Don Federico era esclavo?

I.C- Este... la verdá era... que él nos decía que ese señor, sus amos lo querían tanto que le dieron unas novillitas... le regalaron unas novillitas... lo querían mucho... Y ahí él siguió trabajando, siguió comprando terreno; terreno de esta parte, lo vendo, pasando por aquí, todo lo que pertenece del puente... de todo esto fue dueño él. Y él trabajando, trabajando. ¿Y sabe lo que chupaba? Según me decía agüelito..., naranja agria...

R.M. - ¿Cómo es eso? ¿Para qué chupaba naranja agria?

I.C. - Para... sostenerse... con eso. Bueno, eso me lo dijeron, y eso digo. Y siguió trabajando y siguió comprando esas tierras, que no valían casi nada... y se llegó a ser dueño desde esta parte del puente, cogiendo hasta el río... con todo esto, lo que se ve, estas pareles, (señala hacia el oeste de Patrón) y fue dueño hasta esas pareles... que eran de unos Sandovales ahí... ¿Llegó a oir mentar a los Sandovales?

R.M. - No conocí los de esta parte...

I.C. - Pues él era dueño de tó eso. Desde el río y las pareles... eran esas pareles antes... eran las guardarrayas... de otros dueños, de los Archillas, pal' lao' de allá (Señala hacia el Sur de Patrón.) Sí, pa' Montellano... to eso...

R.M. - Entonces, lo de las novillitas... ¿Seguía adelantando?

I.C. - Siguió adelantando, adelantando... y vendía y hacía negocio, vendía... y las cuerdas de tierra valían... Rosa oyó decir que las cuerdas valían hasta $2.50 (*dos pesos con cincuenta centavos*), que les decían 20 reales. ¡Oiga, como era esto! A mí me gustaba preguntar, verdá y ese señor trabajó y trabajó duro... tuvo un terrenaje aquí...

R.M. - Escuche lo que me dijeron de Don Manuel: que era andarín.

I.C. - ¡Andarín! Pues andarín. (*Interrupción de la señora esposa de Don Ismael que me obsequia con un jugo de china.*)

R.M. - ¿Qué era eso de andarín?

I.C. - Ahora le voy a decir... Abuelo era un hombre... ¡Mire cómo viene a escudriñar! Sí, porque él nos lo decía. ¡A eso no habíamos llegado! Abuelo era un hombre, que era el que llevaba... bueno, sí vamos a decir la real de la verdad, nos quería decir que llevaba cargas o cartas, como no había correo, a Ponce. Y era un hombre preparao. Se apareció un andarín... que era andarín... que vía practicao eso, y él no lo había practicado... pero como era un hombre tan fuerte, pues lo jugaron esos hacendaos y él, a las once vueltas... era creo que un "ring" bien grande, según dicen, y el otro andarín se cayó a las once vueltas... y él siguió y dio una vuelta más... Eso lo decía...

R.M. - ¿Pero eso era una pelea a la fuerza?

I.C. - No, eso era... Andarín quiere decir dando vueltas... pues eso era dando unas vueltas en un ring bien grande, el que diera más vueltas y se arresistiera más... y mi abuelo, a las once vueltas que iban, como salir uno así, como corriendo... vamos a decir... ¡Así! (*Hace círculos con los dedos.*) Como redondo, sí, dando vuel-

tas, pero bastante grande ese sitio...

R.M. - Pero... ¿Lo jugaron? ¿Pero cuál era el premio que se ganaban?

I.C. - Ah, pues a abuelito lo que le dieron fue medio saco de medios pesos.

R.M. - Pero, eso era un montón de chavos...

I.C. - Sí, un montón de chavos. Medio loco... Eso le dijeron... eso le dijeron... Yo le digo lo que dijeron, que lo decían los demás...

R.M. - Me dicen que una forma de tratar a la gente era la de "Niño Luis", Niño Juan... ¿Usted oyó tratar de eso? ¿Allá en Jayuya?

I.C. - No. Yo lo que oí, la palara que decían: Siño, pue Siño, sigún el vocabulario de ellos, lo que yo oí... Eh, era Siño Manuel... y a la moneda se le decía de otra manera... ¿Qué eran cuatro riale?

R.M. - Medio peso.

I.C. - Medio peso... ¡Muchacho! Y dos reales una peseta... (*Digresión.*)... Yo creo que de los que quedan, aunque estén maduros, no lo conocían... (a Federico). Rosa sí llegó a decirme a mí. Como él vivía ahí. (*Señala el lugar.*) Cuando él bien pequeño, conoció a su abuelo...

R.M. - ¿Y le dijo dónde era la casa de Federico?

I.C. - Sí. Era para aquella parte, a donde viven los demás familiares más nuevos...

R.M. - ¿Eso es acercándose a la quebrada?

I.C. - No, la Quebrada es acá, que le dicen la Quebrada de Los Cabrera.

R.M. - ¿Esa quebrada se junta con la que baja del puente?

I.C. - Con el río allá, abajo, sí.

R.M. - ¿Esa quebrada pasa por las paredes esas que usted me dice?

I.C. - Esa quebrada es por una entrada ahí, que vive una hija m...

R.M. - ¿Esa es la quebrada que pasa por donde vive Don Quinto Rivera? ¿Es otra?

I.C. - No, es otra. Esa creo que sale de esa parte de Montellano, debajo de esos montes... y sale esa quebrada...

R.M. - ¿Revienta ahí?

I.C. - ¡Sí, revienta ahí, de años y años! Y esa gente ahí recogía agua y dispue nosotro...

R.M. - ¿Y nunca se ha secao?

I.C. - ¡Nunca, nunca! Y eso sale... Y usté se mete y es como fría...

R.M. - ¿No le llegaron a hablar si Federico llegó a tener escritura de la finca?

I.C. - No sé si él tenía. Dicen que la gente vendía terreno y hacían un trato y eso prevalecía... quiere decir, en otras palabras, que era como una escritura.

R.M. - Quiero hacerle más preguntas sobre lo que Don Manuel realizaba allá...

I.C. - Eso era como un encargado... Había antes... que decir, Comisario de Barrio. Él fue también Comisario.

R.M. - ¿Allá en Saliente?

I.C. - Sí, allá.

R.M. - ¿Pero él era mayordomo también?

I.C. - Sí, él era encargado. ¿Qué damos por entender un "Comisario"?

R.M. - (*Le explico sus obligaciones.*) Menciono lo de andar sin la Cédula...

I.C. - ¡Una cédula! Abuelo decía que la Cédula era para poder salir, para moverse... Llegó él a decirlo a nosotros. ¡Mira pa' ahí...! ¡Tú vienes buscando el fondo del mar, muchacho!

R.M. - Entonces Don Manuel vivía en Jayuya en tiempo de España...

I.C. - Ay, Bendito. Pero sí ahí el crió a sus hijos toda la vida, hasta que murió de 97 años... Hablaba del Componte, eso lo hacían los españoles y pa' que no lo compontearan, tenía que andar con una Cédula... ¡Mire qué cosa!...

R.M.- (*Hago una digresión sobre la Cédula y su uso en esa época.*)

I.C.- El que tenía la Cédula, no tenían ellos problema; pero si ellos no le hallaban esa Cédula, tenía problemas...

R.M.- (*Don Ismael me hace una pregunta sobre mi linaje por los Matos. Le cuento sobre mi bisabuela Cornelia Matos Albaladejo. Don Ismael me dice que "el que era cuñado de él, que murió, José Matos, era hijo de Doña Quina [¿Aquina?]. Le decían Pepe Matos.*)

ENTREVISTA #4

(ENTREVISTA[23] A ROSALÍA [ROSA] CHÉVEREZ GONZÁLEZ EL 4 DE NOVIEMBRE DE 1989)

Por:

Roberto Martínez Torres

(Doña Rosalía [Rosa] Chéverez conoció de jovencita a Don Jesús Cabrera. Este vivía donde hoy es la finca que compró don Jimmy Marrero, área colindante entre el sector Buena Vista, Almirante Sur de Vega Baja y Patrón. Allí tenía su casita don Jesús. Sobre él le preguntamos a la entrevistada.)

Figura 3.9. Doña Rosa Chéverez González.

R.M. - ¡Cuéntame qué fue lo que pasó allí! ¿Se le quemó la casa a quién?

R.Ch. - Era Don Jesús Cabrera.

R.M. - ¿Era viejito?

R.Ch. - Era de bastante edad.

R.M. - ¿Pero usted lo llegó a conocer?

R.Ch. - Sí.

R.M. - ¿Cómo cuántos años tenía cuando se le quemó la casa?

R.Ch. - Poco más o menos... no me acuerdo.

R.M. - ¿Pero cómo usted se enteró?

R.Ch. - Porque la gente lo regaron... ¿Tú sabe? Yo vivía... ¿Dónde yo vivía cuando la... Ya yo me había casao, me parece... No estoy segura ¿Tú sabe?

R.M. - ¿Usted era joven?

R.Ch. - Sí. Yo le voy a preguntar al hijo de él. La mamá de él... cuando yo trabajaba en casa de Emilio, yo tenía 12 años, pues ella iba...

R.M. - ¿La mamá de Jesús? ¿Cómo se llamaba?

R.Ch. - No, no, del hijo. Lo que yo no sé es cómo se llama el hijo.

---

[23] Se utilizan las siglas R.M. para el nombre del entrevistador y las R.Ch. para las de la entrevistada.

R.M. - ¿Pero Don Jesús murió ya?

R.Ch. - Sí, ya se murió. Queda el hijo.

R.M. - La casa que se quemó, ¿Era de Don Jesús?

R.Ch. - Sí.

R.M. - Hágame el cuento de cómo se quemó... que iban a sacar... que se iban a sacar la gente.

R.Ch. - Sí... Yo estaba... que me lo hicieron... que me contaban...

R.M. - Por eso, la gente le contó... Repítamelo otra vez.

R.Ch. - Él decía que sacaran la familia, que se quemaban... Pero había una frase ahí que apenas me acuerdo... Cómo se llama la esposa de él... Todavía está viva ella.

R.M. - ¿Cómo se llamaba ella...? ¿No se acuerda?

R.Ch. - No me acuerdo. No sé si era Josefa. Un nombre así... no me acuerdo. Sería bueno que entrevistaras al hijo de él... es monaguillo... monaguillo no es. Es ministro de la comunión.

R.M. - ¿En la iglesia de Morovis?

R.Ch. - Sí. Pues deja ver... El domingo yo lo vi, fíjate...

R.M. - Pero lo que usted me contaba cuando se quemó la casa, que él decía unas cosas... que él gritaba algo, que usted me contó una vez.

R.Ch. - Ajá. Que el cogió "callejón abajo"... Entonce no había carretera. Que era 'onde baja Jimmy pa' bajo... Pue él preguntaba, desde abajo... Como se llevó los hijos, ¿verda? Pue le preguntaba cuántos había... porque él era "trabao de lengua"... yo no me acuerdo bien...

R.M. - ¿Lo que decía?

R.Ch. - Él preguntaba desde abajo que cuantos habían... ¿Cuántos hay? Era que, como... "trabao de lengua" - ¿Cuántos hay? Pero yo no me acuerdo bien...

R.M. - ¿Pero qué era lo que no se le entendía?

R.Ch. - Porque era como "trabao de lengua"... Sería que...

R.M. - ¿Cómo era eso de "trabao de lengua".

R.Ch. - Pues que apenas se le comprendía lo que hablaban.

R.M. - ¿Siempre que hablaba?

R.Ch. - Sí.

R.M. - ¿Pero usté lo oyó alguna vez hablando?

R.Ch. - No. Yo lo conocí... pero yo estaba...

R.M. - ¿Quién decía que era "trabao de lengua"? ¿Quién decía eso?

R.Ch. - Sí, yo lo conocí a él. Era bien alto y bastante trigueño.

R.M. - ¿Usted lo llegó a ver a él?

R.Ch. - Sí, yo lo llegué a ver... Yo estaba...

R.M. - ¿Pero lo llegó a oír hablando?

R.Ch. - Sí, hablaba como "media lengua".

R.M. - ¿Media lengua? ¿Pero se le entendía algo?

R.Ch. - Si, se le entendía, se le entendía algo... Porque la gente contaba cuando se le quemó la casa... que le preguntaba desde abajo que cuántos habían: —¿Cuántos hay? Contaba la gente, tú sabe. Y parecía que decía...

tengo seis... No, los nenes decía, uno de los nenes decía: —Tengo sed... y entendieron... Eso fue un cuento que hizo ¿verdá? Entonces la gente entendía "¡Tengo sed! ¿Ve? Los de arriba, los que quedaban... Pero fíjate, es bueno que entrevistes a ese muchacho.

R.M. - ¿Eran muchos nenes en la casa?

R.Ch. - Sí, eran muchos. Eran unos cuantos. Tuvieron muchos nenes.

R.M. - Entonces, si él vivía allí... ¿Es donde vive Jimmy ahora?

R.Ch. - Sí. (*Digresión repetitiva.*)

R.M. - ¿En qué año se casó?

R.Ch. - ¿Yo? No me acuerdo... (*Le dicen: en 1935.*) Yo me casé de 19 y ya tengo casi setenta y... (*75*) Yo estoy en el Registro el 15 de septiembre... estoy en el 1912. (*Digresión sobre sus familiares...*)

R.M. - ¿Cómo era que decía el señor?

R.Ch. - ¿Cuántos hay? ¿Cuántos hay? Entonces, de arriba le contestaban: —Tengo seis... Entonces él se creía que le decían "Tengo sed", tengo sed." Como hablaban así, "con la lengua trabá"...

R.M. - ¿Usted recuerda quién le hizo ese cuento?

R.Ch. - No, no me acuerdo. Yo vivía "allá arriba" todavía. Pues, me hicieron ese cuento y no me acuerdo quién. ¿Tú sabe? No me acuerdo... la misma gente que venía a investigar acá abajo...

R.M. - ¿Y lo de la noticia de la muerte de la nena? ¿Lo contaban también?

R.Ch. - Sí, eso lo contaban también, pero no me acuerdo quien. Se lo dijeron a Jacobo y Jacobo me lo dijo a mí.

Figura 3.10. Don Jacobo Torrales González.

R.M. - ¿Usted trabajaba con los Hidalgo en el pueblo cuando conoció a la esposa de Don Jesús Cabrera?

R.Ch. - ¡Sí! me acuerdo. Adonde era el Banco. (*Banco Popular*)

R.M. - ¿Y la viejita iba a qué?

R.Ch. - Pues, la señora iba a llevarle cosas a Doña Tita, a donde yo vivía. Sí, le llevaban berenjenas, le llevaba chinas, de la finca. Le llevaba gallinas. Da la casualidad que el domingo pasado le pregunté yo a él por la mamá... si yo supiera a dónde es... yo iba.

R.M. - ¿Pero ella era negra o no era negra?

R.Ch. - No. Ella era un poquito trigueña, pero no tanto. Ella era del blanco de Lucin, así...

R.M. - ¿Y ella no hablaba enredao?

R.Ch. - No.

R.M. - ¿El único era el viejito?

R.Ch. - Si, él era el que hablaba "un poco trabao". Me acuerdo que él subía, cuando yo vivía en casa de Doña Lola, recién casada, él subía en una yegüita pa' lla', pal' pueblo.

R.M. - ¿Quién subía?

R.Ch. - Don Jesús.

R.M. - ¿Usted no lo estaba confundiendo con otro? ¿Con Don Joseíto?

R.Ch. - ¡No!

R.M. - Subía en una yegüita... ¿De qué color?

R.Ch. - No me acuerdo, porque a veces subía en una blanca y a veces subía en una amarilla, como color oro, sí.

R.M. - ¿Pero él subía al pueblo? ¿Vendía algo en el pueblo?

R.C. - No sé, no sé.

R.M. - ¿Pero recuerda si llevaba algo?

R.Ch. - Si, recuerdo... que llevaba dos banastas...

R.M. - ¿Con sombrero o sin sombrero?

R.Ch. - Con sombrero. Siempre usó sombrero. De esos de... A veces se ponía uno de esos que usaban an-

tes... Si, unos sombreros redondos que parecía galleta el material... la vuelta del sombrero... y a veces él iba con un sombrero blanco... No sé como le dicen a ese sombrero... no me acuerdo bien del material...

R.M. - ¿La viejita no se llamaba Belén?

R.Ch. - ¡Josefa! Todavía vive... ella llevaba gallinas, berenjenas por la cocina... La entrada allá era por la cocina... en aquella casa, en los altos del banco...

R.M. - ¡Usted está hablando de hace unos cuantos años!

R.Ch. - ¡Me lo dice! ¡Yo lo que teñía eran como doce o quince años!

(Si Doña Rosa nació entre 1913-15, entonces la narración es del año 1925-1930. Si la casa de Don Jesús Cabrera se quemó cuando ya ella estaba casada, [entre 19-20 años] entonces el incendio debió ocurrir entre 1933-36. Si ocurrió una muerte de una niña en el siniestro, hija de Josefa y Jesús, debe aparecer en el Registro de Defunciones en la década del '30, sea en el Archivo Parroquial o en el Registro Demográfico, que se incendió en 1936 cuando quemaron la Casa Alcaldía. También se debe buscar en el Libro de Novedades de la Policía Estatal de Morovis, depositado en el Archivo General de Puerto Rico.)

ENTREVISTA #5

(ENTREVISTA[24] A GLORIA TORRES PÉREZ [N. 1922] Y A CARLOS TORRES PÉREZ GRABADA EL 5 DE NOVIEMBRE DE 1989)

Por:

Roberto Martínez Torres

Figura 3.11. Doña Gloria Torres Pérez

R.M. - ¿Qué es hablar "media lengua"?

G.T. - Había veces que mamá decía: —Este habla "media lengua"; que "se comía las palabras", que se le entendía, pero no hablaba claro...

R.M. - ¿Qué es eso de "hablar angolo"?

G.T. - Como habla Sixto, el de Comay

Juanita. "Habla angolo", decía mamá. Que no le salen bien las palabras. Solamente mamá usaba ese nombre.

R.M. - ¿Usted nunca le pregunto qué era eso de "hablar angolo"?

G.T. - No, yo nunca le pregunté: Son esas personas que no pronuncian bien.

R.M. - ¿Pero eso de "media lengua", lo decía abuela también?

G.T. - Como Alberto Salgado en Patrón. Está vivo, más viejo que nosotros.

R.M. - ¿Qué es eso de enrevesao o arrevesao?

G.T. - Gente que no habla claro.

R.M. - (*Dirigiéndose al Señor Carlos Torres, su hermano mayor*): —¿Quiénes hablan "media lengua"?

C.T. - Don Ambrosio Rolón hablaba "media lengua", "arrevesao"... Alberto Salgado, de Patrón, hablaba "media lengua".

R.M. - ¿Qué eso de hablar "emboru-

---

[24] Se utilizan las siglas RMT para el nombre del entrevistador y las G.T. y C.T para los de los entrevistados.

jos".

G.T. - "En borujones", "emborujao" es hablar que no se entiende. Pero los que hablan "media lengua" les quitan letras a las palabras... Abuelo Fernando Torres era trigueñito y decía: "¿Tovía tú no te ha dío?" El cantaba como el cura y le robaba palabras a las cosas, pero yo no recuerdo como es... "me mento" por "me monté".

Algunas personas fueron al pueblo y vinieron contando: —En el pueblo pusieron unos palitos con unos chayotes colgando. Y otro le contesta: —¡Ah, qué bruto: esa es la luz frenética! Otro que escucha aclara: —¡Que imbécil eres! Esa es la luz estrástica".

Figura 3.12. El centro urbano de Morovis, P.R., a principios del Siglo XX.

ENTREVISTA #6

(ENTREVISTA[25] GRABADA POR EL AUTOR EL 6 DE NOVIEMBRE DE 1989 A JUAN ("TOTO") MALDONADO, ELISA CABRERA ORTEGA, NATIVIDAD CABRERA ORTEGA Y ANA HILDA MÉNDEZ CABRERA EN PATRÓN, MOROVIS.)

Figura 3.13. Natividad (Nata), Lorenzo (Lencho), Elisa y Polonia (Pola) Cabrera Ortega.

(El entrevistador da una breve explicación sobre el propósito de la entrevista, la cual se va a grabar en cinta magnetofónica.)

R.M. - El que sepa la contestación, pues me la dice. Federico tuvo muchos hijos e hijas. Yo tengo apuntado a Don Pascual, que es...

N. y E. - (*A coro.*) ¡El papá de nosotras!

R.M. - Eusebio, Joseíto, Pedro, Manuel, Marcelina... ¿Les suenan? ¿Las oyeron mencionar alguna vez?

N y E - ¿Marcela no es?

J.M. - Hija de Eusebio...

R.M. - ¿Oyeron Mencionar a Marcelina como hija de Eusebio?

---

[25] Se utilizan las siglas R.M. para el entrevistador y las de J.M. (Juan Maldonado), E.C. (Elisa Cabrera), N.C. (Natividad Cabrera) y A.M. (Ana Hilda Méndez) para los entrevistados.

N. y E. - No, como hija de Federico.

R.M. - ¿La oyeron mencionar? Fue que encontré una Marcelina apuntá en el Archivo Parroquial... ¿La conocieron por Marcela?

N. y E. - ¡Es Marcela, sí!

R.M. - Es que los papeles... (*Digresión*) María, Romana...

N. y E. - ¡Sí! ¡Tía "Guare"!

R.M. - ¿Cuáles eran las "Guares"? ¿María y Romana eran las "guares"?

E.C. - Pero tía "Guare" le decían "Guare" y a tía Romana, Romana. Pero era "guare"...

N.C. - Pero yo creo que era "guare"... la otra murió.

R.M. - ¿María era "guare" con otra? ¿Con María? Ahí hay una confusión. Pero vamos a dejarlo así por ahora...

R.M. - (*Dirigiéndome a Juan Maldonado*). Entonces Josefa era tu abuelita.

J.M. - (*Asiente con la cabeza en la afirmativa.*)

R.M. - ¿Hubo algún otro que se llamó José, además de Joseíto? ¿Se habla de algún otro José?

N.C. - Que yo sepa, no.

J.M. - Había uno que se llamaba Venancio... hijo de Federico.

R.M. - ¿Quién te lo mencionó? ¿Don Rosa?

J.M. - ¡Sí! (*Asiente con la cabeza.*)

R.M. - Venancio lo mencionaba, Don Rosa...

N.C. - ¿Y Manuel Cabrera?

E.C. - Ta' apuntao' ahí Manuel.

R.M. - Manuel era el papá de Inginio,

el papá de Ismael. Esa parte la tengo ya bien "cogía". Aquí hay algo que quiero aclarar entonces... ¿Marcela vivió en Morovis? ¿Se crió en Morovis? ¿En el pueblo?

N.C. - No, en Patrón... Aquí.

N. y E. - Todos nacieron y vivieron aquí.

E.C. - Sí, en la Sucesión.

R.M. - ¿Y Manuel, murió aquí en la Sucesión?

N.C. - Sí, en la Sucesión... y se criaron.

E.C. - Sí, todas murieron aquí menos tía "Guare", tía Romana...

N.C. - Tía Guare y tía Romana murieron en Santurce.

R.M. - ¿Entonces es que era "guare" con otra, que es lo que estamos...

N.C. - ¡Exacto!

R.M. - ¿Pero a Romana le decían también tía "Guare"?

N. y E. - ¡No! (*A coro.*)

E.C. - A esa le decían tía Romana.

R.M. - Este... ¿Romana y María, dejaron descendencia? ¿Tuvieron hijos?

N. y E. - ¡No!

R.M. - ¿Nunca se casaron? Por esa parte no tengo descendencia. ¡Ah! Vamos a Don Pascual. Don Pascual es el papá de ustedes.

N. y E. - ¡Ajá!

R.M. - Me gustaría que me dijeran, pero en el orden en que nacieron, desde el mayor a más pequeño, si lo saben, si se acuerdan... ¿Cuáles eran los hermanos de ustedes?

N.C. - El mayor era Bernardo Cabrera.

R.M. - ¿Murió?

N. y E. - ¡Sí!

R.M. - ¿Se acuerdan en qué año? O lo pueden ir pensando para después... Es para yo buscar los documentos.

N.C. - Murió como en julio.

R.M. - ¿Pero no se acuerda del año?

N. y E. - Bernardo murió en agosto... en agosto... (Piensa).

N.C. - Nueve.

E.C. - En agosto nueve, pero el año...

R.M. - Sí, porque le celebran el cabo de año... ¿Pero no lo recuerdan? ¿Después de Bernardo, quien iba?

N.C. - Sixta Cabrera.

E.C. - Yo tengo eso en una libreta.

R.M. - ¿Sixta Cabrera? ¿Después de Sixta? ¿Sixta vive o murió?

N.C. - Murió también.

A.M. - ¿Y después de Sixta?

N.C. - Flor Cabrera.

R.M. - ¿Y después de Flor?

N.C. - Rafael Cabrera.

R.M. - ¿Y después? ¿Después de Rafael? ¿Se recuerdan quien iba después?

E.C. - Después de Rafael iba uno que se llamaba Pedrito.

A.M. - ¡Ave María! Pero iban muchos antes de ustedes...

E. y C. - ¡Sí!

N.C. - Sí, murió también

R.M. - ¿Rafael murió?

Figura 3.14. Doña Natividad (Nata) Cabrera Ortega, nieta de Federico Cabrera.

N.C. - Rafael murió.

R.M. - ¿Flor es hombre o mujer?

N.C. - Hombre.

R.M. - ¿Después de Pedro?

N.C. - Voy yo, Natividad Cabrera...

E.C. - Yo tengo las fechas esas...

R.M. - ¿La mayor que queda viva?

N.C. - De las mayores que queda.

R.M. - ¿Después de Doña Natividad, quién va?

N.C. - Uno que se llamaba José también, Pepito. Ya se han muerto tos'...

R.M. - ¿Y después de José "Pepito"?

N.C. - Después de Pepito, Hipólita Cabrera.

R.M. - ¿A esa le decían "Pola"?

N. y E. - (Al unísono.) ¡Sí!

R.M. - ¿No había una Polonia?

Figura 3.15. Doña Hipólita (Pola) Cabrera Ortega, nieta de Federico Cabrera.

N. y E. - ¡Pues esa misma!

R.M. - ¿Ah, a esa le decían Hipólita y Polonia?

N. y C. - Ajá.

J.M. - Es porque el nombre de ella debe ser Hipólita...

N. y C. - Y ese nombre es bien bonito... porque ese nombre no es de aquí... de Polonia. Y Pola no quiere que le...

A.M. - ¿Ella no quiere, Elisa?

R.M. - ¿Ella está viva? ¿Ella vive? Ah, es la otra...

N.C. - No... sí, las tres.

J.M. - El nombre de ella correcto es Hipólita.

N.C. - No, el nombre de ella correcto es Polonia...

R.M. - Raquel me dijo Polonia. Pero usted dijo Hipólita y yo creí que era

otra... ¿Y después de Hipólita? ¿Quién va después se Hipólita?

E.C. - Lorenzo, Lencho.

R.M. - ¡Que es el que está "afuera"!

A.M. - Ese está "embarcao"...

E.C. - Pero yo tengo la fecha...

R.M. - Queda Raúl. ¿Pero quién va después de Lorenzo?

N.C. - Elisa.

R.M. - Ajá. ¿Y después de Elisa?

N.C. - Modesto.

H.M. - ¿Hay más?

E.C. - Modesto.

N.C. - Ese es el menor de todos.

A.M. - ¿Salió a la mamá?

N. y E.- Sí, a mamá.

R.M. - ¿Quedó Raúl nada más, verdad?

E.C. - Raúl no. Raúl es sobrino.

R.M. - Fue que Raquel me dijo que Raúl era hijo de Pascual...

N.C. - ¡No!

E.C. - Raúl es sobrino. Es hijo de Bernardo Cabrera.

R.M. - Tá bien. Por eso es que quiero aclarar unas cosas. Allá me han dao' una información y acá estoy recogiendo otra. ¿Después de Modesto, hay alguno?

N.C. - No.

R.M. - ¿Ese es el último? Son... (*Cuento de la libreta de notas...*) ¡Once! ¡Once me salen!

N.C. - ¿Lo ve? Once.

E.C. - Yo soy la más pequeña de todas...

R.M. - Una pregunta... ¿Sobre Pedro, saben algo? ¿Supieron algo de Pedro?

N.C. - ¿Cabrera?

R.M. - Que era hijo de Federico...

N.C. - El tío de nosotros.

R.M. - ¿Que me dicen que viajaba allá, al "Centro"?

N.C. - Ah, sí, sí.

E.C. - Era capataz siempre.

N.C. - El cogía a toa' esa gente, las recogía y los llevaba a recoger café...

R.M. - ¿Pero no saben a qué sitios los llevaba? ¿A qué finca, a qué hacienda?

N.C. - A Ciales.

J.M. - A la hacienda de los Figueroa... A Casablanca.

N.C. - En el barrio le decían La Jagua.

J.M. - Y a tos' esos barrios de Ciales...

R.M. - ¿Eso es colindante con Saliente de Jayuya?

J.N. - A Frontón... a tos' esos barrios que quedan ahí...

N.C. - Fíjate, el doctor que me enyesó la pierna es de ahí... de Ciales.

J.M. - ¿Quién?

N.C. - El doctor. De Frontón de Ciales.

E.C. - Y un muchacho joven.

R.M. - ¿Cómo se llama? ¿El apellido?

N.C. - Bibiloni.

R.M. - Ah, sí. Allá viven los Bibiloni, en Yunes. Yo los conozco.

Figura 3.16. Don Manoco Cabrera Salgado.

N.C. - Los Bibiloni...

R.M. - También tenían hacienda... Es que allí junto...

N.C. - Sí, es un muchacho bien amable.

E.C. - Le dijo: —Natividad, ahora yo le quito el yeso y se va para San Juan a buscar otra fractura.

N.C. - Cuando él dijo que era de Ciales, yo le dije: —Ah, pues somos compueblanos o vecinos, porque soy de Morovis. Ah, qué bueno. Ajá...

R.M. - Entonces, Don Pedro... ¿Saben si tuvo hijos?

N.C. - Sí, tuvo hijos.

E.C. - Ese tuvo... Se casó como veinte veces...

J.M. - ¡Ese tuvo cuarenta!

R.M. - Pero de los hijos de Pedro, ¿Hay gente viva? ¿No viven en esta zona?

N.C. - ¡Sí!

E.C. - No, eso es en Vega Alta.

Figura 3.17. Doña Elisa Cabrera Ortega, nieta de Federico Cabrera.

A.M. - Antier yo vi a "Manoco"... Está gordo, Elisa... ¡Yo tengo unas ganas de ver a "Manoco"!

J.M. - Manuel Cabrera Ríos.

A.M. - ¡Uh! Si está blanco.

J.M. - Y Esteban Cabrera Ríos, que está vivo y vive en Florida

A.M. - ¿Y Carmen, verdad?

R.M. - Espérate... ¿Manoco vive en Vega Alta? Y Esteban Cabrera vive en Florida... ¿Allá o acá?

N.C. - Allá, en el estado.

E.C. - Fuera... "afuera".

R.M. - ¿En Estados Unidos?

J.M. - Sí, porque hay Florida aquí y...

R.M. - ¿Se acuerdan de algún otro hijo de Pedro?

N.C. - Este... Juanito... Juan Cabrera Ríos.

R.M. - ¿Vive?

E.C. - ¡Sí!

N.C. - ¡Sí! Ahí en Vega Alta.

R.M. - ¿En dónde?

J.M. - En barrio Cuatro Calles en Vega Alta.

R.M. - ¿Y Manoco también?

J.M. - ¡Sí!

R.M. - ¿Se acuerdan de algún otro hijo de Pedro?

J.M. - Que le quede vivo...

R.M. - No, pero aunque haya muerto, que le sepan el nombre...

J.M. - ¿Cómo es el nombre de Margara... ¿Margarita?

N.C. - Margarita, Euclides, Asunción...

A.M. - ¿Tiene muchos también?

N.C. - ¡Sí!

E.C. – Efigenio...

A.M. - Yo creo que los Cabrera eran los más que tenían hijos...

E.C. - Justo...

R.M. - Las familias antes eran grandes... ¿Justo?

N.C. - Justo... Está muerto, pero también era de ahí...

E.C. - Margarita, Euclides...

R.M. - ¿También se murieron?

E.C. - Todas... Pablo....

J.M. - Las Carmen.

N.C. - ¡Ah, no! Pero esos son hijos de otras mujeres...

J.M. - Sí, pero como quiera que se diga...

E.C. - Son hijos...

R.M. - Pero son hijos de padre...

E.C. - Sí, son hijos de padre

R.M. - ¿Carmen es la única que me han dicho de otra relación.

N.C. - ¡Sí, sí! Hay otra...

A.M. - Sí, eran dos Carmen... Carmen grande y Carmen pequeña, si yo las conozco...

R.M. - ¿No eran gemelas?

A.M. - No eran gemelas.

J.M. - Emiliano, Isabel, Cola.

N.C. - Y Cola...

J.M. - Este... Isabel, Cola, 'Yor'...

R.M. - ¿Pero esos otros están regaos?

E.C. - Sí, esos son. Esos que han nombrado son de padre y madre.

A.M. - Del matrimonio.

E.C. - Y te voy a decir una cosa, mira: queda otra hermana, Teya... Eleuteria.

R.M. - ¿Del matrimonio?

N.C. - De los hermanos de Pepa y Fefa...

R.M. - ¿Hermana de Pascual?

E.C. - Si, Eleuteria. Mire, esa era otra señora "que llegaba allá arriba" (*señala al techo*) y era "de armas tomadas". Ella fue también capataz de una hacienda.

R.M. - ¿Josefa?...

N.C. - ¡Eleuteria...!

E.C. - No, Eleuteria.

J.M. - Teya, se llamaba...

R.M. - Fefa es Josefa. ¿Era otra?

E.C. - Fefa y Josefa es la misma.

J.M. - Es que les ponían apodos...

R.M. - Eleuteria no me la habían dicho.

E.C. - ¡Ajá! Teya... esa Eleuteria, era otra... Era una (mujer) de armas tomadas.

R.M. - ¿Se dedicaba a qué?

E.C. - Ella trabajaba hasta en las fincas... ¡Imagínese, si ella iba a...! Verdá... pa' las haciendas, de capataz.

J.M. - Sí, era capataz de las haciendas...

N.C. - A coger café...

Figura 3.18. Recogedora de café (mural de Rafael Ríos Rey, recuperado de Murray-Irizarry, 2003).

R.M. - ¿En esas mismas (haciendas) del centro?

N.C. - Por esos...

Figura 3.19. Don Santiago Cabrera (1881-1928), (c. 1917).

E.C. - Ahí mismo...

J.M. - Y a mí me dicen que Federico tenía una hija que se llamaba "Nené".

E.C. - ¿Esa no era la mamá de Fela?

N.C. - ¿La mamá de Fela?

J.M. - Pues tiene que ser esa... Nené, que le decían Nené... Yo creo que esos eran apodos...

N.C. - ¡Ah, no! Ella se llamaba Eustaquia Cabrera, pero le decían Nené...

R.M. - ¿Eustaquia era otra hija de Federico? Esa no me la habían dicho...

E.C. - Sí, sí. Y Eleuteria... esa también.

A.M. - ¿Lo ve? Y si siguen refrescándose la mente van recordándose de más.

E.C. - Y a Eleuteria le decían Teya... que por eso era que yo siempre la conocía... Teya... Tía Teya.

R.M. - ¿La que llegó a ser capataz? ¿Pero no se acuerdan en qué finca llegó a ser capataz?

J.M. - Ahí, ahí... con los Figueroa... en tos' esos "cuatro cabos", ahí...

N.C. - Sí, ella iba... Ella era una india y tenía una mata e' pelo que le llegaba acá abajo... (*Señala más debajo de la cintura.*)

E.C. - ¡Ave María... y guapa!

R.M. - Pero vengan acá... ¿Y esa era Teya?

E.C. - Eleuteria.

R.M. - ¿Y de dónde le venía "lo de india"?

E.C. - Ah, yo no sé.

R.M. - Lo de india... porque Don Federico era negro...

N.C. - Negro.

R.M. - Y entonces... ¿A ustedes les llegaron a describir esa gente físicamente?... Porque Don Federico era negro...

N.C. - Negro.

J.M. - Prieto.

R.M.- Entonces "lo de india" sería por la mamá de ella...

N.C. - Sería...

E.C. - Ya le digo.

R.M. - ¿Pero le mencionaron la mamá, cómo se llamaba?

N.C. - No, no.

E.C. - No.

R.M. - ¿Cómo se llamaba la esposa de Don Federico?

E.C. - No, no.

N.C. - Mi papá me decía que se llamaba María Salgado.

R.M. - María Salgado.

A.M. - ¡Mira, ésta se acuerda bien y han pasao' años...

R.M. - ¿Esa era esposa legítima?

N.C. - Sí.

R.M. - ¿Él se casó una vez o más de una vez?

J.M. - Dos veces se casó Federico. En el primer matrimonio tuvo a Manuel.

R.M. - ¿Ese fue de María Salgado?

E.C. - Sí.

J.M. - No, yo creo que no.

N.C. - Mira, en el primer matrimonio tuvo a dos: Venancio y tío Manuel.

J.M. - Venancio, tío Manuel y Eusebio.

E.C. - No, Eusebio no...

N.C. - Eusebio es hermano de papá, de padre y madre...

J.M. - Ah, pues esos dos: Venancio y Manuel...

R.M. - Venancio y Manuel eran los hijos del primer matrimonio... Pero entonces, del primer matrimonio, ¿Quién era la señora?... ¿La mamá de Manuel?

J.M. - Eso es lo que yo no sé...

N.C. - Eso es lo que yo no sé...

R.M. - Deja ver si tengo algo aquí... (En lo apuntes.) que me ayude...

A.M. - Es mucho... ¿Sabe? Pa' recordar. Bueno, yo no sé nada...

E.C. - Yo sé porque Nata lo nombra. Solamente conocimos el abuelo...

N.C. - El único abuelo que nosotros conocimos fue el papá de mi (madre)... (Inaudible).

J.M. - Yo es porque yo... con tío Ro-

sa... Yo no apuntaba, pero tío Rosa me explicaba... me decía...

Figura 3.20. Don Rosa Maldonado Cabrera.

E.C. - Rosa es el que le podía dar detalles. ¿Sabe? Ahí sí. Ahí le podía dar la biografía de todos...

N.C. - Todo, todo... Rosa.

A.M. - Con él nada más terminaba eso...

J.M. - Y automáticamente él me decía que el apellido de nosotros no era Cabrera. Que el apellido de nosotros era Maone, Maoné...

R.M. - ¿Qué le decía Rosa?

A.M. - Borra el apellido... ajá.

R.M. - Pero... ¿Maone? ¿Cómo era eso? ¿Qué significa eso?

J.M. - De apellido Maoné...

R.M. - Pero... ¿Quién trajo ese apellido? ¿Federico? ¿De dónde lo trajo?

J.M. - Pues, Federico trajo ese apellido... era su apellido natural... su apellido de nacionalidad... Quiere decir que él cogió ese apellido (Cabrera) de su amo...

Figura 3.21. Don Aniceto Cabrera Pabón (1924-1996), nieto de Eleuteria c. 1942.

R.M. - Pero me hablan del apellido Nengobá... ¿Qué es eso?

J.M. - Sí, que tenía dos apellidos... Tenía que tener dos apellidos, porque él tenía...

R.M. - Se mencionan dos apellidos... te decía Don Rosa....

J.M. - Sí, como los dos que yo tengo... Él tenía ese apellido... "Maone"... de apellido...

R.M. - Espérate.... Pero tú dijiste Maone?

J.M. - Maunez.

R.M. - ¿Cómo te decía Don Rosa?

J.M. - Maunez, Maunez...

N.C. - ¿Rosa te lo decía?

J.M. - Pues, claro, Él... él... lo que pasa es que él adoptó el apellido de su amo... que es Cabrera... que eran Cabreras, ahí... de Vega Alta, que son familia de estos mismos Barreras... pues fue que...

J.M. - Entonces Federico era indio... era africano pero era indio... en África hay muchos indios también... de distintos...

E.C. - Sí, y Teya tenía un pelo negro, pero eso era lacio, lacio, lacio...

R.M. - ¿La hija de Don Federico?

E.C. - Eleuteria... ¿Tú la vistes, verdad? ¿A Teya, no?

J.M. - No, a Teya no.

E.M. - Yo me acuerdo.

N.C. - Era una señora india que "paraba el tránsito".

R.M. - ¿Sí? ¿Cómo era eso?

E.C. - ¡Si, alta!

R.M. - ¿Cómo es eso? ¿Era bien...?

J.M. - Y si tenía que darle cuatro cantazos a cualquiera, también... ¡Ja, ja!

E.C. - Era bien perfilada... Tenía unas pestañas bien... Bueno, de esa me acuerdo yo... ¿Se acuerda, que iban a Vega Alta?

R.M. - ¿De ella no se conservan fotos? ¿Nunca sacaron fotos?

E.C. - Bueno quizá tienen... Esa gente que han muerto...

J.M. - Ahí... Santiago, el hijo de ella...

R.M. - Ajá... ¿Quiénes son hijos de Teya?

J.M. - Ella tiene hijos vivos... Carlitos...

E.C. - No, se murieron.

N.C. - Esos son nietos...

J.M. - ¿Nietos? Pues, mejor.

E.C. - Los hijos de ella eran Santiago Cabrera y José Cabrera... esos dos nada más... dos hijos varones.

J.M. - Pero tiene nietos... Uno de ellos se llama Carlitos.

E.C. - ¿Uno de ellos se murió, verdad?

N.C. - Sí, y el otro se llamaba Santiago, como el padre.

E.C. - Chaguito.

J.M. - Chaguito.

R.M. - ¿Todos murieron entonces?

J.M. - ¿Y ese Aniceto que vive ahí en Cuatro Calles, es de Santiago también?

E.C. - También... dicen.

J.M. - Aniceto, que vive ahí en Cuatro Calles...

R.M. - Me van a dar trabajo, son muchos... son muchos y están regaos.

J.M. - ¡Ah, muchacho!

E.C. - ¡La raza Cabrera...!

N.C. - Mire, cristiano, si usted va a tirarse detrás de donde ellos vienen, no llega...

J.M. - No llega.

E.C. - Esos están regao'... Es más, si tú puedes hacer un análisis, un censo completo de los Cabrera solo, porque son muchos.

R.M. - Eso es un libro. Son muchos, sí.

Figura 3.22. Don Rafael Cabrera Ortiz, Padre de Rafa.

J.M. - Y la primera etapa, la segunda etapa, la tercera etapa y la cuarta etapa... ¡Olvídate. Que tienes que buscar un libro como del grande de esa nevera...

N.C. - Así mismo es.

R.M. - Aquí me hablan de una Fela Ríos que se casó con Manuel... ¿Era de los mismos Ríos?

J.M. - Sí, Felícita.

N.C. - ¡No! Esa señora era... esto... esposa de Manuel Cabrera.

R.M. - De Manuel Cabrera. ¿Pero era de los Ríos que tú me mencionaste orita?

E.C. - Pues, hermana de María, ¿Verdad Nata?

N.C. - Hermana de María, la mujer de Tío Eusebio... sí.

R.M. - ¿Pero Teya era Cabrera Ríos?

N.C. - ¡No!

J.M. - No, Teya no.

N.C. - Teya era Cabrera Salgado...

R.M. - Pero los otros hijos son Ríos... ¿Entonces... Don Pascual, ¿Qué era?

N.C. - Cabrera Salgado.

R.M. - Cabrera Salgado. ¿No hay otros? ¿Y Eusebio?

N.C. - Cabrera Salgado.

R.M. - ¿Todos son Salgado?

E.C. - ¡Sí, porque son los mismos...

R.M. - Pero cuáles eran los que no eran de la misma esposa... ¿De María Salgado?

N.C. - Habían dos: Venancio y Manuel Cabrera.

R.M. - Cabrera Ríos, entonces... Venancio y Manuel... Es que encontré bautizos de unos nenes y encontré un Pedro Nolasco Cabrera, que debe ser Pedro pero con otro nombre allí en la fe de bautismo... Pedro Nolasco. Y entonces aparece Don Federico enterrando una nena de cinco meses que se le malogró antes de todos los hijos esos que han mencionado... Entonces esa no la conocieron ustedes porque murió... chiquita, quizás... Es que todavía tengo que entrar en ese archivo a buscar... porque hay que buscar bastante... Pero he encontrado allí bastante... Ahora, Don Federico aparece apuntado Federico Cabrera, pero no se indica.... Su nombre africano no se indica.

J.M. - Porque él coge el apellido de su amo...

R.M. - ¿Pero el apellido Maone era de su amo?

J.M. - No, el apellido Maone era su apellido natural, de la descendencia de... Maone.

R.M. - ¿Don Rosa te lo dijo así... que él era de África... ¿Te lo dijo alguna vez?

J.M. - ¡Sí! Me dijo que los españoles fueron los que trajeron esa gente... Fueron los primeros que trajeron esa gente a Puerto Rico... los españoles...

R.M. - ¿Pero no te dicen de qué edad vino Don Federico? ¿No te lo mencionan? ¿Ni se habla nunca de los papás de Federico?.... ¿Quiénes eran? ¿Nunca se habló?

J.M. - Tampoco, porque tú sabe, cuando se traía esa gente a "los estados", como Santo Domingo o a cualquier país, pues los padres se olvidaban... eso no... ya uno... que era parte de los padres. Eso es como cuando usted le da un hijo cualquiera a otra persona; que usted le quita los apellidos, se le da otros... ese hijo coge otros apellidos...

R.M. - Si no le dan la información, no se va a acordar.

J.M. - No se va a acordar.

R.M. - ¿Pero, en qué año murió Don Federico? ¿Lo saben? Más o menos... ¿Para qué época murió Don Federico?

J.M. - Ahí es que...

N.C. - Yo no, porque yo no estaba nacida cuando él murió.

R.M. - ¿Pero no se lo contaron? ¿No les dieron ese dato?

J.M. - No.

R.M. - ¿Pero él murió viejito o era joven cuando murió?

J.M. - Tío Rosa decía que murió bastante maduro...

N.C. - Papá nos decía que él había muerto de ciento y pico de años...

R.M. - Ya eso me ayuda... ¿Le dijeron que él murió de ciento y pico?

N.C. - De ciento y pico de años...

R.M. - ¡De ciento y pico! Podía ser 105 o 110...

J.M. - Como esa gente duraba tanto...

R.M. - Si murió de ciento y pico... Don Ismael me dijo que el murió hace como un siglo... pero yo creo que debe ser menos... debe ser menos... Yo voy a tratar de averiguar... ¿A Don Federico lo enterrarían en Morovis?

J.M. - Como compay Ismael no...

R.M. - Pues tiene que estar apuntao' allí... ¿Lo enterraron en Morovis?

E.C. - ¿Pues a donde lo iban a enterrar?

R.M. - ¿Los de aquí nunca iban a Vega Baja a enterrarlos? ¿Los de la Sucesión nunca iban allá? ¿Siempre iban a Morovis?

N.C. - No.

J.M. - Porque nosotros pertenecíamos a Morovis.

R.M. - Exacto... Porque hay unos Cabrera que son de Almirante.

J.M. - Pero son de una misma raza también.

R.M. - ¿Son los mismos? ¿Son familia?

A.M. - ¡Sí!

E.C. - Pero esos los llevan a Vega Baja.

R.M. - Van allá, exacto.

J.M. - De la misma cepa, pero...

R.M. - Si a Don Federico lo enterraron en Morovis, están los papeles allí...

J.M. - Sí, pero mire... el "deso" de Morovis se quemó, dicen... el Registro (Demográfico).

R.M. - Pero la Parroquia no se quemó y allí están los libros... la Parroquia está intacta... Ahí yo estoy buscando... Es más, aparece Federico apadrinando a un esclavito... Tengo que sacar el acta... Lo que pasa es que cada papel cuesta $5.00 y estoy un poco "aguantao"... Pero he encontra-o, he encontrao bastante... Yo quiero sacar to' eso e incluirlo en el trabajo...

A.M. - ¿Quién sería ese niño bautizado?

R.M. - Apadrinándolo, apadrinándolo...

J.M. - Apadrinándolo es.

R.M. - El y María Salgado apadrinando ese niño...

J.M. - Bautizándolo...

R.M. - Sí, bautizándolo... el cura lo bautiza y ellos lo apadrinan, ¿Ve? O sea, están allí de padrinos en el bautizo. Son los padrinos, le sirvieron de padrino...

J.M. - Sirviéndole de padrino...

R.M. - Pero, el dato... lo curioso es que cuando Federico sirve de padrino a ese niño, ya él no era esclavo. ¡Ya era libre! Ya era hombre libre... que es lo que estoy averiguando... ¿Les contaron alguna vez cómo es que obtuvo la libertad?

Figura 3.23. Don Juan "Toto" Maldonado Ríos.

J.M. - Bueno, mi tío me decía que cuando libertaron los esclavos, que vino la Abolición esa... ¡Qué sé yo! Pues a él, los que lo tenían a él, le dieron unos chavitos y vino y compró estos terrenos aquí... Tú sabes... las vacas... le dieron... tú sabes... porque a esa gente le asignaban algo, ¿Ve? Les daban animales... ¿Ve? Era un pago que le daban... Entonces pues, con lo que le dieron... los que lo tenían a él, él compró estos terrenos...

R.M. - Que son los terrenos que heredó la Sucesión.

J.M. - ¡Exacto!

R.M. - Pero después de Federico... ¿Alguien de la Sucesión siguió comprando terrenos? ¿O fue sólo lo que compró Federico?

N.C. - ¡No, no, no!

J.M. - No, porque Federico compró aquí... todo esto era desde ahí hasta "el Establo"...

R.M. - ¿Hasta allá donde está Castejón? ¿A dónde está Castejón?

J.M. - A donde está Castejón.

R.M. - ¿Allá, hasta las paredes aquellas?

J.M. - Hasta las paredes aquellas... Y dicen que eso venía desde allá "del Puente", con to'...

R.M. - El puente ese, en ese claro grande que hay allá?

J.M. - ¡Todo, todo!

R.M. - Que ahora no es de la Sucesión...

J.M. - Ahora no es.

R.M. - ¿Cómo fue la cosa?

J.M. - Pues, parece que siguieron vendiendo y vendiendo... A lo mejor él (Federico) vendió también. Vendiendo y vendiendo a este... Pero a mí me dice.... Me dice Tío Rosa que de Federico era tó este Patrón completo, hasta el establo.

R.M. - ¿Cogería parte de Almirante?

J.M. - ¡No!

R.M. - ¿Pero, donde vivía Don Jesús Cabrera, que creo que ya murió? Allá arriba, "trepao" en la loma...

J.M. - Esa finca era de Paco Barreras, por donde vivían los Sandovales y a donde vive este... esa finca creo que era de Federico Cabrera.

R.M. - Ahí compró un Marrero... él compró la loma arriba, donde vivía Don Jesús...

J.M. - Pues eso también era de Federico y se lo vendería a Jesús, o se lo daría... o yo no sé...

R.M. - Pero Don Jesús era de la descendencia Cabrera... ¿De quién venía siendo hijo Don Jesús?

N.C. - Don Jesús era primo hermano de papá, de Pascual Cabrera.

R.M. - Pero Don Jesús llevaba el apellido Cabrera.

N.C. - Cabrera, sí.

R.M. - ¿Quién sería el papá de Jesús?

J.M. - ¿Y Juana Cabrera?

N.C. - Era hermana de Jesús Cabrera.

R.M. - Pa' ser primo de Pascual, tenía que ser hijo de un hermano de Federico.

N.C. - ¿Del abuelo mío, verdad?

R.M. - Sí, de su abuelito. ¿Pero nunca se habló de esa gente? ¿Pero hay hijos de Jesús Cabrera vivos?

J.M. - Ah, sí... casi tos'.

R.M. - ¿Y viven cerca por aquí?

J.M. - No, "al lao allá".

R.M. - ¿En Almirante? Es cuestión de ir allá y preguntar.

N.C. - Después de Belén viven... con la mamá.

J.M. - Ellos sí... porque Ríos son por parte e' madre   Yo creo que el apellido de él es por parte de madre... porque las mujeres de Eusebio Cabrera eran de apellido Ríos... Ríos.

R.M. - O sea, ¿Hubo mucha mezcla de Cabreras con Ríos?

N.C. - Ajá.

R.M. - ¿Cómo es la cosa? Eusebio se casó... ¿Con quién?

J.M. - María Ríos.

R.M. - ¿Y tuvo muchos hijos con María Ríos?

J.M. - Sí.

R.M. - ¿Saben algunos nombres de ellos? ¿Saben los nombres, Toto?

J.M. - Se llamaban... Antonio...

N.C. - ¡No!

J.M. - No, no, no, no.

N.C. - De María Ríos no eran...

J.M. - Félix Cabrera.

N.C. - José Cabrera, Félix Cabrera... esto... Evangelista Cabrera.

J.M. - Benigna.

N.C. - Y Benigna Cabrera.

J.M. - Cuatro.

N.C. - Y uno que se murió que se llamaba Fernando... ¿Cinco eran, verdad?

R.M. - ¿Evangelista era hombre o mujer?

N.C. - Mujer.

J.M. - Y vive.

N.C. - Pero esa está demente...

J.M. - La mai de Cholo... No. Ya esa no te pué explicar. Y no es muy vieja tampoco... muy vieja. Tiene... todavía no tiene 80 años...

R.M. - Tuvo esos cinco: Félix, José, Evangelista, Benigna, Fernando...

J.M. - Y después, en Munda... ¿Cuántos tuvo?

N.C. - Como doce.

R.M. - ¿Eso fue otro matrimonio o fuera de matrimonio?

J.M. - Fuera del matrimonio.

R.M. - ¿Cómo se llamaban esos (que tuvo) fuera del matrimonio?

J.M. - Pues...

R.M. - ¿Cómo tú me dijiste? ¿Con Munda tú me dijiste?

E.C. - (*Dirigiéndose a mí*): Mire, cómase ese pedacito e pan... de dieta es eso...

R.M. - ¿Se llamaba Edmunda, Doña Munda?

J.M. - Sería Reymunda... ¿No sería?

R.M. - Reymunda puede ser... ¿Nunca oíste el nombre correcto? Le decían "Munda"...

N.C. - Unjú.

R.M. - ¿Y de Munda tuvo... ¿Recuerda los nombre de algunos? Hijos de Edmunda y Eusebio...

J.M. - Pues eran Toño...

N.C. - Rupertino... y el otro Serafín.

J.M. - Tres varones... (*Digresión sobre el pan integral...*)

J.M. - ¿Entonces las mujeres eran?

N.C. - Daniela, Blasina, María.

A.M. - Yo creo que de las razas más grandes de Puerto Rico, los Cabrera son unos...

R.M. - ¿El mayor de Eusebio, no era Juan José? Ustedes me dijeron José... ¿Es el mismo?

N.C. - ¿Juan José?

E.C. - Pero ese era "del matrimonio"...

R.M. - ¿Cómo? ¿Del primer matrimonio? ¿Del matrimonio legítimo?

N.C. - Ajá. Le decían José.

R.M. - ¿Ustedes no oyeron hablar de ningún Juan José?

A.M. - ¿Tú tampoco, Toto?

J.M. - Yo conocí a José Cabrera... que es de María... Pérez Cabrera que es tu abuelo... (*Refiriéndose a Ana Hilda.*) José, Benigno, y "la nena"... Dos varones y dos hembras...

A.M. - ¿Y el de Almirante?

J.M. - Pues, José.

A.M. - ¡Oh! A ése es que tú estás mentando. Ay, María, ese murió de unos cuantos años y no hace tanto tampoco...

J.M. - Murió de noventa y pico.

R.M. - Eustaquia... Nené... ¿Tuvo hijos?

N.C. - Una sola.

R.M. - ¿Cómo se llamaba? ¿Se acuerda?

N.C. - Felícita Cabrera.

A.M. - ¿Y la conociste?

N.C. - Sí, la que murió...

J.M. - ¡Fela!

A.M. - Ah, verdad... La que murió en Santurce, la que murió hace poco... ella era.

R.M. - ¿Pero por qué ella llevaba el apellido Cabrera si la mamá es la que era Cabrera... ¿Eustaquia era Cabrera?

E.C. - Bueno, la verdad es que ella aparece Felícita Concepción.

R.M. - ¿Concepción de apellido?

E.C. - Ajá.

A.M. - Es de nombre también.

R.M. - Quizás Concepción era el apellido.

A.M. - El otro apellido.

R.M. - ¿Del papá? ¿Pero no conocieron al esposo de Eustaquia, o al papá de Felícita?

E.C. - No.

R.M. - (*Recapitulando*) Me falta Joseíto, Josefa tu abuelita... (*Dirigiéndome a Toto.*) y Venancio... ¿Tuvo hijos Venancio?

N.C. - Yo no sé.

J.M. - Rosa nunca me dijo ná.

R.M. - Vamos a Joseíto, el papá de Belén. ¿Saben esa familia? De los más viejos primero. A mí me mencionaron a Belén, a Chelo, a Tite, a Benito, a Víctor, a Severo... Esos fueron los que me mencionaron pero no sé el orden.

N.C. - ¡Y Goyo también! Goyo, Jacinta, Ramón.

R.M. - Pero después de Belén... A Belén yo la conozco... ¿Chelo se llamaría José?

J.M. - José.

R.M. - ¿Chelo era hijo de Joseíto?

J.M. - ¡Sí!

R.M. - Tite. ¿Qué nombre tendría Tite?

J.M. - Tite tiene que ser Tito...

N.C. - Se llamaba también José.

A.M. - Usaban muchas veces el mismo nombre, ¿Verdad?

R.M. - Habían muchos, sí. ¿Benita?

N.C. - Benita me dicen que también vive.

A.M. - Ah, ah. Benita es la que vive en Santurce.

R.M. - ¿Cerca de ustedes?

A.M. - Está fuerte... ¿Verdad? ¿Vivió cerca de ustedes o retirá?

R.M. - ¡Esa es otra nieta de Federico que está viva! Yo creía que eran ustedes las únicas... ¿Hay más nietos vivos de Federico?

A.M. - Mucho mayor que ustedes... Benita...

N.C. - ¡Ave María!

A.M. - Así que ella tiene que saber mucha más información.

J.M. - Y a lo mejor no porque...

R.M. - ¿Cómo cuántos años tiene?

J.M. - Tiene 83 años.

A.M. - ¡Mira pa' llá!

J.M. - Y a lo mejor no, porque ella se fue "muchacha" de aquí.

A.M. - Pero tiene que haber sabido sus raíces de su abuelo.

J.M. - Eso es bueno saber...

A.M. - ¡Claro que sí!

J.M. - Eso es bueno... uno tener...

E.C. - Todo eso hace falta en la escuela... pa' la historia.

J.M. - Y eso es bueno.

A.M. - ¿Verdad, que eso es bueno? Saber de ónde uno desciende...

J.M. - Pa' salir en los historiales... Sí, porque uno llega a cualquier sitio y a cualquier otro país y...

R.M. - ¿Víctor era el otro? Me dijeron José, José, Benita, Víctor, Severo...

A.M. - ¡Ah, pues nosotros somos africanos. ¡Con razón a Alberto me le dicen en la escuela: ¡Africanoooo, africanooo...!

R.M. - ¿A quién le dicen?

A.M. - Al nene mío. Y a Jorge también me le dicen "africano" y "Kunta Kinte".

R.M. - Yo me enfogono con los estudiantes porque lo dicen en un tono despectivo...

A.M. - ¡Ajá, ajá!

R.M. - No es como una "flor".

A.M. - ¡Es como una burla, una burla!

R.M. - Yo los paro en seco, porque yo tenía un estudiante que vino de Vega Baja, familia de un esclavo, que son los Vázquez de Vega Baja, que son pero... negritos, lo que se dice negritos...

N.C. - En Vega Baja hay unos negritos...

A.M. - ¡Muchacha sí... Retintos!

R.M. - Esos negritos de Cabo Caribe, que era una hacienda de caña que había mucha esclavitud... Entonces él viene y le dicen: ¡Chaka Zulu!... y yo les digo: —Ustedes se lo dicen "de vacilón", pero si de algo debemos estar orgullosos es de esa ascendencia africana... Venimos de esas raíces, y aquí nadie puede decir que es blanco... porque aquí hay una mezcla... que aquí tos' tenemos de indio y de negro y de español...

A.M. - ¡Ajá! No se sabe quién es quién...

E.C. - El que no tiene una cosita tiene de la otra...

J.M. - (*Toto hace una digresión sobre las cuatro partes en que se divide África...*)

RMT- (*Hago una digresión sobre mi familia, residentes del sector Patrón.*

Toto narra anécdota sobre una persona que lo confundió con un dominicano. Toto le aclaró el punto.)

J.M. - Y yo le dije: —¡No, yo soy Boricua, puro nativo. Lo que pasa es que yo soy "prieto" por mi padre nativo, pero mi "mai" viene de raza india pura...

A.M. - ¡Tu mamá era india!

J.M. - Mi mai es india... Viene de raza india pura...

A.M. - ¡Ajá! Porque tu tía (*refiriéndose a Toto*) me dijo a mí... Tía Rosa me dijo a mí que la mamá de ella y que estaba escondía en una cueva porque era y que india... y que la sacaron de esa cueva...

R.M. - ¿Quién era esa?

A.M. - La abuela de ellos...

J.M. — Bueno, era india. Venía de raza india, india.

A.M. - Eso me lo contó Tía Rosa.

R.M. - ¡Empiézalo! ¿Quién era la que vivía en la cueva?

A.M. - La mamá de Tía Rosa, la mamá de Tía Rosa...

R.M. - ¿Cómo se llamaba esa abuela?

A.M. - ¿Cómo se llamaba esa abuela, Toto?

J.M. - Ah, yo no sé.

R.M. - Porque la otra abuela tuya era Josefa.

J.M. - Pero por parte de madre...

A.M. - ¡Esa era la india! Esa era la india pura nativa que vivía en una cueva...

R.M. - ¿Que vivía en qué cueva? ¿Pero no te dicen dónde?

A.M. - No, no... no me dicen...

J.M. - Creo que donde ellos vivían era en Cibuco de Corozal.

R.M. - Allí hay cuevas...

A.M. - Pues de ahí, de una cueva tiene que haber sío. Entonces que un español, que cuando se acabó y que la revolución y que la sacó de esa cueva y la hizo mujer de él y que de ahí fue de donde nacieron y que...

R.M. - ¿Cuándo se acabó cuál revolución?

A.M. - Yo no sé. Eso decía ella, cuando se acabó y que una revolución que hubo...

R.M. - ¿Quién la sacó?

A.M. - Pues, el español que la sacó de la cueva...

R.M. - Ajá. ¿Y qué pasó?

A.M. - La hizo mujer de él. El español hizo a la india... la hizo mujer de él...

R.M. - ¿Y ahí viene la descendencia de quién?

A.M. - Pues, de abuelita, que es la mamá de Toto...

R.M. - ¿Y tú supiste el nombre de ella?

J.M. - (*Gesticula en la negativa.*) Ella creo que se llamaba María... que sé yo...

A.M. - Y de Tía Rosa, que es tía de Toto también. Esa es india... que es una india bien bonita, que es india...

R.M. - ¿Ella vive?

A.M. - Sí.

R.M. - ¿Dónde vive ella?

A.M. - Vega Baja, por Pugnado.

Figura 3.24. Don Alberto de Jesús, hijo de Severo de Jesús.

J.M. - Tiene ciento... ella tiene 105 años.

R.M. - Yo la busco...

A.M. - ¿Cuántos años Toto?

J.M. - Ciento cuatro a ciento cinco...

N.C. - ¡Ave María! Mira pa' ahí... ¿Ah?

R.M. - ¿Tú no sabes, más o menos, dónde uno la pueda conseguir?

J.M. - Ella hay veces que está en las Parcelas Amadeo en casa de una hija y a veces está en Levittown, en casa de la hija, la otra hija que tiene allá... Ella se pasa allá y acá...

R.M. - ¿Tú tienes comunicación con ella, por teléfono o algo?

J.M. - No, pero si quiere venir un sábado para ir directamente allá... Porque... habría que averiguar en dónde va a estar, para no perder el viaje...

R.M. - ¿Pero ella está lúcida todavía? (Aquí cambia la cinta magnetofónica. En el intermedio, Toto menciona que "los primeros esclavos los trajeron los españoles... y los españoles eran los sinvergüenzas de por allá... Entonces eran tan sinvergüenzas que cogieron la india que... las hacían mujeres "a la cañona"... las hacían... este..."

Figura 3.25. Arando terreno para la siembra de caña en la finca de la sucesión Barreras.

(Comienza el lado B) – (*Disgresiones. Se coordina la cita para ir a hablar con "La india" en Vega Baja. Se hacen comentarios sobre la comida de antes y la de ahora. De ahí cambió la conversación hacia el tema de la producción económica de la finca propiedad de la "Sucesión" Cabrera en Patrón.*)

R.M. - Pero en esta finca, cuando la época del tabaco... ¿Se llegó a sembrar tabaco?

J.M- Sí. En toas estas fincas aquí... eran tabacaleras...

R.M. - ¿Se tenían las dos cosas? ¿Fruto menor y tabaco?

J.M. - Aquí había to' fruto menor.

R.M. - ¿Café, llegó a haber aquí?

J.M. - Café... to' eso eran cafetales.

R.M. - Caña fue lo que no hubo aquí...

N.C. - No, no, caña no.

J.M. - ¿Caña no? ¿Y Eusebio no tuvo un canto e' caña, verdad? Y que pa' un trapiche que tuvo pa' guarapo...

R.M. - ¿Pa' qué parte era lo de Eusebio?

J.M. - Por ahí... Por ahí por donde vive Juan...

R.M. - ¿Bajando pal' Mirante?

J.M. - No, pa' llá abajo...

R.M. - ¿Bajando por la quebrada?

A.M. - Pal' Centro Comunal... ¿Verdá Toto?

J.M. - A onde está el Comunal...

R.M. - Por ahí pa' bajo, que hay llanos...

J.M. - Por ahí pa' bajo...

R.M. - ¿Eso no es colindante con Paco Barreras?

J.M. - ¡Sí! Y ahí, en lo de Paco Barreras. Esa área que es llanita... sembraban caña ahí.

R.M. - ¿Y había un trapiche?

J.M. - De hacer y que guarapo...

R.M. - ¿Tú llegaste a ver ese trapiche?

J.M. - No.

R.M. - ¿Quién te hablaba?

J.M. - Me hablaba Tío Rosa de eso también...

A.M. - Tío Rosa sabía más que ná... Y lo dejamos ir antes de que nos contara... ¡Mira pa' llá!

J.M. - Ellos sembraban esa caña, pero no pa' la venta. Se sembraba media cuerda pa' sacar pa' guarapo... pa' sazonar...

R.M. - ¿No lo hacían azúcar? ¿Hacían melao?

J.M. - Pa' sazonar... Hacían melao pa' sazonar café, pa' sazonar las cosas...

A.M. - El melao lo usaban pa' sazonar las cosas...

J.M. - Ah, yo estaba las horas muertas sentao con Tío Rosa... Me dormía, porque él contando y yo escuchando pero no me contaba de tó.

A.M. - Cosas que no sabía...

R.M. - ¿Don Rosa murió bastante mayor, verdad?

J.M. - Si, bastante mayor. Murió de ochenta y pico de años...

A.M. - Pero estaba fuerte y con todo su conocimiento...

E.C. - ¡Y la mente clara!

J.M. - Pero yo le dije: - Tío... ¿Por qué Federico, el abuelo suyo... por qué Federico tuvo tanta finca aquí? Porque entonce... Y él me dijo: — Bueno, to' esta finca era de mi abuelo, porque en aquél tiempo la finca valía "a peseta la cuerda"... pues...

N.C. - Y a medio peso...

J.M. - Y a medio peso. Y cuando lo libertaron a él, que le dieron ganao, le dieron animales, le dieron un dinero, pues él compro to' esto barato por ahí pa' bajo...

R.M. - Pero, Toto, ¿Nunca te dijeron? ¿Nunca te puso el tema? ¿Quién lo libertó? ¿Quiénes eran los dueños entonces? ¿Nunca te mencionó?

J.M. - Bueno, de los... Bueno. Esos Cabrera que viven ahí... (*Señala en dirección del barrio Unibón*), que son familia de los Cabrera: Horacio Cabrera, los padres de Horacio Cabre-ra...

R.M. - ¿Viven aquí en Patrón?

J.M. - No, que viven allá arriba...

N.C. - Era Angelina Cabrera, me contaba papá... que tenía un hermano ahí, en "La Ceniza"... nos contaba papá que se llamaba Clodomiro Cabrera... creo que esos fueron los amos de mi abuelo.

R.M. - ¿Les llegaron a hablar de un Lorenzo Cabrera...? No el familiar de ustedes... De un Lorenzo Cabrera dueño de esclavos.... ¿No les llegaron a hablar?

N.C. - ¡No, No!

R.M. - Pero, ese Clodomiro Cabrera, sí usted lo oyó mencionar...

J.M. - Sí.

N.C. - Sí, que papá lo nombraba.

R.M. - ¿Pero lo nombraban como dueño de esclavos, como que tenía finca aquí?

N.C. - Bueno, yo no sé. Porque yo sé que él me decía que... que el papá de él (de papá) era esclavo de unos Cabrera... Ahora...

J.M. - De estos Cabrera de aquí abajo...

R.M. - ¿Pero no escuchó decir quiénes eran esos amos?

J.M. - Los Cabrera son... Mire, ¿Usted conoce esa familia de Horacio Cabrera?

R.M. - No, pero conozco la familia de Raquel Barreras...

J.M. - Pues, los mismos...

R.M. - (*Digresión sobre los Cabrera.*)

J.M. - Esos Cabreras eran los que tenían a mi bisabuelo... que son familia de los Barreras, que son primos de los Barreras.

Figura 3.26. Al fondo: Carlos Enrique. Al frente, de izquierda a derecha: Jorge Luis (Q.E.P.D.) y Norberto. Hijos de Quique e Hilda.

N.C. - Por eso dicen los Barreras que nosotros, todos somos familia.

E.C. - Y aquí, Don Pepe Santiago, que murió también...

N.C. - Se murió también.

J.M. - Por eso es... Pero sí, nosotros somos familia, como que nosotros tenemos el apellido de ellos...

N.C. - Que él no quería cuenta con papá...

R.M. - ¿Y de qué apellido era?

N.C. - Don Pepe Santiago...

E.C. - Porque... (*Digresión*).

N.C. - Por eso es que los Barreras dicen que todos somos familia...

A.M. - ¿Todos los Cabrera?

N.C. - Todos los Cabrera con los Barreras.

A.M. - ¿Sí?

E.C. - ¡Sí!

N.C. - Porque esta gente, los antece-dentes de esta gente serían, verdá, los amos de mi abuelo.

A.M. - Sí, de Federico.

R.M. - Pero... ¿Eso quería decir o alguien entendía que "se daban sangre" unos a los otros? ¿O era que unos eran los amos y los otros los esclavos?

N.C. - No, no. Que cogía el apellido de ellos... de los amos.

R.M. - Llevan el apellido pero no "se dan sangre". No eran familia de sangre pero cargan el mismo apellido...

N.C. - ¡Sí!

J.M. - Exacto, exacto.

N.C. - Ajá.

R.M. - (*Digresión sobre la familia de Raquel Barreras.*)

J.M. - Bueno yo nunca le pregunté a mi tío Rosa si el bisabuelo había venío grande o pequeño o cómo vino aquí.

R.M. - ¿Pero no hay cuentos de eso? ¿No te hizo cuentos de cómo lo traen, de cómo llega acá a Puerto Rico? Porque Don Ismael me hizo un cuento que Don Manuel le contó...

J.M. - Bueno, a mí lo que me dijo fue que al bisabuelo de nosotros lo compraron estos Cabrera que salían... los amos que salen a cualquier sitio, Santo Domingo, a Haití... salen a Haití...

R.M. - ¿A comprar...?

J.M. - A buscar esclavos. Salen a Haití... salen a cualquier... Y se los traen pa' ese país...

R.M. - ¿A él... salieron y lo compraron?

N.C. - El abuelo mío... ese vino de

África.

J.M. - Pero de qué parte de África vino, no se sabe cual... de esas ocho partes... y hay cuatro clases de indios en África...

R.M. - Doña Natividad, Doña Nata... ¿Él vino de África?

E.C. - Eso fue lo que me dijo papá...

R.M. - ¿No les mencionó quienes eran familiares de él, allá?

E.C. - No, no, no.

R.M. - Cuando les estaba contando eso... ¿Les mencionó la palabra Nangobá? ¿O no se la mencionó?

N.C. - Nango... qué?

R.M. - Nangobá.

N.C. - ¡No, no!

R.M. - ¿No les mencionaron nunca eso?

N.C. - A lo mejor ellos ni sabían eso...

R.M. - Pero unos Cabrera lo dicen y otros Cabrera no lo recuerdan. (*Dirigiéndome a Juan.*) Tú lo oíste hablar de Don Rosa...

J.M. - Bueno, yo lo oí hablar porque es mi tío. Yo me sentaba y... Tío, ¿Cuál es el apellido verdadero de nosotros? ¿Cuál es el apellido verdadero?

R.M. - Pero fíjate que la pregunta es lógica.

A.M. - Es una pregunta interesante.

J.M. - ¿Por qué si mi bisabuelo era esclavo tenía el apellido Cabrera? Porque podía traer ese apellido "de allá" pero que nunca, nunca esa gente de África tenían apellidos así, de... Cabrera.

Figura 3.28. Ana Hilda Méndez y Enrique Cabrera en su 25vo Aniversario de boda.

R.M. - No tenían apellidos españoles allá. Ellos tenían otros nombres.

J.M. - Entonces, pues, Tío me dijo: — Bueno, porque como mi abuelo fue esclavo, pues cargó el apellido de su amo.

R.M. - ¿Pero te dijo esas dos palabras: Nangobá y Maoné?

J.M. - Sí, pero... ¿Y cuál sería nuestro apellido de sí propio? Entonces me dijo: —Mira, que recuerde yo, me parece que el apellido de nosotros es Nangobá y Maoné... me dijo él... Maoné, me dijo así, esas palabras...

A.M. - ¡Vamos a cambiarnos el apellido!

J.M. - Pues, yo le dije... (*Dirigiéndose a Ana Hilda*) - Bueno, pero ahora no, porque ahora, ya estamos inscritos así... eso ya no se puede cambiar...

A.M. - Ya estamos inscritos Cabrera... pero parecen que eran los apellidos que tenía el esclavo allá... Federico.

Entonces, al ser comprado acá por ese señor Cabrera, tiene que olvidarse de su apellido de allá.

J.M. - Exacto. Y los españoles traían esclavos a Santo Domingo y Haití, porque tos' esos esclavos los traían en barcos a Santo Domingo, a parte de Haití, y de ahí acá era que salían... para aquí.

A.M. - ¡Qué bueno haber vivido en ese tiempo! ¡Ah!

R.M. - ¿En el tiempo de la esclavitud?

A.M. - No. Después... más acá... por el tiempo de mis bisabuelos y eso...

J.M. - Bueno, pero... también hay esclavos blancos, también... no habían esclavos prietos tampoco... que era... esclavo era el pobre, aquél que era pobre, pobre... El que "tenía", pues, "lo cogía de esclavo".

N.C. - Unjú. (*Digresión sobre varios asuntos. Se retoma el tema de las genealogías de los Cabrera.*)

R.M. - Doña Belén es nieta de Nengobá...

N.C. - Belén no era de las mayores, mayores... Belén era de las últimas.

J.M. - Encarna era de las mayores... ¿Verdad?

N.C. - No, tampoco. Ahí los mayores eran Teresa, Jacinta...

R.M. - ¿Encarnación es un hombre?

N.C. - No, mujer.

E.C. - No, mujer.

N.C. - Teresa también... hija de él...

R.M. - Mira, tengo a Belén, Don José, Chelo y Tite, Benito, Víctor, Severo, Encarnación, Jacinta y Teresa. ¿Todavía faltan?

N.C. - Ramona.

R.M. - Joseíto tuvo unos cuantos... entonces. Tuvo del matrimonio y fuera de matrimonio.

J.M. - Sí. Tuvo otra esposa por ahí... vivieron siempre en Bayamón.

R.M. - ¿Esos no los conocen ustedes?

N.C- No. (*Digresión sobre los muchos descendientes de los Cabrera*).

J.M. - Tío Eusebio es el mayor del segundo matrimonio de Federico y Eusebio Cabrera tuvo y que cuarenta hijos... dicen.

A.M. - ¿Cuarenta? Bueno, sí, porque Mami también me había dicho eso. Mami dice: —Abuelito tuvo muchos hijos en diferentes mujeres...

R.M. - ¿Pero llevan todos el apellido Cabrera?

J.M. - Bueno, no, porque algunos cogen el apellido de madre... Bueno... Toño Blacky... yo no sé si tú lo conociste... A Blacky, que era cartero...

R.M. - ¿Blacky, que lleva apellido Laureano?

J.M. - Sí, y son Cabrera.

R.M. - ¿De verdad?

J.M. - Sí.

R.M. - Y yo que creí que era otra familia.

J.M. - Y Tomás, que es Laureano, el hermano de Blackie... que Blackie ya murió, pero Tomás...

R.M. - ¿Pero por qué llevan el apellido Laureano?

A.M. - Carmen Rosa es hija de Eusebio.

J.M. - Y de Eusebio Cabrera hay cuatro más...

R.M. - Carmen Rosa... ¿Qué?

A.M. - Cabrera.

R.M. - Pero esa lleva el apellido Cabrera. ¿Por qué?

A.M. - Hija de Julia, hijastra de Raúl...

R.M. - Pero esos Cabrera que llevan el apellido Laureano... ¿Por qué llevan ese apellido Laureano? ¿Es el de la mamá?

J.M. - Porque parece que los reconoció la mamá. Porque cuando las madres salían a reconocer a sus hijos sin darle el apellido del padre porque... Blacky... Pues esos son Laureano pero son Cabrera... ¿Entiende? Son de Eusebio, hijos de Eusebio Cabrera.

N.C. - De Tío Eusebio Cabrera...

(*Digresión amplia sobre los hijos no reconocidos. La hija no reconocida de Luis Muñoz Marín, en "el Área", así como otra serie de temas. Termina la cinta. Comienzo la cinta #2.*)

Esta inicia con el final de la narración de "Toto"; Nata y Elisa explican el concepto de "ser de luz" y "espíritu atrasao". Enrique (Quique) cuenta su sueño con su hijo fallecido recientemente. Toto narra experiencia del sueño con su señora madre.... Retratos... el retrato de Pascual Cabrera arando terreno. Se reanuda el tema del esclavo Federico.

R.M. - Me había olvidado preguntarles... ¿A ustedes les dijeron a quién se parecía Federico? ¿A quién de la familia? ¿Quién sacó parecido con Federico?

N.C. - Ah, bueno. Yo no le sé decir. Porque yo nací y él... hacía años que él había muerto...

R.M. - ¿Pero nunca les comentaron a quién se parecía? ¿No decían: Este es la misma cara del abuelo...? Es para saber, más o menos, como era su físico...

N.C. - No, nada. Ni los hijos de él ni las hijas tampoco. ¿Sabe quién podría saber: Ellos mismos, los mismos hermanos allá...?

R.M. - A lo mejor "Toto" sabe, porque él hablaba mucho con Don Rosa... Él le dijo hasta la casa donde había vivido. (*Dirigiéndome a Toto*) ¿A quién se parecía Federico? ¿Quién "salió más a él" de sus hijos?

J.M. - Cuestión a eso, no le sé explicar. Nunca Tío Rosa me dijo.

A.M. - Carlitos, el mío, dicen que se parece a ella... (*Señalando a Nata.*) Dicen que se parece a Nata.

J.M. - Que sepa yo, nunca me dijo. Porque Tío Rosa tiene que haber conocido a su abuelo. (*Digresión sobre la casa de Federico*)

N.C. - Yo creo que Rosa no, porque mamá me dice que Rosa y Bernardo, el hijo mayor de ella, eran casi temporanos. Y mamá me dice que cuando murió el papá de papá, Bernardo tenía como tres años.

R.M. - ¡Espérese! Cuando murió Federico, ¿Quién tenía tres años?

N.C - El hermano mayor de nosotros, Bernardo Cabrera. Entonces, Rosa y Bernardo... que mamá nos decía... que Rosa mamó del pecho de mamá...

E.C. - Ah, pues estaban ahí, ahí... Eran hermanos casi...

N.C. - "Hermanos de leche", como decía la gente de ante...

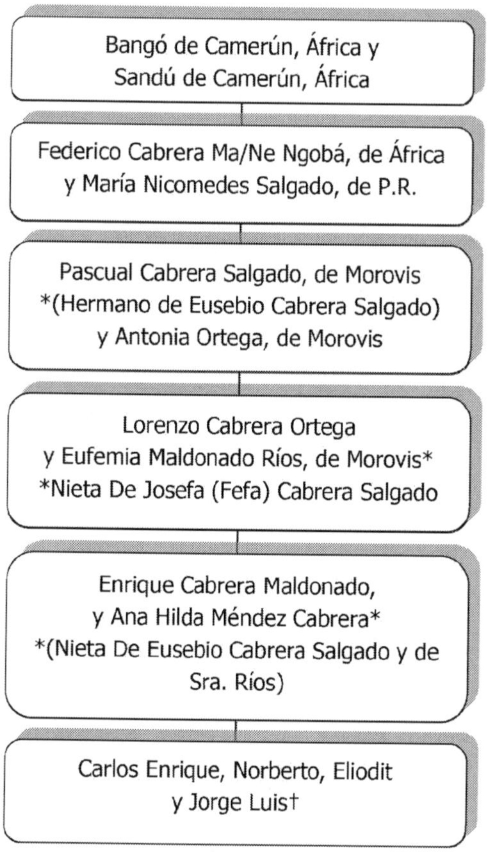

```
┌─────────────────────────────────┐
│   Bangó de Camerún, África y     │
│   Sandú de Camerún, África       │
└─────────────────────────────────┘
┌─────────────────────────────────┐
│ Federico Cabrera Ma/Ne Ngobá, de África │
│   y María Nicomedes Salgado, de P.R.    │
└─────────────────────────────────┘
┌─────────────────────────────────┐
│   Pascual Cabrera Salgado, de Morovis   │
│  *(Hermano de Eusebio Cabrera Salgado)  │
│   y Antonia Ortega, de Morovis          │
└─────────────────────────────────┘
┌─────────────────────────────────┐
│   Lorenzo Cabrera Ortega         │
│ y Eufemia Maldonado Ríos, de Morovis*   │
│ *Nieta De Josefa (Fefa) Cabrera Salgado │
└─────────────────────────────────┘
┌─────────────────────────────────┐
│   Enrique Cabrera Maldonado,     │
│   y Ana Hilda Méndez Cabrera*    │
│ *(Nieta De Eusebio Cabrera Salgado y de │
│   Sra. Ríos)                     │
└─────────────────────────────────┘
┌─────────────────────────────────┐
│ Carlos Enrique, Norberto, Eliodit │
│   y Jorge Luis†                  │
└─────────────────────────────────┘
```

Figura 3.29. Genealogía de Ana Hilda Méndez y Enrique Cabrera.

R.M. - ¿Entonces Bernardo murió de cuántos años?

N.C. - Le faltaban, creo, que tres meses para coger el Seguro Social.

J.M. - Sesenta y dos.

R.M. - Tenía sesenta y dos. ¿Y se acuerdan en qué año murió Bernardo?

N.C. - Pues yo recuerdo que murió un 9 de agosto.

E.C. - Nata, fue en agosto. ¿Te acuerdas que estábamos en la playa y nos fueron a buscar? (*Digresión entre ellas...*) Yo tengo eso apuntao en casa. Norberto murió en 1958 y papá murió en 1945 y Flor en 1925, creo.

R.M. - ¿Don Pascual murió en el 1945?

E.C. - En el 45'.

R.M. - ¿Pero ya Don Bernardo había muerto?

E.C. - ¡No, no, no!

N.C. - Bernardo tiene como veintisiete años de muerto.

R.M. - Yo busco cuando nació Bernardo y cuando murió Federico... (*Hago apuntes. Desglosé el parentesco de Federico con Ana Hilda Méndez y su esposo "Quique". Luego la genealogía de Juan Maldonado [Toto] y de Rosa Cabrera...*)

A.M. - Norberto les decía a mis tíos, tatarabuelos y tatarabuelas, que él les dice tío-abuelos.

R.M. - ¿Qué quedas tú de "Toto"?

A.M. - Sobrina. Mi esposo es sobrino de él, pero "nos damos (sangre)" por los Cabrera.

J.M. - Y... a mí, de la familia mía, por los Cabrera.

R.M. - Ah, porque tú y tu esposo... ¿Son primos?

A.M. - Parientes somos.

R.M. - ¿Tus nenes tienen sangre Cabrera por los dos...?

A.M. - ¡Ajá!

J.M. - Félix Cabrera, el abuelo de ella y mi padre, Evaristo, eran hermanos.

R.M. - O sea que tú y tu esposo tienen un tatarabuelo y un bisabuelo (*respectivamente*) que es el mismo. (*Digresión*) Voy a tener que dejar lo de Josefa para otro día...

J.M. - Abuelita no tuvo más que dos

hijos: Evaristo que era mi papá, Eva-risto Maldonado Cabrera y a Tío Rosa Cabrera.

A.M. - ¿Por qué le dicen Rosa Cabrera a Tío Rosa?

J.M. - Porque a mí me dicen Cabrera, pero...

N.C. - No, Rosa era Maldonado.

J.M. - Pues, Rosa es Maldonado Ca-brera.

R.M. - ¿Y con quien se casó Doña Josefa?

J.M. - Mi abuelo es Esteban Maldona-do, de Vega Baja. Era... dicen que era de Vega Baja. Maldonado Córdova. Yo soy Juan, pero mi abuelo no tuvo más hijos.

R.M. - ¿Quién te puso "Toto"?

J.M. - Es que... son apodos que le po-nen a la gente... (*Digresión sobre los apodos y los nombres que se repiten en la familia.*) Mira, mi hermano ma-yor se llama Paco, el segundo, como varón, José (*Pepe*)...

R.M. - ¿Quién es el mayor allá en tu casa? ¿Francisco?

J.M. - Sí, Paco.

R.M. - ¿Y después...?

J.M. - Porque si tú vas a sacar a los varones...

R.M. - En el orden en que nacieron...

J.M. - En el orden: Mariana, le sigue Pepe, después Eufemia, después Fe-la; después de Fela, Catalina; des-pués de Catalina, yo... ¡No! Antes que yo había uno que se llamaba Fer-maín.

R.M. - ¿Fermaín? ¿Así?

Figura 3.30. Genealogía de Alicia Mal-donado Ríos y Juan José Cabrera.

J.M. - Es Fermín, pero casi siempre le llamaban Fermaín... nosotros le de-cíamos. Después de Fermaín, vengo yo.

A.M. - Que es "Toto".

J.M. - Después de mi viene Gely, vie-ne Carmen, María, Alicia...

R.M. - ¿Todavía faltan? ¡Son unos cuantos!

J.M. - En casa eran 16.

R.M. - ¿Y después de Alicia, viene al-guien más?

J.M. - ¡No! Pero en casa habían más... Había un par de "guares" que se llamaban Cresencio y Cresencia-na... se murieron.

Figura 3.31. Anita Cabrera Nengobá junto a su abuelo Don Rosa Maldonado.

R.M. - ¿Entre medio de quiénes?

J.M. - ¡Ah, eso no me acuerdo yo! Cresencio pues...

R.M. - ¿Pero murieron pequeñitos?

J.M. - Pequeños, sí.

R.M. - O sea, que tal vez estaban bautizados... registrados.

J.M. - En casa somos 16 hijos y quedamos siete... Mira a ver...

R.M. - A mí me habían dicho que tú eras hijo de Rosa y tú eres sobrino... ¿Rosa tiene hijos aquí, verdad?

J.M. - No. Rosa no tiene hijos na' ma' que en Puerta e' Tierra... Tiene una hija que se llama Reynalda. Le dicen Reyna. Tiene otro en Chicago que se llama Mario, el mayor.

R.M. - ¿Reyna es la que tiene una tienda?

J.M. - Un come... un negocio de comida.

R.M. - ¿Esa es la que aparece con Don Rosa en un retrato que yo vi? ¡No, esa es nieta...!

J.M. - Esa es hija de Reyna... o nieta de Rosa.

R.M. - Es nieta de Rosa... pero se llama Ana Maldonado.

J.M. - Ah, no. Pues es hija de Felipito.

R.M. - ¿Felipito es otro hijo de Rosa?

J.M. - Sí: Gabino, Felipe, Luis...

R.M. - ¿Felipito está vivo? ¿Dónde vive?

J.M. - Sí, en Nueva York. Luis está en New York; David está en New York... Isabel en New York... Murió otra que se llamaba Victoria... en New York...

R.M. - ¿Felipito está vivo? ¿Dónde vive? (*Digresión sobre Ismael y la información que no conoce sobre la hija de Reynalda...*)

J.M. - Reynalda tiene una en New York: tres hijas mujeres y un hijo que se llama "Toñito" y otro que se ñama... varón... Juanito y otros... ¿Cómo se ñama el marío de ésta... María?

A.M. - ¡Carlos!

J.M. - ¡Carlos! Reyna tiene... ¡Muchacho...! Si tú vas a hacer un historial de los Cabrera, tú tienes que buscarte... ¡Mira! Tú tienes que ir casa por casa... (*Digresión*).

R.M. - ¿Pero Reyna es mayor o es bastante joven?

J.M. - Reyna primero... hijo de Rosa: Mario y después Reyna.

A.M. - ¡Ah! Pero Reyna tiene bastantes añitos...

J.M. - Casi 68... 67 años.

A.M. - Reyna parece que tiene más...

R.M. - ¿Pero Reyna se crió con Don Rosa aquí?

J.M. - No. Reyna se crió en San Juan toa' su vida...

N.C. - Reyna se pasa de los setenta y siete...

J.M. - Rosa tiene otro en New York que se llama Luis... ¡No!

N.C. - No, Gabino.

J.M. - El hijo de Paca Nieves, ¿Cómo se llama? ¿El Prieto de Paca?

A.M. - Ay, ahora no sé...

J.M. - Y Rosa tiene otro que se llama Bonifacio por allí en Llorens Torres... y tiene a Pancho, que se llama Francisco.

R.M. - ¿Son de otra esposa?

J.M. - Sí, de otra esposa: Pancho es de una; Pablito, ese que está en New York, es de otra.

R.M. - ¿El prieto de Paca es Pablito?

J.M. - El de Paca es Pablito. Bonifacio es de una tal Cándida Mendoza, que se llamaba Bonifacio, que vive por allí en Llorens Torres.

N.C. - Cándida se murió.

J.M. - ¡Sí! y Pancho... (*Inaudible*)... a una hermana de Graciano Ortiz que... Pancho.

A.M. - ¡Esta raza es grande! ¡Ave María, oye... esto sí es verdad!

J.M. - Y lo que pasa es que estos Cabrera eran locos con las mujeres... porque no querían más que tener una... ¡Una docena!

A.M. - Así era que se acostumbraba, Toto.

J.M. - ¡Pue! Pue claro que era así. Porque yo creo que casi no ha habido un Cabrera que no haya tenido más de dos o tres mujeres...

N.C. - Bueno, ahí tú tiene al hijo de Belén, que se ha casao cuatro vece...

A.M. - Sí.

Figura 3.32. Doña Belén Cabrera y su esposo, Don Armando Robles.

J.M. - Y no tiene 42 o 43 años.

R.M. - ¿Había alguna otra Belén Cabrera en la familia o Belén es la única...? (*Digresión*)... de 93 años...

J.M. - No, pero Belén no tiene esa edad.

A.M. - Belén tiene como setenta y algo...

N.C. - Belén tiene setenta y pico... (Digresión sobre la otra Belén.)

J.M. - Yo creo que el único Cabrera que no tuvo más mujeres fue el pai mío... que sepa yo, ¿Ve?

A.M. - Verdad. Porque no se le conocen hijos fuera del matrimonio (*Digresión sobre el comportamiento de la persona.*)

R.M. - Bueno Don Manuel tuvo dos mujeres allá; que eran hermanas... allá en Jayuya.

J.M. - Dos hermanas. Y Eusebio cogió dos hermanas. Eran cinco hermanas, que eran Ríos todas de apellido. De esas cinco, uno cogió unas y otro cogió otras.

R.M. - ¿Pero de dónde era esa cepa de Ríos... ¿De aquí o de allá arriba?

J.M. - Esos Ríos son de aquí de esa parte de... Morovis, porque ya eso pertenece a Morovis...

R.M. - ¿Qué parte tú dices?

J.M. - Esa parte de ahí, de las Barreras pa' rriba... Pa' lla'... Unibón Centro pa' rriba, tirando pa' Corozal. Unibón termina donde es Mirín Lugo.

R.M. - Por ahí esta pegao con Cibuco de Corozal.

J.M. - Pues, por ahí, de esas partes...

R.M. - ¿Esos Ríos eran los que eran, así, "tipo indio"?

J.M. - Tipo indio.

R.M. - ¿Pero esas Ríos que tenía don Manuel allá arriba, eran de esos Ríos?

J.M. - De esos mismos toas eran. Esas Ríos eran de aquí. Manuel se llevó una de aquí y más después; a lo mejor la cuñá fue a visitarlos y se quedó con ella de una vez... (*Ríe.*)

R.M. - ¿Qué una era Fela y la otra Fidela?

J.M. - Y la otra, creo que fue a Ponce... la última Ríos... Vive o se murió.

R.M. - ¿Dos fueron esposas de Eusebio?

J.M. - Y dos de Manuel. Y la otra "se perdió de vista".

(*Digresión sobre los "primos casi hermanos" Cabrera-Ríos. Digresión sobre las "aventuras" de su padre. Nata dice que él tuvo una aventura con Librada.*)

N.C. - Bueno, Pablo Cabrera tuvo siete mujeres.

J.M. - Tos' tenían mujeres dobles.

N.C. - Papá tuvo una aventura, pero fue antes de casarse con mamá. Que Andrea es hija de papá, que queda ahora de padre de nosotros... Que esa aventura la tuvo mi papá con una familiar de mi mamá, Adelaida Ortega, que creo que era hermana de papá, Lorenzo Ortega.

R.M. - Pero esa Andrea, hermana de padre... ¿No me la mencionaron orita?

N.C. - No.

E.C. - No, no. Pero esa era hija de la hermana de nosotras... ¿Baltazara no es hermana de padre de nosotros?

N.C. - Sí.

R.M. - Pues eran hijas de Pascual y hermanas de padre de ustedes...

J.M. - Pero no esa Andrea.

E.C. - Rafaela. Esa que le decían Baltazara.

N.C. - El nombre de ella es Rafaela Ortega y le decían Baltazara.

R.M. - ¿Ella carga el apellido de la mamá de ella?

N.C. - Sí.

A.M. - Ella está muerta... ¿Verdad?

N.C. - Sí.

A.M. - Porque Andrea es mayor que ustedes...

N.C. - Adió, pues claro que sí...

E.C. - Pues si fue antes de casarse... (*Digresión sobre la época de la aventura.*)

N.C. - Papá era más honrado. (*Bromean en torno a ello.*)

J.M. - Bueno, mira, que Pedro Cabrera se traía las mujeres de ese Ciale'... De ahí es que se traían toas' esas mujeres... Y Pedro Cabrera iba a coger café y maíz y de allí se traía esas mujeres.

E.C. - ¡Ah era bravo!

A.M. - ¡Pedro Cabrera dicen que era bien guapo!

R.M. - ¿A qué se dedicaba Don Pascual?

J.M. - Agricultor.

N.C. - Sembraba tabaco, frutos menores, y tenía sus animales y de eso vivía...

J.M. - Aquí lo que se vivía era de la agricultura...

E.C. - Y lo más felices que vivíamos en aquellos tiempos. Yo recuerdo que papa traía aquellas piernas de jamón y se empezaba a hacer arroz con gandules y jamón y después esa carnecita ahumá... chuletita...

A.M. - Y después ese carbón, esa leñita...

J.M. - Orita la mujer va a tener que... Mira, ya no tienen que guisar habichuelas. Ahora lo que falta es que el arroz venga guisao... y blanco, en potes...

N.C. - Ay, si un arroz cocinaíto al carbón y a la leña...

E.C. - Sí, eso es lo que la gente hace porque la gente no quiere cocinar, no... ¡Mire! Ahora, en casa, siempre nos hemos quedao con la costumbre. En casa se almuerza dos veces, se hace café tres y cuatro veces...

(Tomo fotografías y todos bromean sobre la cámara, que puede averiarse. Fuimos a la residencia de Toto y copié foto de anciana nieta de la india que fue capturada en las cuevas de Sibuco. El retrato de Don Rosa lo tiene Fidel. La entrevista terminó a la 1:30 P.M.)

ENTREVISTA #7

(ENTREVISTA[26] A DOÑA MARGARITA ROMÁN RÍOS - 24 DE NOVIEMBRE DE 1989.)

Por:

Roberto Martínez Torres

(*Doña Margó vive en las "Parcelas Columbo", por la entrada del parque de pelota a la derecha, en una casita al fondo de la calle bajo un árbol de mangó frondoso. Su esposo es Luis, hijo de doña Aleja Laureano, hermana de don Julio Laureano. Los visitamos en la mañana del jueves, día de Acción de Gracias y le hicimos una entrevista sobre su mamá, doña Rosa "La india", quien no se encontraba en su residencia ese día.*)

Figura 3.33. Doña Margarita Román Ríos.

R.M. - Yo quiero que tú me digas el nombre de tu mamá, el de tu papá...

M.R. - El nombre completo: Rosa Ríos Agosto.

R.M. - ¿El de tu papá?

M.R. - Félix Román Salgado.

R.M. - ¿Y ella se crió dónde?

M.R. - En Ciales... un sitio que le decían "Casablanca".

R.M. - ¿La Hacienda Casablanca?

M.R. - Sí.

R.M. - ¿Ella llega a "Casa Blanca" porque tu abuelita fue a vivir allá?

M.R. - No. Mi papá vivía por allá, por "Casablanca". Entonces mi papá se crió allá, verdá, porque él era mayordomo de la gente de...

---

[26] Se utilizan las siglas R.M. para el nombre del entrevistador y las M.R. (Margarita) y J.M. (Juan "Toto" Maldonado) para las de los entrevistados.

R.M. - Me dijiste que es el que está en el retrato de la sala. (*Se hizo copia.*)

M.R. - Mayordomo de la finca de Don Miguel Pastor.

R.M. - Él era el mayordomo de la finca de "Casablanca"...

M.R. - "Casablanca", ajá... de la hacienda. Entonces, pues, mi mamá la llevaron allí cuando estaba nenita... la llevaban... El papá de ella la llevaba. Y entonces se crió por allí, con la gente de la hacienda, haciendo... ayudándole a la señora.

R.M. - De "la casa". ¿Entonces tu mamá es hija de "La India"? ¿Tú mamá?

M.R. - La abuela de ella.

R.M. - ¿La abuela de doña Rosa era "La india"?

M.R. - Sí.

R.M. - Yo quiero que tú me digas el cuento... como tu mamá te contaba cuando "la cogen". En qué sitio... dónde fue que la cogieron...

M.R. - Pué, eso fue en Ciale, en un barrio de Ciale... Pué dice mamá que, según le contó el papá... pues era la mamá del papá de ella, entonces... pues, la cogieron con una bandera y loj perros...

R.M. - Tú me dijiste algo de "la bandera", ¿De qué color era?

M.R. - Con una bandera colorá, porque a ellos les enseñaban una bandera colorá y le achujaban los perros y entonces ellos "se embobecían"...

R.M. - ¿Quiénes se embobecían?

M.R. - El indio... la india...

R.M. - ¿Eso te lo cuenta tu mamá?

Figura 3.34. Matilde Román Ríos y Rosa Ríos Agosto "La India".

M.R. - Sí, me lo cuenta mi mamá... que el papá de ella se lo contó a ella, como... ¿Ve? De qué manera ellos eran indios.

R.M. - Llegaron a ser...

M.R. - Entonces el papá de mi mamá era bien trigueño, bien trigueño.

R.M. - ¿Y el nombre de él era?

M.R. - Triburcio Ríos.

R.M. - ¿Era de esos mismos Ríos que son familia de "Toto"?

M.R. - Sí, porque él era el papá de tía María.

R.M. - ¿María qué?

M.R. - María Ríos.

R.M. - María Ríos, viene siendo... ¿Qué queda de "Toto"?

M.R. - La mamá.

R.M. - La mamá de Toto.

M.R. - Ajá.

R.M. - O sea, que son Ríos. ¿Los Ríos son negros?

M.R. - Sí, son negros.

R.M. - Que se casaron con la familia de "La india". Lo que me cuenta "Toto" es que esa india tuvo hijos con un español. ¿Eso es así o te contaron de otra manera?

M.R. - No.

R.M. - ¿Quién "la coge" a ella? ¿Quién va a coger a "La india"?

M.R. - La india, pues... no sé. Yo sé que mi mamá me cuenta que el abuelo de ella cogió a la abuela de ella con perros y banderas colorás...

R.M. - ¿Ese señor que la cogió, tuvo hijos con ella? O sea, que de ahí viene la descendencia de tu mamá...

M.R. - Sí, porque... Ajá.

R.M. - ¿Pero no sabes el nombre de ella?

M.R. - No, porque ese es el bisabuelo de mi mamá, o el abuelo de mi mamá.

R.M. - ¿Pero no le llegaron a decir el nombre?

M.R. - No, porque mi mamá no llegó a conocer mucho a la familia.

R.M. - Cuando yo tenga la oportunidad de hablar con ella, yo le pregunto a ver si la memoria... si recuerda... a ver.

M.R. - Sí, porque a veces ella... no conoce mucha familia... ella... los únicos que nosotros conocemos son estos de Morovis (*Refiriéndose a la familia Cabrera.*) y por donde quiera oye uno decir que salen unos Ríos, pero como uno no sabe...

R.M. - Entonces, esos Ríos... son las cinco hermanas estas Ríos... ¿Y ese señor Ríos (Triburcio), qué quedaba de las cinco hermanas Ríos? Que dos fueron esposas de Manuel Cabrera y otras dos fueron esposas de...

M.R. - Pues... del... de... Yo conozco a mi tía, que era la esposa de Tío Evaristo Cabrera. Pero las otras las conocí así de nombre... pero no... Como yo estaba pequeña cuando eso... Yo sé que había otra que le decían María Ríos también...

R.M. - ¿Qué se casó con?

M.R. - Con otro Cabrera. Le decían María Agosto... no sé... vivía también ahí en Morovis.

R.M. - Porque había dos Ríos que estaban casados con un Cabrera: Fidela y Fela. Entonces había otros dos que se casaron con otro Cabrera... Esa información me la dio "Toto".

M.R. - Sí, son los mismos Ríos. Mi mamá... mi mamá es india. Si ella no sabe ni hablar...

R.M. - ¿Cómo es eso? ¿Qué ella no sabe ni hablar?

M.R. - Que las palabras no le... que las palabras las dice "a mitad".

R.M. - A mitad... ¿Pero nadie nunca le ha grabando la voz a ella?

M.R. - Nadie.

R.M. - ¡Tengo que avanzar... tengo que avanzar.! (*Hablando para sí.*)

M.R. - Y ella no...

R.M. - ¿No pronuncia bien?

M.R. - No pronuncia bien.

R.M. - ¿No es que gaguea?

M.R. - No es que gaguea... pero es que también tiene frenillo. Tiene frenillos, pero que hay veces que aunque tenga frenillo, hay veces que las palabras son... como una india hablando. Bueno donde quiera que yo voy con ella... Todo el mundo: ¡Mira! ¡Mira! ¡Una india, una india! Y en... Yo la tenía en Los Envejecientes y entonces hicieron una fiesta en Dorado y ella salió vestía de india y le pusieron todo lo de una india y la deso... en el medio de la plaza... la gente... Eso... Yo no pude ir... Esa vez no pude ir con ella...

R.M. - ¿Eso va mucho tiempo?

M.R. - De eso van como cinco años... Como cinco años van... y Luisito... Luisito (el Alcalde de Vega Baja) como le dice es "La india". Y to' el mundo ahí en los Envejeciente... tos' los viejitos, como le dicen es "La india", "La india"...

R.M. - Yo me quedé pensando en el cuento que me hacía Lita... de una antepasada de ella... Pero tú me dices que no hay sangre...

M.R. - No, no. No hay sangre.

R.M. - Será otro cuento...

M.R. - No.

RM. - ¿Pero, Lita se crió con la abuela?

M.R. - Sí, con la abuela de ella.

R.M. - ¿No había parentesco por ahí con ustedes?

M.R. - No.

R.M. - ¿El único "parentesco" es que fuiste esposa del primer esposo de Lita? ¿El murió?

Figura 3.35. Retrato de Angelita "Lita" Colón, barrio Barahona, Morovis, P.R.

M.R. - Sí, el murió.

R.M. - ¿Tú eres casi mamá de los primeros muchachos de Lita?

M.R. - El más pequeño lo cogí yo de cuatro años. ¡Ah! Esos muchachos son locos conmigo. Ellos vienen "de por allá" y donde primero vienen es aquí... Y esos muchachos nunca, nunca me faltaron a mí el respeto... Nunca me faltaron el respeto.

(*Hacemos una digresión sobre el entierro de Lita Colón en Morovis y el video sobre la forma de hacer sus curaciones, sobre el documental que le hizo Silverio Pérez, que ese lo vio en Estados Unidos [En Nueva York]. Hablamos sobre Don Cruz Román, su tío, que vive en San Lorenzo, mayor que doña Rosa... [Sobre 106 años].*)

M.R. - Ya casi no puedo salir de aquí a la carretera con el dolor de las piernas... Continimá a mami, a tantas latas de agua que cargó. Después, ellos se tiraban de allá... de Cialitos Cruce, de allá de "Casablanca" a pie, ida y vuelta, porque eso sí que hay que "jalar"... Ella se tiraba de allá, de Cialitos Cruce, a la casa de este (*señalando a "Toto"*) allá en Morovis... a pie... ida y vuelta. ¿Y tú sabe lo que...? ¡Muchacho, demasiado buena está!

J.M. - (*Interviene*) En navidades siempre se iban... e iban a pie a Cialitos Cruce pa' Morovis... Por las Navidades... y no fallaban.

(*Digresión sobre "Casa Blanca" y la foto que les tomé hace tiempo. Disgresión sobre la ruta de los Cabrera. Sobre los Román. Sobre los Torres de la Vaga; de Dolores Torres, que se ahogó en el río de la Vaga...*)

M.R. - Van años... El esposo de Tía María, que después ella vino pa' ca', de Tía Tona y Tía María, la viuda.

M.R. - (*Hablando sobre su padre, Don Félix Román.*) Asegún él nos decía a nosotros, a él lo apuntaron en el 1876 y cuando lo apuntaron ya tenía 25 años y cuando se casó... ya tenía 25 años, que deso... que ya tenía hijos en otras mujeres pero que...

cuando se fue a casar, "casado", pues le pidieron el "deso" de nacimiento, pues no aparecía. Entonces se apuntó...

R.M. - ¿Ese es el hermano de Don Cruz?

J.M. - Sí, hermano.

M.R. - Cruz era el menor. El más viejo era papi. (*Digresión sobre la edad de Don Cruz, con relación al Componte.*) Cuando El Componte ese, ya papi era "un hombre viejo". Él dice que le ayudaban a la gente a esconderse y él le ayudaba a los españoles y to' eso... Entonces papi dice que le ponían y que "unas cosas" a las mujeres... unos "corceles" y que ahí las apretaban y to' eso y las mataban. Papi ya estaba un hombre ya mayor, sí. Y bueno, un hombre, ya que trabajaba y era mayordomo... Porque papi fue mayordomo casi toa' la vida. Si era un hombre que to' el mundo confiaba en él... y donde quiera tenía una mujer... Dejó muchos hijos pero no los conocemos... Aquí mismo: el último lo tuvo de cien años... y nadie lo creía...

María Ríos Agosto

Familia Cabrera Maldonado - Ortiz

Alicia Maldonado Ríos

Juan J. Cabrera Ríos

Carmen Alicia

José Israel

Leslie Joan
Rivera Cabrera

María Julia

José Aníbal

Aida Luz Ortiz

ENTREVISTA #8

ENTREVISTA[27] A JUAN "TOTO" MALDONADO RÍOS - 24 DE NOVIEMBRE DE 1989

Por:

Roberto Martínez Torres

Figura 3.36. Don Juan 'Toto' Maldonado Ríos.

R.M. - ¿Tú conociste a tu abuela, Josefa Cabrera?

J.M. - Cuestión, asunto de mi abuela, de Josefa, pues yo la conocí... ella... yo pequeño, como de cuatro años y vivía en Patrón, allí donde yo tengo la casa en la loma... allí era la casa de ella, la casa vieja de ella...

R.M. - ¿Tú dijiste que ella tuvo a Rosa y a Evaristo?

J.M. - Ajá.

R.M. - Evaristo viene siendo...

J.M. - Mi papá.

R.M. - Entonces tu mamá...

J.M. - Mi abuela por parte de madre yo no la conocí. Mi mamá se llamaba María Ríos Agosto.

R.M. - ¿Hija de doña... de quién?

J.M. - Bueno de Triburcio Ríos... pero que... la abuela... la esposa de Triburcio Ríos, mi abuela, esa yo no la conocí...

R.M. - ¿Pero supiste el nombre de la esposa de Triburcio Ríos?

J.M. - Bueno... la mamá de mi mamá. Mi mamá decía que ella se llamaba María... qué sé yo...

R.M. - Apellido... ¿No?

J.M. - Apellido no. María, pero el apellido no. Este... cuestión del apellido, no... porque Ríos era mi abuelo.

R.M. - ¿Y Triburcio Ríos? ¿Te llegaron

---

[27] Se utilizan las siglas R.M. para el nombre del entrevistador y las J.M. para las del entrevistado.

a decir quién era el papá?

J.M. - No, no... tampoco.

R.M. - Entonces, tú me habías dicho que Triburcio Ríos está emparentao con los Ríos, con Fela Ríos y Fidela Ríos, las dos esposas de Manuel Cabrera, las dos esposas de... ¿Venancio era?

J.M. - De Eusebio... y las dos de Manuel.

R.M. - Y la que se fue pa' Ponce. Eran cinco.

J.M. - Eran cinco. Quedaban y que primas de Triburcio.

R.M. - La cepa de esos Ríos... ¿De dónde era la cepa? ¿De qué pueblo?

J.M. - Bueno, bueno. La cepa de esos Ríos dicen que vienen de ahí, de Corozal... de ahí de Cibuco sería...

R.M. - ¿Pero nunca te lo dijeron con exactitud?

J.M. - No, no, con exactitud no supe de ellos. Dicen que de esa parte de ahí vienen esos Ríos. Porque siguen la estadística... Pues mi mamá me dice que la mamá de ella se la llevó a ella pa' Ciale de tres meses de nacida, de ahí de Cibuco.

R.M. - Se la llevó pa' llá rriba...

J.M. - Pa' llá. Y ella se crió allá, en Ciale... en Casablanca... Cialito... esa parte de ahí se crió.

R.M. - ¿Entonces tu mamá conoce a tu papá... que era Maldonado?

J.M. - Pues ahí, cogiendo café...

R.M. - ¿De dónde era esa cepa de Maldonado?

J.M. - Vienen de Vega Baja.

R.M. - ¿Cómo se conectan? ¿Cómo se conocen los Maldonado si ella era criada en Casablanca?

J.M. - Bueno, porque el esposo de mi abuela Josefa se llamaba Esteban Maldonado y era de Vega Baja.

R.M. - ¡Ah, era de Vega Baja!

J.M. - Entonces mi padre, pues... se crió en Patrón. Mi padre nació en Patrón... Evaristo Maldonado Cabrera.

R.M. - ¿Y cómo fue a parar allá rriba?

J.M. - ¿Entonces mi padre iba a coger café pa' llá... Era la ruta de ellos. Entonces allá fue que conoció mi mai...

R.M. - ¿Y levantaron la familia acá en Patrón?

J.M. - Sí, porque mi abuelo Triburcio Ríos, vivió en casa... en la finca de mi padre vivió. Entonces mi abuelo, Triburcio Ríos, pues también cogía café allá con la familia mía. De allá fue que mi pai conoció a mi mamá... pero allá fue que mi pai conoció a mi mai... allá en la cogeera esa de café...

R.M. - De ahí viene que toa esa gente se conoce y comienzan...

J.M. - A mezclarse.

R.M. - Te voy a hacer una pregunta que la otra vez se me olvidó. Cuando tú le preguntabas cosas a tu tío, Don Rosa (Q.E.P.D) y una vez tú le preguntaste cuál era su verdadero apellido... ¿Alguna vez le preguntaste cual era el verdadero nombre de su abuelo Federico? Si no se llamaba Federico... ¿O a eso nunca tú le pusiste atención?

J.M. - No, no. El nombre que él trajo fue Federico, así es como le llamaban. Así le decían: Federico.

R.M. - Pero ahí viene que él te decía dos apellidos...

J.M. - Mi tío siempre me decía: Mano, nosotros en verdad, el apellido de nosotros no era Cabrera, porque nosotro... mi abuelo, que era Federi-co, fue esclavo. Vino de los primeros esclavos que trajeron aquí a Puerto Rico... lo adoptaron una familia Cabrera que son familia de los Barreras y los Cabreras... que son familia.

R.M. - Ahí era donde él te decía de los dos apellidos que él trajo.

J.M. - Yo le preguntaba a mi tío: —Tío, pero si nosotros no éramo de apellido Cabrera, ¿Cuál era el verdadero apellido de nosotros? ¿Cuál es el apellido que nosotros deberíamos cargar? Entonces, él me decía: — Bueno, yo creo que el verdadero apellido de nosotros era Mangoba o Maone... Entonces pué, dispué, pué Mangoba o Maone, era que él me decía... y yo me quedaba siempre pendiente, pero que nunca...

R.M. - Te decía Mangobá. No te decía Nengobá.

J.M. - Bueno, como él... como decía era así: Mangobá, pero era Nengobá, porque él lo traducía así...

R.M. - La palabra que usaba Don Rosa... ¿Cuál era? Yo lo que quiero es la palabra que usaba Don Rosa.

J.M. - El no lo sabía traducir... parece que él no lo sabía traducir, porque él decía "Mangobá", pero debería ser "Nangobá"...

R.M. - ¿Por qué?

J.M. - Porque a mí me parece que así es como es... (*Sigue haciendo disgresión sobre la palabra Nengobá-Nangobá...*)

R.M. - De la familia de Manuel Cabrera, "el que se fue pa' lla'... ¿Tú no llegaste a hablar de eso con Don Rosa? ¿Don Rosa no te dio información sobre eso?

J.M. - Bueno, porque eran tres hermanos, que son los mayores de Federico Cabrera, del primer matrimonio...

R.M. - Son: Manuel, Pedro...

J.M. - ¡No! Son: Manuel, Eusebio y otro que se llamaba Venancio... pero ese yo no lo vi...

R.M. - ¿Ese no lo conociste?

J.M. - Ese no lo conocí. Esos eran los tres primeros hermanos mayores hijos del primer matrimonio de Federico.

R.M. - ¿Y Teya? Entonces... ¿Dónde cae?

J.M. - No, no. Porque Teya era del segundo matrimonio de Federico... del segundo matrimonio. Todos los demás son del segundo matrimonio...

R.M. - ¿Y el primer matrimonio era con una Ríos? ¿O con una Salgado?

J.M. - El primer matrimonio era... ellos se firmaban Ríos Cabrera. Entonces, del segundo eran Cabrera Salgado. Así era que se firmaban. El primero era Ríos Cabrera, y entonces, que fueron los primeros tres hijos de Federico: Manuel Cabrera Ríos, Venancio Cabrera Ríos y Eusebio Cabrera Ríos...

R.M. - Y me dijiste que por la línea de Patria... José. ¿De quién era hijo José? ¿José era hijo de quién?

J.M. - De Eusebio, el mayor.

R.M. - ¿Del que tú no conociste?

J.M. - Sí.

R.M. - Esos eran los mayores, te dijeron...

J.M. - Sí, ese era el mayor-mayor... de Eusebio, como varón. Porque dispué de eso... Entonce, la esposa de Eusebio, de donde sale José; se llamaba... se llamaba María Ríos, pero el otro apellido yo no me acuerdo.

R.M. - ¿Pero era de la misma cepa de Ríos?

J.M. - Esos Ríos quedaban primos del abuelo... de Triburcio. Venían, o aparentaban... de la misma cepa...

R.M. - ¿Y te decían? ¿O tú los vistes, que eran de tipo indio?

J.M. - Sí, porque María, la mujer de Eusebio, era clara, pero como tipo indio. Entonces, la otra hermana se llamaba Munda Ríos... la otra esposa que era hermana, ambas a dos, de Eusebio, las dos esposas de Eusebio.

R.M. - Que Eusebio se casó con dos de ellas y Manuel casó con dos...

J.M. - Pero no me acuerdo cuales fueron las de Manuel, no me acuerdo... Entonces, quiérese decir que de esas dos no me acuerdo, de ambas a dos... Ví a María Ríos y ví a Munda Ríos, a las dos... (*Disgresión sobre mal nombre "Nangoba".*) Eso no se comentaba a nadie. Los viejos eran los que hablaban, pero no se lo comentaban a nadie... tampoco. Porque a nosotros nos bautizaron con el nombre de Cabrera y Cabrera... y to' el mundo nos conoce por el nombre de Cabrera. Cabrera, Cabrera, Cabrera y Cabrera se quedó...

R.M. - ¿Tú llegaste a hablar con José; el papá de Patria?

J.M. - Llegué a hablar, pero...

R.M. - ¿No profundizaste?

J.M. - No profundicé, no. Porque él subía pa' lla' - "de mil en ciento". Ese era el hijo mayor de Eusebio. Ese era nieto de Federico. Pero que los viejos de antes no contaban las historias, no pegaban a contar. Yo era el que se pasaba preguntando, pero a mi tío... Que siempre yo pasaba, me sentaba en el balcón y me iba pa' lla'. Había veces que pasaba por allí y me iba en el balcón y me iba pa' lla' rriba y le pedía la bendición y me ponía a hacerle "preguntas tontas", como digo yo. Entonces, pué, mi tío me decía que... Yo le dije una vez: —Tío, venga acá: ¿Por qué nosotros cargamos el apellido Cabrera si...? ¿Por qué nosotros cargamos el apellido Cabrera? Me dijo: —Bueno, sí... Nosotros fuimo Cabrera por que los abuelo de nosotros, pues los criaron unos Cabrera. Ellos nos decían que el abuelo de ellos eran esclavos de esos Cabreras....

R.M. - Y ese abuelo... ¿No le preguntaste si vino pequeño o si vino grande... si vino jovencito o si vino adulto? ¿No le preguntaste?

J.M. - No, no, no. Tenía que venir joven porque... si él se caso aquí y se hizo el matrimonio aquí...

R.M. - ¿Su primer matrimonio fue en Morovis?

J.M. - Cuando él lo libertaron, creo que, cuando vino la evolución (*sic,* por 'abolición') pues, entonces, creo que él... los padres que lo adoptaron le dieron dinero, animales... Entonce él vino, compró toas esas tierras... Porque entonces esas tierras no valían ná... Eso creo que valían a diez

chavos o a peseta la cuerda de terreno... Entonce, cuando le dieron
ese... pues cuando lo libertaron, vino
y compró esa finca en Patrón, pero
que él no cargaba el apellido Cabrera...

R.M. - ¿Tú nunca le preguntaste por
qué a esto le dicen Patrón?

J.M. - Bueno hasta ahí sabía yo también... (*Disgresión sobre el tema.*)

R.M. - Oye, Toto... y en los tiempos
de ante, que tú recuerdes, lo más antiguo que tu recuerdes... cuando tú
eras "muchacho"... ya que te dabas
cuenta de las cosas y eso... ¿La familia hacía fiestas cuando se reunían
aquí?

J.M. - ¡Ah, muchacho!

R.M. - ¿Cómo...? ¿Cómo eran las fiestas?

J.M. - ¡Muchacho! En casa de Eusebio
Cabrera celebraban unas fiestas a los
Tres Reyes... a los Tres Santos Re-
yes...

R.M. - ¿Cómo era eso?

J.M. - ¡Ah! Eso empezaba, creo que
el día de Nochebuena... en Nochebuena empezaba la fiesta y eso era
hasta Mechor. Dispué, al otro día de
Mechor... pero eso era música, Promesas de Santos Reyes, velorio, música...

R.M. - ¿Música de qué?

J.M. - ¡Música de cuerdas, sinfonía...!

R.M. - ¿Había cuatro y guitarra?

J.M. - Había cuatro y guitarra...

R.M. - ¿Tiple no había?

J.M. - Bueno, creo que había tiple...
había de tó... violines.

R.M. - ¿También?

J.M. - Ahí había de tó...

R.M. - ¿Tú llegaste a ver esas orques-
tas?

J.M. - No, no llegué a verlas. Como
éramos nosotros muchachos y los padres eran tan duros, tan recios, que
el muchacho y que lo que iba era a
molestar pa' los sitios. Pues decir ver
bajar gente con tó... antes era a pie y
a caballo... Y ver llegar caballos ahí,
de Ciales... como ellos siempre estaban en Ciale y tenían amistade...

R.M. - ¿Bajaba toa' esa gente pa' cá.

J.M. - Toa' esa gente bajaba pa' cá.

R.M. - ¿Tú los veías bajando con instrumentos y todo?

J.M. - ¡Sí, eso era bárbaro...!

M.R. - Tú dices que duraban días y
semanas...

J.M. - Bueno, así era. Ahí empezaba...
dicen que... el veinticuatro empezaba
la fiesta y ahí estaba hasta el día
pasado de Mechor...

R.M. - ¿Qué día es ese en enero?

J.M. - Dispué de Reyes viene el día
de Mechor. Hasta ese día duraba. Entonces ese día, el día e' Mechor, era
que celebraban la fiesta grande...

R.M. - ¿Por qué?

J.M. - Porque... yo no sé por qué.
Porque los Tres Santos Reyes son
Baltazar, Mechor y Gaspar. Porque
así era la tradición. Ahí terminaba la
fiesta.

R.M. - ¿Pero por qué Mechor?

J.M. - Porque de los Tres Santos Reyes, hay uno prieto...

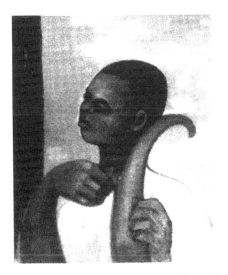

Figura 3.37. Tocador de güiro (mural de Rafael Ríos Rey, recuperado Murray Iri zarry, 2003).

R.M. - Sí. ¿Cuál es el prieto?

J.M. - Pues, Mechor.

R.M. - ¿Y ese día es que era la fiesta grande?

J.M. - Sí.

R.M. - ¡Contra! Eso está bien interesante. El día del Rey Prieto era la fiesta más grande...

J.M. - ¡Exacto!

R.M. - Eso está bien bonito, porque... era una fiesta de prietos... ¿Pero tú nunca preguntaste por qué era así?

J.M. - No... yo... Porque la fiesta ahí la empezaban en Nochebuena y por ahí pa' fuera, y por ahí pa' fuera y por ahí pa' fuera... y eso era fiesta y fiesta y fiesta y fiesta...

R.M. - ¿Y de dónde venían esos músicos?

J.M. - ¡Ah! Ahí venían de tos' sitios... de aquí de Morovis, había de... había uno que se llamaba Paco Sillat... había otro...

R.M. - ¿Sillat? ¿De Morovis, músico?

J.M. - Musicazo.

R.M. - ¿Qué tocaba?

J.M. - Este... cuatro. Había otro que cogía y que un tiple... no sé cómo se llamaba. Venía otro que se llamaba Fulgencio, de Buena Vista...

R.M. - ¿No te acuerdas del apellido?

J.M. - No... Fulgencio... Batista... o qué se yo?

R.M. - ¿Qué tocaba?

J.M. - Una sinfonía que eso era... Bueno... tos esos Matos pueden contar porque tos esos Matos venían a esas fiestas...

R.M. - ¿Flor venía? ¿Llegaría a alcanzar Flor de eso?

J.M. - También le puedes preguntar porque sabe de eso. Porque en case' Usebio y de Anicasio Crespo, que era que hacían las fiestas grandes de los Reyes, pues era que se venían... de allá pasaban pa' ca', pa' en case Usebio...

(*Disgresión sobre los Crespo de Almirante y Unibón.*) Entonce, pues, estos Crespo, que es el padre e' Carlos Crespo, hacían una fiestas de Mechor... también de Reyes... se pasaban de una casa a la otra...

R.M. - ¿Y le hacían algo a los Reyes? ¿Les montaban un altar o algo?

J.M. - ¡Sí, sí! Ellos tenían... Usebio tenía... pero lo llevaron al Instituto de Cultura y allí los vendieron. Los Tres Santos Reyes que eran de madera, en tallas de madera. (*Disgresión.*) Raúl, el primo mío, los llevó pa' llá y los vendió o no sé en qué quedó allá. Tenía los Tres Santos Reyes en caoba, en madera de caoba.

R.M. - Que tú recuerdes... ¿Alguna fiesta grande aparte de los Reyes? ¿Hacían alguna otra fiesta en otra parte de año... en otra época del año?

J.M. - Bueno, a mí me dicen... me dice... que cuando ellos hacían las cosechas, cuando terminaban la cosecha de café, hacían esoj bailes... otras fiestas cuando acababan la cosecha del café...

R.M. - ¿Después que se recogía tó?

J.M. - Dispué que se recogía tó, exacto.

R.M. - ¿Le tenían algún nombre a esa fiesta? ¿O no le tenían nombre?

J.M. - No, no.

R.M. - ¿Era la fiesta cuando se acababa la cosecha del café?

J.M. - Cuando se acababa la cosecha. Ahí iban... a esa Casablanca. Creo que ahí hacían los bailes los sábado, pa' las mujeres que estaban hospedadas ahí... Hacían bailes en esas casas los sábados... de cada ocho días... qué se yo qué. Hacían bailes... porque eso me lo contaba mi mai... en Casablanca.

R.M. - ¿La fiesta de los Reyes era acá con la familia? ¿Allá era la fiesta de la gente de chavos?

J.M. - ¡No! De tos los cogedores de café...

R.M. - ¿De tos los que trabajaban en la finca?

J.M. - De todos...

R.M. - ¿Pero, con los dueños de la finca con los que...?

J.M. - Exacto: con los principales. Los principales les daban las casas... porque ellos cogían las casas y el capataz era el que mandaba. Los dueños de hacienda le daban una casa pa' que el capataz... el mayordomo era el que se encargaba de tó eso...

R.M. - ¿Organizaba...?

J.M. - Organizaba.

R.M. - Y los mayordomos eran de la misma familia de ustedes...

J.M. - Exacto. Exacto. Y en casa también se hacían fiestas toas las navidades... de tres o cuatro días, desde antevíspera de Reyes...

R.M. - ¿Y qué se comía ahí? ¿Qué preparaban?

J.M. - ¡Ah! Ahí se preparaban pasteles, arroz con gandules... Eh... lechón, verduras, lechón frito. Cuando se acababan los cerdos... la carne que estaba pa' tres o cuatro días... porque venían unos gentíos... compadres de mi padre... grandes... de Vega Alta... un conjunto de... Felicianos y Pantojas de Vega Alta que eran compadres de mi padre... porque mi padre trabajaba en la Central Carmen de Vega Alta.

R.M. - ¿De qué? ¿Haciendo qué?

J.M. - Ejtibando azúcar... ejtibando azúcar...

R.M. - ¿En el almacén?

J.M. - En el almacén de la Central Carmen y ahí... esos Pantojas hicieron amistá y ellos le traían a mi padre ese conjunto de música de ahí... ¡Ave María! Que eso era pa' estos cuatro días... desde víspera de Reyes hasta Mechor. Bueno, en casa lo último que se hacía era fricasé de pavo... Bueno, cuando toa' esa gente venía a casa, eso era música con tó... comida y tó. ¡Ah, y no había carretera todavía...! Esa de arriba no existía... Eso era un camino pa' caballo y al subir, dejaban los carros acá bajo en el puente... Allá 'bajo donde... en el puente grande... Ahí lo que existía era un camino pa' bestias...

R.M. - ¿Y cómo sacaban... tu me dijiste que sembraban de tó ahí? ¿Cómo sacaban...?

J.M. - Pué, a bestia... (*Digresión sobre el trabajo de su padre en la carretera de Almirante.*) Ahí se sembraba mucho tabaco, mucho guineo, plátano, yautía, calabaza, batata, habichuela, maíz, yuca... todo, todo, todo se daba ahí.

R.M. - ¿Se preparaba casabe? ¿Tú llegaste a comer casabe?

J.M. - ¡Sí, sí! Y el polvo ese de la yuca que se saca... el almidón... lo sacaban pa' untarle en los ombligos a los muchachos... a los nenes...

R.M. - ¿No lo usaban para darle a los nenes para comer como cereal?

J.M. - No. Como en un almidón pa' curar, a manera de un almidón, como una maicena y que pa' que el muchacho avanzara a curarse el ombligo... ¡Ave María! Y grulla... había una grulla que le dicen maraca... muchos le dicen maraca, que se comía y tiene un almidón y se sembraba mucha... De todo, de todo... yautía amarilla era lo más que se sembraba ahí, yautía legítima, blanca... Bueno, de tó... ¡Muchacho, eso era bárbaro!

R.M. - ¿Ustedes nacieron por comadrona, verdad?

J.M. - Sí.

R.M. - ¿Tú recuerdas la comadrona que te cortó el ombligo?

J.M. - Bueno, la comadrona de la mai mía se llamaba Doña Josefa Declet.

R.M. - ¿De los Declet de Río Grande?

J.M. - No, de acá, de Almirante, familia de Toñín Declet... Esa era la que...

R.M. - ¿Tú no le decías madrina?

J.M. - Sí.

R.M. - ¿Y le pedías la bendición?

J.M. - Sí.

R.M. - ¿Josefa Declet? Se llamaba igual que tu abuela...

J.M. - Sí. Ella vivía por allí por aquella parte... era la comadrona de la mai mía, cuanto muchacho tenía...

R.M. - ¡Ah, sí!

J.M. - Era la comadrona que había en el barrio. Y entonce, después teníamo la mujer de Atilano Sandoval, comadrona.

R.M. - ¿Tú dices que los Sandoval eran colindantes de ustedes?

J.M. - Sí, pero aquella se llamaba Doña Blasina.

R.M. - ¿Venía aquí, a Patrón?

J.M. - Sí.

R.M. - Me enseñaron hace poco una foto de las comadronas y yo creo que está esa que tú me dices... Josefa Declet... yo creo que está... Voy a buscar...

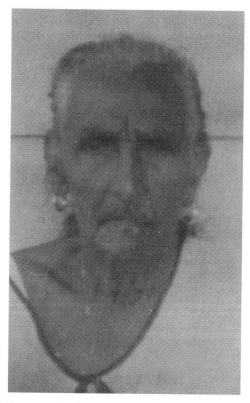

ENTREVISTA #9

ENTREVISTA[28] GRABADA A DOÑA ROSA RÍOS AGOSTO, "LA INDIA", VDA. DE FÉLIX ROMÁN SALGADO - 2 DE DICIEMBRE DE 1989.

Por:

Roberto Martínez Torres

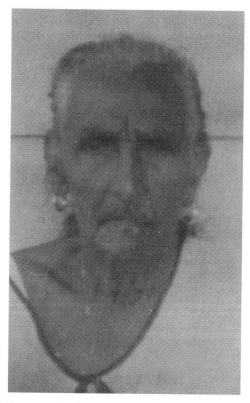

Figura 3.38. Doña Rosa Ríos Agosto.

R.R. - El esposo mío me enseñó dónde tenían "El Componte", que él lo enterró ahí, parte abajo de la cocina del "Mallorquín", de la "Mallorquina"... Pues, parte abajo, así, lo enterró él. Allí venían unos corceles pa'

las señoras, pa' ponérselos, pa' que... unos biberones pa' los niños, pa' ponérselos... y pa' ellos, tienen una cosa que le ponían en la mano, y le iban tumbándole los deos, tós, hasta que llegaban acá arriba... (*Señala la mitad del antebrazo.*)

M.R.$_1$ - ¡Cuéntale cuando los rodaban por los barriles pa' bajo...!

R.R. - Una vez pues, fue el esposo mío con ellos, pa' llá, por el...

M.R.$_1$ - ¿Los Picachos?

R.R. - Por... carreteras no habían... camino. Y jalló a uno patás arriba "con la presa cortá"... (*Ríen.*)

R.M. - ¿Dónde era eso?

R.R. - Ahí en...

M.R.$_1$ - ¿En Cabachuelas? ¿En Chayote?

R.R. - No. No. Ahí en donde nosotro vivíamo, en Moro... en Frontón...

M.R.$_1$ - ¿De Ciales?

R.R. - Dice mi esposo:- Nosotro nos escondíamo... decía mi papá... Nosotro nos escondíamo de noche...

---

[28] Se utilizan las abreviaturas R.M. para el entrevistador; R.R. para Rosa Ríos y M.R.$_1$ para Margarita Román Ríos y M.R.$_2$ para Matilde Román Ríos, sus hijas.

R.M. - ¿Quién era "El Mallorquín"? (*La hija le repite la pregunta.*)

R.R. - "El Mallorquín" era don Juan...

R.M. - ¿Don Juan qué...?

R.R. - Albertri. El que estaba embarcao (*sic* por ¿embriscao?) huyéndole a ellos... y dejó al padrino mío entregao, como dueño de la hacienda, a mi padrino, Castor Rivera... Lo dejó entregao a la finca esa. Fue entonces...

R.M. - ¿Cómo se llamaba la hacienda?

R.R. - Juan Albertri.

M.R.1 - No, la hacienda, la hacienda...

R.R. - ¿La hacienda? Cialitos, Cialitos. Le decían Cialitos.

M.R.1 - ¿Cialitos Frontón?

R.R. - Eran mallorquines, sí.

M.R.1 - ¿Cialitos Cruce no era?

R.R. - Ah, sí... No. Cialitos Cruce era allá, al otro lao. Cialitos era acá.

M.R.1 - ¿En Frontón?

R.R. - Frontón. Era en Cialitos en donde nosotros vivíamo...

M.R.1 - ¿Y quién hacía esas cosas?

R.R. - ¿Ah? ¿Cómo? Los que mataban... los que mandaban a matar, bueno...

M.R.1 - ¿Españoles o americanos?

R.R. - Los españoles. Tenían que escondernos. Papá se escondía en las montañas con la familia porque...

M.R.1 - ¿Y dónde se escondía él? ¿Dónde se escondían ustedes?

R.R. - En las montañas... en los palos, por debajo. El padrino mío...

(*Ríe...*) Había una señora que estaba alquilá donde un mallorquín, Don Lorenzo Joy... pues se había embarcao (*sic* por ¿embriscao?) huyéndole a los... y lo dejó a él, y por la noche se guindaba, se trepaba a un palo grande... a un árbol se trepaba y eso... Él decía que lo buscaban "como aguja" pa' matarlo. Decían: —Donde quiera que lo encontremos, lo matamos... A mi padrino... y él huyendo... iban a coger... y había una señora, la que estaba de sirvienta y taba' debajo del árbol, callaíta con sus hijos... Y ella les decía a los hijos: —Mis hijos, no lloren ni griten ni ná, porque los matan aquí. Ellos callaíííitos, callaíííííitos... (*Ríe.*)

M.R.1 - ¿Y cómo fue que cogieron a tu abuelita? ¿Cómo la cogieron?

R.R. - ¡Ah! Mi agüelita, pues la cogieron en una cueva de los indios.

R.M. - ¿A dónde? ¡Pregúntele usted! (*Dirigiéndome a la hija.*)

M.R.1 - ¿A dónde?

R.R. - No sé si fue ahí en Ciales, porque en Ciales hay cuevas... En Ciales, sí... Hay unas cuevas...

M.R.1 - ¿Las Cabachuelas?

R.R. - Sí, o... Yo no sé. Como yo estaba pequeña, pues yo no sé. Habían unas cuevas y ahí cogían y los velaban cuando se levantaban por la mañana. Los velaban cuando se levantaban por la mañana a calentarse y los velaban... Y se sentaban a calentarse al sol, y ahí mejmo venían y le tiraban "un paño colorao", y ahí mejmo se los llevaban enseguío... Si no, perros. Echaban perros. Como a los perros les tenían ellos miedo... cogían... Los cogían ensiguío...

M.R.₁ - ¿Por parte de quién era abuela tuya? ¿Por parte de tu papá o tu ma-má?

R.R. - De papá. Mamá era india...

M.R.₁ - Y el nombre de papá, ¿Cuál era?

R.R. - Ríos Pabón.

M.R.₁ - Nombre...

R.R. - Triburcio Ríos Pabón.

M.R.₁ - Y el nombre de la mamá de él... ¿Tú no lo sabes?

R.R. - María.

R.M. - ¿María qué? ¿Y la mamá de Triburcio?

R.R. - Le decían Isidora.

R.M. - ¿Esa era "La india"?

M.R.₁ - Que si esa era "La india"...

R.R. - Sí, agüelita. La cogían por los monte...

M.R.₁ - ¿Y el pelo, era largo?

R.R. - ¿El perro?

M.R.₁ - ¿Y el pelo, el pelo... era largo?

R.R. - ¿El pelo? Mi agüelita... El pelo de mi agüelita era como éste. (*Se agarra la trenza de pelo y me la dá para que la toque.*) Una mata de pelo que le llegaba acá abajo. (*Se señala el muslo.*)

M.R.₁ - ¿Se tapaba con él todo?

R.R. - Se tapaba con él mismo... la mata e' pelo se tapaba... Pa' salirse a calentar se ponían unos bragueritos de hojas... Se ponían unos bragueritos de hojas y salían y se sentaban... pero como le tenían miedo a los otros que... porque los cogían... Pues se salían a calentar y si sentían un pe-

rro, se estaban quietos. Si venía gente, se estaban quietos porque era pa' cogerlos... Mi agüelita... Mi mamá era india... blanca. Mi mamá era linda... Mi mamá era blanca, india... Esa mata e'pelo que le caía acá abajo... Mi papá le decía: Cual... (Mamá) cogía y decía: —Voy a coger las estijeras pa' cortarme ese pelo. Y decía... - ¡Mira, muchacha, el día que tú te dañes esa mata e' pelo, jata ese día vas a tener marío, porque no no quiero que te dañes esa mata e' pelo! ¡Ave María! Agüelita era (*inaudible*)... pelo. Este es el pelo de indio de las cuevas. (*Se toma la trenza de pelo lacio pero grueso, ya un poco canoso, y me la da a tocar.*)

M.R.₁ - Es que ella lleva de indio por las dos partes...

R.M. - Pregúntale si ellos estaban solos en la cueva o si había más gente. (Dirigiéndome a la hija).

R.R. - Bueno, el marido de ella... "los Ríos"... (*Inaudible.*)

M.R.₁ - Pero, en la cueva, ¿Estaba ella sola o con más gente?

R.R. - No te digo, que con el marío... papá güelito, sí...

M.R.₁ - ¿Quién era el marido de ella, de Isidora?

R.R. - El agüelito mío... Tío José era el nombre del agüelito mío. Pero como casi yo no conocí la familia de mi papá bien... No conocí na' más que a un tío Manuel, a tío José, a madrina Pepa, a tía Juana... y una que se murió y a tío José... Esos eran hijos de ella.

M.R.₁ - ¿Y qué comían? ¿Qué comían?

R.R. - Puej, verdura, sembraban...

ellos sembraban...

M.R.₁ - ¿Qué clase de verdura comían?

R.R. - Adió, verdura de la que sembraban... plátano y guineo, ellos sembraban...

M.R.₁ - ¿Yuca y maíz?

R.R. - Sí, ¡Ave María!

R.M. - Pregúntale por qué estaban escondidos en las cuevas.

M.R.₁ - ¿Por qué estaban escondidos en las cuevas?

R.R. - ¿En las cuevas? Porque eran indios... porque eran indios...

M.R.₁ - ¿Salvajes?

R.R. - Salvajes. Y esnuítos, que no tenían ropa ná. Ahí... Y si usté viera las cuevas de esa gente, esas cuevas jasen así... (*Mueve la mano indicando limpieza o brillo, como se hace en el campo de Morovis.*) Esas cuevas... yo me metía en ellas... en una cueva.

M.R.₁ - ¿Y dónde están esas cuevas, ma?

R.R. - Ahí en... Frontón... Ahí en... Cabachuelas, ahí... las cuevas esas.

M.R.₁ - ¿En Cabachuelas?

R.R. - Sí. Unas cuevas que hay golondrinas, de eso que le sacan... golondrina... algo prieto, de eso, murciélagos... de eso sacan el abono.

R.M. - ¿Ella llegó a vivir en Barahona? (*Dirigiéndome a las hijas.*)

M.R.₁ - (*A coro con su hermana Matilde.*) ¡Sí! Cabachuelas. Papá era de ahí entro', de los Salgao... era de Barahona.

R.R. - Como yo me crié sin madre.

M.R.₁ - Sí, ellos nacieron por ahí... en esa carretera de Ciales que se sube por ahí a Morovis... ellos nacieron en un sitio por ahí...

R.R. - Allí es onde están las cuevas. Hay unas cuevas que son blanquitas, blanquitas, blanquitas, y tú te metes ahí y están los murciélagos. ¡Ay, Dios! Y hay cuevas metías... esas golondrinas... ¡Ave María! Una noche salimos pa' un velorio y cuando llegamos a la cueva tuvimos... Mi esposo dijo: —Aquí tenemos que prender unas hojas... pa' prenderlas... pa' pasar. No se veía más que así... (*Hace un ademán con los dedos índice y pulgar indicando poca cantidad.*) Pero no se veía ni... El que se escondía allí no se encontraba si no jacía luz. Nosotro jicimos luz y yo le dije al esposo mío: —Bendito, pero... ¿Pa' ese chispito haces luz? Y dice: —Bueno, es que no sé lo que... ¡Muchacho, esas cuevas son... había unas...

R.M. - ¡Pregúntale si había culebras en esas cuevas!

M.R.₁ - ¿Habían culebras?

R.R. - Habían. El tío mío sacaba abono de una cueva que tenía que llevar faroles pa' sacarlas...

M.R.₁ - ¿En la finca de quién? ¿De quién era la finca?

R.R. - Ah, yo no sé de quién sería esa finca y... sacaban abono. Ese tío mío sacaba abono y llevaba faroles pa' sacar el abono. Abono, que eso daba pulgas. (*Ríe.*) ¡Muchacho!...

M.R.₁ - ¿Pulgas de qué? ¿Niguas?

R.R. - (*Ríe.*) ¡Cállate la boca, no me mientes eso...! A mí no me... no me salvaban. Porque yo me manecía a una o dos, y estaba por la mañana ahí, prieta, prieta, prieta... y las sacaba enteritas.

M.R.₁ - ¿Descalza, Ma?

R.R. - Descalza.

M.R.₁ - ¿Cuándo fue que tú viniste a usar zapatos?

R.R. - ¡Uuuhhhh! Como a los diez años. Los primeros zapatitos me los compró mi padrino, Dios me lo tenga... (Inaudible).

M.R.₁ - ¿Quién era el padrino tuyo?

R.R. - Castor Rivera. Por eso es que yo estoy averiguando...

M.R.₁ - ¿Y tu madrina?

R.R. - Bárbara Vázquez.

M.R.₁ - ¿Y de dónde eran ellos?

R.R. - Mi padrino era de Arecibo. Mi madrina era de ahí de Ciales, de Frontón... (Digresión.) Mi padrino me cogió pequeña, así... (Señala una altura como de dos o tres pies.) Pequeñita me cogió. Nos fuimos pa' Arecibo y de Arecibo vine señorita al barrio onde nací, Cialitos. Pues sí, El Componte. Dice el esposo mío que traían esos corceles y que le ponían esos corceles a las mujeres y abortaban la... la...

M.R.₁ - ¿Y qué hacía Papi? ¿Qué hacía Papi? ¿En qué lej ayudaba?

R.R. - Ayudándole de noche a la gente pa' que no loj mataran... Una tarde se le fugó, se escondió en la montaña.

M.R.₁ - ¿Dónde fue eso? ¿En Casablanca? ¿En Chayote?

R.R. - En Cialitos.

M.R.₁ - Pero Cialitos tiene muchos sitios...

R.R. - Onde naciste tú. (*Refiriéndose a Margó, la hija.*)

M.R.₁ - Ah, ¿En Casablanca, verdad?

R.R. - En Casablanca. Allí, pues cuando empieza... El esposo mío me contaba... ¿Verdad? Que si le ponían "los guantes" esos, los "palillos", le esbarataban los deos, tó' esbarataos', esbarataos'...

M.R.₂ - Habla idioma indio de noche. Habla, habla. (*Dirigiéndose a mí.*)

R.R. - Pues sí...

M.R.₁ - ¿Cómo es una canción que tú... que cuando papá pasaba por el lao' tuyo... Que tú era chiquita y te cantaban una canción y él te pasaba por el lao' y ya papá tenía 40 años... ¿Cómo tú hablabas? ¿Cómo tú cantabas? ¿Cuál es la canción que tú cantabas?

R.R. - Cuando estaba muchachita allá, me dejaban mi mamá y mi papá y se iban a coger café y me dejaban cuidando... y yo me ponía, ¿Sabe? (*Inaudible*) ...a los nenes chiquitos, a mascarle... a asarle amarillo y ahí fue... Le azaba el amarillo, cogía y los mascaba y loj... (Ríe.) Los ponía jaltitos, jaltitos, ¿Sabe?...Cogía... (*Canta.*)

> Mantenten bulgue, bulgue, mantenten.
>
> Yo pozo, a bu agua.

Que yo me iba, después que dejaba al nene abastecío, me diba al pozo a buscar agua... Ah, mantenten bulgue.

M.R.₁ - ¡Cántala otra vez!

R.R. - ¡Ay! Mantenten, bulgue, bulgue mantenteeeen... yo pozo... yo nene, a tale... Nenito, que ya estaba jaltito, que ya me iba pal' pozo a buscar agua.

R.M. - (*A la hija.*) ¡Pregúntale quién le enseñó eso!

M.R.₁ - ¿Quién te enseñó eso?

R.R. - Mi mamá. ¡Ay, mi mamá!

M.R.₁ - ¿Y no te enseñó más ninguna?

R.R. - Es que se me han olvidado. Como yo tengo la "lengua atravesá" así... (*Hace un gesto señalando un frenillo en la lengua.*)

M.R.₁ - ¡Cántale Paloma Blanca, Paloma Roja!

R.R. - Es que se me han olvidao'.

M.R.₁ - Ayer la estabas cantando...

R.R. - Ay, es que desde esa vez me han llevao' la memoria, donde una vez... (*Comienza a cantar.*)

> Al pasar por Valencia,
> de una niña me enamoré.
> La cogí por la mano
> y al campamento me la llevé.
> Yo le dije: Dulce vida,
> clavel de amor
> Vámonos pa' los muelles
> y embarcaremos en el vapor.
> El vapor por el agua,
> yo por la arena,
> Me despido llorando
> de mi morena del corazón...

R.R. - La lengua se me traba...

R.M. - ¿Y quién te enseñó eso?

R.R. - Mamá.

R.M. - Esa canción es española...

M.R.₁ - Ella canta dormida...

R.R. - (*Va tarareando una tonada y sigue cantando.*)

> Necesito buscar otro cabo
> y se lo encontró.
> ¡Ay, guayaba, guayaba, guayaba!
> Ay, guayaba de mi corazón
> Y qué rica que está la guayaba,
> ¡Vaya! Pa' quien la comió.
> Y la niña decía, llorando:
> ¡Ay! ¿Qué me hago yo?
> Necesito buscar otro cabo
> y se lo encontró...

M.R.₁ - ¡Las tienes bien guardaítas, ah! Y no se las enseñas a los nietos. Ella sabe una de la paloma, bien linda. (*Dirigiéndose a mí.*)

R.M. - Dile que cante la de la paloma...

M.R.₁ - ¿Y la de la palomita blanca, tú la sabes?

R.R. - Deja ver si la... cojo la... pues se me olvida...

> El tren iba con violencia
> y muy pronto se paró;
> baja el maquinista abajo
> a ver lo que le pasó.
> Cuando el maquinista vio
> la línea esa de sangre,
> le dio cuenta al polecía
> y el polecía al alcalde.
> Lo cogen en la camilla
> lo llevan pal' hospital.
> El médico allí le dice
> que no lo puede curar.
> Si no me puede curar
> péguemen cuatro tiros
> que si no puedo vivir...
> (*se le olvida*)
> Que venga el padre, la madre,
> y la novia con demora.
> Levanta, blanca paloma;
> levanta tu rico amor,
> que mis brazos están partidos
> pero mi cariño no.
> Un pañuelo que tenía

en la cara le tiré
pa' que tierrita no coma
carita que yo besé.
Palomita blanca...
¿A dónde es tu nido?
Es un pino verde,
todo florecido.

R.R. - ¿Ve ahí? Se me han olvidado toas. Muchas que yo tenía y se me han olvidao toas. Me las enseñó mi mamá. Había veces que me ponía a coger café y me decía mi papá... me decía mi esposo... me decía, sentá... —Mira, puñetera mujer, ¿Quién te enseñó esas canciones a ti? Digo: —Bueno, mamá, cuando estaba pequeña... Pero toas se me han olvidao'. Ahora me acuerdo de la canción esa:

Con el tango, tango, tango
con el tango, tango, té
Anita, la cafetera,
la cafetera con el café
Si quieres que yo te diga,
yo cantándote lo diré:
arriba la cafetera
la cafetera con el café,
Traigo la peinilla,
traigo el peine,
traigo el tocador...
para peinarle los rizos
a mi dulce amor...
para peinarle los rizos
a mi dulce amor.

M.R.₁ - Mira, ¿tú sabes el cuento de La Encantá? ¿Verdad?

R.R. - No, La Encantá no. Se me olvidó. Ese cuento hay que saber llevarlo pa'...

M.R.₁ - Ella lo sabía...

R.R. - El que yo sé hacerlo es el de Juan Bobo.

R.M. - ¿De Juan Bobo tú sabes?

M.R.₁ - Que le hagas uno de Juan Bobo.

R.R. - Esos son... algunos lo saben... Pues esto fue Juan Bobo una vez tenía la madre enferma y tos' los días salía el hijo bueno a trabajar y la madre estaba ciega.

Hermano bueno: —¡Juan Bobo!

Juan Bobo: —¿Qué hermano? (*Cambiando el tono de voz, imitando una persona boba.*)

Hermano bueno: —Cuídame a mamá, pero, cuidadito, no me la dejes sufrir.

El hermano bueno cogió y se fue a trabajar. Juan Bobo la cogió, la bañó, la arregló y tó... Le sacó los ojos... (*Ríe.*) La mamá no... coge la ... (*inaudible*) porque la mató. Y vino a la tarde el hermano...

Hermano bueno: —¡Juan Bobo!: —¿A mamá la bañastes?

Juan Bobo: —Sí. En la casita... 'Tá máj' linda, tá' máj' linda...

Hermano bueno: —Sabe Dios lo que has hecho a mamá... Y fue pa' llá.

Hermano bueno: —¡Mamá Mamá, Mamá! ¡Ayyyy! Si ya me mató a mamá... ¡Bendito sea Dios!

Juan Bobo: —No, es que está dormía, pero mira, esta noche la cogemos y hay un palo de mangó allá, grande, abultao, bien grande... Allá, a la noche ponemos una tabla y verás cómo le sacamos dinero... ¡Ja, Já!

Por la noche esureció y habían unos cuantos bandidos que dormían en el mangó y cogieron, se treparon y pusieron la tabla bien compuestita y trepan la mai y la acostaron en la tabla. Por la noche vinieron los bandidos y se pusieron a reírse y a sacar la cuenta del dinero que tenían. Y ahí mejmo Juan Bobo y el hermano dejaron caer la tabla pero con el muerto. ¡Jí, Jí! Y los muchachos dejaron el dinero y arrancaron y se fueron. Por la mañana:

Hermano Bueno: —¡Juan Bobo, Juan Bobo! ¡Es mucho dinero… mucho dinero! Y dice Juan Bobo: —¡Sí, y lo que le falta…!

Por la mañana fueron y se la echaron al hombro y antes de abrir las puertas de una tienda, la pusieron. (*Hace el ademán de colocar algo extendido en el suelo.*) Y al poco rato vienen los dependientes y abren la puerta… La vieja ya…

Los hermanos: —¡Ay Bendito! Ya me mataron a mamá. ¡Ay, me han matao' a mamá!

El dependiente: —¡Ay, Juan Bobo, cállate la boca y llévatela! Toma el dinero, tómalo. Y le dieron mucho dinero y cogió y se la aterciaron la madre y se fue y la enterraron.

Juan Bobo: —¿Ves, hermano, como cogimos mucho dinero?…

M.R.₁ - Mamá, y dejando eso… Y cuando Muñoz Marín andaba por Cialitos…

R.R. - ¡Ah, eso no me lo mientes, que todavía…! ¡Todavía me acuerdo y se me salen las lágrimas! Eso era bueno… ¡Oh! Ese sí era verdá que… Había veces que llegaba a Manatí… ¡Qué, a Manatí… A Casablanca! Y no se veía más que llegar, parar la guagua… Ver ese gentío y él se tiraba al suelo y ahí venían tos' esos nenes dándole la mano, besándoles y abrazándose… ¡Ay Dios! Muerto está y Dios… ¡Ave María! ¡Y cuando llegaba

a un mitin…!

M.R.₁ - ¿Y cómo era la vida de antes de él ser gobernador?

R.R. - ¡Ay, cállate la boca! De eso no me diga na'… que bajtante necesida' pasamoj… Pa' uno comerse unos peacitoj a medio día… amisturaos… Tenía que coger el nacito pa' dirse… Como me pasaba a mí… Coger el nacito… Y en aquél tiempo, cogía el nazo pa' irme a pescar…

M.R.₁ - ¿Dónde tú pescabas eso?

R.R. - ¿A dónde? En Cialitos, allá en Cialitos.

M.R.₁ - ¿Quebrada, río?

R.R. - Río, ríos. En la quebrada yo no pescaba… En el río. Había veces que le decía a los muchachos… Dejaba el almuerzo hecho: —Quédense aquí en lo que yo cojo una puñá de guábaras pa' jacer un caldito pa' que se coman la verdura. Y cogía el nacito y me ponía la ropa pa' ir y me diba y llegaba a la orilla y lo primero que cogía era un camarón así… (*Señala cerca de 18 pulgadas con el brazo.*) Yo, gracias a Dios y a la Virgen, al Señor padre mío San Francisco… ¡Ay! Y en todos pescaba un chispito así y cogía el caldo enseguío. Pues sí, de la jambre que había pasado uno… la necesidad. Que ante, si uno no compraba, si tenía un huevito pa' comprar sal, ya no tenía pa' comprar… Por el huevito le daban un chavo, o compraba sal pa' comerse la verdurita. Mi Mamá iba y cogía los cojollos de yautía… ¡Oiga…! Y hacía unos mojos. Ella cogía los cojollos de yautía, los cojollos de palmera, los cojollos de apio, los cojollos de tayones. ¡Ea! De eso hacía…

…Yo le daba (*al esposo*) una taza así,

grande, y le decía: ¿Quieres más? Y me decía: —Muchacha... una lata de guábaras... la dejaba en el camino y dispuéj las que traía a casa las pelaba. Los jociquitos los... las cabecitas, las iba echando en una dita; los casquitos los iba echando en otra dita jata que pelaba toas esas guábaras echando los rabitos en una cosa... Las cabecitas... Yo cogía las cabecitas y las molía, bien molías, bien molías... Y dispuéj cogía y le echaba un poco de caldo del mismo caldo e' la guábara. Y cogía y la batía bien... la colaba en un colador. Despuéscogía los casquitos y los machacaba bien, los machacaba y los ponía con un poco de caldo también y jacía ese sofrito... Oiga, y jacía esa sopa... ¡Ave María! Así... Yo le echaba poca manteca de tocino... yo le echaba manteca más que de tocino. Yo freía un canto e' tocino y cogía y echaba el achote y hacía el sofrito y después cogía esas guábaras y las sofreía. Después cogía ese caldo que había en la olla... el caldero... y lo echaba. Y después que estaba secando el arroz, cogía y lo tapaba con una hoja... ¡Ave María! Me acuerdo yo ahora... Ahora no sale na' de eso. Ahora va uno a la fonda y la comía no sabe a na'. ¡Y ante que se hacía una comía... más buena que era...!

M.R.₁ - ¿Y el marunguey, cómo lo hacían ustedes?

R.R. - ¿El marunguey? Yo no sé cómo mamá hacía el marunguey. Cogía y lo hacía en marota...

M.R.₁ - ¿Cómo lo hacían pa' hacer ma-rota? ¿Cómo lo preparaban?

R.R. - Guayao. Y dispué se hacía, si era con azúcar, con azúcar, si era con... No me acuerdo bien de eso.

M.R.₁ - Mira, ¿Tú te acuerda de la torta de marunguey?

R.R. - No, no, no me acuerdo.

M.R.₁ - ¿Pero tú no te acuerdas que papá nos decía que lo guayaban y primero lo ponían al sol...? ¿No era el marunguey?

R.R. - No, eso eran los plátanos, la yuca...

M.R.₁ - Marunguey... Papi me contaba que lo cogían, lo mondaban, lo ponían a secar.

R.R. - Secar, sí.

M.R.₁ - Y entonces, a eso y que le daba gusanos, cuando...

R.R. - Sí se dejaba lloviznar, sí.

M.R.₁ - ¿Y qué hacían?

R.R. - Que le daba gusanos. En casa la yuca, las latas de almidón que sacaba mami así, de yuca y de la yuca sacaba esas latas de almidón. De la grulla era el almidón para almidonar. ¡Sacaban esas latas! Las ponían, y después que estaban ya secas, se secaba un poquito en la lata, lo sacaban con una cuchilla. Después lo echaban en una petaca y lo ponían al sol ese almidón. ¡Eh! ¿El almidón de yuca...? ¡Eso era bueno! El almidón de yuca se comía en cazabe... los cazabes son buenos... ¡Ay! El que venda cazabe. Ya casi nadie hace cazabe...

Un día me fui yo, aquí, en Manatí. Me dice la... que estaba allí despachando la leche de los niños, dijo: -Cará, yo quisiera que el que está aquí buscando la leche pa' los nenes me hiciera un cuento de lo que ellos comían ante. Yo le dije: —Bueno, si ustedes no me abochornan a mí, yo les hago un chiste de lo que comíamos nosotros. Y dice: —¡Qué va a ser mujer...! Yo le dije: —Mi mamá un día cogió... no había bacalao ni había ná en casa. Y madrugó pol' la mañana y se fue y jalló un palo de yagrumo, blanquito de orejas, blanquito, blanquito. Y los cogió toditos, las echó en una dita y vino y puso el agua a calentar y lavó eso bien, pero bien escogíito, bien limpio. Y dispuéj las metió en agua fría y la lavó bien lavaíta y dispuéj cogió y las picoteó bien picoteaíta y dispuéj cogió lo que se le echa, un... cantito de tocino y especia, de tó' lo que había de... y jizo ese plato. ¡Ay! Mira, ni carne... Que yo le dije al otro día a mamá: —¡Mamá, vaya y busque de esa oreja de palo y hágase otra vez lo de ayer! Dice: —Ay, mija, no, no era más que eso, ese palo que se cayó... No hay más ná... —¡Señora!, me dijo la norsa que despachaba la leche... Tó' el mundo me palmeteó. ¡Claro! Me dice: —Señora, ¿Usted no sabe lo que comió? ¡Ese es el alimento más grande que hay! ¿Las orejas de palo viejo? Ah, ya yo quisiera tener pa' comer. Entonces me dijo: —¡Mi mamá cogía verdolaga, una sola mata que había así de larga, que era amarga. Mi mamá cogía y la preparaba y hacía unos mojos...! Pero no le dejaba comer.

Me preguntaba que con qué yo me limpiaba los dientes y yo le decía que con flor de ceniza, con caíllo... Pero qué linda. ¿Me cree?

M.R.₁ - ¿Y los bailes que hacían en Casablanca, cómo eran? ¿A palos y cu-chillos?

R.R. - Bailes hacían en Casablanca y si no haiga muertes, no había... no era alegre, ¿Comprende?

R.M. - ¡Cuéntame, cuéntame de esos bailes!

R.R. - Ah, si no se peleaba, si no había la muerte, eso no era baile. El esposo mío y el pai mío eran alegres pa' eso. Pero diendo el esposo mío y diendo papá y los hermanos de mi esposo y la familia de mi esposo... Llegaban ellos a las 9:00 o a las 8:00. Las muchachas decían: —Ay bendito, esta noche se esbarata el baile, esta noche... Entonces... porque no llegaban los Romanes ni los Ríos... Pero al poco rato sentían: —¡Buenas noches, buenas noches! ¿Quién es? ¿Quién es? ¡Los Romanes y los Ríos! ¡Jí, jí, jí, jí. [*Hace un ademán de frotar una palma de la mano con la otra en señal de júbilo.*] ¡Hoy se manece el baile, se manece el baile...! Se manecían bailando...

Pero un día en Cialitos, que no hace mucho tiempo y yo estaba... El que mataron fue un padrino de una hermana mía. Eso fue por la noche. Siguieron bailando. El difunto... el esposo mío, le dijo a... Mi papá no estuvo porque había garateao con la mujer. Dijo: —Esta noche no voy al baile porque ya prencipió. Ya prencipió y no voy. Fue el esposo mío y se fue al baile. Cuando sintieron que llegaron las muchachas y tós' los que llegaron dijeron: —Esta noche se esbarata el baile temprano porque los Romanes ni los Ríos han venío. Cuando sintieron los Romanes... Los Ríos no fueron. ¿Quién es? ¿Quién es?

Cuando siguieron bailando y bailando y bailando y era como máj e' media noche, el esposo le dijo a la suegra y tía... eran primos hermanos... Le dijo: —¡Vámonos, que va a haber la decisiva aquí! Ay, vamos a bailar ésta...

En esta lo cogen, en esta lo cogen... Y decía: —¡Ay, no, bendito, vamos a bailar ésta. Cuando ella quería, en toa' la alegría del baile, la primera, en la cocina, le decía: —¿Tú oyes? Esa es la primera... en la cocina. Y cuando apagaron, se encerraron, 'pagaron las luces y antonce, cuando pasa así un compadre de mi papá, pasaba así... Creo que de una reja le tiraron una puñalá y le pasaron el corazón. Y decía: —José, José... —al hermano—. Sigue pa' lante, sigue pa' lante, que me han cruzao de una puñalá. Y cayó a los pies del esposo mío... cayó a los pies. Y decía: —¡Ay, bendito! ¿Qué hago? ¿Qué jacemos? Antonce mandó a prender la luz. Él lo que tenía era un cantito e' palo así... —señala cerca de seis pulgadas en el dedo—. Con el cantito e' palo se defendía... en la buena fe que tenía en Dios... Y cruzaron las puñalás por 'onde quiera. Y entonces dijo... Uno de la familia dijo: —¡Han matao' unos cuantos y van a matar más!

Así jicieron luz y el muerto estaba al lao' de él. Era el esposo de... [*inaudible*]. Entonce salieron la mujere: —Salgan de ahí, quítense de ahí... Estaba una virándolo, una de las hermanas virándolo. Y cuando ella vio que jicieron luz, que él le sacó un grito: —¡Ay, compadre! Yo creí que era usted que lo habían matao... ¡Quítense de ahí!

Y seguían saliendo heridos y siguen cargando muertos. Antonce pue, aguantaron la cosa y antonce él... Amaneció y la mujer de él, del esposo que era mío... la primer mujer... Sintió que se sacó un carajo. Se sacó un carajo y sintió cuando dijeron que si iban a matar más de los que habían muerto. Y se levantó y se pu-

so la ropa y se fue. Se fue a donde el tío mío. Y fue: —¡Compae', compae' Manuel... —el hermano e' papá—. ¡Vamo allá a Casablanca, que parece que han matao' a unos cuantos... Sentí la voz de mi esposo que se diba y que iban a matar a más de los muertos que habían. Y dijo: —¡Ay! María, comay, no diga eso. ¿Y usted sintió esa palabra? Y dijo: —Ay, sí, yo la sentí. Antonce dijo: —Pues yo voy pa' llá. Se puso la ropa y cogió pa' fuera esmandao.

En el camino fue a onde el hermano: —Compai, compai... Y le dice:- ¿Qué quiere, compai Triburcio? Le dice: —¡Vamos allá a Casablanca que parece que han matao' a unos cuantos allá! La comae sintió la voz del compae Fele, sintió la voz de compae Fele. Dijo: —¡Carajo! Y que si diban a matar más de los que habían muerto. Dijo: —¡Ave María, comae no diga eso! ¡Vamos! ¡Compay, vamos pa' llá! Antonce cogió y se fue, se puso la ropa y se puso y cogió ella el machete que llevaba y cogió y se fueron. Y pasaron unos pasos e' río y cuando pasaron unos pasos e' río y venía el marío' de ella: —Muchacha... ¿Pa' ónde tú vas? Dice: —¡Ay, yo voy... que yo sentí cuando dijeron que había unos cuantos muertos y que diban a haber más muertos...! Y dijo: —Muchacha, ¿Tú sentiste esa palabra? Dice: —Yo fui, el que sí... el que saqué el carajo y... Son heridos los que hay. Muertos no hubo más que uno y uno sacao' con las tripas por fuera. Hay unos cuantos heridos y dice: —Compay, si usted va pa' llá, véngase seguío; no se aguante vea lo que vea. Y dice: —¡Compay, mataron a Luis Mamío... Y dice: —Tienen a otro con las tripas fuera... a José Mamío! ¡Ay, compay, otro compadre mío, los dos hermanos... matao y el otro está con las tripas por fuera... y hay unos cuantos heridos allí! Compay, sí, véngase siguío, que ya fueron a buscar... Él se vino; se vinieron enseguía...

Nojotro que díbamo con el trajporte pa' Arecibo, de aquí de Ciale, íbamo con el trajporte. Ya teníamo empaquetao cuando padrino supo que en Cialito había muertos. Decía la madrina mía, Bárbara: —Tenemos que dejar el trajporte pal' domingo, porque no se sabe si han matao' al padre de ésta, que el padre de ésta siempre está metío en tos' esos bailes que hay... En velorios y en tó' está metío'. Sabe Dios si lo han matao...! —Ay, María... Castor, no diga eso...! ¡Ay, padrino, vamo' a dejar el trajporte pal' domingo que viene! Por ahí se tomó el café y pasó pal' pueblo... Cogió por ahí pa' rriba, de Ciale pa' rriba...

M.R.₁ - ¿Cuántas mujeres tenía papá contigo? (*Le repite la pregunta*.)

R.R. - Cuando se casó, casao' por la iglesia, taba joven... La dejó porque "no le salió completita". (*Risa general*.) Pue' dijpué se casó con la prima hermana de él. Dijpué que tuvo unos cuantos hijos, pue cogió otra que era la hermana del compae (¿Fito?) Dijpué la que tenía era 'condía...

M.R.₁ - Y cuando tú lo cogistes con una... ¿Qué te pasó en el pelo?

R.R. - ¿Con otra?

M.R.₁ - La que te cortó el pelo con una navaja...

R.R. - No, yo no me... Ella me cortó el pelo de noche, sin saber por qué...

M.R.₁ - ¿Por celos?

R.R. - Sin saber por qué. Yo no sabía por qué era. Uno nunca le hacía nada malo a él ni ná... Taba una muchachita... To' el mundo le decía que "no me había dejao criar..."

M.R.₁ - ¿Cómo a los cuántos años tú te casastes con papi?

R.R. - Como de veinte años, tenía yo.

M.R.₂ - ¿Cuál fue el hijo mayor tuyo?

R.R. - Pues, Leo.

M.R.₂ - ¿Y después?

R.R. - Pues Herminia, la que se me murió.

M.R.₂ - ¿Y después?

R.R. - Turín.

M.R.₂ - ¿Y después?

R.R. - Pues tú. (*Señalando a Matilde*.)

M.R.₂ - ¿Y después?

R.R. - Una que se murió.

M.R.₂ - ¿Y después?

R.R. - Otro nació muerto.

M.R.₂ - ¿Y dispués?

R.R. - Después ésta. (*Señala a Margarita*).

M.R.₂ - ¿Chencho?

RR- Después que Chencho.

M.R.₂ ¿Y dispués?

R.R. - Margó, dispués.

M.R.₂ - ¿Y dispués?

R.R. - La que se murió.

M.R.₂ - ¿Tú paristes después de 50 años?

R.R. - No me acuerdo...

R.M. - Pregúntale dónde pasó San Ciriaco... (*A Margarita, la hija.*)

R.R. - ¿San Ciriaco? En... allí en la... Tú sabes, en Cialito, un palo e' mangó... hay una casa. Yo no sé si está allí todavía... Había una casa allí y pasamo la tormenta nosotros... Estaba mi mamá pariéndose de Comay María.

R.M. - ¿La mamá de Toto?

R.R. - Pariéndose. Después tuvo unos cuantos.

M.R.₁ - ¿Y después, San Felipe, donde la pasastes?

R.R. - En la casa que yo te digo, en esa que está ahí en la lomita cuando sube así. Y San Felipe en unos cuarteles, en unos cuarteles que habían...

R.M. - ¿En Casablanca?

M.R.₁ - Casablanca.

R.M. - ¿Y San Ciprián?

R.R. - Esa fue en La Loma del Saliente, allá en La Loma...

M.R.₁ - No, en Casablanca también, en casa de Doña Juana...

R.R. - En la loma de... allí en la casa de Doña Juana Guzmán que les ponían... que estaba recién pariá de este... Que tenían una barraca, una barraquita que teníamos. Sabe que, se me olvida... aquél que tenía...que

estaba allí...que no tenían casa; que cogía una colcha... una frisa y decía: —¡Ay, vamo' a tapar la cocinera, que se nos muere la cocinera... Ya no tenemo quién nos haga ná...!

M.R.₁ - Mira... ¿Y Santa Clara, dónde la pasaste?

R.R. - En Manatí. En la loma ahí, en casa de Doña Juana Guzmán.

M.R.₁ - Mira... ¿Y Hugo, dónde pasaste Hugo?

R.R. - ¿Cuál?

M.R.₁ - Hugo, Hugo...

R.R. - La pasé en casa de... la hija mía, durmiendo. Y ella afuera, toa la casa llena, los hijos, los nietos, tó... Y yo durmiendo. Decía: —Matilde, Matilde, ven acá que me estoy mojando... Y decía: —¡Qué va a estar mojando! Y entonces decía: —Pues vente acá a la cama mía. Pásese acá, en lo que Papo compone el... Y antonce, me pasó pa' la cama della y antonce vino ella, arregló la ventana, la compuso y antonce me pasaron pa' la cama mía...

M.R.₁ - ¿Qué te sientes ahora? ¿Qué tú te sientes ahora con tantos años que tú tienes?

R.R. - ¡Ay, me encuentro...! (*Se toca las greñitas de la frente y llora.*)

ENTREVISTA #10

(ENTREVISTA[29] A FRANCISCO MARTÍNEZ OTERO EL 26 DE DICIEMBRE 1989)

Por:

Roberto Martínez Torres

Figura 3.39. Don Francisco Martínez Otero.

R.M. - Yo lo que quiero es tener información de "los más viejos" de los Ríos o Pabón de los que usted conoció en Morovis... los dos... Dígame de los Ríos primero.

F.M. - Bueno, yo... de aquí de Morovis, que son más o menos de Barahona y Fránquez, Don Ramón Ríos... me cree que el segundo apellido de Don Ramón lo desconozco... Don Ramón lo estoy conociendo desde antes de

tener esta parcela (1956) que todavía está actualmente ahí...

R.M. - ¿Vive?

F.M. - Sí, Don Ramón vive todavía. Ya casi no sale... Tiene "los años"... está en sus ochenta y... como sus ochenta y ocho...

R.M. - ¿Dónde vive Don Ramón?

F.M. - Ramón Ríos vive ahí, cuando tu vas por el Sector "La Alianza", así pa' llá, pa' Fránquez, pa' onde vive Luis Vázquez... esa ruta. Pasas hacia adelante, entonces allá... bastante allá... la parcela de él es...

R.M. - ¿Eso es Minaya? ¿Más allá de Minaya?

F.M. - Pasa un puentecito que hay adelante, a la derecha hay una entrada. Es la entrada a la casa de él. Allí está un señor que es Don Gelo Rolón este que... aquél canto e' terreno donde está Don Gelo, se lo regaló o se lo vendió, de la misma parcela de él...

R.M. - ¿De Ramón Ríos?

F.M. - En lo de Ramón Ríos está lo de Gelo Rolón, hombre también de mu-

---

[29] Se utilizan las siglas R.M. para el nombre del entrevistador y las F.M. para las del entrevistado.

cha edad...

R.M. - ¿Ese Ramón Ríos es familia de Polo Ríos?

F.M. - ¡Ah! El papá... el papá de Polo y de unos cuantos...

R.M. - ¿Son trigueños?

F.M. - Sí, sí. Don Ramón es un hombre, sí, tirando a "morao" medio trigueñón, sí...

R.M. - ¿Blanco no es?

F.M. - No, blanco, blanco, no es.

R.M. - Medio trigueño. ¿Pero no conoció los papás de Don Ramón, ni la mamá de Don Ramón?

F.M. - Los papás... Yo he conocido la generación de Don Ramón para acá, que ni soñaba él tener esa parcela...

R.M. - ¿Está vivo?

F.M. - Sí, está vivo.

R.M. - Desde que usted lo conoce... ¿Él es de aquí, de Fránquez?

F.M. - Siempre, toda la vida. Desde que yo lo he conocido de Barahona no; de barrio Fránquez, desde antes de ser parcelero...

R.M. - Pero... ¿Usted me dice que él tenía una relación con abuelo?

F.M. - Si, el conoció bien a mi papá y papá lo conocía bien a él, porque fueron trabajadores desde bien jóvenes en los cañaverales. Se conocieron en el trabajo. Él fue llenador de "tró" y un hermano de él, que se mató... Él llenaba "tró" con papá. Murió por ahí... por ahí, por donde estaba el Hogar Crea... Se viró un "tró" de caña... Pá esa época papá era llenador de "tró" de caña... estábamos chiquititos... y yo no recuerdo, pero pasó

ese accidente... Un hermano de él murió atrapao... se vino la...

R.M. - ¿Lo llenaban a mano, el "tró"?

F.M. - Entonce se llenaba "a mano"...

R.M. - ¿Y de quién era esa caña de ahí?

F.M. - Esa caña venía de aquí, de la finca de Morovis... podía ser de... no le podría decir... Papá me decía... Ellos llenaban pa' esa época... podía ser más allá de Morovis... Porque imagínate, que papá nos llegó a contar que fue a llenar caña "por ajuste" hasta cerca de Corozal... a la finca de los Valiente, que eso es ya de Corozal... Papá llegó a trabajar... Nosotros que ni soñábamos con ir a la escuela... Mira si fue...

R.M. - ¿Y de los Pabón? ¿Cuáles son "los troncos más viejos" que usted conoce?

F.M. - Entonces yo llegué a conocer ahí al papá de los Pabones, el papá... a Don Ramón Pabón... Hombre... estuve hablando el otro día con un hijo de él... hablé con un hijo de él que se llamaba... Murió uno que era cuñao, que se llamaba... aquél era Pedrito... Pues, Don Ramón Pabón... A Don Ramón Pabón papá le conoció bien también, viviendo ahí en Fránquez, en su buen terreno, en su buena finquita ahí y ahí están los hijos... herederos. Ahí está la finca todavía. Colinda con los Alicea.

R.M. - ¿No sabe quién es la esposa de Don Ramón Pabón?

F.M. - La esposa no le conocí. Conocí bien a Don Ramón Pabón.

R.M. - ¿No sabe el nombre de ella?

F.M. - De la señora no lo sé ni la llegué a conocer... No llegué a conocerle...

R.M. - ¿Y se murió Don Ramón Pabón?

F.M. - Ramón murió va unos cuantos años ya... bastantes...

R.M. - ¿Es trigueñito? ¿O son blancos?

F.M. - No. Don Ramón es blanco él... blanco... blanco-colorao, como Chabelo... sí. Era colorao... Y murió casi el otro día en Fránquez, en una misa, a la edad de... como de... no a una edad como la de papá, pero a una edad más joven.

R.M. - ¿Esos Pabón son de Patrón-Almirante? ¿Chilo Pabón? ¿No son de los mismos?

F.M. - Don Chilito Pabón, yo llegué a conocerlo... Ahora... no sé si esos tienen que ver algo con estos Pabones de aquí, de Fránquez.

R.M. - ¿Y los de Yan Pabón? ¿No son los mismos?

F.M. - Eh... Ese Yan Pabón vino de arriba... vino de allá a Barahona. Vino de "la altura", de Ciales.

R.M. - ¿Yan Pabón, vino de la altura?

F.M. - Sí. Esos son criaos aquí... no de Barahona ni de Fránquez. Ese vino de Ciales. Yan Pabón, que le decían "el espicao"...

R.M. - ¿El qué? ¿El explicao? ¿Por qué?

F.M. - "El espicao", porque tenía... ¡Ah! Y "nariz royía", porque en una pelea, uno le mordió la nariz y le llevó un canto...

R.M. - ¿Y por qué le decían "el espicao"?

F.M. - Bueno, le decían "el espicao" porque... le decían "nariz royía", las dos cosas, por el defecto que tenía en la nariz...

R.M. - ¿El espicao?

F.M. - Sí, y "nariz royía"...

R.M. - ¡Ah! Porque no tenía el pico de la nariz...

F.M. - Sí, porque...

R.M. - Le faltaba el pico de la nariz.

F.M. - Y le decían "nariz royía"... le decían otros...

R.M. - ¿Y Yan Pabón ya murió?

F.M. - Sí, murió ya unos años... murió Yan...

R.M. - De la altura... ¿No sabe de qué lugar de "la altura" de Ciales?

F.M. - Yo no sé si ese vino de Frontón o de...

R.M. - ¿De Cialitos?

F.M. - O de... Yo sé que vino de un barrio de Ciales pero, ahora no te puedo decir. Él llegó a vivir aquí, en Barahona, desde que repartieron aquí estas parcelas...

R.M. - ¿No conoce más ningún Pabón en Morovis?

F.M. - Pabón, de la familia Pabón... deja ver... pero este es de Barahona... yo creo que no hay más ná. Pero de Fránquez, fíjate, la familia Pabón...

R.M. - ¿Son muchos?

F.M. - Tienen muchos hijos. Dejó muchos hijos y ahí están...

R.M. - Pero son descendientes de Don Moncho, el viejo.

F.M. - El hijo de Don Ramón... hay muchos de la edad mía y han muerto otros...

R.M. - Pero, ¿No hay otra cepa como la de Yan, que es de otra "cepa"?

F.M. - Sí, esa es una descendencia aparte. Esos Pabón de Fránquez, estoy seguro que no son de los de acá... estoy seguro. Lo mismo que Don Chilo Pabón que le conocí en Patrón; desde antes de casarme con Gloria empecé a conocer a Don Chilo Pabón en 1945... no sé si son los mismos Pabones...

R.M. - Ahora, de los Collazo... de lo que te decía abuelo de los Collazo...

F.M. - Bueno, de estos Collazos yo llegué a conocer bien, bien... conocí al papá del compadre Carmelo Collazo y de este "Gundo", que se llamó Don Antonio Collazo... Don Antonio, desde yo bien chico y yo... pequeño...

R.M. - ¿Trigueño, así como Don Carmelo?

F.M. - Sí, trigueño como compay Carmelo y como Gundo... y así como Gundo... flaco.

R.M. - ¿Naturales de aquí, de Barahona?

F.M. - Este, esa gente también eran de Fránquez, más de Fránquez que de Barahona... este... Cuando yo los conocí eran de aquí, del barrio Fránquez y no de Barahona... en la colindancia casi de Fránquez y Barahona...

R.M. - ¿Pero ellos vivían en lo de los Cacho?

F.M. - Eh... no. Don Antonio fue agregao de la Central Monserrate... Cuando uno va entrando pa' llá, pa' en caje Don Polo... la casa de él era a la derecha en un alto allí, en aquél cercao, que era de bueyes, de los Calaff... allí. Yo conocí también la esposa de él que se llamaba Doña Antonia, doña Toña, la mamá de compay Carmelo... Creo que era de apellido Cubano... creo que era Cubano... algo así, me parece...

R.M. - ¿Trigueña?

F.M. - Si, era un poco trigueña. No era una señora blanca. Ajá. Y conocí también otro hermano de Don Antonio... don... le decían Don Colo, pues él era Don Nicolás Collazo... le decían "Don Colo". Bajito él, trigueño... bastante trigueño... Y conocí también la esposa de Don Colo, que le decían Doña Catana... le decían Doña Catana. Sería Catalina... Doña Catana... Creo que era de apellido... Te estoy hablando de la familia Collazo... Don Colo, Don Nicolás...

(En la conversación interviene Doña Gloria Torres Pérez y comenta que en el Hospital de Área de Manatí se encontró con una señora que dice que "es hija de un indio". Tenía recluido un viejito, esposo de ella, de 88 años... un señor de Vega Baja, viejito, como de ochenta años. Le llevaba unos años a ella, la esposa... trigueñita.)

F.M. - Mira, volviendo a los Collazo, mencionando a la familia Collazo, de los que conocí bien, bien, bien... que también Don Nicolás vivía también en lo de los Calaff; eran agregaos con los Calaff en el tiempo que yo los conocí... por allá, en esos cercaos... en una casita... pobremente.

R.M. - ¿Pero el papá de Don Colo? ¿El papá de Don Antonio?

F.M. - No. El papá de Don Antonio no

lo conocí. La cosa es que papá nunca me mencionó... ¡Perate, perate, perate...! No, no me mencionó al papá... Pero, ¿Tú sabes quién puede saber... que es su abuelo...? Este Gundo, que está vivo... Tiene que saber... Tiene que haber conocido al abuelo de ellos, posiblemente...

R.M. - ¿Pero hay algún otro Collazo de Morovis que no sea familia de Don Carmelo?

F.M. - ¿Otros Collazos que no sean de éstos?

R.M. - Aparte de los Collazo negros... del "Colector", que era Collazo...

I.M. - Que yo haya conocido... en Barahona... Tenemos aquí la camada de... porque mira... ya tu sabes cómo es... pero te estoy hablando de los más de edad... pero del Colector de aquí, que fue Collazo... Tenemos otra familia aquí, que fue Collazo... ahí en Socucho... Collazo...

R.M. - Sí, que son trigueños también...

F.M. - Que son trigueños también... Collazo... que creo que son remanientes de los mismos Collazos, por aquí, por... incluye ahí, porque eso ahí eran parcelas y eso...

(Sigue la entrevista donde se habla de las Partidas Sediciosas y cómo los Collazos eran "la confianza" de los Cacho...).

Figura 3.40. Emburrando caña. Foto cortesía de Don Ángel L. Vázquez.

ENTREVISTA #11

(SEGUNDA ENTREVISTA[30] A ROSA RÍOS AGOSTO - 2 DE ENERO DE 1990)

Por:

Roberto Martínez Torres

(*En la residencia de Doña Rosa Ríos en Parcelas Columbo de Vega Baja, su hija Margarita me muestra fotografías.*)

Figura 3.41. Doña Rosa Ríos Agosto.

R.M. - ¡Déjame hacerle una "confesión" a Rosa. (*Le muestro las fotos y ella las mira.*) Observa el retrato de su difunto esposo, Don Félix Román, ataviado con su sombrerito blanco y comenta:

R.R. - Siempre usaba... le gustaba más el sombrerito blanco, porque él compraba un sombrero negro, se lo ponía y enseguía le daba dolor de cabeza...

R.M. - Adiós... ¿Y por qué era eso?

R.R. - Siempre usaba sombrero blanco. Tenía un sombrero "de salir" de Panamá... Antes se usaban cosas buenas... no ahora, que todas las cosas... antes las cosas baratas y buenas... Ahora no... ¡Bah!

R.M. - Rosa, yo quería hacerte unas preguntas sobre tu abuelita...

R.R. - ¡Ay, yo no la conocí, mijo!

R.M. - ¿Pero tú oíste hablar de ella?

R.R. No... no la conocí... a la agüelita mía...

R.M. - Pero tú me dijiste el nombre de ella...

R.R. - Si, pero... porque... Mi papá... Los abuelitos míos yo no los conocí... la mamá de papá; la abuelita de papá la ví... pero como estaba yo pequeñita... y la mamá de mi mamá yo no la conocí...

---

[30] Se utilizan las siglas R.M. para el nombre del entrevistador y las R.R. y M.R.$_1$ para Margarita Román y M.R.$_2$ para Manuel Román.

R.M. - La mamá de Triburcio... ¿La conociste?

R.R. - No. Era lo que yo te digo. Yo estaba pequeñita cuando ella murió.

R.M. - ¿Pero cómo se llama la mamá de Triburcio?

R.R. - Isidora.

R.M. - Isidora. ¿Y el apellido? ¿Tú me dijiste el apellido?

R.R. - El apellido... Isidora... El apellido era... Agosto ¡No! Agosto no... Pabón.

R.M. - ¿Pabón? Ajá. Te voy a hacer una pregunta: - ¿Tu oístes hablar de Blasina Pabón? ¿Quién era Blasina Pabón?

R.R. - De Blasina... sentí hablando, pero como... pero no me acuerdo.

R.M. - ¿Pero era familia de Isidora? ¿Eran familia?

R.R. - ¡Síííí!

R.M. - ¿Qué quedaban? ¿Tú no sabes?

R.R. - ¿De mi abuela...?

R.M. - ¿Qué quedaba de Triburcio?

R.R. - Me parece que tía.

R.M. - ¿Isidora era hermana...?

R.R. - De la mamá de papá...

R.M. - ¿Blasina era tía de Triburcio?

R.R. - Tú sabe que a nosotros no nos sacaban pa' ninguna parti a conocer familia ni ná. Pues yo sentía que él mentaba la familia, sí...

R.M. - ¿Te mentaban a Blasina?

R.R. - ¡Ajá!

R.M. - ¿Y tú no sabes quién era el esposo de Blasina? ¿Tú no oíste hablar de Severiano Ríos?

R.R. - No, no, no. Que te digo que cuando murió mi papá y mi mamá quedamos nosotro pequeño... El apellido de mamá, el primero, lo sé, pero el segundo no lo sé. El de papá se que es Pabón y Ríos... era mi papá.

R.M. - ¿Triburcio era Ríos Pabón?

R.R. - ¡Sí!

R.M. - ¿Isidora era Pabón?

R.R. - ¡Ajá, Pabón!

R.M. - ¿Y oíste hablar de Blasina?

R.R. - Sabe Dios si yo la llegué a... como uno se cría sin... madre ni padre ni ná. Yo me crié con mi padrino y mi madrina... Eso era maj que trabajo ná má... no me enseñaban ná... no fui a la escuela ni ná...

R.M. - ¿Tú conociste a Manuel Ríos?

R.R. - ¿A tío Manuel?

R.M. - ¿En dónde vivía él?

R.R. - Tío Manuel Ríos... él vivía... primero vivía en Cialitos... Dispué de Cialitos se vino pa' quí pa' Vega Baja y de ahí de Vega Baja se fue pa' Bayamón...

R.M. - ¿Ese era hermano de Triburcio?

R.R. - Hermano...

R.M. - Y entonces, tú me hablaste de Manuelito, el de Jayuya... ¿Quién era Manuelito?

R.R. - (*Ríe alegremente. Al igual que durante la entrevista anterior. Obviamente es el mismo personaje que le trae gratos recuerdos y comenta:*) ¡Sinvergüenza que era...!

R.M. - ¿Quién era ese sinvergüenza?

Figura 3.42. Matilde Román, Rosa Ríos y Margarita Román.

R.R. - Ese Manuelito era hijo de Tío Manuel Ríos... el tío Manuel Ríos... el hermano... primo hermano de mi papá...

R.M. - ¿De Triburcio? ¿Manuelito era hijo de Manuel Ríos?

R.R. - Si, pero no del hermano de papá. Era uno de Jayuya, que vivía en Jayuya él... Era primo hermano de mi papá... (*Lo reitera nuevamente.*) Era hermano de Tío Eusebio Cabrera.

R.M. - ¿Hermano de tío Eusebio?

R.R. - Hermano de tío Eusebio. (*Se refiere a Eusebio Cabrera, hijo de Federico.*) Por padre... por madre... no sé. Me parece que era por madre[31].

R.M. - ¿Por qué tú le dices tío a Eusebio?

R.R. - Porque era hermano... primo hermano de papá...

R.M. - ¿Primo hermano de Triburcio?

R.R. - Sí.

R.M. - Entonces la mamá de Eusebio... ¿Tú nunca oíste hablar de ella?

R.R. - No... no.

---

[31] Los documentos del Archivo Parroquial ubican A Manuel y a Eusebio como hermanos de padre.

R.M - ¿No sabías el nombre? ¿Nunca te hablaron de María Ríos?

R.R. - María Ríos, sí...

R.M. - ¿Quién era María Ríos?

R.R. - Bueno... eh... María Ríos... tú sabes que no conocí casi esa familia de papá...

R.M. - ¿Pero tu hermana se llamaba María Ríos? Había una María Ríos...

R.R. - ¡Sí!

R.M. - ¿Tú oíste hablar de Matilde Ríos? No la hija tuya, que es Román... ¿Tu oíste hablar de Matilde Ríos?

R.R. - De Matilde Ríos no. Yo... como yo no me crié con mi padre ni madre... O me crié, pero como estaba pequeña cuando me entregaron mi mamá a mis padrinos y de ahí... Vivían en Ciales, por La Jagua... Nos vinimos pa' Ciales y de Ciales pa' Arecibo... Y de ahí, cuando nos vinimos pa' cá otra vej, cuando nos vinimos... ya yo venía señorita... ya yo venía señorita... Esa María Ríos era hermana mía, que era Agosto... era mi hermana, que vivía ahí en Patrón...

R.M. - (*Comentando por lo bajo: —Tengo un lío aquí...*) Interviene Doña Margarita ("Margó"):

M.R.[1] - ¡Mami, mira! Pero Eusebio Cabrera tenía mujer, que le decían María Ríos...

R.R. - Si, era la señora de él...

M.R.[1] - Pué... Eso es lo que él te está preguntando...

R.R. - Tía María...

R.M. - ¿Ella le dice tío a Eusebio porque la esposa de Eusebio es tía de ella?

M.R.₁ - ¿Eusebio era tío político tuyo? (*Dirigiéndose a Rosa.*)

R.R. - Era... primo hermano de papá...

R.M. - Primo hermano de papá... (Triburcio.)

R.R. - Tío Manuel Ríos, de Jayuya, era familia porque era hermano de Tío Eusebio Cabrera...

R.M. - ¿Manuel Ríos el de Jayuya era hermano de Eusebio?

R.R. - Si, hermano por parte de padre...

R.M. - ¿Y por qué Manuel Ríos llevaba el apellido Ríos?

R.R. - Porque era familia de papá... era primo hermano. Era hermano de Tío Eusebio Cabrera... porque tío Eusebio Cabrera... porque antej se usaba eso...

R.M. - ¿Entonces, ese Eusebio era hermano de Pascual?

R.R. - Ajá.

R.M. - ¿Y hermano de Joseíto? ¿Y de Teya?

R.R. - También.

R.M. - ¿De todos esos muchachos?

R.R. - Y de las "guares"... de tós.

R.M. - ¿De Romana también? ¿La conociste?

R.R. - ¡Ah! Jtuvimos viviendo en la casa de ella en Morovis... más allá de Morovis... Patrón.

R.M. - Entonces, cuando tú me hablaste de los bailes de Casablanca, del baile aquél que le sacaron las tripas a uno... ¿Te acuerdas?

R.R. - ¡Je, je! (*Ríe.*)

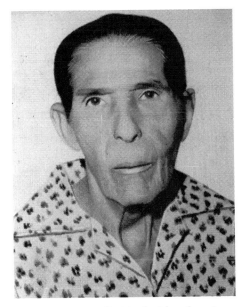

Figura 3.43. Doña María Ríos Agosto.

R.M. - Tú me dijiste los nombres... tú me dijiste que había uno que le decían José Mamío... ¿Quién era ese?

R.R. - José Mamío...

R.M. - ¿Cómo se llamaba José Mamío?

R.R. - No sé el apellido... José Mamío...

R.M. - ¿Pero el nombre era José? Eso de Mamío parece un apellido...

R.R. - Apellido.

R.M. - Ese era el apellido...

R.R. - Esos eran tós familia, conocidos de papá. Tós vivimos allá en Cialito... Ellos eran compadres... José Mamío era compadre de papá... Este... Luis Mamío era hermano de José Mamío... Ese fue el que mataron...

R.M. - ¿Esos no eran familia de ustedes?

R.R. - No.

R.M. - ¿Eran del sitio... eran de allí?

R.R. - Eran compadres de papá... el

padrino de una hermana mía. El otro era hermano también... el otro, el que le sacaron casi las tripas, pues era hermano también.

R.M. - ¿Tú conociste a la esposa de Manuel Ríos de Jayuya?

R.R. - No, no la llegué a ver...

R.M. - ¿Nunca oístes el nombre de la esposa? Nunca oístes hablar de Fela Ríos?

R.R. - No.

R.M. - Pero tú me hablaste de Manuelito... el de Manuel...

R.R. - Sí, ese era el chajlatán. Él vivía acá, en casa de la hermana mía...

R.M. - ¿Y a Dionisio, lo conociste?

R.R. - Sí, también.

R.M. - ¿Ese era hermano de Manuelito?

R.R. - Sí, hermano, sí.

R.M. - ¿A cuál más conociste? ¿Cuál más conociste de esos hijos de Manuel?

R.R. - ¡Ay, Dios mío, no, no. Como ellos vivían en Jayuya, por allá... pues nosotros vivíamos ahí en Cialito... uno no salía... pa' ninguna parte, ni nos sacaban pa' ningún lao...

R.M. - Pero, Manuelito era hijo de Manuel, el de Jayuya...

R.R. - Sí, de Manuel...

R.M. - Y Manuel era primo de Triburcio; era primo hermano por los Ríos.

R.R. - Ajá, sí. Tía María, la mujer de tío Eusebio... Esa tía María era Pabón...

R.M. - ¿La esposa de Eusebio era Ríos Pabón?

R.R. - Ajá... la señora...

R.M. - María Ríos... Pero, Eusebio tuvo... ¿Cuántas esposas? ¿Él tuvo muchas esposas? ¿Cuántas mujeres tuvo Eusebio?

R.R. - Dos.

R.M. - María Ríos... ¿Y quién más?

R.R. - Y una prima mía también, hija de Teyo Ríos...

R.M. - ¿Le sabe el nombre?

R.R. - ¿A quién?

R.M. - A la hija de Teyo Ríos.

R.R. - No... No te digo: toa esa familia se crió...

(*En ese momento llega de visita Don Manuel Román, hijo de crianza de Doña Rosa y hermano de padre de Margó: Me lo presentan. Margó le explica el trabajo que hago.*)

R.R. - ¿Quién tú eres, mijo?

M.R.$_2$ - ¡Yo soy Manuel!

R.R. - ¡Ay!, ¿Cómo estas, hijo de mi corazón?

M.R.$_2$ - Regular...

R.R. - ¡Ay, Gracias a Dios! Este es hijo mío de crianza... hijo del esposo mío... Es el más chiquito de la segunda mujer...

R.M. - ¿De don Félix?

R.R. - Ajá.

M.R.$_2$ - ¿Y este muchacho es Martínez?

R.M. - Martínez, de la cepa de Barahona de Morovis.

M.R.$_2$ - De allá es la esposa mía... de los Martínez.

R.M. - ¿De Morovis?

M.R.₂ - De Morovis.

R.M. - ¿De cuál de los Martínez?

M.R.₂ - Ella es hija de doña Carmen Martínez... tiene allí... allí hay una finca que es de ellos... allí en Cieneguetas...

R.M. - Ah, eso es ya parte de Vega Alta.

M.R.₂ - Sí, más abajito de Unibón. Allá está Luis Martínez, hijo de Nicolás Martínez... Este muchacho se parece a mi hijo...

R.M. - ¿Pero de cuáles? ¿De Luis Martínez, el que fue alcalde de Morovis?

M.R.₂ - ¡No!

R.M. - De otra cepa de Martínez...

R.R. - (*Sigue la conversación, interviniendo.*) Había una que le decían Mimina, que era "medio alocá". Había vecej que yo iba allí y estaba buscando... y el día e' Reyes hacían ese velorio ahí. ¡Ave María! Se pasaban haciendo arroz con dulce, arroz con carne y tó en los días e' Reyes. Y hacían esos velorios en case' Eusebio. Y ella era una muchacha ya... Y yo le decía: —Mimina, Mimina, ¿Qué haces? ¿Qué tú haces? —Adió, bujcando fori, bujcando fori... —¿Pa' qué? —Adió, pa' loj Santo Reyi... pa' los Santo Reyis... Y ella era una muchacha alta, pero de cuerpo... Y fue que la mamá la dio a luz y la tuvieron unos dos o tres días con la muchacha en el suelo, porque no daba a luz la "segunda"... y no le quitaban la muchacha y la tuvieron así unos días o tres, en el suelo...

R.M. - ¿Y quién la asistía?

Figura 3.44. Don Félix Román Salgado.

R.R. - ¡Bendito, mijo, no sé...!

R.M. - ¿En dónde te bautizaron a tí?

R.R. - ¿A mí? En Ciales.

R.M. - ¿En Ciales te bautizaron?

R.R. - No, en Jayuya. Allá fue que jallaron la 'eso...

(*Manuel Román interviene.*)

M.R.₂ - Pero ella tiene ciento diez años...

R.M. - Sí, sí. Por la información que da ella... se sabe que tiene más de cien años, sí.

R.R. - En Jayuya fue donde jallaron la...

R.M. - ¿Quién la encontró? ¿Quién la jayó?

R.R. - El esposo mío.

R.M. - Dice que fue en Jayuya que encontraron el Acta de ella...

M.R.₂ - No, no. La de ella la encontraron en Ciales. La de papá fue en Jayuya.

R.R. - Fue pa' coger el Seguro Social y pa' casarse...

R.M. - ¿La de Don Félix fue en Jayuya? ¿Esa gente era de allá arriba entonces?

M.R.$_1$ - Papi era de Morovis...

M.R.$_2$ - Papá se fue de Morovis cuando tenía 17 años... se fue de Morovis.

R.M. - ¿De San Lorenzo?

M.R.$_2$ - De San Lorenzo... Él trabajó allí con Don Pepe del Río...

R.M. - ¿En la Hacienda María?

M.R.$_2$ - Allí hay un tío de nosotros que...

R.M. - ¿Don Cruz?

M.R.$_2$ - Ese es el más chiquito.

R.M. - ¿De la cepa de los Román?

M.R.$_2$ - Ajá.

R.M. - Ven acá, una cosa...

M.R.$_2$ - Allí hay una tienda que es de Elisa... de Santa.

R.M. - ¿Familia de Don Cruz?

M.R.$_2$ - Sí.

R.M. - ¿Pero qué queda ella de Don Cruz?

M.R.$_2$ - Sobrina.

R.M. - ¿Prima hermana suya, Elisa?

M.R.$_2$ - Sí.

R.M. - Los Román y los Salgado están mezclaos. ¿De dónde son esos Salgado?

M.R.$_2$ - De ahí, de Barahona...

R.M. - ¿De Barahona? ¿Conoce algunos de los que viven en Barahona? Allí hay una señora mayor que se llama Juanita Salgado, esposa de Don

Dionisio Rosario... ¿Son los mismos?

M.R.$_2$ - ¡Sí, sí!

R.M. - ¿Entonces los Salgado son originales de Barahona toa la vida?

M.R.$_2$ - Toa la vida. Lo que pasa es que allí estaba Juan Salgado; Sixto, que "echaba tabaco", que murió también... Ese muchacho que canta... el Gallito de Manatí...

R.M. - ¿Por qué apellido?

M.R.$_2$ - Por los Classes...

R.M. - ¿Por los Cláss? ¿Pero esos Cláss son de dónde?

M.R.$_2$ - ¡De ahí, de Barahona!

R.M. - ¿De Cabachuelas? ¿De los mismos de Franco Cláss?

M.R.$_2$ - Eso es...

R.M. - ¿Y la esposa de Franco Cláss, no era familia de la esposa tuya?

M.R.$_2$ - No.

R.M. - ¿No son Martínez de los mismos?

M.R.$_2$ - Sí, de los mismos...

R.M. - Esa esposa de Franco es prima de mi abuelo... pues mira, Doña María Martínez se llamaba... prima de mi abuelo, que se llamaba Paulino Martínez...

M.R.$_2$ - Porque en San Lorenzo había otros Martínez...

R.M. - Sí.

M.R.$_2$ - Porque allí fuimos nosotros. Nosotros vivíamos en Morovis...

R.M. - Pero esos son otra cepa... Esos no los conozco... ¿Los Salgado son entonces de Barahona?

M.R.$_2$ - De Barahona.

R.M. - ¿Y Don Félix fue entonces enamorao a Barahona?

M.R.₂ - No, mi papá fue de San Lorenzo. Entonces, desde ahí se fue pa' Ciales.

R.M. - Pero la esposa de Salgado... ¿Era su mamá?

M.R.₂ - No, esa era abuela. Ella era Crucita Salgado Cláss...

M.R.₁ - La mamá de papi, sí.

R.M. - (*Refiriéndome a Don Manuel.*) Porque él es Román por el papá...

M.R.₂ - Sí.

R.M. - ¿Pero tú eres Román Salgado?

M.R.₂ - No, soy Román. Por la mamá mía soy Vargas...

R.M. - ¡Ah, por "la otra..."!

M.R.₂ - Sí.

R.M. - Pues... me dijeron que los Salgado están mezclaos con los Romero también...

M.R.₂ - ¡Sí, sí, sí!

R.M. - Estaba orita hablando con Don Chencho y Chencho se parece a los Romero de Barahona...

M.R.₂ - Había uno que le decían... el papá de los Romero que yo lo conocí... que era familia de Tío Pedro Salgado... Isaac Romero...

R.M. - Ese era de los "viejos troncos" Romero.

M.R.₂ - De los viejos de Barahona...

R.M. - ¿Don Isaac Romero era el mayor, que usted recuerda?

M.R.₂ - Exacto. Porque se trata... que nos tienen dos apellidos: los Román y Vargas. Después están los de los

abuelos, bisabuelos y tó esa familia y ahí viene el linaje...

R.R. - Antes apuntaban a uno el apellido... otro. No apuntaban a uno antes como ahora... ante no...

M.R.₂ - Ante nosotros nacíamo y cuando teníamos 6 años es que nos apuntaban... Por eso es que yo digo que tengo 80 años.

R.M. - ¿Y aparece de cuánto?

M.R.₂ - De setenta y cuatro.

R.M. - Pero por la cuenta y lo que le decían a usted, tú sabes...

M.R.₂ - Yo me acuerdo de los ciclones y los temblores de tierra, que todavía estaba... éramos Leo y yo...

M.R.₁ - (*Aludiendo a Leo.*) El hijo mayor de ella... (De Rosa.)

R.M. - ¿Cuántos años tú tenías para los temblores grandes?

M.R.₂ - Bueno, como seis.

R.M. - Y de los temblores va como 72 años...

M.R.₂ - Yo creo que estoy apuntao en el registro del 1914.

R.M. - Los temblores fueron en...

M.R.₂ - Los temblores fueron desde el 1909.

R.M. - Pero hubo unos fuertes, fuertes en el 18. Así que tú sales con 77-78 años por esa cuenta de los temblores...

M.R.₁ - Que era cuando se amarraban los calderos con alambre...

M.R.₂ - Bueno, yo me acuerdo que estaba en el batey de tierra y yo sentía cuando temblaba la tierra y decía: —¡Ay, me están meciendo! Y llegó ella (Señalando a Rosa.) y nos cogió y nos subió pa' rriba. Nosotros vemos vivío en muchos sitio...

R.M. - Sí, Rosa me ha contao...

R.R. - ¿Está buscando...?

R.M. - Rosa, te voy a hacer otra pregunta. Manuelito el de Jayuya... ¿Qué quedaba de Eusebio?

R.R. - Bueno, pa' mí, un poquito de familia, porque era hijo de Tío Manuel.

R.M. - Manuel... ¿Qué quedaba de Eusebio?

R.R. - Pues eso: Tío Manuel era hermano de Tío Eusebio.

M.R.$_2$ - ¡Tío de usté! Porque tío Manuel era hermano de tío Triburcio.

M.R.$_1$ - ¡Adió, Manuel... ¿Y por qué Eusebio Cabrera era y... Entonces...?

R.M. - Ahí está el detalle importante...

M.R.$_1$ - No, por eso te digo...

R.M. - Escucha: Manuel Ríos es de Jayuya. Ella me dice que era hermano de Eusebio Cabrera... porque uno es Manuel Ríos y el otro es Eusebio Cabrera...

R.R. - Por parte de padre... era por parte de madre o por parte de padre...

R.M. - ¿Te fijas? Ahí hay una cosa "que no encaja". Eso lo que yo quería aclarar.

M.R.$_2$ - Manuel Ríos...

R.R. - ¿El de Jayuya?

M.R.$_2$ - Nosotros lo conocimos en Barahona.

R.M. - ¿No serán dos Manuel Ríos distintos?

R.R. - Yo me parece que hay hijos de él en Jayuya... (*Rosa está más conciente que Manuel, porque es Mayor y conoció esa gente personalmente antes que Manuel Román, el que habla, naciera...*)

M.R.$_2$ - No, no, no... Allá no...

R.M. - Manuel, ¿Tú conociste a Manuel Ríos? ¿Qué edad tuviera ahora si estuviese vivo?

R.R. - Tío Manuel... ¿A ónde vivía? Tío Manuel de Jayuya... ¿Qué vivía a ónde?

M.R.$_2$ - Ese vivía en Barahona...

R.M. - ¿Ah?

M.R.$_2$ - En Barahona.

R.R. - ¿Él vive?

M.R.$_2$ - Vivía...

R.R. - ¡Ah, pues ese es el hermano de papá! Hermano e Triburcio.

R.M. - Es que ese hermano de Triburcio se llamaba Manuel Ríos...

M.R.$_2$ - Manuel Ríos.

R.M. - Pero ella me habla de otro Manuel, que no es el mismo...

M.R.$_2$ - Sí, es el mismo.

R.M. - ¿Tú crees que es el mismo?

R.R. - No, ese no lo conoció...

R.M. - (*Dirigiéndome a Manuel.*) Pero tú me hablas de Manuel, hermano de Triburcio, que vivió ahí en Barahona... ¿Pero dejó descendencia en Barahona?

M.R.$_2$ - ¡Síííí!

R.M. - Que tú conozcas... ahí en Barahona, que sean Ríos... que sean Ríos... que sean hijos, nietos...

M.R.$_2$ - No conozco ninguno...

R.M. - Porque hay un Ramón Ríos ahí en Fránquez...

M.R.$_2$ - Son otros Ríos, que ahora uno de los muchachos tienen un negocio aquí, al lao del cementerio...

R.M. - ¿De cuál cementerio?

M.R.$_2$ - Aquí en Vega Baja...

R.R. - En Patrón hay Ríos... En donde vivía tío Eusebio Cabrera, en to' ese Patrón hay Ríos... de Patrón, de Morovis pa' lla... To' ese sitio de los... de esa familia...

R.M. - ¿De Cabrera y Ríos?

R.R. - Sí.

M.R.$_2$ - Porque ahora, como se han "ramao".

R.M. - Lo que yo quiero es ver cuáles vienen de esta cepa y cuáles vienen de la otra...

M.R.$_2$ - Hay Ríos y Cabreras por medio de esta gente... y de los Cabrera que son... Bueno, de los de la mujer de Chencho que son... ¿Tú conoces la mujer de Chencho?

R.M. - ¡Sí!

M.R.$_2$ - Es de los Cabrera.

R.M. - Hija de Lencho.

M.R.$_2$ - ¡Exactamente! Esos son los Cabreras "de verdad"... Ahora, ella es Ríos... por acá... de María Ríos...

R.M. - Sí, María Ríos, que era hermana de ella (señalando a Rosa) y la mamá de ella que se llamaba María Ríos también... No, María...

M.R.$_2$ - Hay otros Ríos que también son familia de ella, que fue el viejito que quemó... el marío de...

M.R.$_1$ - Ay, de Lionor...

M.R.$_2$ - ¿Era Torres, verdad?

M.R.$_1$ - Sí.

M.R.$_2$ - Hay Torres Ríos...

R.M. - ¿De dónde son esos Torres Ríos?

M.R.$_2$ - El hermano de ella vivía con un... (*Inaudible*). Nosotros, el linaje de nosotros, de los Romanes, viene de Arecibo. Todos los Romanes de Arecibo nos dan sangre a nosotros... Es el linaje de papá Leoncio... el abuelo de nosotros...

R.M. - ¿Ese era de Arecibo? ¿Leoncio? ¿A dónde vino a vivir a Morovis?

M.R.$_2$ - A Barahona, Leoncio Román.

R.M. - ¿Tenía propiedades o algo?

M.R.$_2$ - No, eso no. Trabajaba en fincas como... eso que se dice... él tiene una finca... y yo soy... mayordomo.

R.M. - ¿Encargado de la finca de quién?

M.R.$_2$ - De los San Migueles...

R.M. - De los San Migueles... ¿En Torrecillas?

M.R.$_2$ - En Torrecillas.

R.R. - Ahí, en Patrón... Ahí es donde están tos' los Pabones.

R.M. - ¿Ahí en Patrón? Chilo Pabón... ¿Tú lo conociste?

R.R. - Ahí están tos' los Pabones y Ríos. Ahí es donde está toa la gente... ahí.

R.M. - ¿Los Pabones de Patrón... ¿Son familia tuya? ¿Hay Pabón en Patrón?

R.R. - ¿Ah? Si hay. Ya casi se han

muerto tos...

R.M. - ¿Pero cómo se llamaban?

R.R. - ¡Ay, yo no me acuerdo ya de la familia! Ah, han muerto muchos de los Pabones, de los Ríos de estos... Otros que estábamos... muchos, muchos han muerto... Todavía... ahí es donde están los Ríos, los Agosto, los Pabones... Hay muchos... Ahí es donde esta toa' la familia. Ahí, donde murió Manuelito... murió otro... que no hace mucho murió...

R.M. - ¿Llegaste a conocer a Iginio?

R.R. - ¿A Iginio...? Sí, también.

R.M. - ¿A dónde vivía él?

R.R. - Ahí en Morovis... en Patrón, ahí...

R.M. - ¿Iginio qué? El apellido. ¿Te acuerdas?

R.R. - Hay uno que... hay muchos, hay muchos, y tos están en ese...

M.R.₂ - Ríos Pabón.

R.M. - ¿Familia de ella? (Refiriéndome a Rosa.)

M.R.₂ - Sí.

R.M. - ¿Tú conocistes la mamá de Pascual? De Pascual. ¿La conociste?

R.R. - ¿La mamá...? No. Por ahí, a ónde yo te digo, esta tóa la familia esa...

R.M. - Te voy a hacer una pregunta de tu abuelita... de Isidora.

R.R. - A esa no la conocí yo...

R.M. - Pero te hablaron de ella... te hablaron... Tu papá te habló de ella... Triburcio te habló de ella...

R.R. - Sí, bueno... Cuando ella murió estaba yo pequeñita "tovía"...

R.M. - ¿Dónde la enterraron a ella? ¿Tú no sabes?

R.R. - No sé. Ya te digo... si estábamos pequeñitos cuando mamá entregó los hijos a papá... Estaba ya yo... estábamos nosotros pequeñitos...

R.M. - ¿Tú sabes dónde enterraron a Triburcio?

R.R. - En Morovis.

R.M. - ¿En Morovis está enterrao Triburcio?

R.R. - Sí, en Morovis. A mi mamá... está en Ciale... María Agosto... el otro apellido no lo sé.

R.M. - María Agosto está en Ciales... pero... ¿Cuántos años tenías tú cuando murió Triburcio?

R.R. - Cuando murió papá yo tenía como... diez años.

R.M. - Unjú. ¿Y María, la hermana tuya, estaba nacía ya?

R.R. - ¡Bah! Ella estaba grande...

R.M. - ¿Ella era mayor que tú?

R.R. - ¡No! Yo soy la mayor. Mi hermana murió ya... ¡Válgame Dios! Todos los hijos los tenía criaos... ¡Juj! Unos catorce... ¡Más! Ahí a ónde está la familia esa, en Patrón, ahí están tos los Pabones, los Ríos, los eso... están tos ahí... Allí hay... Tovía esas casas... la finca esa de mi hermana... ¿Comprende? Tenía ella 18 cuerdas... tenía, porque en eso murió el marido y le dejó 18 cuerdas...

R.M. - ¿Evaristo?

R.R. - ¡Ajá! Evaristo era el marido. Entonce quedó ella con los muchachos casi pequeños. Como tenía esa finca... los crió a sus hijos tós en esa finca y ahora, pues... hay casa, iglesia y todo allí. Ahora vendieron la casa al mayor, el hijo e' mi hermana... y se embarcó con la familia... Pero queda, allí toda la familia de esa gente... de Manuelito y todos ellos... Allí quedaban... No preguntes por los Pabones allí... ¡Ea Vijne! No. Ellos no vendieron el terreno; lo tienen los hijos tó... A mí me dijeron que por qué a mí no me habían dao una cuerda e' terreno. Mi hermana, que me había dejao también, porque ella me daba la casa que ellos vivían primero... me la daba pa' que yo me fuera a vivir pa' llá... Pero no me dijo que me la dejaba con una cuerda de terreno, pué... y...

R.M. - Rosa, cuando tú me hablaste de Isidora, que estaba en la cueva, tú me dijiste... ¿Por qué esa gente estaba en la cueva? Tú me hablaste eso...

R.R. - Yo no sé...

R.M. - ¿Cómo es eso?

R.R. - Yo no sé cómo es eso. La cueva era... la cogió mi agüelito dentro de una cueva... No sé si fue en la cueva ahí de Arecibo, o si fue en las cuevas de aquí... porque hay algunas cuevas que parecen casas...

(*Interviene Manuel Román.*)

M.R.₂ - Esas cuevas son en Cacao... Allá fue que cogieron a la abuelita de usté...

R.M. - ¿Tu oístes ese cuento de quién?

M.R.₂ - Del viejo mío, que hacía la historia...

R.M. - ¿Tu papá?

M.R.₂ - Mi papá.

R.M. - ¿Te acuerdas de qué es lo que decía más o menos? Porque ella me

dio unos detalles y yo lo que quiero es tratar de aclarar... Lo que quiero es localizar, si es posible, el sitio... De qué sitio ellos están hablando... De qué parte de la isla ellos están hablando...

M.R.₂ - Pues, eso... se está hablando de Matrullas. En Matrullas hay una cueva... ¿Cómo le dicen a aquella cueva? Se me olvidó... Allí cogieron muchas mujeres...

R.M. - ¿No fue la única?

M.R.₂ - ¡No! A la mamá de la mamá mía... Se llamaba María, también la cogieron ahí. A esa cueva le dicen Francia.

R.M. - ¿La Francia?

M.R.₂ - Ahí mismo...

R.M. - ¡Si eso es del Lago Matrullas pa' rriba...!

M.R.₂ - ¡Exacto!

R.R. - Eso vivían... vivían esnuitos...

R.M. - ¿Pero esos eran de ahí? Y eran muchas, muchas, tú dices... ¿Y cómo fue que los cogieron? ¿Qué es eso?

M.R.₂ - Que los cogieron porque eran indios...

R.M. - Pero estaban en el monte... ¿Por qué?

M.R.₂ - Ve, como salvajes...

R.R. - ¡Con la mata e' pelo se tapaban...!

R.M. - ¿Vivían ahí siempre?

M.R.₂ - A ellos los cogieron con perros...

R.M. - ¿Quiénes los cogieron con perros?

M.R.₂ - Bueno, eso fue... según el viejo mío dice, que en El Componte, que había muchos indios aquí y cogieron a la gente en una; cuevas... Eso fue pa' llá, como pal' 1915.

(*Rosa Interviene.*)

R.R. - ¡Ahí... ahí en Barahona hay una cueva que uno se mete!

M.R.₂ - ¡Ah! La cueva de las Archillas, que está ahí en Ventana...

R.R. - Sacan abono y tó de ahí en tóas esas cuevas...

R.M. - ¿Tú viviste en esa parte de ahí de Cojobales? ¿Conoces gente de esa parte de ahí?

M.R.₂ - Sí, de allí mejmo erano nosotros...

R.R. - El yerno mío era... cuñao era... Avaristo Cabrera... Avaristo Cabrera.

M.R.₂ - Lo que pasa es que, ahora mismo, mira... las personas viven aquí y están en muchos sitios. Porque yo tengo una sobrina que nació en Ponce, en el barrio Maragüez, en Ponce. Pues ahora vive por allá por Cabo Rojo. Se llama Toñita Muñiz Román, la primera sobrina que tuvimo nosotro... Pues ahora yo conseguí la dirección y voy a ver si la consigo...

R.M. - Eso es "en la esquinita"... Son tres horas de aquí a allá.

M.R.₂ - Y eso es lo que pasa... uno camina mucho y... El viejo mío tuvo cuatro mujeres. Nosotros somos hermanos de cuatro mujeres. Quiere decir... Yo tuve ahí en Toa Baja un revolú con uno... y era hermano mío. No lo sabía. Se llamaba Goyo Román, hijo de papá. Entonce, pué, en un pago... ante se pagaban en un sobrecito así... (*Señala el tamaño con los dedos.*)

R.M. - Tú dices en la caña...

M.R.₂ - En la caña. Cuando me llaman a mí (por Román) y yo cogí mi sobrecito pa' venirme y uno que venía etrá... se me viene etrá y me gritó que me parara. Yo dije: —¿Será pa' quitarme los chavos? Me dije yo. Y yo me paré. Si él me pregunta por lo menos, pues hacemos amistades... Sino que se me tiró encima... Pué. Es pa' quitarme el sobre... Y pegamos a "cocotear". Nos pusimos así... (*Señala la hinchazón en la cara.*) Y me dijo: —Ej que yo soy Román, y yo: —Pero muchacho Román soy yo también. Pero me dijo él: —Yo soy hijo de Fele Román. Y cuando me dijo así y yo me paré. Y yo le digo: —Yo soy hijo de Fele Román también... y vivía en Vega Alta.

R.M. - ¿Y pa' qué fue que él se tiró detrás?

M.R.₂ - Y que pa' preguntarme y que de dónde era yo... Sería pa' buscar la...

R.M. - Y por poco lo matan...

M.R.₂ - Y allá me qué yo, en la casa de él aquella noche, o bien sea, sábado... y el domingo, to' jinchao, partí pa' 'ca. Llegué a casa. Y papá sabía que yo era tremendo. —¡Y tu peleaste! Y yo: —Yo peleé con un hermano mío, le dije. Entonces, a los quince días fue el muchacho a casa... ¡Así es la cosa!

L. - Ése es el mismo chiste que yo le vengo diciendo ahora. El chiste con el hermano mío... que yo bajaba pa' cá con él y subía pa' Morovis de noche. Y noj hablamos malo. Yo no le cambié la luz y él me grito una "mala palabra".

R.M. - ¿De un carro a otro?

L. - Sí, y cuando fuimo pa' lla, era hermano mío... Dispué que yo "me le había cagao en la madre", Manuelito... Lo que pasa es que tú anda con esto... (*Señala mis papeles.*) Y yo, ¿Por qué te voy a molestar? Porque ahora hay eso de "encubierto" y tó... ¿Verda?

R.M. - ¡Sí, sí, muchacho! (*El comentario lo ignoré, pues me pareció como una indirecta ofensiva*.)

M.R.₂ - Porque tú te me pareces al hijo mío... Perdona que te... Te pareces a Iriarte... y Iriarte es Martínez, porque la mai es Martínez y yo te... Como están las cosas malas... Si es que van a asaltar o algo, verdá... Porque eso ha existido siempre...

R.M. - ¿Tú vives ahora... actualmente, en dónde?

M.R.₂ - Yo estoy ahí, por ahí... cerca de las Parcelas... Porque, por los apellidos de mi mamá, yo tengo un apellido que no me gusta ni decírselo a nadie, porque yo hallo, pa' mí...

R.M. - Tú me dijiste que eres Vargas.

M.R.₂ - Ella era Arocho Vargas, sí. Ese Carlos Arocho era sobrino de mi mamá. Y yo, como supe la muerte de esa muchacha, pues yo no me apunté con ese apellido. No me gustó ese apellido. Digo, soy Arocho, porque la mamá mía es Arocho, pero uno se abochorna... Como ese hombre mató a Guillermina, una muchacha... estudiante de ahí en Río Piedras...

R.M. - ¿Tú me estás hablando de Arocho, el que ahorcaron?

M.R.₂ - De ese.

R.M. - ¿De Arocho y Clemente? ¿Los

que andaban juntos?

M.R.₂ - Sí, andaban juntos. Clemente es Burgos.

R.M. - ¿Pero cómo es la cosa? Arocho... ¿Qué queda de tu mamá?

M.R.₂ - Pues, sobrino.

R.M. - ¿Arocho es hijo de un hermano de tu mamá?

M.R. - Exacto.

R.M. - Por esa razón es que tú no cargas el apellido de Arocho y te pones Vargas.

M.R.₂ - Román Vargas. Yo tenía que ponerme Román Arocho.

R.M. - ¿Tú estás apuntao... cómo? ¿Román Arocho?

M.R.₂ - No, Román Vargas.

R.M. - No sabía ese detalle. Yo he leído sobre eso... ¿Pero dónde fue esa muerte?

M.R.₂ - En Río Piedras... Pues entonces, según la historia... Y Clemente, cuando "le hicieron el daño" a la muchacha, Carlos (Arocho) le dijo que la dejara viva. Pero él (Clemente) le dijo que si la dejaba viva, los acusaba. Entonces él no quería, entonces él (Clemente) se le armó y...

R.M. - ¿Clemente se le armó?

M.R.₂ - Sí y le dijo: —Te mato. Y él, pues... tuvo que... Adió, porque si lo iba a matar, o pelear con él... Porque si la dejan viva quizá no iba a la horca... Iban a una pena...

R.M. - Quizá le hubieran echao una condena larga...

M.R.₂ - Exacto. Digo, pa' estar toa la vida preso es mejor que maten a uno... Es casi igual...

R.M. - No se sabe cuál de las dos cosas es peor, una "muerte en vida" o una muerte instantánea.

M.R.₂ - Seguro, porque tú pensando... ¿Cuándo voy a salir de aquí? ¿A los 99 años? ¿Y uno siempre encorralao? No, es mejor que maten a uno... En cosas así...

R.M. - Si to' el mundo durara 150 años...

L. - ¿Y ese que le echaron 200 años?

M.R.₂ - No, no. Esos son cosas de los códigos penales. Porque ahí le echaron en Ponce a uno seiscientos años, que es este... Yo le sabía el nombre...

R.M. - ¡Seiscientos años!

M.R.₂ - Seiscientos años...

R.M. - Pero, ¿Por asesinato o por qué será?

M.R.₂ - Asesinato, sí... Robo... Ponle que uno hoy mismo tiene camino de salir... porque, claro, nosotros estamos en esta historia... porque ahora mismo... Mira a ese muchacho Tapia... joven, trabajaba en el gobierno. ¿A ónde está metió? Ya verá como le dan una pela en el presidio y lo matan, porque abusó de un nene...

R.M. - Sí, no le van a tener compasión...

M.R.₂ - Ahora, si uno abusa de una mujer joven, verdá, abusar de una viejita y lo tiran allí, lo matan. O de un viejito o de un niño, lo matan. ¡A eso póngale un sello! Porque Tío Cruz tiene como 118 años...

R.M. - Estuvo a punto de irse...

(*Manuel toma en sus manos la copia del retrato de Don Félix Román que yo hice y dice: —¡Este es el viejito mío...!*)

R.M. - ¿Quién era esa otra señora que tú dices que salía contigo a pescar guábaras... quién era?

R.R. - ¿De Félix? Esa es Justa Vargas, de allá... de...

R.M. - Ah... ¿La mamá de él? (*Señalando a Manuel.*)

R.R. - Sí. Yo soy la mamá de crianza de él.

R.M. - Exacto.

R.R. - Hay otro en Bayamón que es hijo de él... de la primera mujer y es primo segundo. La mamá de él era prima segunda de la mujer que cogió. El pai de él es hermano de la mamá de ella... Una mejtura ahí... ¿Sabe?

(*Termina la grabación.*)

ENTREVISTA #12

(ENTREVISTA[32] A CRUZ ROMÁN SALGADO - 8 DE ENERO DE 1990)

Por:

Roberto Martínez Torres

Viajamos hasta el barrio San Lorenzo de Morovis en la tarde, después de clases en la Escuela Superior Jaime A. Collazo del Río. Nos dirigimos a la morada de Don Cruz Román Salgado, anciano que alega tener más de 105 años de edad. Don Cruz es hermano del difunto Félix Román Salgado, esposo de Doña Rosa ("La India") Ríos Agosto. Lo encontramos en la residencia de su ahijado, Don Dionisio. De allí nos movimos hasta la residencia de Doña Julia, su hija, donde conversamos brevemente con su esposo, Don Baltazar. Luego sostuvimos una extensa entrevista con Don Cruz, que es la que sigue:

Figura 3.45. Don Cruz Román Salgado.

R.M. - Don Cruz, le voy a hacer unas preguntas, sobre su mamá, que era Salgado...

C.R. - Se llamaba Cruz Salgado...

R.M. - ¿Se llamaba Cruz Salgado? ¿De dónde era ella?

C.R. - De ahí, de Cabachuelas.

R.M. - ¡Ah! ¿Y quién era el esposo de ella?

C.R. - Leoncio Román.

R.M. - Leoncio... ¿De dónde era?

C.R. - De ahí, de Cabachuelas también.

R.M. - ¿También? ¿Eran nacíos y criaos ahí?

C.R. - Sí.

R.M. - ¿Usted llegó a conocer a Don José Matos Cordero, de Cabachuelas?

---

[32] Se utilizan las siglas R.M. para el nombre del entrevistador y las C.R. para el entrevistado.

C.R. - ¿José Matos Cordero? Sí, yo lo conocía.

R.M. - ¿Lo conoció? ¿Él tenía finca ahí en Cabachuelas?

C.R. - Sí.

R.M. - ¿Doña Cruz tenía hermanos?

C.R. - Tenía.

R.M. - ¿Doña Cruz Salgado tenía hermanas?

C.R. - Tía Luisa Salgado.

R.M. - Luisa Salgado... ¿Tenía alguno otro más?

C.R. - Tenía un hermano que se llamaba Caballero Salgado.

R.M. - ¿Y los padres de Doña Cruz, llegó a oír de ellos?

C.R. - No llegué a conocer los papás de ella... no llegué.

R.M. - Pero, ¿pudo averiguar los nombres de ellos?

C.R. - Tampoco.

R.M. - ¿Tampoco?

C.R. - Esa gente vinieron de afuera...

R.M. - ¿De dónde le decían que vinieron?

C.R. - Vinieron de... y que de Estados Unidos. Él era trigueño...

R.M. - ¿Sí? ¿Quién, Don Leoncio era trigueño?

C.R. - Trigueño... unju.

R.M. - ¿Y Doña Cruz, era trigueña o era blanca?

C.R. - Era blanca.

R.M. - Doña Cruz era blanca...

C.R. - Blanca.

R.M. - Don Leoncio era trigueño. ¿Usted llegó a conocer a Don Triburcio Ríos?

C.R. - ¿A Don Triburcio Ríos?

R.M. - Ríos... el Papá de Rosa Ríos. ¿Lo llegó a conocer?

C.R. - Sí, lo llegué a conocer.

R.M. - ¿Lo conoció personalmente?

C.R. - Sí, personalmente.

R.M. - ¿Usted conoció el linaje de Don Triburcio?

C.R. - No lo conocía. Yo conocí a Don Triburcio.

R.M. - ¿Y a la esposa de Don Triburcio?

C.R. - Se llamaba "Chon".

R.M. - ¿La esposa se llamaba "Chon"?

C.R. - Chon. Ella era sobrina de... Doña Rosa era sobrina de ella.

R.M. - ¿Doña Rosa era sobrina de quién, de Doña Chon?

C.R. - De Doña Chon.

R.M. - Pero... ¿Rosa no es hija de Triburcio?

C.R. - Esa es... ella.

R.M. - Por eso. Rosa es sobrina de la esposa de Triburcio. ¿Eran dos hermanas esposas de Triburcio?

C.R. - Dos. Ella... comay Rosa, era sobrina.

R.M. - ¿De Chon? ¿De quién?

C.R. - De... de... De "Chon".

R.M. - Entonces... ¿Cuántas esposas tenia Triburcio? ¿Tenía más de una?

C.R. - Yo no sé las esposas que tenía él...

R.M. - ¿No conoció a María Agosto? ¿La conoció?

C.R. - ¿María?

R.M. - María Agosto, la esposa de Triburcio.

C.R. - No sé. No te pueo' isir...

R.M. - ¿La oyó mentar?

C.R. - Sí, la oí mentar y la vi. Era una mujer trigueña.

R.M. - ¿Sí? ¿Doña María era trigueña? Don Cruz... ¿Le hicieron algún cuento en la familia de unos indios que cogieron en unas cuevas... que fueron y los cogieron con perros en unas cuevas?

C.R. - Los cogieron...

R.M. - ¿Recuerda algo?

C.R. - Sí, allí se perdió un hermano de este... Don Ángel, el de la tienda. Se perdió allí y estuvo perdió unos días allí y dispué lo jayaron.

R.M. - ¿En las cuevas?

C.R. - Se perdió en las cuevas esas...

R.M. - ¿Dónde son esas cuevas?

C.R. - Esas cuevas son ahí, en Barahona.

R.M. - ¿En Cabachuelas, que usted me dijo?

C.R. - En Cabachuelas.

R.M. - Entonces los papas de Doña Cruz no los conoció. ¿Y los papás de Don Leoncio, los conoció?

C.R. - Tampoco.

R.M. - ¿Ni supo de dónde eran ellos?

C.R. - Esas gente eran de... Y que de Estados Unidos.

R.M. - ¿Los papás de Don Leoncio?

¿Unju?

C.R. - Esa gente peleaban amarrao con un cáñamo...

R.M. - ¿Don Leoncio?

C.R. - Peleaban amarrao enante. Peleaban amarrao esa gente, peleaban amarrao...

R.M. - ¿Cómo se amarraban?

C.R. - Se amarraban por el deo grande...

R.M. - ¿Por el deo gordo del pie?

C.R. - Por el deo grande del pie...

R.M. - ¿Con un cáñamo? ¿Con un hollejo? ¿Con qué?

C.R. - Con un cáñamo... con un... con un cordón.

R.M. - ¿Sí, con un cordón? ¿Y a qué peleaban... a machete o...?

C.R. - Se amarraban y peleaban a los puños... a los puños.

R.M. - ¿Pa' qué se amarraban? ¿Pa' qué?

C.R. - Pa' que no juyeran...

R.M. - Pa' que ninguno saliera corriendo... Pa' que ninguno se fuera a juyir.

C.R. - Peleaban amarrao...

R.M. - ¿Usted llegó a ver esas peleas?

C.R. - Yo llegué a ver a Papá que venía estrozao...

R.M. - ¿Sí? ¿De una pelea de esas?

C.R. - De una pelea... estrozao de la pelea esa... Pues yo, cuando la tormenta esa e' San Ciriaco tenía como 9 años y dispué que jiso la tormenta, jiso una aclará ansina. Salió el sol como a esta hora. Salió el sol y yo me tiré abajo a "dar del cuerpo" y con unas hojas de guineo mojás... y dispué rompió el diluvio... y dispué que ese diluvio rompió, y como a las cinco e' la mañana vino a parar el diluvio...

R.M. - ¿Sin parar?

C.R. - Sin parar toa' la noche lloviendo. Al otro día no amaneció namá que el terreno namá, el terreno y los ríos revolcaos...

R.M. - Y las matas...

C.R. - No se vían matas...

R.M. - ¿Quedó tó arao?

C.R. - En ese tiempo... En esa tormenta tuvimos que comejno el ñame de guineo guayao.

R.M. - ¿Qué se comían, además del ñame de guineo pa' poder vivir?

C.R. - Maíz. Porque Papá tenía una tala e' maij como de diez cueldas y había cogió el día antes de San Ciriaco y del maij que se retoyó ahí, del maij que cayó en la paja esa, recogió otro poco...

R.M. - ¿Eso fue lo que comieron pa' no morirse de hambre?

C.R. - Pa' no morirse de hambre...

R.M. - Los ñames de los guineos guayaos me dijo... ¿En ese tiempo no había marunguey? ¿La gente no comía marunguey?

C.R. - Comíamos marunguey, que eso se acabó.

R.M. - ¿Se acabó?

C.R. - Se acabó.

R.M. - ¿Pero la gente sembraba eso?

C.R. - Lo sembraba, pero se acabó el marunguey... y gunda.

R.M. - ¿Y gunda?

C.R. - Había una "gunda prieta" que noj la comíanoj también.

R.M. - ¿Eso se acabó también?

C.R. - Tambien. El maij noj lo comíano, porque se sembró enseguía... El maij noj lo comiano en sopa. Se raspaba nuevo y noj lo comíano en sopa. O noj lo comiano en sorullo, en marota...

R.M. - ¿Lo cuajaban? ¿Y el marunguey, cómo lo comían; cómo lo preparaban?

C.R. - Puej el marunguey, cocío...

R.M. - ¿Lo sancochaban?

C.R. - Sancochao.

R.M. - ¿Pero eso era buena comida... o tenía un sabor...?

C.R. - Era buena comida. Eso era buena comida. El lerén... Había mucho lerén también.

R.M. - ¿Y la gunda esa? ¿Dónde se daba la gunda esa? La gunda prieta esa.

C.R. - Gunda prieta...

R.M. - ¿Pero no es la misma gunda que echa el ñame?

C.R. - Amarga... una gunda que amargaba...

R.M. - ¿No es la misma gunda del ñame?

C.R. - No, del ñame no. Gunda es una gunda prieta, es otra cosa. Y el name... se comía mucho name. Mira, ahí, en esa parte ahí, frente a Ciale, se sacaron ñames que los picaban con hachas...

R.M. - ¿De tan grandes?

C.R. - De tan grandes... Ñames re-dondos... Ñames redondos que le decían...

R.M. - ¿Ñames blancos?

C.R. - Ñames blancos...

R.M. - ¿Entonces usted se crió en qué parte? Usted me dijo que estaba en Naranjo...

C.R. - En Naranjo Dulce.

R.M. - ¿En qué sitio es eso?

C.R. - Eso es ahí en Ciale...

R.M. - ¿Pero eso es barrio Pesa o...?

C.R. - Eso es ahí, de Ciales pa' ca... ahí donde nombran Naranjo Dulce. Ahí vivía uno de los San Migueles. Ahí vivía Don Juan San Miguel. Vivía ahí y nosotros vivíano con Don Juan San Miguel.

R.M. - ¿Eso no es en Cojobales, por ahí?

C.R. - En Cojobales, por ahí...

R.M. - ¿Para esa parte de ahí, cerca del río?

C.R. - Sí.

R.M. - ¿Y dónde fue que usted vio a "los americanos" cuando entraron por ahí?

C.R. - ¿A los americanos?

R.M. - ¿Dónde usted los vio?

C.R. - Vivíamo nojotros ahí...

R.M. - ¿A la orillita del río ahí?

C.R. - Ahí, en Naranjo Dulce.

R.M. - ¿Y qué fue lo que pasó ahí en Ciales, que dicen que hubo un revo-lú...? ¿Qué pasó en Ciales cuando llegaron "los americanos"?

Figura 3.46. Actuales ruinas de la chi-menea de la hacienda amparo, Barrio San Lorenzo, Morovis.

C.R. - Que se metieron al pueblo y metieron los caballos... Y metieron los caballos a la Iglesia...

R.M. - ¿Sí?

C.R. - Sí.

R.M. - Pero... ¿Los metieron pa' qué?

C.R. - Amarraos...

R.M. - ¿Como si fuera un establo?

C.R. - Como si fuera un establo...

R.M. - ¿Usted llegó a ver eso?

C.R. - Sí. Y los españoles descobija-ban las casas y trepaban por encima e' las casas... encima e' las casas...

R.M. - ¿Por qué?

C.R. - ¡Huyéndole a los americanos, cuando se entregaron!

R.M. - ¿Pero hubo tiroteo en Ciales?

C.R. - ¡Ave María! Hubo un tiroteo que eso fue terrible.

R.M. - ¿Y cuántos años usted tenía para ese tiempo?

C.R. - ¿Para ese tiempo?

R.M. - Sí.

C.R. - Como nueve años. Como nueve a diez años tenía yo.

R.M. - Ya era muchachón...

C.R. - Ya yo diba al pueblo y jacía compra.

R.M. - ¿Hacía mandaos?

C.R. - La compra estaba... ¡Eso era dao...! La tocineta, a chavo, el tocino, a chavo... ¡To' a chavo!

R.M. - ¿La libra?

C.R. - Sí, la libra. El arroz, a chavo... To' a chavo... to' a chavo.

R.M. - Cuando ese tiroteo... ¿Murió gente ahí en Ciales?

C.R. - ¡Ah, murió gente, murió gente... Llegaron a matar una purción de gente... Si lo americanos no entran a Puerto Rico, no hubiéranoj puertorriqueños...

R.M. - ¿Por qué?

C.R. - Porque nos diban a matar.

R.M. - ¿Cómo los iban a matar?

C.R. - Que nos diban a matar...

R.M. - ¿Pero cómo así?

C.R. - Adiooo... Loj ejpañole diban a matar loj puertorriqueños... Diban a matar...

R.M. - ¿Pero cómo los iban a matar?

C.R. - Pue... Pa' las mujere tenían corceles preparaos y a' los hombres bibirones... que le decían bibirones.

R.M. - ¿Biberones?

C.R. - Sí.

R.M. - ¿Y usted llegó a ver esas cosas?

C.R. - Sí.

R.M. - ¿En Ciales?

C.R. - Las mujeres... tenían unos corceles pa' apretarlas y pa' los hombres tenían unos bibirones que... Yo no sé lo que sería. Ponían tropas de los mijmos puertorriqueños pa' matar la gente.

R.M. - ¿Sí?

C.R. - Pa' matar la gente... Llegaron a matar bastante...

R.M. - ¿Sí?

C.R. - En Ciales llegaron a matar bastantej puertorriqueñoj.

R.M. - ¿Entonces usted se crió en Naranjo Dulce y vino pa' ca pa' San Lorenzo jovencito?

C.R. - Yo me crié en Naranjo Dulce y dijpue vinimo pa' ahí a la Hacienda La Vaga.

R.M. - ¿Dónde le dicen "La Hacienda", allá abajo?

C.R. - Sí.

R.M. - ¿De quién era esa hacienda?

C.R. - Eso era de un señor de "allá afuera"... Era de... estaba un señor, un mallorquín que le decían Don Cristóbal.

R.M. - ¿Era el dueño?

C.R. - Era el que atendía la hacienda.

R.M. - ¿Eso era una hacienda de qué? ¿De café?

C.R. - De café.

R.M. - ¿Tenían maquinaria pa' bregar con el café?

C.R. - Sí, tenían maquinaria... ¡Ave María!

R.M. - ¿Usted llegó a trabajar allí, entonces?

C.R. - Yo llegué a trabajar allí y ganar... 'Taba yo... Ahí fue que me gané ocho centavos, "de seis a seis".

R.M. - ¿Ahí fue donde usted trabajó a ocho centavos...? ¿Pero esa hacienda no era de Don Juanito Adrovet?

C.R. - ¿De quién?

R.M. - De Juanito Adrovet. ¿No fue de él?

C.R. - No, de un mallorquín que la atendía... Yo no me recuerdo del nombre del dueño de la finca. Yo me recuerdo que era de afuera... No, no recuerdo.

R.M. - ¿No era puertorriqueño?

C.R. - No era puertorriqueño. Era español... era español.

R.M. - Pero entonces, cuando usted vino a la Hacienda María a trabajar... ¿Ya Don Alonso había muerto?

C.R. - Ya había muerto Don Alonso.

R.M. - ¿Nunca lo llegó a ver?

C.R. - No, nunca lo llegué a ver. Eso no lo llegué yo a ver. Yo vine a trabajar ahí con Don Pepe Ríos. Y Papá se vino de agregao y ahí ganaba una peseta al día, "de seis a seis"...

R.M. - ¿Haciendo qué? ¿Picando caña?

C.R. - Jalando azá en las cañas.

R.M. - Desyerbando...

C.R. - Había caña. Antonce no había

pangola ninguna. ¿Usté conoce a Francho del Río?

Figura 3.47. Hacienda María en Morovis, P.R.

R.M. - Sí, lo conozco... Hijo de Don Pepe...

C.R. - Yo tengo un hijo que es temporano con Francho... el primer hijo mío.

R.M. - ¿Sí?

C.R. - Se llama Francisco.

R.M. - ¿Ya Don Francho tiene unos cuantos años, verdad?

C.R. - Sí, tiene unos cuantos años. Imagínese, que yo tuve a ese muchacho de edad de diecisiete años...

R.M. - ¡Jovencito!

C.R. - Jovencito. Nació Francisco... Nació por la noche y Francho nació por el día.

R.M. - ¿El mismo día?

C.R. - Sí, el mejmo día.

R.M. - ¡Ah, cará!

C.R. - Son temporanos.

R.M. - ¿Y cómo se llama?

C.R. - Francisco Román, y vive allí en la cuesta al lao' del negocio de Santa... en la curva aquella...

R.M. - ¿Al lao e' la tienda?

Figura 3.48. Transporte de prisioneros hacia el barco negrero en la costa africana.

C.R. - Sí. ¿Usté lo conoce?

R.M. - No lo conozco, pero tengo que conocerlo un día de éstos. Entonces, Don Cruz... Esos Salgado son de Las Cabachuelas... ¿De toa' la vida son de Cabachuelas?

C.R. - De toa' la vida son de Cabachuelas.

R.M. - ¿Pero a usted lo bautizaron en Ciales o en Morovis?

C.R. - A mí me bautizaron en Ciale...

R.M. - En Ciales...

C.R. - Yo nací en donde nombran "La Punta 'el Majo' que le dicen.

R.M. - ¿La Punta 'el Majo?

C.R. - ¡Sí! Eso quea ahí arriba onde nombran "Pozo Azul"...

R.M. - ¿Pozo Azul?

C.R. - Esa finca es de... un hijo de Vicente Cabiya.

R.M. - ¿De los Cabiya de Ciales?

C.R. - Cabiya de Ciales, sí.

R.M. - "Punta 'el Majo"... ¿Y qué es eso de "Punta 'el Majo?

C.R. - ¿Ah?

R.M. - ¿Qué quiere decir eso?

C.R. - "La Punta 'el Majo" porque allí vivía un señor que le decían "El Majo" y le pusieron "La Punta 'el Majo". Porque el río hace un cuchillo, así, que pasa el río para allá y pasa el río para acá y se mete a 'onde eran "Las Colmenas"... Le decían "La Punta 'el Majo' ". Allí nací yo. Papá se venía a trabajar pa' esta Hacienda cuando habían los esclavos. Se venía Papá a trabajar pa' ahí y había las veces que diba a las dos o tres semanas allá a casa.

R.M. - ¿Su Papá trabajó con esclavos aquí en La Hacienda? ¿Y él le contaba de eso? ¿Qué le contaba de eso?

C.R. - Puej, que laj mujere las obligaban a trabajal con el nene amarrao en la cintura en un morral...

R.M. - ¿Qué sí? ¿Aquí en La Vega, aquí?

C.R. - Aquí, aquí...

R.M. - ¿Pero...?

C.R. - A trabajar. Decían que Miguel Martínez era hijo de Papá.

R.M. - ¿Quién era Miguel Martínez?

C.R. - El padre e' Geño, el de la tienda.

R.M. - ¡Ajá! ¿Y por qué decían eso?

C.R. - Que Papá... Y que Miguel Martínez era hijo e' Papá... Doña Rosa Peña... que murió jace tiempo... también era hija e' Papá...

R.M. - Pero no era de matrimonio legítimo...

C.R. - ¡No, no! Eran mujere que él tenía...

R.M. - Exacto, exacto... Pero de esos esclavos que tenía ahí, ¿Quedaron descendientes? ¿Quedaron hijos, nietos?

C.R. - ¡Sí! Ahí mejmo. Geño Martínez es raza de los ejclavo.

R.M. - ¿Sí? ¿Vive aquí en San Lorenzo?

C.R. - En la tienda grande esa ahí abajo. Esa tienda que tiene Ángel ahora.

R.M. - ¿Y qué edad puede tener Geño Martínez?

C.R. - Geño tiene... Yo le llevo a Geño Martínez como seis años... (*103 – 6 = 97*)

R.M. - ¿Es mayor?

C.R. - ¡Ehhh! ¡Pasa de noventa!

R.M. - ¡Ave María! ¿Entonces Geño sería hijo o nieto de esclavos?

C.R. - Me parece que Don Miguel Martínez era raza de los esclavos.

R.M. - ¿Sí? ¿El papá de él?

C.R. - ¡Sí, el papá de él...!

R.M. - Ah, entiendo, entiendo...

C.R. - El papá de él... Había una mujere ahí que... Cuando yo estaba aquí de mayordomo, yo tenía aquí como diej mujere...

R.M. - ¿Sí?

Figura 3.49. Mujeres esclavas con sus niños (as).

C.R. - Como diej mujere...

R.M. - ¡Qué cosa!

C.R. - Ese Geño queda de esa familia... Que yo conozca... No conozco más gente de por aquí de esa raza de los ejclavo...

R.M. - ¿Usted llegó a conocer a los Cabrera de Patrón?

C.R. - ¿A los Cabrera?

R.M. - Sí, a los Cabreras negros de Patrón...

C.R. - ¡Cómo no!

R.M. - ¿Los conoció? También son descendientes de esclavo...

C.R. - ¿Familia de los esclavoj?

R.M. - ¿A cuáles de ellos conoció?

C.R. - Ahora se me olvida... este Cabrera, que yo hasta me lo encontraba y tomaba licor allá en el Pueblo...

R.M. - Unju...

C.R. - ¡Mira! Yo estaba tomando licor desde la edad de los diez años...

R.M. - ¿Conociste a Joseíto Cabrera?

C.R. - Sí, lo conocí.

R.M. - Que andaba en una yegüita blanca...

C.R. - En una yegüita blanca... je, je.

R.M. - ¿Los conociste? ¿No te acuerdas de más ninguno de ellos?

C.R. - De más ninguno de elloj... Cabrera...

R.M. - Entonces esos Martínez son... de esclavos... ¿Pero qué eran los morrales? ¿Qué era eso?

C.R. - ¿Morralej? Que... con un saco se jacía un morral y ahí metían al nene...

R.M. - ¿Lo cargaban ahí?

C.R. - Trabajaban ahí con el nene metío... Las obligaban a trabajar con los nenes...

R.M. - ¿Con la carga? ¿Con la carga en la espalda?

C.R. - En la caña...

R.M. - ¿En la caña? ¿Qué trabajo hacían las mujeres esclavas en la caña?

C.R. - Jalando azá en las cañas, sí...

R.M. - ¡Qué interesante? ¿Eso se lo contaba a usted Don Leoncio?

C.R. - ¡Sí, sí! Aquí hay mujere, toavía raza e' los ejclavo. Una viejita, Nita, que vive allá arriba... Nita, Mujer de Tin... Que vive allá 'bajo... Luj María... Le dicen Luj María... Allá arriba, en la tienda de Santa, viven do' jermanos que uno le dicen "Monse", que le dicen "El Múcaro"...

R.M. - ¿De qué linaje son? ¿De qué apellido?

C.R. - De los Peña.

R.M. - ¿De los Peña? ¿Usted dijo los Martínez y los Peña?

C.R. - ¡Sí, sí!

R.M. - Esos son del linaje de esclavos... descendientes de esclavos...

C.R. - Sí, raza de esclavoj... Uno se llama Pastor, que es quiquitito...

R.M. - ¿Viven aquí en San Lorenzo?

C.R. - Viven allá abajo, al pie e' Santa... La tienda aquella de arriba... Viven al pie...

R.M. - Don Cruz, ¿Esos Salgado de la familia suya, no están mezclaos con los Rosario?

C.R. - ¿Con los Rosario?

R.M. - ¿Algunas de esa muchachas no se casaron con Rosario, que usté sepa?

C.R. - ¿Rosario?

R.M. - Los Rosario de allá de Vaga, los Rosario de "La Culebra"? ¿Los conoció?

C.R. - No...

R.M. - Los Rosario, prietos de "La Culebra". Son gente de raza negra... ¿No los conoció?

C.R. - No.

R.M. - ¿Pero los Salgado son de Cabachuelas entonces...?

C.R. - De Cabachuelas...

R.M. - Unju...

C.R. - Aquí viven otros Salgado...

R.M. - ¿De esos mismos Salgado?

C.R. - De esos mijmo Salgado que érano familia. Viven por aquí... Sucesión de los Salgado...

R.M. - Entonces Don Leoncio conoció a Doña Cruz acá... Eso es ahí cerquita...

C.R. - En Cabachuela...

R.M. - Cojobales y Cabachuelas... eso es ahí cerquita...

C.R. - ¡Sí, sí!

R.M. - Pero esa gente vivían... ¿En qué vivían? Vivían en casas o vivían a veces en las cuevas?

C.R. - No, vivían en casas de paja, de penca, de yerba e' guinea... matojo... Antes eran las casas de eso... ¿Sabe?

R.M. - De yaguas... Las casas de los pobrecitos

C.R. - Las casas e' los pobre...

R.M. - ¿Esas fincas no eran de los Santos ahí?

C.R. - ¿Cuál?

R.M. - Esas de Cabachuelas, ¿ahí en Ventana?

C.R. - ¿De los Santos?

R.M. - ¿Los Santos no tenían propiedades ahí?

C.R. - Tenían propiedades ahí los Santos... Los Santos... ¿Cómo era el apellido de...?

R.M. - Los Santos están mezclados ahí con los Silva...

C.R. - Tan' toítos ligaos' ahí... Toítos tenían finca por ahí... De los Salgados era Tío José Caballero, que está apuntao' ahí...

R.M. - Doña Luisa, me dijo...

C.R. - La tía Luisa... El hijo e' tía Luisa vivía por allá y ahora vive por ahí en Torrecillas. Lo veí yo... 'tuve allá dos o tres vece... Toavía yo no me había enfermao'

R.M. - Entonces usted conoce a Rosa (Rosa "La India" Ríos Agosto) desde chiquita, desde que era una nena...

Figura 3.50. Doña Juanita Salgado Romero.

C.R. - Desde que estaba una muchacha como de quince a dieciséis años...

R.M. - ¿Y dónde fue que se crió Rosa?

C.R. - En Cialitos...

R.M. - ¿Tú subías a Cialitos, allá arriba?

C.R. - ¡Sí! A la finca de Don Juan Alberti.

R.M. - ¿A qué subían a casa de Don Juan? ¿Ella subía a qué?

C.R. - Yo tenía un hermano que vivía allá, que era empleado...

R.M. - ¿Félix? ¿Félix vivía allá arriba?

C.R. - Sí... Compae Fele...

R.M. - ¿El dueño de esa finca era Don Juan Alberti?

C.R. - ¡Sí!

R.M. - ¿Era español o qué era?

Figura 3.51. Mujeres esclavas en la agricultura.

C.R. - Era español, español...

R.M. - ¿Dónde quedaba esa finca?

C.R. - Esa finca quedaba arriba, allí en Cialito...

R.M. - ¿La finca tenía nombre?

C.R. - Sí, tenía nombre. La finca de Don Juan Alberti. Y había un río, como especie de un riachuelo, como este de aquí... y Rosa se diba a buscar guábaras al río...

R.M. - ¿Ya era mujer de Don Félix?

C.R. - No.

R.M. - ¿Todavía no lo era?

C.R. - Todavía no lo era. Todavía no era... Antonce compae Fele tenía dos mujere. Tenía a Comay Justa y tenía otra mujer que tiene... En Manatí vive uno de lo sijo de Compae Fele...

R.M. - ¿Cuál de ellos será? ¿Manuel?

C.R. - Alejandro, me parece... Manuel no.

R.M. - Manuel es el más chiquito.

C.R. - Manuel es el de... Comay Justa.

R.M. - Justa... ¿Esa es la que es Vargas?

C.R. - Sí.

R.M. - Justa Vargas es como se llama.

C.R. - Sí.

R.M. - Yo conocí a Manuel en esta semana.

C.R. - ¿Lo conoció?

R.M. - Estuve hablando con él allá, sí.

C.R. - ¿Sí?

R.M. - Es bajito. Le gusta conversar mucho. Vive ahí en Manatí... Entre Manatí y Vega Baja vive.

C.R. - ¿Sí?

R.M. - Hablé con él un rato.

C.R. - ¡Ah! ¿Vive entre medio de Vega Baja y Manatí?

R.M. - Exactamente. Cerca de Rosa, por allí, cerca de Rosa.

C.R. - Aquí vino él, que bebe muchísimo.

R.M. - ¿Le gusta "el palo"?

C.R. - ¡Sí, Ave María! Es bajito.

R.M. - Él es el menor de Don Félix. Entonces Don Félix conoció a Rosa allá arriba.

C.R. - En Cialitos.

R.M. - ¿Pero Rosa se crió acá entonces?

C.R. - Dispué se cambió a... esas parcelas de ahí...

R.M. - Allá en Manatí.

C.R. - Compae Fele vivió aquí. A "Chencho", ¿lo conoce?

R.M. - ¿A "Chencho", el hijo de Rosa? ¡Sí, claro que sí!

C.R. - ¿El prieto?

R.M. - Sí. Buena gente...

C.R. - Bebe muchísimo también.

R.M. - Le gusta "darse el palo"...

C.R. - Ese se crió allá en Casa Blanca.

R.M. - ¿"Chencho" es de los mayores de Rosa?

C.R. - Sí. A "Chencho" sí le gusta "el palo".

R.M. - Yo estaba hablando con "Chencho" antier. Hablaba con "Chencho" y con el hijo de María Ríos, que le dicen "Toto" Maldonado. ¿Y cuántos hijos usted tuvo?

C.R. - Yo tengo a Francisco, Carde, Rafael. Tengo seis: Julia, María, Minga. Tengo seis hijos nacíos y dos que se me murieron.

R.M. - Perdió dos...

C.R. - Sí... Minga vive allá en El Jobo.

R.M. - ¿Y su esposa cómo se llama?

C.R. - ¿La esposa mía? Josefa Marrero.

R.M. - ¿De los Marrero de aquí, de San Lorenzo?

C.R. - Sí, de los Marrero de ahí... Vivían aquí. Don José Marrero...

R.M. - ¿Los del "Cerro"?

C.R. - Sí, vivían aquí, que tenían una finca arrendá ahí y Don José Marrero, el padre de Pepa, la señora mía...

R.M. - ¿Cuál finca era esa? ¿La de "La Pandura"?

C.R. - ¿La de "La Pandura"?

R.M. - Sí. ¿O era otra, de otros Marrero?

C.R. - Esos son otros Marrero.

R.M. - ¿No son familia de Zoila Otero?

C.R. - Eran familia de ellos, sí.

R.M. - ¿Estaban emparentaos?

C.R. - Primas hermanas eran.

R.M. - Don Pepe Marrero, esposo de Doña Zoila Otero... ¿Esos son primos de su esposa?

C.R. - Sí. Yo vine aquí a esta Hacienda de una edad de quince años y medio. Yo me casé seguío...

R.M. - ¿Y vino a trabajar rápido?

C.R. - A trabajar seguío... Trabajé como dos meses jalando azada por ahí y seguío me pusieron de capataz. Trabajé con diez peones limpiando la finca de café y le jice callejones, resiembres... Y traje al dueño, a Don Pepe; lo llevé a "voltear" la finca. Entonces me puso de mayordomo. Había ocho domadores mudándole el ganao amarrao y yo le dije: —Don Pepe, ¿Por qué usté no manda a jacer dos o tres cercaos y se evita un rollo e' pita toas las semanas? Él tenía la finca hipotecá con los Calases... (Calaff)

R.M. - ¿Pero ya tenían el trapiche?

C.R. - Sí, ya tenían el trapiche. Yo le ayudé a sacar esa finca de los Del Río de...

R.M. - De la hipoteca.

C.R. - En eso se jiso la carretera. Había dos o tres cuerdas de... Había como cincuenta cuerdas de caña y yo le dije: —Don Pepe, ¿Por qué usted no siembra... se siembra toa esa finca de caña, a ver si saca la finca? Y él me dijo: —Bueno, lo que usté haga está bien hecho. Se compró una máquina y se empezó a arar. Entonces se araba con bueyes y se empezó a arar con la máquina y se sembró toa' esa finca de caña. Esta parte de aquí, que le dicen "La Vega Alta", esto era un monte de cortar brusca y leña pal' trapiche.

R.M. - ¿Qué es eso de "brusca"?

C.R. - Bruscas es ganchos... Como talar un cercao y amarrar el paquete y pa' jacer fuego.

R.M. - ¿Cómo pa' la leña?

C.R. - Sí, para "meter fuego"

R.M. - ¿Pal' trapiche?

C.R. - Sí. Se picaba leña.

R.M. - ¿Era con leña que trabajaba?

C.R. - Sí, con leña, con leña y...

R.M. - ¿El "mete fuego" era donde se metía la leña pa' que prendiera el horno ese?

C.R. - Había una "boca e' fuego" allí... Allí estaba un peón diario y se atizaba con gabazo seco.

R.M. - ¿Con gabazo seco? ¿En eso usted no llegó a trabajar?

C.R. - Trabajé...

R.M. - ¿Metiendo gabazo?

C.R. - Trabajé cargando gabazo con un señor de ahí de... Por ahí de Jicotea, con un moreno... Ese moreno me dañificó también ahí... que díbamos... Porque sucede que ese señor... Había un cuero amarrado en dos bambúas que le decían "la vaca", pa' cargar gabazo. Y tos' los días necesitaba un peón, porque...

R.M. - ¿Eso era como una carretilla, una parihuela?

C.R. - ¡Una parihuela, sí! Era un hombre atrás y otro adelante, en ese cuero. Y yo diban tres semanas que yo estaba trabajando con él... Y amaneció lluvioso. Y le torcía la mambúa a

uno... Era un señor de esos morenos de Jicotea... Y yo le dije: —Mire, no me tuerza la mambúa, que me duelen los brazos... Y me dijo: —¿Ya se está poniendo esmonguillao, verdad? Y yo le dije: —Bueno, esmonguillao no. Es que... por eso es que usté necesita un peón tos' los días, porque le tuerce la mambúa y... Y ya yo tenía callos. Y cuando se dobló allá, que pusimos "la vaca" pal' fuego... Usábamos unos garabatos de guayabo... Y yo saco el garabato y le dí... Eran como las diez del día.

R.M. - ¿Con el cabo del garabato?

C.R. - Con el garabato le dí un centellazo y cayó allí. Y vuelvo y le dí otro... Y yo dije: —A ver si estoy esmonguillao, ¿o no? Y vino Don Pepe y nos separtó y dijo: —¡No peleen! ¿Qué están ustedes peleando? Que son ustedes como dos hermanos ahí trabajando... Antonce allí nos pagaban tres pesetas...

R.M. - ¿El día?

C.R. - El día. ¡Ja, ja, ja! Y bueno... Nos metió en bien. Y daba el almuerzo... y él cogía... Venia la señora y cogía "la mantención" y cogía y la preparaba a él en la casa, y yo preparaba... Me daban el almuerzo y nos lo comíano los dos y había una canoa grandísima allí. Y nos sentábano allí... Y al otro día, mandó a preparar el bacalao con huevo y cosas así. Y en el primer bocao caí ahogao. Y yo caí ahogao, ahogao. Y yo cogí pa' lla, pa' onde el Compae Ramón, que daba fuego y le digo: —Compae, estoy ahogao. Me ahogué ahí con una espina de bacalao. Y no era espina. Era una cosa que me echó... ¿Sabe?

R.M. - ¿Qué era lo que él podía

echarle?

C.R. - ¡Un hechizo que me echó...!

R.M. - ¿Él "trabajaba" con eso o algo?

C.R. - ¡Sí, sí! Un hechizo que me echó... Esos morenos de ahí echaban...

R.M. - Echaban hechizos...

C.R. - ¡Sí! De "Los Cachones", que le 'ecían...

R.M. - ¿De "Los Cachones"?

C.R. - Una gente que vivían ahí, trigueños, que venían a trabajar acá...

R.M. - La Jicotea es ahí bajando pa' Vega Baja...

C.R. - ¡Ajá! Bajando pa' Vega Baja.

R.M. - ¿Esa es la Quebrada Jicotea la que usteé me está hablando?

C.R. - ¡Sí, por ahí. Por allí era que vivía. Fue el que me dañificó, me enfermó. Pue, antonce, como no había carretera, a ancas del caballo e' Don Pepe me llevó a Morove, a onde el hermano que era Juanito Ríos, que era dotor... Y me estuvo buscando, y me estuvo buscando y no me jalló la espina. Y le dijo a Don Pepe: —Eso es manía que él tiene. No tiene espina ná. Y no era espina. No pude trabajar más. Me tuve que ir del trabajo. Me pasaban el "diario". Y no pude trabajar más... Me fui. Yo no tomaba. Y me fui pa' ahí, pa' Palo e' Pan...

R.M. - ¿Pero y la espina se la sacaron?

C.R. - Con la espina. ¡Si no me jallaron ná! No había ninguna espina. Entonce, ahí trabajaba. Había una tiendita pa' lla rriba y yo me fui, compré una botella de aní, me la bebí; compré otra y me la bebí, y me aju-

mé. Y llegué a casa ajumao y me puse así... (*Hace temblar la mano...*), con la espina esa. Yo dije: —A ver si se va la espina. Na. Pues vino antonce Compae Fele y ya yo trabajaba de empleao... Vino compae Fele y nos llevó pa' en case e' Papá, que vivíano allá con los San Migueles... Allá 'onde nombran "Las Dos Bocas" de los dos ríos...

R.M. - ¿Allá en Vaga... en San Lorenzo arriba?

C.R. - ¡Sí, sí! Pue nojotro vivíano a donde nombran "La Cascana", que le 'icían...

R.M. - ¿Las Cascanas? Eso es llegando a Pozas.

C.R. - Llegando a Pozas. Pue' antonce me llevó pa' llá y ahogao ansina. Y allá yo tenía un cuñao que se ñamaba Juan Ortiz. Y me fui a vivir pa' casa. Y ahogao así, y ahogao así... Pue... vino la cosecha e' café y yo me fui a coger café pa' Cialito, pa' en case Compae Fele y Compae Juan Ortiz. Y allá 'taba cogiendo café. Diba allá, a ese pueblito de ahí... Diba un negro que le decían "Mano Chencho", ya un hombre viejo, a coger café. Y yo caí al lao' de él con una calle e' café. Yo tenía... Yo usaba cigarro y me dijo: —Mano, ¿No tiene más cigarro ahí que me venda uno? Y yo le dije: —Tengo. Y saqué un cigarro y se lo di y cuando le fui a dar el cigarro me dijo: —A usté lo tienen enfermo. Yo dije: —Bueno, yo estoy ahogao, hace tiempo, con una espina... Estoy ahogao y de eso me da ese temblor. —Pues yo lo voy a curar a usté...

R.M. - ¿Sí? "Mano Chencho" sabía "trabajar"? ¿De dónde era "Mano

Chencho"?

Figura 3.52. Esclavos en la agricultura.

C.R. - Era de ahí, de Vega Alta.

R.M. - ¿Un moreno, moreno?

C.R. - Un hombre prieto, señor grueso, pero prieto. —Yo le voy a mandar... Y salimos. Cogía un almú de café... cogí yo. Tenía que llevarlo al hombro como de aquí a en casa e' Santa. Yo 'onde quiera me caía. Y él, puej, lo mejmo. Puej me dijo: - Yo le voy a mandar a preparar un guarapillo, allá en case' Mano Fele, que era Mano Fele, Mano Fele... Y me hizo un guarapillo del güeso del Alicornio.

R.M. - ¿Sí?

C.R. - Y me lo tomé.

R.M. - Unju.

C.R. - Y al otro día amanecí mejor.

R.M. - ¿Le trabajó bien?

C.R. - Volvió otro viaje y me dio otro guarapillo. Con tres guarapillos que me dio él, gracias a Dioj y a la vijnen; dispué de Dioj y la vijnen, aquél hombre me tiene vivo.

R.M. - ¿Y dónde se conseguía eso del güeso del Alicornio?

C.R. - Eso es del mar, de un peje que le dicen así.

R.M. - ¿Sí?

C.R. - Sí. Del güeso del Alicornio. Pero me curó ese señor. Entonce me dijo: —Yo lo voy a llevar al sitio que usté estaba trabajando. Me dijo: —Usté estaba trabajando de empleado, ganándose esos chavitos aliviao... Yo le dije: —¿Pero de qué manera? Me dijo: —No se ocupe. Puej, antonce, yo, como a los dos meses que me desarrollé y me vine a vivir con Don Ramón Escalera, ahí abajo, de la Vaga pa' bajo. Allí tenía finca en Pozo Azul que nombran allí... Y me vine con Don Ramón. Pagaba 30 chavos desganchando...

R.M. - ¿El día?

C.R. - Sí.

R.M. - ¿Desganchando la finca e' café?

C.R. - Sí, levantando los cafés y descumbrando, descumbrando... Y yo descumbraba... Y estuve ahí un tiempo. Me ajustaba a la finca e' café a chapodearla, y en esa parte, como a las dos o las tres de la tarde llegó a casa... Iban él... Se espantó, ¿sabe?, porque a él no lo había visto... Y le dijo: —¿Dónde está Fulano? Yo estaba trabajando por allá en una pieza de café que le decían "La Cirila", que estaba "ajustao". Y ella le dijo: —Lo voy a buscar... Y él le dijo: —No, yo voy a dir allá donde él, no se ocupe... Yo voy a dir. Y salió allá donde mí ese señor. Le decían "Mano Chencho". Y me dijo... Me llamó enseguía y vine yo. ¡Ave María! Y me dijo: —¡Vamo pa' llá pa' la casa. Y yo le dije: —Pero si tengo este trabajo ajustao... ¡Vámonos, vámonos pa' llá pa' la casa. Nos fuimos y guindó la jamaca... Se traían la jamaca... Se le jiso café a la señora y se le dio... Me dijo: —Yo vine pa' arreglar el asunto pa' que se vaya pa'...

R.M. - ¿Pa' que volviera pa' cá pa' San Lorenzo?

C.R. - Sí.

R.M. - ¿Pero en la finca de aquí hubo caña y hubo café? ¿Había beneficiado de café aquí también?

C.R. - ¡Ah! Habían como 200 cuerdas e' café. Esa finca es grandísima. Esa finca... Había café en "El Rincón", había café en "Las Guabas", había café en "El Suro"... En cuatro o cinco partes había café. Este muchacho que vive con la hija de Don Pepe...

R.M. - ¿Cuál de ellas?

C.R. - De los hijos de Narciso Marrero...

R.M. - ¿Hija de Don Pepe del Río? Sí. Yo conozco a Paco Barreras que vive con una hija de Don Pepe; conozco a...

C.R. - Ese señor se llama Jorge... A mi ver se llama él Jorge Marrero...

R.M. - ¡Ah, de los Marrero de aquí de San Lorenzo! Ya yo sé cual me dice...

C.R. - El administrador de...

R.M. - Jorge...

C.R. - De la escuela de Morove...

R.M. - ¡Sí, él es mi jefe; yo trabajo ahi en esa escuela...

C.R. - ¡Sí?

R.M. - Es que yo estaba buscando de las hijas mayores de Don Pepe. Esa es de las menores... ¿Esa es de las jovencitas, verdad?

C.R. - Sí... De María, de la última esposa... de la querida... Y tiene un hijo también... El hijo creo que es maes-

tro, ¿verdá?

R.M. - Ese no sé cuál es...

C.R. - Este... Ahora se me olvida a mí el nombre de ellos. Vive por allí más arriba del puentecito de...

R.M. - ¿Lleva el apellido del Río?

C.R. - ¿El apellido? Si es hijo de María Rivera, hermano de la mujer de Jorge. Tuvo dos hijos. Ay, mire, y se me olvida a mí el nombre... Cará... ¿Cómo se llama él? Si es nieto de Juan de Dios... Mira... allí hay una tienda del puente pa' rriba, ¿verdá? (Se refiere a la Tienda "La Chatarra".) Ajá... Uno de los Rosario era... que ahora trabaja el hijo... Allí... Por allí al pie vive él...

R.M. - Don Cruz... ¿Y en esta finca llegó a haber tabaco?

C.R. - ¿Tabaco? ¡Ave María! Se sembró esta finca de tabaco unos cuantos años... unos cuantos años... Primero se sembró, que se cortaba de mata; dijpué se cogía desojao...

R.M. - ¿Cómo que lo cortaban de mata? ¿Le daban un tajo a la mata?

C.R. - Maduro... maduro se cortaba la mata.

R.M. - ¿Y cómo lo guindaban?

C.R. - Amarrao con pencas...

R.M. - ¿Lo guindaban amarrao?

C.R. - Amarrao, sí.

R.M. - ¿Cómo es eso?

C.R. - ¿Ah? Amarrao con pencas, en varillas.

R.M. - ¿Una mata con la otra lo amarraban?

C.R. - No. Le jacían andamios y se

amarraban en los andamios... en varilla.

Figura 3.53. Rancho de tabaco en Hacienda María, Morovis, P.R.

R.M. - ¿Cada mata se amarraba por el tronco?

C.R. - Sí, cada mata.

R.M. - ¿Se dejaba secando ahí, la mata completa?

C.R. - Sí. Dispués se cogía desojao.

R.M. - ¿Sí? Después se cogía desojao y se cosía?

C.R. - Sí, se cosía.

R.M. - ¿Eso vino después?

C.R. - Eso vino dispués...

R.M. - ¿Pero cuando lo cortaban "de tronco"... qué edad usted tenía cuando nos está hablando?

C.R. - ¿Yo? Yo tenía... Ya yo estaba casado...

R.M. - Pero tendría veinte o veintipico...

C.R. - Yo tendría como treinta y cinco o cuarenta años... (C. 1920-1930)

R.M. - ¿Pero después siguieron cogiéndolo desojao?

C.R. - Desojao.

R.M. - Eso de guindar la mata... ¿Lo

eliminaron?

C.R. - Lo eliminaron.

R.M. - ¿Por qué sería que lo eliminaron?

C.R. - Lo cogieron desojao entonce... lo cogían clasificao.[33]

R.M. - ¿Lo cosían?

C.R. - Cosían el boliche aparte, el pie aparte y dispués seguía el manojo... ¡Ave María! Se sembró tabaco ahí en bruto... Mira que, ahí abajo había un rancho...

R.M. - ¿En La Hacienda?

C.R. - Sí, aquí, donde es la curva esa de la carretera...

R.M. - ¿Había otro rancho ahí?

C.R. - Sí, habían dos ahí, que ahí jicieron un rancho para montar la maquinaria y no... no dio resultado porque estaba cerquita del río pa'...

R.M. - ¿Cuál maquinaria?

C.R. - Pa' montar la maquinaria y moler caña.

R.M. - ¿Iban a montar otra maquinaria ahí?

C.R. - Sí... Jicieron una casa grande ahí abajo y ahí la desbarataron...

R.M. - ¿Sí?

C.R. - Allí donde yo puse una cruz...

R.M. - Pero esa maquinaria... Usted me está hablando de otra maquinaria... no del trapiche...

---

[33] Al guindarse el tabaco en la mata y secarse por junto, irrespectivo del tamaño de la hoja, dificultaba o impedía su clasificación, como lo permite el ser secado en hoja...

C.R. - No. Diban a poner una maquinaria nueva...

R.M. - ¿Sí? ¿Cómo pa' qué? ¿Cómo pa' montar un trapiche grande?

C.R. - ¿Sabe el trapiche allá? Cambiarlo ahí. Entonce no dio resultado y lo dejaron allá... Y ahí dejaron la maquinaria...

R.M. - ¿Por qué no dio resultado?

C.R. - Por cuenta 'el río. Porque y que el río quedaba muy cerquita...

R.M. - ¿Porque crecía?

C.R. - El río... Temblaba el firmamento. Sí, estaba el río cerquita ahí, en "El Macho".

R.M. - ¿Ahí era que iban a poner la maquinaria?

C.R. - Sí, allí en la curva, donde jase la curva asina que va la carretera pa' bajo.

R.M. - Pero usté me está hablando de... usté me está hablando de "La Rueda".

C.R. - Sí.

R.M. - ¿Por qué le dicen "La Rueda"?

C.R. - Porque trujieron maquinaria y allí era "La Rueda".

R.M. - ¿Allí era "La Rueda"?

C.R. - Allí, allí... Allí había un rancho como de veinte cuerdas. ¿Y sabe cuántos años estuve yo... cuántos meses estuve yo en ese rancho de guardia y vigilando el tabaco que se metía allí y se ponían en pacas allí... en pacas? Estuve allí como seis años...

R.M. - ¿Vigilando? ¿Y por qué había que vigilarlo?

Figura 3.54. Interior del rancho de tabaco de la Hacienda María.

C.R. - Vigilaba el rancho porque se llevaban el tabaco.

R.M. - ¿Robaban?

C.R. - Se lo robaban...

R.M. - ¿Sí? ¿La gente del mismo barrio?

C.R. - Sí.

R.M. - ¿Los agregaos se robaban el tabaco?

C.R. - Había otro rancho acá arriba... Acá había dos...

R.M. - ¿Acá en "La Vega Alta"?

C.R. - Sí, habían guardas de noche, vigilándolo. Y yo había veces de noche que... 'taba jata media noche por ahí vigilando también, que cogía los guardias durmiendo...

R.M. - ¿Sí?

C.R. - Sí.

R.M. - Adió, se estaban robando los chavos...

C.R. - Sí. Entonce yo cogí al guardia dormío... Llegué a coger a dos. Y yo les dije: Ustedes lo que tienen que jacer cuando se encuentren "molestaos" es que me lo digan a mí pa' poner otro guardia y ustedes se van a descansar... Y esa noche que cogí un guardia dormío, ahí, en "La Casa e' la Maquina" que le icían...

Me robé una paca e' tabaco en el rancho de acá...

R.M. - ¿Estaban dormíos los guardias?

C.R. - Sí. Porque yo había veces que había cincuenta peones y mandaba por dos o tres galones de ron ahí, en casa e' Don... un señor que tenía tienda ahí... Y el guardia me dijo a mí: —¿Está emborrachando la gente aquí? ¿Y usted sabe, con tantos intereses aquí, con to' ese tabaco? Y yo le dije: —Usté no está tomando, usté no toma, usté es el guardia, usté es el responsable... Y me fui. Y cogí a los guardias durmiendo... Y le dije: —Vamos allá arriba pa' robarnos una paca e' tabaco. Y me dijo: —¿Usté quiere que los Otero lo maten esta noche? Vivían unos Oteros allí que eran bravísimos. Y yo, bastante "peleao" (de ron) le dije: ¡Qué van a matar! Y lo dejé a él allí en "el paso del río", al pie 'el puente... Y los dejé allí y les dije: —Espérenme aquí. Y yo me fui a pie. Y fui allá al rancho y to' el mundo... Sentía yo el ronquío, el ronquío... Y me metí al rancho. Había un callejón que daba así, así y en la esquina arriba cogí una paca e' tabaco de 165 libras y la saqué rodando, rodando, hasta que estaba afuera. Y jise fuerza y la monté en el hombro, que era grande.

R.M. - ¡Ea diantre! 165 libras.

C.R. - ¡165 libras. ¡Ah, yo estaba fuerte! Yo cogía un buey de 15 arrobas y le daba purgante, solo. Lo tumbaba, le abría la boca y le echaba el purgante solo... Bueno, puej, traje la paca e' tabaco al río y él la pasó. Y

dispué yo le dije: —Y la deja en la casa suya. Y dispué yo fui a donde el mayordomo primero y le dije: —¡Mande a jalar una paca e' tabaco que me robé anoche, allá arriba en el rancho...! Era Don Vice Santos, de los Santos que había aquí... era el guardia. Y yo le dije: —¡Mande a pegar dos carros ahí pa' que me jalen aquél tabaco pa' ca' y lo traigan pa' ca' pa' La Hacienda. Entonce empezaron a jalar tabaco, empezaron a jalar tabaco... y faltaba una paca e' tabaco de 165 libras en la libreta y... Don Pepe le dijo al guardia: —Ve allí a ver si está la paca e' tabaco. Y fue allá y le dijo: —¡Esta es la paca e' tabaco! Y Fue: —Mire, esa paca e' tabaco se la robó anoche Don Cruz. Y según es Don Cruz, se roban cuántas pacas de tabaco y usted durmiendo... El hombre quería denunciarme a mí y Don Pepe le dijo: —¡Mire, denúncieme a mí, que ése soy yo. (Refiriéndose a Don Cruz.) Pues sí, señor.

R.M. - Don Cruz... ¿Y había algún peligro de que quemaran los ranchos?

C.R. - ¿Qué le pegaran fuego a los ranchos?

R.M. - ¿Pero los ranchos eran de paja, verdad?

C.R. - Eran de paja, cobijaos de paja...

R.M. - ¿Eso llegó a ocurrir? ¿Le llegaron a pegar fuego a los ranchos de aquí?

C.R. - No, aquí no.

R.M. - ¿Pero en otras partes pasaba?

C.R. - En otras partes pasaba, en otras partes pasaba...

R.M. - ¿Y a qué se debía eso?

C.R. - Mira, Miguel Martínez, el pai de Geño, que era uno de los mayordomos aquí, fue una noche emborujao en una capa negra... Y yo, por toa' la orilla del rancho tenía un montón de piedra dondequiera... Y trató de... En la puerta lo que había era una manta de saco puesta, de paja e' caña... Y yo abrí esa puerta y me salí pa' fuera.

Y veo esa cosa prieta queriéndose meter al rancho y le caigo a piedrazos, y a piedrazos y a piedrazos y él cogió juyendo pa' rriba, 'pa' rriba, pa' rriba... Y lo último que me dijo fue: —Va a jacer falta matarme... Y yo le dije: —iAh, si viene a meterme miedo... ¿Tú crees que yo soy algún pendejo?

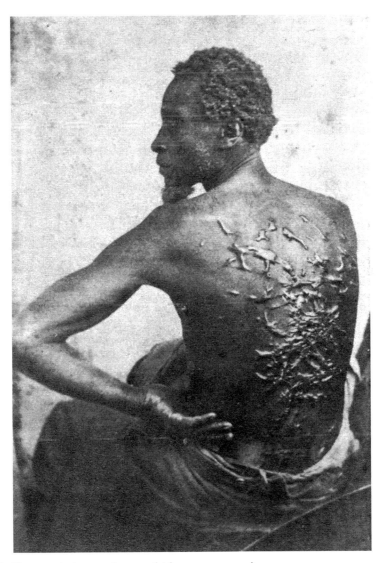

Figura 3.55. Marcas de los azotes recibidos por un esclavo.

ENTREVISTA #13

(ENTREVISTA[34] A LORENZO ["LENCHO"] CABRERA ORTEGA Y A EUFEMIA MAL-DONADO RÍOS - 28 DE FEBRERO DE 1990).

Por:

Roberto Martínez Torres

El día miércoles, 28 de febrero de 1990, nos dirigimos a la residencia de Don "Lencho" Cabrera Ortega, como habíamos acordado, antes de que viajara a los Estados Unidos. Lo encontramos junto a su señora esposa, Doña Eufemia Ríos, su hija menor y algunos nietos. Conversamos. La entrevista es la que sigue.

Figura 3.56. Don Lorenzo Cabrera Ortega y Doña Eufemia Maldonado Ríos.

R.M. - ¿Qué tú escuchaste... qué oíste hablar de Venancio Cabrera?

L.C. - De los más viejos de ellos, de los mayores...hijo de Federico.

R.M. - ¿Te llegaron a decir si era hijo de la primera mujer o de la segunda? ¿Ese detalle nunca lo pudiste escuchar?

L.C. - No, no, eso no. Ahora, ajá... Oí decir que él y papá eran hermanos de madre... o de padre. No estoy bien seguro. Yo sé que no eran hermanos de padre y madre: eran hermanos de padre o de madre, ¿Entiende?

R.M. - ¿Pero Venancio llevaba el apellido Cabrera?

L.C. - ¡Sí, Cabrera!

R.M. - Lo más seguro es que fueran hermanos de padre, porque llevaban el apellido Cabrera ambos.

L.C. - Podría ser de padre... de padre.

R.M. - Pero... ¿Lo de madre estaba en duda?

L.C. - Lo de madre creo yo que no era, porque él era Venancio Cabrera.

R.M. - O sea, que no era Venancio Cabrera Salgado, como tu papá... (Pascual Cabrera)

L.C. - Yo no lo conocí, como te dije... Pero...

R.M. - Pero te dan esa información.

L.C. - Por informaciones oí hablar de él. Papá hablaba de él...Federico...

---

[34] Se utilizan las siglas R.M. para el nombre del entrevistador y las L.C. para el entrevistado y E.M. para su esposa, Eufemia Maldonado Ríos.

digo... Venancio, según cuentan, era un hombre... de esos hombres rebeldes, hombre turbulento... Un hombre "guapo", como dice el refrán.

R.M. - Pero turbulento en el sentido de...

L.C. - No, que era "guapo". Y casi siempre, según yo oía decir, estaba en la cárcel por cosas, que él peleaba, entonces sería.

R.M. - ¿Pero era cuestión de peleas?

L.C. - Sí, pelea...

R.M. - ¿Pero él se ajumaba y peleaba?

L.C. - No, como hombre turbulento. Él no se ajumaba, no. Era por peleas, porque él era un hombre "guapo". Había otro Cabrera "guapo" que era Pedro Cabrera, el padre de "Manoco". "Piero"... Ese lo conocí bien.

R.M. - ¿Qué le dicen "Tío Piero" allá, en Vega Alta?

L.C. - Pedro Cabrera, sí. Tío Piero.

R.M. - Pero lo de Venancio era, si te llegaron a decir... ¿Peleaba porque le gustaba buscar pelea o porque si lo provocaban peleaba?

L.C. - No, él lo hacía en defensa propia. ¿Te fijas? Lo que le pasaba a Piero era... Pedro era capataz también en La Jagua y entonce... Esto... Cuando Pedro venía de allá pa' ca, en esos tiempos... Sabe dios en qué año sería eso... Él venía de allá pa' ca, pa' la familia, que vivíamo aquí Papá, Tío Eusebio y Joseíto... Y tos eran... Pues, él venía de allá pa' ca... Entonces, según cuentan, ahí en Las Pozas de Ciales o "El Campamento" nombrao, se le tiró un gentío encima, porque Pedro parece que... Tío Pedro parece

que entró a comprar...eh... Él "se daba el palito"... ¿Te fija? Pero era un hombre de calma, un hombre de mucho cuidao... Como Don Ventura ése que tú dices, el de San Lorenzo, el señor ese que tú tienes ahí... (*Se refiere al Sr. Cruz Román Salgado*) que se daba su palito y seguía andando. Entonces Pedro creo que entró... Tío Pedro, a comprar un palito a un negocio y ahí había un revolú de gente que eran... que 'taban jugando, creo... Jugaban y bebiendo y jugando al extremo que yo no sé qué pasó. Ahora, Pedro era "un hombre de armas tomadas", como decíamos. Qué sé yo que pasó que parece que un tipo de ésos que estaban en el negocio trató de faltarle el respeto a Piero... Y como él venía en su bestia, en su caballo... con "una hoja e' sable" que siempre cargaba en las banastas grandes... Pues él jaló por esa "hoja e' sable" y tuvieron toa esa gente que irse porque él... Hasta con el negocio acabó el hombre. Bueno. Él había perdío ya... Vinieron a buscar a Papá acá porque tuvieron que llamar la policía de Ciale y el refuerzo de otro lao pa' poder controlar el hombre. Y como pudieron achocarlo fue que uno de los agentes... de esos policías, creo que le tiró la macana de lejos y lo achocó y así lo pudieron adormecer, y se sentía tranquilidad. Entonces mandaron a buscar a Papá y Papá entonces se lo trajo. Pero, ya te digo... "Piero" era un hombre de mucho genio, hombre "guapo"... Y eso le pasaba a...

R.M. - ¿Pero no era porque él andaba faltándole el respeto a la gente y "buscando bulla"?

L.C. - No, no, no señor. Pero si él venía de su trabajo. Él estaba trabajando allá en La Jagua de capataz.

R.M. - ¿Era en su legítima defensa, tú sabe?

L.C. - ¡Ah, bueno, mijo, sí! Sí, porque cuando uno se ve "perdiendo pie", por calma que tenga el hombre... ¿Veldá? Tiene uno que "echar pa' lante". Eso es así.

R.M. - Pero, en el caso de Venancio, ¿Era una cosa parecida? ¿Venancio llegó a ser mayordomo?

L.C. - Bueno, yo no le puedo hablar bien de Venancio porque no lo conocí, como te dije. Ahora, "Piero" sí. Esa gente eran mallorquine... 'onde estaba Tía Teya y Piero, eran mallorquines. Pero yo no te puedo decir cómo se llamaba ni nada porque yo no conocí, no.

R.M. - ¿Pero era en La Jagua?

L.C. - En La Jagua. Ahí había una gente que yo sabía el apellido de ellos porque Papá me lo decía pero a mí se me olvidó ya... Que era uno un tal Don Ramón, un corso de esos que llamaban, pero no me acuerdo del apellido de él.

R.M. - ¿Dueño de finca ahí?

L.C. - Sí, pero... dueño de grandes cafetales... grandes cafetales.

R.M. - Entonces, de los tíos que yo tengo aquí, a Joseíto, tú lo conociste...

L.C. - ¡Ah, pero si él vivió ahí abajo...!

R.M. - ¿Y a qué se dedicaba?

L.C. - Bueno, pues... Joseíto se dedicaba a este... Él se dedicaba a arar con bueyes. Entonces él tenía un pedazo de finca allá abajo, como te digo... Estaba ahí.

R.M. - Sí. Que es ahora de la Sucesión de Severo.

L.C. - ¡Ajá!, ¡Ajá! Bueno, pues. Entonce despué le dio con salir pa' fuera y él fue el dueño de una finca que le entregaron... El dueño no... Que atendía una finca que le entregaron en esa parte de Arecibo que le decían... Este... Bueno... Son tantas las cosas que uno tiene en la mente... ¡Y van años de eso!

R.M. - ¿Tú me hablas de fincas en Arecibo? ¿Finca de café? ¿La Esperanza?

L.C. - Sí, una finca de café. De qué era la finca, no sé. Yo sé que él estaba encargado de esa finca.

R.M. - ¿Pero no te acuerdas si te dijeron Finca La Esperanza?

L.C. - ¡La Esperanza! ¡Esa misma! La Esperanza. Esa misma finca era la que Tío Joseíto estaba... Pero él era el que se entendía con esa finca y araba con bueyes, según cuentan... Porque yo no te puedo decir más 'na porque no conozco esa finca ni estuve nunca allí.

R.M. - No tienes muchos detalles.

L.C. - No, no. Yo la oí mentar. La Finca de La Esperanza, pero yo no sé, no recuerdo.

R.M. - Joseíto, Eusebio, Pedro, Venancio, Pascual. ¿A qué se dedicó mayormente tu Papá?

L.C. - A la agricultura. Por eso es que yo me quedé aquí con él.

R.M. - ¿Pero siempre se dedicó a la agricultura aquí? ¿Él no se llegó a emplear fuera como los tíos tuyos?

L.C. - No, no. Papá siempre estuvo trabajando aquí en la agricultura. Él se dedicaba a la siembra de tabaco año por año. Tabaco y plátanos... esas cosas... Y yautía. En eso era que él y yo, vamos a decir, nos dedicábamos a eso.

R.M. - ¿Te criaste con él en la tala?

L.C. - ¡Sí! Y a hacer semilleros de tabaco en esos cerros ahí. (Señala hacia el Sur de la propiedad de la Sucesión de la Familia Cabrera, colindantes con la Familia Archilla.) Se tumbaba un canto e' monte y entonce lo quemábamo y despué de quemao lo arreglábamo y ahí se regaba la semilla de tabaco. Y ahí era que se sacaba la semilla pa' sembrar el tabaco.

R.M. - ¿Y sembraban tabaco... en qué parte aquí?

L.C. - Bueno, en to' esto aquí.

R.M. - ¿En lo más llano?

L.C. - Por ahí pa' bajo. Desde ahí hasta allá, donde tú y yo nos encontramos aquél día... Por donde vive... La bajá de aquí... Onde está un sobrino mío, donde está Lola. Allá abajo está Victoriano. Tos los sobrinos míos viven allí. Y Papá sembraba tabaco desde aquí hasta allá abajo. A eso era que se dedicaba.

R.M. - Lencho, después que sembraban el tabaco, ¿A quién le vendían la cosecha? ¿Lo llevaban a Morovis?

L.C. - Lo llevábamo a Morovis, a un tal Don Jobito Rodríguez.

R.M. - A Don Jobito... ¿Que tenía fábrica de tabaco?

L.C. - ¡Sí! Inés, el pariente tuyo, sabe de eso. Él sabe quién era Jobito. Jobito. Ese era un acaparador de tabaco.

Figura 3.57. Celebración de las nupcias de María Marta Cabrera Maldonado, Hija de Lencho.

R.M. - ¿Jobito tenía el local...? ¿Dónde estaba?

L.C. - ¡Oh, sí! Tenía dos fábricas. Él taba'... ¿Sabe a 'onde está... 'onde son "los cupones" ahora? En Morovis... Y aquella otra casa al frente, que era...

R.M. - ¿Cruzando la calle?

L.C. - ¡Sí, cruzando la calle! "Los cupones" están aquí y al otro lado de la calle...

R.M. - Ahí está un ingeniero...

L.C. - No, no, no. 'Onde está el ingeniero, no.

R.M. - ¿Dónde está la Funeraria Correa?

L.C. - Aquél es Vera. Vera está acá...

R.M. - Cruzando la calle está La Funeraria, ajá, en la esquina acá...

L.C. - Entonce "los cupones" están aquí y la casa que yo te digo, que también era de Jobito, de acaparar tabaco, era frente a frente a "los cupones". Yo no me he fijao en qué está esa casa ahora. Pero aquellas dos casas donde están "los cupones" y la que le queda frente a frente, eran de

Jobito. Recibían los tabacos y era mucho tabaco...

R.M. - Donde están "los cupones" estaba Morán. ¿Ya estaba Morán?

L.C. - Sí, sí... No, no... Sí, eso fue después que Jobito murió.

R.M. - ¡Ah! ¿Después de Jobito estuvo allí Morán?

L.C. - Sí, después de que Jobito murió se quedó Trino Marrero y Morán.

R.M. - ¿Entonces Jobito estuvo donde están "los cupones" también?

L.C. - Sí, todas aquellas casas era de él...

R.M. - ¿Y quiénes más eran acaparadores de tabaco además de él? ¿Había otros acaparadores además de Jobito?

E.M. ¡Trino Marrero!

L.C. - Después fue que vino Trino. Después fue que vino Trino porque el Morán ese vivía en Manatí. Entonce, ese Morán refacionaba a Trino con dinero pa' que él recogiera el tabaco cuando lo acaparaba... ¿Me entiende? Entonce, quiérese decir que estaba Morán allá en Manatí y Trino acá en Morovis. Pero era, como Trino decía, la Fábrica de Morovis.

R.M. - ¿Porque eran socios?

L.C. - Eran socios.

R.M. - Me hablaron de un sitio que era Amézaga. ¿No era Amézaga acaparador de tabaco también?

E.M. ¿Amézaga?

R.M. - Pepe Amézaga. ¿Tuvo fábrica de despalillado Pepe Amézaga?

L.C. - Bueno, ese es el papá de Pepe Amézaga.

R.M. - ¿A la entrada del pueblo?

L.C. - El papá de Pepe Amézaga. Yo lo oí nombrar también, pero no lo conocí.

E.M. - ¿Juan Amézaga no es?

L.C. - Yo no sé... Entonce...

R.M. - ¿Pero Pascual le vendía entonces a Jobito?

L.C. - No, no, no. Yo... como que yo sepa, Papá nunca se cambió de Jobito y siempre Papá... El tabaco se lo entregaba a Jobito... porque era el que le daba la refación y abono y dinero... esas cosas.

E.M. - ¿Tú no conociste a ninguno?

R.M. - ¿A ninguno de quiénes?

E.M. - A ninguna de esa gente...

R.M. - No, porque ellos murieron cuando yo pequeño. Yo vengo a conocer gente en Morovis ya grande... Yo de Barahona no salía...

L.C. - Sí, sí, sí... Esa gente murieron cuando tú serías pequeño, muchachón.

R.M. - Yo he escuchao sí, conversaciones sobre ellos... todo este mundo... Este Buena Vista y Patrón sembraba tabaco.

L.C. - El que conoció bien a Trino Marrero fue Inés, el sobrino tuyo... ¿Qué queda Inés de ti?

R.M. - Tío. ¿Él se relacionaba con Trino?

L.C. - Él conocía bien a Trino. Él y yo le entregábamo el tabaco. Yo también llegué a trabajar con Trino. Inés y yo le entregábamo tabaco a Trino, y mucha gente...

E.M. - ¿Quién es Inés?

R.M. - El hermano de Andreíta. Inés es hermano de Andreíta y de mi mamá, Gloria, la mayor.

E.M. - ¿Y Carlitos?

R.M. - Ta' allí. Estuvo en el hospital. Está más repuesto. Estuvo si se moría. Es que no se cuidaba... No quería comer. Si uno deja de comer, se liquida...

L.C. - ¡Sí!

R.M. - Ahora está comiendo bien.

E.M. - ¿En dónde está?

R.M. - Está en casa de mi mamá.

L.C. - Es decir, que Carlitos y tu mamá son hermanos...

E.M. - ¿Sí?

R.M. - Sí, son los dos mayores.

E.M. - ¿Esos son los mayores?

R.M. - Sí. La más joven es Andreíta.

E.M. - Había otro también...

R.M. - No, varones no hay. Celina, que murió... que era de las muchachas. Celina murió de diabetes hace unos cuantos años.

E.M. - Esos que trabajan son sobrinos suyos... Esos que están allá frente a Mr. Cash... Una que trabaja allí... dos, Yo creo que son hermanos. Una es esposa de Ismael "el carismático"... No, el hermano de él...

R.M. - Frente a Mr. Cash tiene negocio la hija de Tía Andreíta. Tiene un negocito allí, una tiendita, del esposo de la mayor de Tía Andreíta, sí.

L.C. - ¿Entonce ese negocio que está allí, de comida, es familia tuya?

R.M. - Sí. Se me olvida el nombre... (Tanairí) Es de la prima hermana,

Carmen, que le dicen Mary... (Sigue una digresión sobre mi parentesco.)

R.M. - Lencho, yo conseguí los nombres de dieciocho hijos de Federico, pero faltan.

L.C. - ¿De dieciocho?

R.M. - Yo sé que faltan. Yo tengo las historias de unos y de otros. Hay algunos que vivieron muchos años... De los que no tengo mucha información...

L.C. - ¡Caramba! Pero fíjate... Yo no conocí esa gente entonce porque... Que conozca yo eran Pascual Cabrera, que era mi padre... Pedro Cabrera...

R.M. - Te los voy a decir en el orden en que nacieron, más o menos, y tú me dices si supiste algo... lo que escuchaste de él, a qué se dedicó, donde trabajó. El primero que conocí fue a Manuel, que es el abuelo de Ismael. De ese ya tengo mucha...

E.M. - ¿Tiene información de él?

R.M. - Sí, porque Ismael se crió con él.

L.C. - ¿Sí?

R.M. - Me dio una información tremenda.

L.C. - Compai Ismael era nieto de Tío Manuel.

R.M. - Exacto.

E.M. - Ya ese está: Manuel.

R.M. - Una nena murió chiquita: Juana de la Cruz. De esa no debe haberse acordado nadie.

L.C. - ¿María o Juana?

R.M. - Juana de la Cruz. Murió chiquita. Eleuteria era "Teya". Esa fue la tercera o la cuarta que nació. Era de las mayores. León murió chiquito.

L.C. - No, ese no. Ni le oí nombrar tampoco.

R.M. - Yo creo que murió joven. Eusebio... viene siendo tío suyo...

L.C. - Ese era tío de nosotros, hermano de Papá. Ese vivía ahí adelante. Tenía ahí una finca grande. Y allá, en "el establo", tenía otra.

R.M. - ¿Quedan hijos vivos de Eusebio?

L.C. - Mmmm...

E.M. - Bueno, una que está allá... Bueno... En San Juan tiene... En San Juan está... este...

L.C. - Bueno, en San Juan está Pastora, creo. Pastora nada más... Pastora, porque...

E.M. - No. Este... Tiene "de la otra cepa"... Carmela...

R.M. - ¿Tuvo varias esposas? ¿Tuvo hijos de distintas mujeres?

L.C. - Tres mujeres tuvo él.

E.M. - Tuvo una ahí, de compai Otilio, el hermano de Quintín...

R.M. - ¿Quintín?

L.C. - Rivera, ese de ahí... y de... que murió "allá fuera"

R.M. - Pero Eusebio tuvo una "mujer principal"... ¿Y de esa no quedan hijos, de la primer esposa?

E.M. - De la última esposa quedan...

R.M. - Tú sabe... que se dice "la esposa legítima"... Tuvo en otras pero...

L.C. - Sí, sí... María Ríos.

R.M. - La primera. ¿Después tuvo hijos en dos?

L.C. - Sí, en dos mujeres más.

R.M. - ¿No sabe los nombres de ellas?

L.C. - No.

E.M. - Una fue... que se llamaba Raimunda...

L.C. - Una se llamaba Raimunda pero a la otra yo no le sé...

R.M. - A esa es la que le decían "Munda" ¿Y la otra?

E.M. - Eran "Munda" y María.

R.M. - ¿María era "la principal"?

E.M. - María era "la principal" y la otra creo que... Dicen que era la hermana... Que dicen... que yo tampoco pueo decilo.

R.M. - ¿Hermana de María?

E.M. - Dicen que era cuñada de él y se llamaba "Munda".

R.M. - ¿"Munda" era hermana de María? ¿Pero no hubo hijos de otra mujer aparte de ellas dos?

L.C. - Sí hubieron, pero yo no sé quiénes son.

E.M. - No. Hubieron hijos pero de una... de la misma edad mía, que viene siendo...

R.M. - Se me hace bien difícil conseguirlos todos porque no se conocían todos...

E.C. - Ella tiene... los de Comai Julia...

R.M. - Que sean nietos de Eusebio. ¿Aquí en Patrón viven?

E.M. - ¿Nietos?

R.M. - Algún nieto de alguna de las

esposas... de cualquiera de ellas, de María o de "Munda". ¿De esas no quedan hijos aquí en Patrón?

L.C. - ¿Nietos?

E.M. - ¿Nietos de Eusebio?

L.C. - Bueno...

E.M. - En Almirante, Valentín...

L.C. - Valentín, Rosa, Luis...

R.M. - Tú sabe... es pa' ir allí y preguntarles... que me den detalles de...

L.C. - Sí. Las hijas de... La esposa de Andrés Sierra, el del negocio de allí... del Mirante... es nieta de Usebio. Patria es hija también... es nieta.

R.M. - ¿Nieta de Eusebio?

E.M. - ¿La conoce?

R.M. - Sí, por referencia, porque una hija de Patria Cabrera trabaja en la imprenta de Vega Baja. La conocí allí. Ellos son Rivera Cabrera.

L.C. - Sí, sí.

E.M. - ¿Una hija?

R.M. - Una hija o una nieta de Patria. Lleva el apellido Rivera Cabrera. ¿Patria es Cabrera?

L.C. - ¡Sí!

R.M. - Una muchacha como de veinticinco años, jovencita. Si ella no me dice que era Cabrera, yo "no la saco" como de la familia, porque ella es rubia...

L.C. - ¿Sí?

E.M. - ¿Bien alta?

R.M. - Bien alta, sí.

E.M. - Esa es hija de ella.

R.M. - Usté sabe... Si ella no me dice "yo soy Cabrera" y yo le digo: ¿De los

Cabrera de dónde? Y ella me dice: —De allá, de Almirante. Y yo le digo: —¿De los Cabrera de Patrón, entonces? Me dice: —Sí, de esa misma gente. O sea, que por su físico, yo no la iba "a sacar"...

Figura 3.58. Doña Patria Cabrera Maldonado y su esposo Don Manuel Rivera Heredia.

E.M. - Esa es nieta.

L.C. - ¡No! Es tataranieta.

R.M. - Patria es la que es nieta.

L.C. - Ajá.

R.M. - Pascual nació después de Eusebio.

L.C. - Ese era mi Papá pero no sé cual era mayor de los dos...

R.M. - Pero no... Pascual nació después de Eusebio, según la cuenta que yo... Pascual nació en el 1866. Pascual tendría ahora 124 años.

L.C. - ¡Mira pa' ahí!

R.M- Aparece, después de Pascual, María José Cabrera.

E.M. - ¡Esa era "Fefa"!

L.C. - ¿"Fefa"?

E.M. - Le decían "Fefa".

R.M. - ¡Ah! ¿Esa era la esposa de Evaristo Maldonado?

L.C. - No, la mamá de Evaristo.

R.M. - Sí, que "Toto" me había hablado de ella...

L.C. - Josefa Cabrera.

R.M. - ¿Ella siempre vivió aquí en Patrón?

E.M. - Sí, allá donde el compai tiene la casa, allá arriba en la loma. Allí mismo.

L.C. - Sí, allí mismo.

R.M. - ¿En dónde estaba la casita de María Ríos?

E.M. - Ajá. Donde era la casita de *mother*, en aquella loma, allá arriba.

R.M. - Pues está apuntá allí María José. Me imagino que le dirían Josefa.

E.M. - "Fefa".

R.M. - No he encontrao a más nadie con el nombre Josefa. Debe ser ella entonces. Esa nació después de Pascual. Pascual le llevaba dos años.

E.M. - ¿A ella?

R.M. - Sí. Después nació un varón, José María. Debe ser Joseíto.

E.M. - ¿Joseíto?

R.M. - Pues ella le lleva dos años a Joseíto. Josefa le llevaba dos años a Joseíto. Después nació uno que murió chiquito. Chiquito no... murió de veinte y pico, ya grande: Juan Crisóstomo. ¿Nunca lo oyeron mentar?

E.M. - No.

R.M. - Después nació Romana.

L.C. y E.M. (A coro.) - ¡Tía Romana!

R.M. - ¿Qué recuerdan de Romana?

L.C. - Ah, sí... Tía Romana. Ella le gustaba... Ella era... bordaba... esa

gente que teje a dos agujas. Ella se dedicaba a eso. Era bordadora de eso... Qué sé yo como le llaman a eso...

R.M. - ¿Pero cosía pa' gente del Pueblo?

L.C. - No. Ella hacía esos panales pa' gente que se los encargaba hechos por las manos de ella, como decimos, bordados. Ella bordaba con dos agujas: por allá metía una aguja y por allá metía la otra... Se entretenía en eso y hacía esos panales pa' vender...

R.M. - ¿Pero era como un negocio de ella? ¿No era que trabajaba pa' gente del Pueblo? Usté sabe, que la gente de ante cosía pa' la gente del Pueblo que tenían talleres.

L.C. - No, eso era una cosa que ella lo hacía como para entretenerse.

R.M. - ¿Pero ella "se buscaba el peso" con eso?

L.C. - Sí. Son muy pocas las mujeres que saben bregar con esas cosas. Sí, porque es raro ver a esas personas que bregan con esas dos agujas...

R.M. - ¿Pero Romana vivió siempre en Morovis?

E.M. - Sí... Ella vivía en San Juan.

L.C. - No, pero eso fue después.

E.M. - Se fueron pa' Santurce después porque... le compró la finca...

R.M. - ¿Llegaron a vivir juntas "las muchachas" y ella? Nata, Pola y Elisa... ¿Llegaron a vivir juntas con ella?

L.C. - No, no.

R.M. - Me refiero a que Nata, Pola y Elisa se dedicaron también a la costura... eran costureras. ¿Con quién aprendieron ellas?

L.C. - Bueno, con mamá, mi madre.

R.M. - ¿Tu mamá era costurera? ¿Se dedicaba a coser pa' la gente?

L.C. - No. Después que mamá les enseñó a ellas a coser, como decimos, ellas trabajaban con una señora que se llamaba Rosita Abolafia, que vivía en Morovis. La mamá de crianza de un tal Rafael... este... Kaplan, que es esposo de Raquel Barreras. Doña Rosita era la madrastra de ese muchacho. O bien sea, que lo criaron chiquito ella y Don Amadeo Cordero, el esposo de doña Rosita, esa que yo te digo... Criaron a Rafael Kaplan.

R.M. - ¿Tu mamá les cosía?

L.C. - No. Mis hermanas trabajaban con esa Doña Rosita en las blusas nombrás. Que ella tenía una fábrica de blusas y mis hermanas, la mayor, Nata, iba a buscar blusas y las cosía acá en casa pa'... Cuando terminaba se las llevaba. Quiere decir que era costurera.

E.M. - Después pasaron a trabajar... ¿Cómo era que se llamaba la que vivía por allí?

L.C. - ¡Ah, Julita Archilla!

R.M. - ¿Qué pasó a encargarse del negocio?

L.C. - Sí. Después que Doña Rosita murió, ellas se fueron a trabajar con Doña Julita Archilla.

R.M. - ¿Cuál es el parentesco de ella con esos Archilla?

L.C. - 'Tan emparentaos, pero no son... no son...

R.M. - ¿Pero quizá lejanos?

L.C. - Sí, lejanos, lejanos. Porque el esposo de Julita Archilla se llamaba

Ramón Miranda. Ese es el apellido que coge la hija de Julita Archilla.

R.M. - ¿De los Miranda del pueblo?

L.C. - No, de los Miranda de acá, de Corozal. Puede ser que "se den sangre".

R.M. - ¿Pero son los mismos Miranda del Pueblo, los de la Farmacia?

E.M. - No, pero no se sabe si eran hasta familia...

L.C. - A lo mejor eran familia...

R.M. - Por la parte de los Ortega... Cuando Nata me estaba hablando el otro día de tu mamá, que eran hermanas de Chito Ortega... Yo he escuchao' cuentos de Chito Ortega...

E.M. - ¿Lo conoce?

L.C. - Manuel Ortega, "El Canelo", que era "guapo"... Ahí en Morovis también.

R.M. - ¿Por qué tenían ese apodo?

L.C. - Porque de apodo, a los Ortega les decían "Los Canelos", pero no sé. Parece que Papá Lorenzo, el abuelo mío, el Papa de mamá...

R.M. - ¡Ah! El papá de tu mamá se llamaba Lorenzo también?

L.C. - Por eso fue que yo salí Lorenzo. Sería... Este... El papá de mamá, que era Lorenzo Ortega, le decían, según cuentan, "El Canelo", y por eso fue que a los tíos míos les decían...

R.M. - ¿Ese fue el primero que llevó el apodo de "Canelo"?

L.C. - Ese fue el primero.

E.M. - Pero "Chito" se llamaba Lorenzo también.

L.C. - Sí, Lorenzo.

R.M. - ¿Don Chito también era Lorenzo?

E.M. - Sí. Chito, que era hermano de la mamá de él, porque también se llamaba Lorenzo, como el Papá.

R.M. - A mí me mencionan a "Chito" relacionado con la política...

L.C. - No, no. Ese que tú dices no. Ese era Manuel. Creo que Manuel tenía el ánimo de un hombre de doscientas libras. Sí... Un hombre "guapo". Bueno, de un "macetazo" fue que lo mataron...

R.M. - ¿Sí? ¿En un revolú de política?

L.C. - Sí. Le dieron un macetazo por detrás. Y lo mataron. Como Manuel era un hombre, como decimos... Y el hombre creo que era también lo mismo... Pues creo que el hombre avanzó más que él y agarró por un palo y le metió por el cráneo y lo mató... Lo mató, sí.

R.M. - Yo estaba escuchando... o fue que lo leí... Una narración de cuando murió Gandarilla

L.C. - Eso fue años atrás.

R.M. - Eso fue pal' '36. ¿Pero él era mayor que tu mamá?

L.C. - Bueno, francamente, yo te voy a decir. Mi mamá era, como pasó con Papá y Venancio ese que te decía... Mamá era hermana de esos Ortega, de padre, porque la mamá de Manuel Ortega y esa gente no era la mamá de Mamá. Era otra señora que le decían María Valentín.

R.M. - ¿Eran hermanos de padre nada más?

L.C. - De padre.

R.M. - Tú me estabas diciendo que

Maximino era de esos mismos Ortega...

L.C. - De esos mismos. El papá de Maximino Ortega y Mamá son primos hermanos. Un tal... ¡Caramba! Se me olvida el nombre... Serafín Ortega era el padre de Maximino, que era primo hermano de Mamá.

R.M. - Después nació una que se llamaba Romana.

L.C. - Esa no la he escuchao'.

R.M. - Después nacieron "Las Guares". Tú sabes que en la familia se hablaba siempre de Tía Romana y Tía Guare, como si ellas hubieran sido "guares", pero...

E.C. - ¡Esa era Tía Romana!

R.M. - ¿Cuál será "Guare"? ¿Cuál se llamaba Guare?

L.C. - María.

R.M. - Eran dos Marías: María Carmen y María Juana. Entonces María Juana se murió. María Carmen quedó, que le decían "Tía Guare" ¿Esa sí tú la conocías?

L.C. - Esa sí.

R.M. - ¿Y a qué se dedicó?

L.C. - Bueno, Tía Guare se dedicaba a viajar. ¡Mira qué cosa! Tía Guare estuvo "embarcá" en sitios lejanos. Ella... allá trabajando con esa gente. Se alquilaba, verdá, y bregaba en la cocina.

R.M. - ¿Estuvo en los Estados Unidos? ¿Viajó por la isla?

L.C. - En San Juan, por ahí.

R.M. - ¿No se estacionó en Morovis?

L.C. - No. Ella se dedicaba a eso que te dije, a trabajar en casas de familia.

R.M. - Después nació Pedro.

L.C. - Ese es el papá de Manoco y de Juan.

R.M. - Después nació otro que murió chiquito: Lázaro.

L.C. - No. De ese no me acuerdo.

R.M. - Después nació Marcela.

L.C. - Tenía una hermana Marcela también, pero yo no la conocí.

E.M. - La oí, sí.

R.M. - ¿Pero no saben qué fue de la vida de ella, a qué se dedicaba?

L.C. - No, no, no. Yo no la conocí a ella.

R.M. - Eustaquia era otra...

L.C. - ¿Eustaquia? Tampoco...

R.M. - Esa tendría ahora 96 años si estuviera viva. Entonces encontré otra cosa: que Ismael, como se crió con Manuel, me habló de uno de los hijos de Federico que lo bautizaron con el nombre Nangó.

L.C. - ¿Nangó?

R.M. - Pero no sabe darme más información. Hermano de Manuel era. Él cogió la información del abuelito... Antes, cuando la gente se ponía a hablar, contaban toas esas historias... Entonces, Lencho... En la cuestión de la política, si llegaste a oír hablar sobre Don Federico... ¿Qué preferencia política tenía? ¿Con quién se identificaba él?

L.C. - Bueno, mi padre siempre fue Republicano.

R.M. - ¿Desde que lo conociste?

L.C. - Sí, desde que lo conocí fue Republicano.

R.M. - ¿Él llegó a "coger del tiempo de España, verdad?

L.C. - ¡Oh, sí! Si Papá murió de 96 años.

R.M. - Él llegó a coger cuarenta y pico de años del tiempo de España.

L.C. - Sí, sí.

R.M. - ¿Tú no sabes si durante el tiempo de España fue...?

L.C. - El no me hablaba de eso, no.

R.M. - Quizá los muchachos tampoco preguntaban...

L.C. - Bueno, y como uno no preguntaba na' tampoco... Uno no preguntaba...

R.M. - Entonces la tradición de la Familia Cabrera era identificarse con los Republicanos. ¿No había personas de la familia que se identificaran con los Liberales? En ese tiempo había Liberales, Socialistas, Republicanos...

L.C. - Había unos cuantos partidos de esos, sí. Y él se identificaba como Republicano. Tío Joseíto y Papá. Los demás, yo no sé. Ahora, Papá y Joseíto siempre fueron Republicanos.

R.M. - Pa' la época que estamos hablando estaba el Partido Republicano, estaba "El Jacho", como le decían... Estaban los Unionistas o los Liberales... Eso es lo que había...

L.C. - Porque Papá y Joseíto se relacionaban con Don Pepe Ríos, que ese era el líder de los Republicanos. Y Papá y Tío Joseíto y Don Pepe se llevaban muy bien. Y entonce, pue, Papá fue Republicano hasta que... Hasta que murió... Y Tío Joseíto.

L.C. - Bueno, no... ¿Qué tú quieres relacionar?

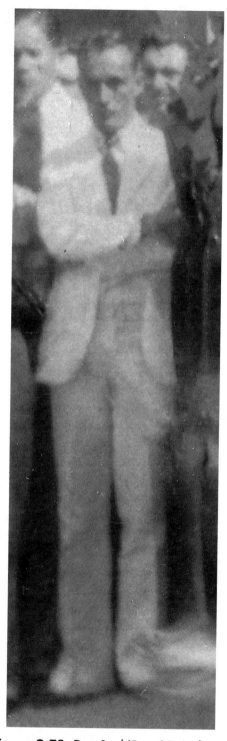

Figura 3.59. Don José 'Pepe' Del Río.

R.M. - ¿Pero se relacionaban en la cuestión política o tenían relaciones con el trabajo en la finca?

R.M. - Simpatizaban con el partido de Don Pepe. ¿No era que tenían negocios? ¿No era que trabajaban en la finca, en el trapiche?

L.C. - No, no. Simpatizaban, vamos a decir. Estaban con Don Pepe cuando venía un tiempo de elecciones. Don Pepe sabía que Papá y Tío Joseíto eran Republicanos. Porque él sabía "de buena tinta" que eran Republicanos.

R.M. - ¿Pero no llegaron a trabajar con Don Pepe, Joseíto y tu papá?

L.C. - No. Papá siempre tuvo sus terrenos donde trabajar. Y Tío Joseíto también.

R.M. - Cuando estuve hablando con Don Cruz... Don Cruz fue mayordomo de Don Pepe... Estuvo 65 años.

L.C. - ¡Mira pa' llá.

R.M. - Y él empezó a darme detalles...

L.C. - Y él vive en una parte de San Lorenzo que yo creo que aquello allí son terrenos de Don Pepe también...

R.M. - Sí, Don Pepe le daba terreno para que él lo sembrara como si fuera de él. ¿No te contó si hubo otro tipo de relación?

L.C. - No. Como asunto de... Papá no tenía... relacionao con el trabajo... No trabajaba en terreno de Don Pepe ni de nadie, porque él trabajaba aquí en lo de él... donde Papá trabajó.

R.M. - Entonces... De lo poco que llegaste a escuchar de tu abuelo Federico... ¿A través de tu padre fue que tú escuchaste sobre Federico?

L.C. - Sí, porque Papá hablaba de él, que era su papá.

R.M. - ¿Recuerdas lo que tú escuchaste de boca de tu Papá sobre él?

L.C. - Yo te voy a hablar francamente. Yo no recuerdo de que él me dijera de Papá Federico, mi abuelo. Como que él me dijera, de eso yo no... No me habló nunca na' de eso. Digo, que yo me acuerde. No me habló de las alternativas de él ni na'. ¿Te fijas? Él no me hablaba na' de eso. Eso es así.

R.M. - El otro día "Toto" me estuvo hablando de los que se mantuvieron viviendo en Patrón y de las fiestas que hacían en casa de Eusebio.

L.C. - ¡Ah, sí, en case Tío Eusebio!

R.M. - ¿Tú llegaste a estar en esas fiestas que hacían ahí?

L.C. - ¡Sí, sí! Yo llegué a ir, sí. Tío Eusebio hacía unas Promesas en las Navidades. Velorio cantao con música por la noche y al otro día era música to' el día andando por las casas, porque eso era una Promesa que él hizo, que él pagaba...

R.M. - ¿Iban por las casas de la familia?

L.C. - Por las casas de la familia y de los particulares también.

R.M. - ¿Y llevaban Los Reyes?

L.C. - Y llevaban Los Santos Reyes.

R.M. - ¿Tú no sabes dónde fueron a parar esos Reyes?

L.C. - No, muchacho. Y sabrá dios donde estarán. Y él los tenía...

R.M. - ¿Pero eso tú lo llegaste a ver?

L.C. - Sí, él sacaba la Promesa que él tenía y por la noche, cuando se llegaba la hora de pagar esa Promesa, él ponía sus Tres Santos Reyes en la mesa pa' que... Porque la promesa era pa' ellos.

R.M. - ¿Tú no sabes por qué él hizo la Promesa?

L.C. - No.

R.M. - ¿No sabes ese detalle?

L.C. - No, no lo sé.

R.M. - "Toto" me dice que el día de la celebración era el 7 de enero...

L.C. - ¡Ajá, por ahí! ¡El Día de Mechor, sí!

R.M. - ¿Qué tu oíste decir? ¿Por qué era el Día de Mechor?

L.C. - Eso, pero...

R.M. - ¿Él celebraba la Promesa el Día de Mechor?

L.C. - No, no, no. El día 6 de enero era Velorio. Entonce ahí venía el otro día era la música y por ahí seguía hasta el día 7 o el 8, que era el Día de Mechor o algo. Que se iba uno pa' en case de Carlos Crespo... Un tal Carlos Crespo que vivía en esa parte, la otra parte de la carretera...

R.M. - ¿Se pasaban de aquí pa' lla?

L.C. - Sí. Por ahí se andaba con la música esa también.

R.M. - ¿"Toto" es mucho más joven que tú?

L.C. - ¡Sí!

R.M. - Entonces él habla de cuando él era muchachón...

L.C. - ¡Sí!

R.M. - Él las veía de lejos, no porque estaba participando.

L.C. - No, compadre "Toto" es un hombre...

Figura 3.60. Los Tres Santos Reyes Magos.

R.M. - (*Dirigiéndome a Doña Eufemia.*) ¿Tú eres mayor? ¿Usted recuerda esas fiestas?

E.M. - No mucho, pero me recuerdo cuando celebraban esas fiestas allá...

R.M. - ¿Tú no llegaste a participar de jovencita?

E.M. - No, no, no, no. Una vez, me parece... Pero apenas me recuerdo, ¿Sabe?

R.M. - ¿Y eso se acabó cuando Eusebio murió?

L.C. - Sí.

E.M. - Sí, se acabó. Al Eusebio morir se acabó todo... la fiesta y todo...

L.C. - Ya te digo, que los mismos Tres Santos Reyes yo no sé ni a dónde han ido a parar...

E.M. - No es como... ¿Ve? Como Moncho Sandoval, que chiquito... Bien sea, yo no sé si la Promesa de él es promesa de chiquito, que paga una Promesa, o bien sea, la está pagando... del papá o...

R.M. - ¿En dónde es eso?

L.C. - Bueno, él vive en "Los Bravos de Boston" en Santurce y viene a pagar esa Promesa acá, a Morovis.

R.M. - Pero... ¿A casa de la familia acá?

L.C. - A casa de la familia acá. Las pagaba en música y fiesta y eso... Pero ahora la jasen en una misa en la capilla, ahí.

E.M. - Sí, las están haciendo ahí...

R.M. - Así que suspendió eso...

L.C. - Sí, porque, según él me contó a mí un día, eso le salía a él "más caro el rabo que el volantín". Y había veces que traía ahí ocho carros llenos de gente. Traía ahí a la fiesta esa a toa' esa gente y él tenía que darle todo, vamo' a decir, porque to' el mundo se arregindaba de él. ¿Te fijas?

R.M. - Pero Eusebio siempre la hizo así, comida...

L.C. - No. Tío Eusebio era un hombre que tenía, que tenía mucho porvenir. Sí, Tío Eusebio tenía mucho ganao... Tenía.

R.M. - Y se podía dar el lujo de to' ese gasto...

L.C. - Sí. Y como eso era año por año, pues a él no le importaba gastar $300.00 en esas fiestas.

R.M. - Porque una vez al año valía la pena...

L.C. - Sí, una vez al año.

R.M. - Entonces era Velorio, Promesa de Reyes.

L.C. - Sí. Velorio por la noche y música al otro día.

E.M. - Don Moncho ese... paga en un

aguinaldo, pero ahora paga en la Iglesia. Parece que tenía problemas. Pero lo están pagando aquí ahora.

R.M. - ¿Eusebio era el único que hacía la Promesa? ¿Más ninguno de la familia...?

L.C. - No. Dispué que Tío Eusebio murió, nadie se dedicó a eso.

E.M. - Nadie más.

L.C. - (*Dirigiéndose a su esposa, Doña Eufemia*): - ¡Este... Sírvele la comida aquí, pa' yo irme a bañar...!

R.M. - Vete, vete a bañar, Lencho. Como si fuera en su casa...

L.C. - Usté también queda como en su casa...

R.M. - ¡Gracias! (*Me siento a comer.*)

Conversamos brevemente luego de la comida, pero no se grabó. Lencho habló nuevamente sobre su Tía Romana, que era su vecina. Fue una señora muy hábil. La paciencia le caracterizaba. Siempre tenía una frase de aliento para sus familiares, cuando en ocasiones la iban a consultar sobre problemas que le aquejaban. Lencho asegura que era muy dada a ayudar a sus familiares.

Recuerda Lencho que un día trabajaba en la tala de tabaco y se afanaba por avanzar a coger el tabaco en una de las calles en que se dividía la tala. Romana lo vio afanado y bajó hasta la tala y comenzó a coger tabaco en otra de las calles, labor que realizaba velozmente. Era una persona muy dada a darle la mano al que necesitaba.

Romana tenía una frase característica. Un día Lencho fue a consultarle sobre una preocupación y ella le dijo: —Mijo, tú sabes que "tanto tienes, tanto vales". Y cuando una situación no le veía remedio, inclinando sus ojos a lo alto y levantando sus manos, decía: —"¡Qué se va a jaser... Paciencia al cielo...!" Para todos ella tenía una frase para reconfortarle o de aliento para animarle.

DECIMAS A NENGOBÁ

Por: Alfonso Fontán Nieves

Figura 3.61. Alfonso Fontán Nieves.

I.

Histórico genocidio
ése que España jugó;
un continente diezmó
sin pudor ni raciocinio.
Ese brutal etnocidio
fue causa de la Conquista;
negreros contrabandistas,
mercaderes y asesinos
le trazaron el camino
al monarca imperialista.

II.

La historia nunca perdona
los bandidos tenebrosos;
ése pasado azaroso
lo conocemos ahora.
El más manso se encojona
ante tanta humillación,
grandeza y ostentación
por crímenes cometidos.
Lo que hicieron los cretinos
no puede tener perdón.

III.

Fue en África del oeste,
más exacto: en Camerón,
donde entró la maldición
con su vileza imponente.
Capturaban a la gente
para venderla en centavos:
un lucrativo mercado
digno de seres perversos;
no importa la edad o el sexo,
todos servían para esclavos.

IV.

De la Tribu Nangobá
un niño fue capturado
y en un barco fue amarrado
sin compasión ni piedad.
Semejante atrocidad
la que sufrió el mozalbete:
el hambre, como estilete,
taladraba su osamenta;
lo llevaban a la venta
con cadenas y grilletes.

V.

Lo arrancaron de su madre
que se llamaba Sandú;
y en el mismo revolú,
de Bangó, que era su padre.
Ese criminal descuadre
lo separó de unos brazos.
Atrás quedó en el ocaso,
su lejano continente.
Fue así que, precisamente,
comenzó a tejerse el lazo.

VI.

Y así empezó Federico
su existencia en otras tierras:
un extranjero en la sierra
de Morovis, Puerto Rico.
A pesar de ser un chico
conocía la vida austera.
Las montañas y laderas
trabajaba aquél humano
en la hacienda de su amo,
un tal Lorenzo Cabrera.

VII.

Indias fueron sus esposas,
originando su prole;
preservando los valores
de una casta prodigiosa.
Su ruta vertiginosa
no tuvo contrariedad;
ganóse la dignidad
que precisa un semejante,
pagando al amo tunante
por su propia libertad.

VIII.

¡El Morovis africano
tan cerca que lo tenemos!
Poco o nada conocemos
del efímero pasado.
Ese importante legado
en la evolución está.
Al que trajeron de allá
para peón de comarca,
ése Jíbaro Patriarca
de la estirpe Nengobá.

BIBLIOGRAFÍA:

Álvarez Nazario, Manuel - *El Elemento Afronegroide en el Español de Puerto Rico*; Ediciones Instituto de Cultura Puertorriqueña, San Juan, Puerto Rico, 1974.

Baralt, Guillermo A. - *Esclavos Rebeldes*; Editorial Huracán, Río Piedras, Puerto Rico, 1981.

Barnet, Miguel - *Biografía de Un Cimarrón*; Centro Editor de América Latina, Buenos Aires, Argentina, mayo, 1979.

Braudel, Fernand - *The Perspective of the World: Civilization and Capitalism, 15th.-18th*. Century, Vol. 3, Harper & Row Publishers, 1979.

Cadilla de Martínez, María - *Experimento que Glorifica Nuestro Pasado (Fundación Probada en Puerto Rico del Primer Pueblo de Indios Libres de América)*; Arecibo, Puerto Rico, 1948. (Inédito. Fotocopia en archivo del autor)

Daubón, José A. - *'Cosas de Puerto Rico'*, Dos Volúmenes; San Juan, Puerto Rico, 1904,1905.

Delgado Colón, Juan Manuel - Pioneros de la Educación en Morovis; En Revista *Archivo Histórico de Morovis*, Año I, Número 2, p.p. 21-47, mayo, 1987.

Delgado Colón, Juan Manuel - ¿Dónde están nuestros indios?; *Revista Sábado del Diario El Nuevo Día*, edición del 19 de noviembre de 1977. Reproducido con igual título en el folleto "Cabachuelas: Alfarería Indígena de Puerto Rico; Taller Cabachuelas, Morovis, Puerto Rico, octubre de 1987, p.p. 23-27.

Delgado Colón, Juan Manuel - Sobrevivencia de los Apellidos Indígenas Según la Historia Oral de Puerto Rico; *Revista de Genealogía Puertorriqueña*, Sociedad Puertorriqueña de Genealogía, Inc., Año 2, Número 1 de abril, 2001; p.p. 41-80.

Díaz Fabelo, Teodoro - 'Diccionario de la Lengua Conga Residual en Cuba'; Departamento de Publicaciones, Casa del Caribe, Santiago de Cuba, S.F.

Díaz Montero, Aníbal - *Del Español Jíbaro - Diccionario*; Editorial Díaz - Mont, Santurce, Puerto Rico, 1984.

Díaz Soler, Luis M. - *Historia de La Esclavitud Negra en Puerto Rico*; Editorial Universitaria, Río Piedras, Puerto Rico, 1981.

Flinter, Jorge D. - *Examen del Estado Actual de Los Esclavos De Puerto Rico*, ICP, San Juan, P.R., 1976.

Franco, Franklin J. - *Los Negros, Los Mulatos y La Nación Dominicana*; Editorial Nacional, Santo Domingo, R.D., 1977.

Frobenius, Leo & Fox, Douglas - *African Genesis*; Turtle Island Foundation, Barkeley, 1983.

Hernández Hernández, Wilhelm - *Morovis en la Isla*; Vol. I: Los orígenes del pueblo (1815-1830), Imprenta Caonao, Morovis, Puerto Rico, 1996.

Hernández Hernández, Wilhelm - *Morovis en la Isla*; Volumen II: Sociedad y Economía en el Siglo 19 (1831-1899); Gobierno Municipal, Morovis, Puerto Rico, 2000.

Lamourt-Valentín, Oscar (2016); Martínez Torres, Roberto (Ed.). Notas y Apuntes "de Ñapa". *Cuadernos de estudios nativos #28*. Puerto Rico.

Lamourt Valentín, Oscar - Centenaria del Barrio Espino - Fallece Doña Carmen Soto, Una Figura Histórica Lareña; *Surcos Lareños*, Año X, Núm. 121, Febrero de 1976, p. 9.

Leakey, L.S.B. - *By the Evidence (Memoirs 1932-1951)*; Harcourt Brace Jovanovich, N.Y. & London, 1974.

Limón de Arce, José - *Arecibo Histórico*; Editor: Ángel Rosado, Manatí, Puerto Rico, 1938.

López Valdés, Israel - *Africanos de Cuba*; Centro de Estudios Avanzados de Puerto Rico y El Caribe & Instituto de Cultura Puertorriqueña, San Juan, Puerto Rico, 2002.

Luciano Franco, José - *Comercio Clandestino de Esclavos*, Editorial de Ciencias Sociales, La Habana, Cuba, 1985.

Manrique Cabrera, Francisco - *Historia de la Literatura Puertorriqueña*; Editorial Cultural, Inc., Río Piedras, 1973.

Martínez Torres, Roberto - Escrito en Piedra: Huellas Indígenas en Corozal; Suplemento En Rojo del *Semanario Claridad*; Edición #1541, del 13-19 de Agosto, página 9, 1982.

Martínez Torres, Roberto - ¡Nuestros Indios Siguen Vivos!; En *Revista Archivo Histórico de Morovis*, Año I, Núm. 3; junio-julio, 1987; p.p. 56-67. Posteriormente reproducido en el folleto: Cabachuelas, Alfarería Indígena de Puerto Rico; Taller Cabachuelas, Morovis, octubre, 1987.

Martínez Torres, Roberto, Daniel Silva Pagán y Juan Manuel Delgado — *Cabachuelas, Alfarería Indígena de Puerto Rico*; Taller Cabachuelas, Morovis, octubre, 1987.

Martínez Torres, Roberto - *Federico Cabrera, Nengobá: Un hijo de África en Morovis*; Monografía requisito del curso "Puerto Rico y El Caribe en el Siglo XX" que dictara el Dr. Antonio Gaztambide en el Centro de Estudios Avanzados de Puerto Rico y el Caribe en el Primer Semestre Escolar 1989-1990.

Martínez Torres, Roberto - La Historia Que se Quemó; En *Revista Archivo Histórico de Morovis*, Año IV, Número 15; abril-mayo, 1990; p.p. 668-671.

Martínez Torres, Roberto - *La Región del Abacoa: Historia y Arqueología*; Tesis Para Optar por el Grado Doctoral en Filosofía y Letras con Concentración en Historia Para el Centro de Estudios Avanzados de Puerto Rico y El Caribe; San Juan, Puerto Rico, 2005. (Inédita)

Martínez Torres, Roberto - *Una Visión Distinta Sobre Nuestra Herencia Aborigen (Acercamiento a la Obra de Oscar I. Lamourt Valentín)*. Puerto Rico: s.p., Morovis, Puerto Rico, 2016.

Martínez Torres, Roberto - *El Yacimiento "La Tembladera"- Primer Tratado de Arqueología Nativa Boricua*; s.p.; Create Space, compañía impresora de Amazon, junio, 2018.

Martínez Torres, Roberto - *A Lo Sucu Sumucu; Raíces Mayas del Habla Jíbara, Vol I*; s.p.; Create Space, compañía impresora de Amazon, agosto, 2018.

Martínez Torres, Roberto - *A Lo Sucu Sumucu; Raíces Mayas del Habla Jíbara, Vol. II*; (en preparacion).

Martínez Torres, Roberto (Compilador) - *Archivo Histórico de Morovis*; Morovis. (23 números); p.p. 1-1000, 1987-1999.

Marrero Medina, Damián - *Morovis: Sin Mitos y Sin Cuentos - La Historia que no Quemaron Volumen I* (1818-1898), Morovis, Puerto Rico, 2000.

Bibliografía

Melón Portalatín, Esther- *Pablo Morales Cabrera, Vida y Obra*; Ediciones Borinquen, Editorial Coquí, San Juan de Puerto Rico, 1966.

Morales Carrión, Arturo - *Auge y Decadencia de la Trata Negrera en Puerto Rico (1820-1860)*; Centro de Estudios Avanzados de Puerto Rico y El Caribe, I.C.P., 1978.

Moreno Fraginals, Manuel – *El Ingenio* (3 Volúmenes); Editorial de Ciencias Sociales, La Habana, 1986.

Moreno Fraginals, Manuel (Relator) - *África en América Latina*; Siglo XXI Editores, 1987.

Moreno Fraginals, Manuel - *La Historia Como Arma y Otros Estudios Sobre Esclavos, Ingenios y Plantaciones*; Editorial Crítica, Barcelona, 1983.

Murray-Irizarry, Néstor. Rafael Ríos Rey: The First Puerto Rican Muralist. Casa Paoli / Sociedad Amigos de Rafael Ríos-Rey; Ponce, P.R., 2003.

Nevárez Nieves, Rafael - *La Promesa de Los Tres Reyes Magos Dentro de la Tradición Navideña Puertorriqueña*; Centro de Estudios Avanzados de Puerto Rico y El Caribe, 1989, Monografía inédita.

Nistal-Moret, Benjamín - *Esclavos, Prófugos y Cimarrones*; Editorial U.P.R., Río Piedras, P.R., 1984.

Oliver, Roland & Fage, J.D. - *Breve Historia de África*; Alianza Editorial, Madrid, España, 1972.

Ortiz, Fernando - *Los Negros Curros*; Editorial de Ciencias Sociales, La Habana, Cuba, 1986.

Ortiz, Fernando - *Los Negros Esclavos*; Editorial de Ciencias Sociales, La Habana, Cuba, 1986.

Pérez Reyes, Roberto - *El Secreto Mejor Perdido: Las Ciencias Escondidas en el "Arte Taino" y Otros Antiguos "Artes" Alrededor del Mundo*; s.p.; Impresora Create Space, EEUU, 2017.

Picó, Fernando - El Recato de Historiar y El Placer de Novelar: La Querella de los Ortega y los Cabrera del Barrio Unibón de Morovis; *Revista/Review Interamericana*, 1998. Reproducido en: La Universidad en Juego, Ensayos, Instituto de la Ciencia y Tecnología en América Latina (ICTAL), 2011.

Price, Richard (Compilador) - *Sociedades Cimarronas*; Siglo XXI Editores, 1981.

Ramos Rosado, Marie - *La Mujer Negra en la Literatura Puertorriqueña - Cuentística de los Setenta* (Luis Rafael Sánchez, Carmelo Rodríguez Torres, Rosario Ferré y Ana Lydia Vega); Editorial de la Universidad de Puerto Rico, Instituto de Cultura Puertorriqueña, Editorial Cultural, San Juan, P.R., 1999

Rodríguez León, Mario A. - *Los Registros Parroquiales y La Microhistoria Demográfica en Puerto Rico*, Centro de Estudios Avanzados de Puerto Rico y El Caribe, San Juan de Puerto Rico, 1990.

Rosario Flores, Thomas Jimmy - *El Andarín, Plaza de Recreo Vega Baja, 1964*; Revista Cayure, del Centro Cultural Carmen Rivera de Alvarado de Vega Baja; Edición Número 5, de septiembre de 1988, p.p. 7-8.

Shulman, Ivan A. - *Autobiografía de un Esclavo*; Editorial, Guadarrama Madrid, España, 1975.

Sued Badillo, Jalil y Ángel López Cantos - *Puerto Rico Negro*; Editorial Cultural, Río Piedras, P.R., 1986.

Wolf, Eric R. - *Europe and the People Without History*; University of California Press, U.S.A., 1982.

DICCIONARIOS:

Swadesh, Mauricio; María Cristina Álvarez y Juan R. Bastarrachea - *Diccionario de Elementos del Maya Yucateco Colonial*, Coordinación de Humanidades; Centro de Estudios Mayas, UNAM, México, 1970. (Citado como DEMYC).

Real Academia Española - *Diccionario de la Lengua Española*; Real Academia Española, Vigésima Primera Edición [versión digital].

CONFERENCIAS:

Alegría, Ricardo E. - Conferencias Dictadas sobre Influencias Africanas en la Cultura Puertorriqueña; Centro de Estudios Avanzados de Puerto Rico y El Caribe, Días 27 de noviembre y 4 de septiembre de 1989.

López Valdés, Israel - Influencias Africanas en el Proceso Formativo del Pueblo Cubano; Conferencia dictada en el Centro de Estudios Avanzados de Puerto Rico y El Caribe, 11 de septiembre de 1989.

FUENTES PRIMARIAS CONSULTADAS:

PERIÓDICOS:

Gaceta de Puerto Rico, Número 59, 17 de mayo de 1860, p.p. 1-2.

Gaceta de Puerto Rico, Número 134, 7 de noviembre de 1868, p. 1.

LIBROS DEL ARCHIVO DE LA PARROQUIA NUESTRA SEÑORA DEL CARMEN Y EL ARCÁNGEL SAN MIGUEL DE MOROVIS

Índice del Libro Primero de Bautismos de Blancos que Empieza en 1823 y Termina en 1831; p.p. 205-221.

Índice del Libro Segundo de Bautismos de Blancos que Obra desde el 7 de agosto de 1831 al 27 de Mayo de 1839; p.p. 222-249.

Índice del Libro Tercero de Bautismos de Blancos que Empieza el Primero de Junio de 1839 y Termina el 29 de Diciembre de 1842; p.p. 250-266.

Índice del Libro Cuarto de Bautismos de Blancos que Empieza el 1ro. de Enero de 1843 y Termina el 22 de diciembre de 1850; p.p. 267-295.

Bibliografía

Índice del Quinto de Bautismos de Blancos y Primero de Indistintos, que Empieza el 24 de diciembre de 1850 y Termina el 13 de agosto de 1854; p.p. 341-366.

Índice del Libro Primero de Bautismos de Pardos que Obrará de 1823 a 1842; p.p. 296-316.

Índice del Libro Segundo de Bautismos de Pardos (6to. De Blancos y Segundo de Indistintos; Pero Como Desde el Folio 1ro. Hasta 115 Contiene Solamente Partidas de Pardos y Esclavos, Este Índice Contiene Solamente Estas Partidas Dejando el Resto del Libro Para Donde Se Halle el 6to. De Blancos y el 2do. De Indistintos; de 1842-1854; p.p. 317-340.

Índice del Libro 5to. De Bautizos de Blancos y 1ro. De Indistintos que Abraza Desde el 24 de Diciembre Hasta 13 de Agosto de 1854 (Hasta el Folio #27 que Contiene Solamente Partidas de Blancos y Desde Este Folio, de Indistintos o de Blancos o Pardos.); p.p. 341-366.

Índice del Libro 6to. de Bautismos de Que es el Mismo Volumen que el de 2do. De Pardos Que Solamente lo es Hasta el Folio #115 y Desde Este Empieza el 6to. De Blancos y 2do. De Indistintos y Abraza Desde el 13 de Agosto de 1854 al 31 de Mayo de 1856.

Índice del Libro 7 de Bautismos de Blancos y 3ro. De Indistintos que Empieza el 2 de Junio de 1856 y Termina el 13 de Febrero de 1858; Páginas 382- 397.

Índice del Libro #8 de Bautismos -Sección correspondiente a la letra "E", de "Esclavos".

Índice del Libro #9 de Bautismos -Sección correspondiente a la letra "E", de "Esclavos".

Libro #10 de Bautismos.

Libro #11 de Bautismos; años 1866-1869.

Libro de Entierros #8, consultado en fecha del 1 de octubre de 1877.

Libro de Entierros #9, Folio #5 Acta de Cabrera, Juan Lázaro, en fecha del 2 de enero de 1881.

Libro de Entierros #11, Folio # 294. Acta de Cabrera, Juan Rafael. 25 de marzo de 1894.

Libro de Entierros #12, Folio #25. Acta de Cabrera, Juan, 9 de octubre de 1894.

Libro de Entierros #13, Folio #6 Acta de Cabrera, Juan Abad, 12 de febrero de 1900 y Folio #64, Vuelto –Acta de Cabrera Salgado, Ramona, 9 de mayo de 1900.

Libro de Cuentas de la Parroquia; mayo de 1860

ENTREVISTAS REALIZADAS POR EL AUTOR Y OTROS COLABORADORES:

Entrevista a Don Ismael Cabrera Vázquez – 19 de Agosto de 1989 - Por: Magaly Torres Cabrera.

Entrevista a Doña Raquel Barreras – 3 de Septiembre de 1989 - Por: Roberto Martínez Torres.

Entrevista al Prof. Manuel Álvarez Nazario - 15 de Octubre de 1989 - Vía Tel.- Por: Roberto Martínez Torres.

Entrevista a Don Ismael Cabrera Vázquez - 1de Noviembre de 1989 - Por: Roberto Martínez Torres.

Entrevista a Rosa Chéverez González - 4 de Noviembre de 1989 - Por: Roberto Martínez Torres.

Entrevista a Gloria Torres Pérez - 5 de Noviembre de 1989- Por: Roberto Martínez Torres.

Entrevista simultáneas a: Juan Maldonado Ríos, Elisa Cabrera Ortega, Natividad Cabrera Ortega y Ana Hilda Méndez Cabrera, el día 10 de noviembre de 1989 por Roberto Martínez Torres.

Entrevista a Margarita Román Ríos - 24 de Noviembre de 1989 - Por: Roberto Martínez Torres.

Entrevista a Juan Maldonado Ríos - 24 de Noviembre de 1989 - Por: Roberto Martínez Torres.

Entrevista a Rosa Ríos Agosto - Agosto - 2 de Diciembre de 1989 - Por: Roberto Martínez Torres.

Entrevista a Dolores Morales Pabón - 20 de Diciembre de 1989 - Por: Roberto Martínez Torres.

Entrevista a Don Enrique 'Quique' Cabrera Maldonado y Ana Hilda Méndez, el 21 de diciembre de 1989 - Por: Roberto Martínez Torres.

Entrevista a Francisco Martínez Otero - 24 de Diciembre de 1989 - Por: Roberto Martínez Torres.

Entrevista a Alicia Maldonado Ríos- 4 de Enero de 1990 - Por: Roberto Martínez Torres.

Entrevista a Don Ismael Cabrera Vázquez - 4 de Enero de 1990 - Por: Roberto Martínez Torres.

Entrevista a Doña Tomasa Cabrera - 6 de Enero de 1990 - Por: Roberto Martínez Torres.

Entrevista a Don Juan Cabrera - 6 de Enero de 1990 - Por: Roberto Martínez Torres.

Entrevista a Doña Úrsula Quintero - 6 de Enero de 1990 - Por: Roberto Martínez Torres.

Entrevista a Don Cruz Román Salgado - 8 de Enero de 1990 - Por: Roberto Martínez Torres.

Entrevista a Don Lorenzo ("Lencho") Cabrera Ortega y Eufemia Maldonado Ríos - 28 de febrero de 1990 - Por: Roberto Martínez Torres.

Entrevista al historiador Don Luis de la Rosa Martínez, en su residencia de Vega Baja, el día 5 de julio de 1990.

Entrevista al Sr. José Roldán Cabrera en su residencia de su señora madre, Carmen Emelina Cabrera y su tía, Carmen Celina Cabrera, en Jayuya, Puerto Rico, el 27 de julio de 2001.

Entrevista al Sr. José Roldán Cabrera, en Jayuya, Puerto Rico, el día 22 de noviembre de 2013.

Entrevista al Sr. Rafael 'Rafa' Cabrera Alicea, en la residencia de su pariente José Aníbal Cabrera, en el sector Patrón del barrio Unibón de Morovis, P.R., el día 22 de agosto de 2014.

Bibliografía

Entrevista vía telefónica al Sr. Rafael 'Rafa' Cabrera Alicea, el día 8 de abril de 2015.

Entrevista a Ana Milagros Torres Cabrera en su residencia de su señora madre, Ceferina Cabrera, en el barrio Torrecillas de Morovis, P.R., el día 10 de noviembre de 2018.

Entrevistas a la Sra. Lucila Rivera Cabrera, en su residencia del barrio Almirante Sur de Vega Baja, P.R., los días 15 y 26 de noviembre de 2018.

Entrevistas a Enrique 'Quique' Cabrera Maldonado y su esposa, Ana Hilda Méndez, en su residencia del sector Patrón del barrio Unibón de Morovis, P.R., el 26 de noviembre de 2018.

Entrevista a Doña Alicia Maldonado Ríos en su residencia del barrio Patrón de Morovis, P.R., el 18 de diciembre de 2018.

Entrevista a Don Teodoro 'Cholo' Cabrera en su residencia del barrio Patrón de Morovis, P.R., el 7 de enero de 2019.

DIRECCIONES DE INTERNET

http://trees.ancestry.com/tree/8074382/person/25554976778/print

Otras obras del Colectivo Much Ma' Ho'l

El yacimiento arcaico de "La Tembladera": Primer tratado de arqueología nativa boricua

Roberto Martínez Torres

2018a

ISBN- 13: 9781720611493
ISBN- 10: 1720611491

A Lo Sucu Sumucu: Raíces mayas del habla jíbara

Roberto Martínez Torres

2018b

ISBN-13: 9781722789053
ISBN-10: 1722789050

El secreto mejor perdido: Las ciencias
escondidas en el "arte taíno" y otros
antiguos "artes" alrededor del mundo

Roberto Pérez Reyes

2017

ISBN- 13: 9781544055879
ISBN- 10: 1544055870

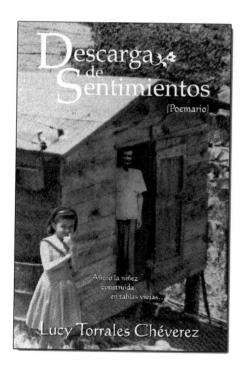

Descarga de Sentimientos (Poemario)

Lucy Torrales Chéverez

2018

ISBN-13: 9781722703288
ISBN-10: 1722703288

CAN-JIBARO
CHANneEL
▶ YouTube

Made in the USA
Columbia, SC
29 January 2024

30737314R00185